STUDY ON TOURISM PLANNING

旅游策划学新论

周作明 /著

上海文化出版社

【鹧鸪天】

旅游策划

巡品草木察天时，

勘观事物度形势。

禀赋平庸以奇巧，

点化腐朽显妙思。

策心智，划形实，

筑山理水赏佳食。

道法自然生无息，

天人合一倚神恃。

目　录

第一章

从策划到旅游策划的学科演进

策划是人类生存与发展的基本活动和基本能力，人类的策划改善和丰富了人类的生活，推动着人类社会的发展。人类社会的发展又为人类的策划提出要求，细化了人类策划。旅游策划是策划细化的结果。

第一节　策划——人类进步的智慧之光

"策划"是人类的本能，社会发展激化了人类"策划"，人类"策划"推动了社会的进步，"策划"闪耀着人类进步与文明的智慧之光。

一、策划定义

"策划"是一个由来已久和内涵丰富的概念。在策划学上，关于"策划"定义的讨论，中国学者关注两个方面，一方面是中国古代文献中对"策划"的记载，一方面是西方学者的"策划"定义。

在中国古代，很早就有"策划"的概念，但较多场合是用"谋划"一词，"策划"即"谋划"，就是常说的"出谋划策"。"谋划"在中国古代的语言系统中，又简化为"算"，"算"、"算计"也是"谋划"。如《孙子兵法·计篇》云："夫未战而庙算胜者，得算多也；未战而庙算不胜者，得算少也。多算胜，少算不胜，而况于无算乎！""算"的结果是计策、计谋，所以，中国古代的"策划"主要是关于政治和军事的"谋划"。

在中国古代文献中，"策划"一词最早见于《后汉书·隗嚣传》："是以功名终申，策画复得。"其中，"画"通"划"，"策画"即"策划"。自汉之后，"策画"一词相沿习用，直至清朝。

在中国古代，"策画"之词的应用十分广泛，主要使用在两个方面，表达两种涵义。其一，应用于关于思考活动的表述。"策划"就是一种思考，是就某事的一种思考、思维或思想的活动，如《后汉书·隗嚣传》中所讲的"策画"。"策划"为思考、思维或思想的活动的涵义，起码在唐代还在使用，如唐代元稹《奉和权相公行次临阙驿》："将军遥策画，师氏密讦谟。"句中的"策画"，就是指"思考、思维或思想的活动"。

其二，"策划"是一种点子、建议、方案。如宋代司马光《乞去新法之病民伤国者疏》："人之常情，谁不爱富贵而畏刑祸，于是缙绅大夫望风承流，竞献策画，务为奇巧，舍是取非，兴害除利。"又如清代魏源《再上陆制府论下河水利书》："前此种种策画，皆题目过大，旷日无成，均可束之高阁。"两则所上疏、书上所说的"策画"就是一种点子、建议、方案。

西方学者对"策划"的定义，出现在现代，是现代社会经济发展的产物。西方学者对于"策划"的定义较多被国内学者提及与引用的是"哈佛管理丛书"中《企业管理百科全书》一书的诠释："策划是一种程序，在本质上是一种运用脑力的理性行为。基本上所有的策划都是关于未来的事物，也就是说，策划是按照事物的因果关系，衡量未来可以采取之途径，作为目前决策之依据。策划是预先决定做什么，何时做，如何做，谁来做。"[①]哈佛的表述已经具有了学科专业性质，被认为是西方学者关于"策划"的最具有代表性和权威性的解释。此外，在日本，日本人从企业发展的角度，把"策划"称为"企划"，解释为"创造智慧的行为"。

我国现代学者对"策划"定义的研究开始于 20 世纪 80 年代。其中，刘庆华认为："策划是为实现某种目的，审时度势，提出具有创新性的对策或创意，并制定具体的实施方案的创造性智力活动。"[②]卢毅认为："策划作为创新性的决策过程，作为人类社会活动中，为达到某一特定目标，借助一定科学方法和艺术，构思、设计、选择合理可行的行动方式的过程，是建立于对主客观资源、环境充分认识的基础上的。"[③]此外，还有学者认为，"策划是一种从无到有的精神活动"，"策划就是有效地组织各种策略方法来实现战略的一种系统工程"，"策划是一种设计，一种安排，一种选择，或是一种决定，是一张改变现状的规划蓝图"，"策划是指人们为了达成某种特定的目标，借助一定的科学方法和艺术，为决策、计划而构思、设计、制作策划方案的过程"，"策划是一种哲学，是一种方

---

① 哈佛企业管理丛书编纂委员会.企业管理百科全书[M].北京：中国对外翻译出版公司影印，1983.

② 刘庆华.崛起的策划人将推动 21 世纪的进程——关于"21 世纪属于谁"的预测[J].武汉交通职业学院学报，2007，3（9 卷 1 期）.

③ 卢毅.解析策划的核心理念[J].商场现代化，2008，6（542 期）.

法论，是一门思维科学。它是用辩证的、动态的、发散的思维来整合行为主体的各类显性资源和隐性资源，使其达到最大效益的一门科学"。"策划"就是一种思维方法，是一种分析问题解决问题的方法，是一种把知识转化为能力的方法，是一种关于个人和组织创新发展的方法，也是一种关于个人和组织竞争制胜的方法。

凡此种种，涉及"策划"的条件、方式、内容、结果、作用、性质、类型等诸多方面，以上所列诸种"策划"定义，或强调"策划"的条件和方式，或强调"策划"的内容和作用，或强调"策划"的性质和类型，都没有全面地定义"策划"。综合古今中外关于"策划"的涵义和定义的表述，可以将"策划"定义为，策划是一种思考和思维的过程，也是思考和思维的结果。策划的思考和思维是一种脑力的理性分析，是运用各种信息与知识，为求得解决既定问题创新方案的分析和选择过程。"策划"的结果可以是着眼于全局的智慧谋略，也可以是为了局部利益的巧妙计策，还可以是解决具体问题的创意点子、对策、方案、设计、选择、决定等等。通过策划，可以获得解决既定问题的出乎意料的效益，体现了信息、知识在思辨的作用下所产生的巨大力量。

二、策划是人类生活的基本活动

策划是对事物分析、判断和选择的活动，为人类特有属性，也是人类生存与发展的基本活动和基本能力。人生无时无处不在策划，策划是人类的基本活动，存在于人类生活的全部领域。在日常工作生活中，人们对所遇到的一切问题都会去寻找各种解决方法和途径，然后从中选择最合适的方法和途径，策划就是找到这个合适的方法和途径的思维活动。

人类生活的策划可以区分为无意识策划和有意识策划，或称为简易策划和繁杂策划。在人们的生活中，不论是无意识和有意识的策划都在进行。无意识策划是人们在日常简易活动和常规性活动中，通过一般性思考和简单性思维就得出解决问题的做法和方案，或是按照以往的经验就能解决问题，属于简易策划。有意识策划则是根据需要和指向的有目的的策划，有意识策划的内容和要求往往超出人们日常简易活动和常规性活动策划的范畴，日常一般性思考和简单性思维无法解决问题方案，无法达到预期目的，需要专注精力，需要更多的信息、知识和更多的智慧，以追求超乎寻常的策划结果。有意识策划属于繁杂策划。见图1—1。

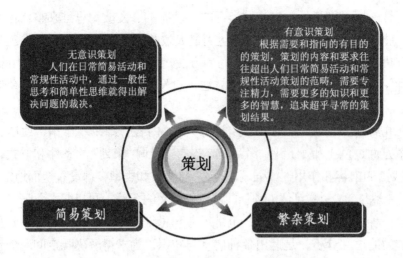

图1—1 策划可分无意识策划与有意识策划

策划来自人类的实践活动，人类通过实践活动获得认识和经验，策划可以把认识和经验转化成又一次实践活动的"点子"、"思路"，把"点子"、"思路"具体为新的实践方案，见图1—2。策划在人们日常生活中，激励着人们思想，推动人们的思想和认识，帮助人们实现目的和愿望，推动人们的进步。

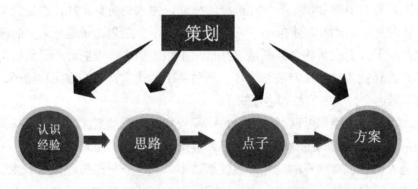

图1—2 策划来自人类实践活动

人类以实践活动经验作为策划的智能基础，策划体现了智慧对社会发展的价值和力量。社会发展阶段的策划水平直接体现了社会发展水平。社会越发展，人类的智能水平越高，策划的水平也就越高。同时，生产力的进步推动着社会的发展，社会的发展要求更高水平的策划，高水平的策划发展了人类的创造力。可以认为，策划是人类生活的基本活动，是社会进步和发展的动力，也将伴随着人类社会的进步和发展。策划是社会文明的必然产物，随着人类文明的发展，人类策划将进入更高的科学社会阶段。

三、策划要求与本质

随着人类社会的推进，除了策划之法之外，人类还通过计划、规划等方法达到改造和发展社会的目的。策划之法比较计划、规划等法，更具现实性和智慧高度，体现出异乎寻常的要求和本质。

1. 策划要求

人类策划行为发萌起源于对现实问题给予出色解决方案的追求，进入策划的整合、分析、判断的状态，扣开智慧的大门，唤起思绪的激情，显现出现实性、前瞻性、目的性、最优性、系统性、创意性、科学性、可操作性的要求。

第一，现实性与前瞻性。策划是在现实条件下，为解决现实问题所进行的谋划。策划者要全面掌握和了解有关策划问题的各种现实情况，包括现实各种信息和条件因素，并以此为策划出发的基础。但是，强调策划的现实性不是策划目的，策划的目的是力求实现解决现实问题的最佳效应，需要依据现实情况对策划最佳效应进行预测，实现这个预测就要求策划具有一定的前瞻性。

第二，目的性与最优性。人类生活中的每一项策划都是有明确目的性的策划。策划总是围绕既定的目标，提出方案，努力把各项工作从无序转化为有序，从而实现策划的目的。策划的思绪活动，可以使人们理清事物的各种联系与关系，在各种解决问题的方案中选择最优方案，获得解决问题的最优效益。

第三，系统性与创意性。策划是按特定事物规律所进行的系统思维活动，系统思维活动自然要求遵循由表及里、由此及彼、由浅入深的规律，经历策划前的调查分析、拟定策划目标、策划创意、确立策划方案、策划方案评价和策划方案调整等阶段。策划的系统性相伴随的是策划的创意性，在系统思维活动过程中，人们会获得新知，萌发创意。创意会使思绪开拓，是人们从来未有的发现，是策划的主导和追求，也是衡量策划质量的要求和评价标准。创意在策划中体现了人们思维的智慧，是策划追求革新和独特性的具体表现。

第四，科学性与可操作性。策划是在调查基础上进行的，所有的思维、判断和预测，都依据调查的事实做出，不是突发奇想，这就奠定了策划的科学性。在科学性的基础上，为解决现实既定问题的策划，是一个可操作的策划。可操作性是策划的前提，也是策划的基本要求。策划的最优性、创意性和科学性，最终都需要具备可操作性使之得以实现。

策划的现实性、前瞻性、目的性、最优性、系统性、创意性、科学性、可操作性的要求，既有区别又有联系。现实性是策划的出发点，前瞻性是策划的前提，目的性是策划的追求，最优性是策划的理想，系统性是策划的方法，创意性是策划的标准，科学性是策划的基础，可操作性是策划的价值。

策划活动所体现的现实性、前瞻性、目的性、最优性、系统性、创意性、科学性、可操作性的要求，也不同程度地体现在人们的计划和规划活动过程之中。计划也要求所制定的计划方案具有这些特性，但是没有像策划方案那样突出和强调。规划也是如此，与策划区别的是，规划要求从宏观和战略的高度去把握方案的现实性、前瞻性、目的性、最优性、系统性、创意性、科学性和可操作性。

2. 策划本质

从人们对策划的要求而论，更多的是强调策划的创新，认为策划本质上是一种创新，从创新的要求出发，对原有的信息资源提出新的解读，对原有的架构重新组合，对原有的活动采用新颖时尚的表现形式。这些新解读、新组合、新形式是在创新要求的激发下，获得的思维结果，闪烁着人类智慧的光华。

策划的创新本质，在思维的模式上追求另辟蹊径，实现对原有规则、方式与结构的突破，努力在一个无拘无束的空间敞开思想，以所具备的知识，构想出与寻常不同的新方式与新结构。策划的创新本质体现了策划思维的智慧特性。然而，在讨论策划的创新本质时，应看到策划创新的突破是一种相对条件下的突破。在任何情况下，策划创新都是有条件的，要受到诸多客观条件的约束。小的策划，受到资源、市场、环境等客观条件的约束；大的策划，受到国家历史、国家利益、国家制度、民族风俗习惯、宗教信仰等客观条件的约束。策划创新需要在充分地分析和研究种种大小客观条件的基础上，寻觅创新方向，拓展创新空间，收获创新成果。

策划创新本质上是一种知识与智力活动，需要策划者具备知识，具备独创性智力成果，同时还需要借鉴他人策划的知识与他人策划的智力成果，并在此基础上进行区别性创新。

策划的创新本质在实践层面上，需要在实践层面上的效益认同。在发展的视角下，策划本质需要有一个从一般性的创新意义，上升到更高的道德范畴的哲学意义的飞跃。策划普遍存在于人们的社会交往与交易中，人们运用策划获取理想的价值。在讲究市场原则的新经济时代，市场效益于是乎成了策划创新价值的本质要求。其实，在市场经济条件下的策划，其创新本质不在于智慧所展现的创新经济价值。创新的本质在于策划智慧指向并终结于诚信，是诚信支持策划创新的成功，是诚信支持策划创新的市场生命力。在 2005 年 6 月 26 日第二届中国策划大会上，牛根生以"策划的最高境界是诚信"为题，从企业发展的角度，阐述了他对策划诚信本质的见解。

策划正在改变着我们这个时代。国家要策划，企业要策划，个人也需要策划。"有无相生"，"点石成金"，"四两拨千斤"，这三个经典词句，写尽了策划的风流，变成了"投机"的代名词。甚至有人说，举目四望，提心吊胆：不是策划别人，就是被别人所策划。

小胜凭智，大胜靠德——策划的最高境界是诚信！

真正有生命力的策划，不是"抖机灵"，也不是"赛智商"，而是捧出一颗真心，拿出一份热诚，与别人同呼吸、共命运，"三人一条心，黄土变成金"。如果只图小胜，有点儿智商就行；如果一个策划追求的是"终极大胜"，没有诚信是绝对办不到的。海尔的家电好使、好用，蒙牛的雪糕好吃、牛奶好喝，只有产品好才会有那么多的回头客。如果设计、生产时没有足够的诚信，哪来那么多客户！不管你是生产穿的、用的，还是生产吃的、喝的，消费者最有发言权。

人类社会的基本准则，就是"交换"。只要诚心，就能换来诚信。诚信既是世界观，也是方法论，"大诚信"其实就是"大智慧"。当今社会最大的学问，就是按客观规律办事；而按客观规律办企业的最大学问，就是"对别人有利的，才是对自己有利的"。怎样做到这一点？我的体会是：诚信，诚信，再诚信！思路决定出路，布局决定结局，吨位决定地位！①

诚信是社会交往与交易中的诚实与信用，属于道德范畴。将策划与诚信相联系，强调了策划的道德出发点和策划的经济生命力。在牛根生的策划本质观中，策划需要从道德诚信出发，"对别人有利的，才是对自己有利的"；策划的经济生命力，在于诚信，"捧出一颗真心，拿出一份热诚"。在追踪市场最大经济利益的时代，认识和强调策划的道德诚信本质，是当代中国企业家对策划科学的贡献。

四、中国古代策划智慧

万事万物均存在固有的规律，策划就是人类通过智慧去走近这个固有规律，发现这个固有规律，遵循这个固有规律，组织人类社会活动。人类社会每天都要面对纷繁复杂的事物，策划活动就成为人类组织社会的必然行为。人类对自然的策划，形成对自然资源的利用和保护方案；对社会生产、生活的策划，增强了人类社会经济发展的目的性；对社会政治、军事、文化等的策划，增强了

---

① 牛根生.策划的最高境界是诚信 [EB/OL].www.headidea.com 牛根生博客，2009—09—27.

社会组织和文化构建的有效性。

"策划是一门富有东方谋略特色和智慧的大学问。"① 在中国古代文明的发展进程中，涌现了无数闪耀着智慧光芒的伟大策划。这些策划成就了个人功名，成就了社会事业，书写了中国古代文明的历史。

1. "姜太公钓鱼，愿者上钩"

"姜太公钓鱼，愿者上钩"是我国古代志士仁人出山谋世的典型策划，体现了古人辩证事物原理的智慧。姜太公，又称姜尚，字子牙，东海上人。他是周倾商克殷的首席谋主、最高军事统帅和西周的开国元勋，是齐国的缔造者、齐文化的创始人，是中国古代一位影响久远的杰出的韬略家、军事家和政治家，被称为"周师齐祖"、"百家宗师"。"姜太公钓鱼，愿者上钩"，典出《史记》卷三十二《齐太公世家第二》：

> 吕尚盖尝穷困，年老矣，以渔钓奸周西伯。西伯将出猎，卜之，曰"所获非龙非彲非虎非罴；所获霸王之辅"。于是周西伯猎，果遇太公于渭之阳，与语大说，曰："自吾先君太公曰'当有圣人适周，周以兴'。子真是邪？吾太公望子久矣。"故号之曰"太公望"，载与俱归，立为师。

后世将此段记载演绎成这样一个故事：姜尚出身低微，前半生漂泊不定、困顿不堪，但却满腹经纶，壮志凌云，听说西伯姬昌尊贤纳士、广施仁政，便不顾年逾七旬千里迢迢投奔西岐，每日垂钓于西岐渭水之上。姜尚垂钓短竿长线，线系直钩，不用诱饵之食，钓竿离水面三尺高，边钓边自语："姜尚钓鱼，愿者上钩。"一叫武吉的樵夫，见不挂鱼饵直鱼钩，嘲讽道："如此钓鱼，别说三年，一百年，也钓不到鱼。"姜尚说："你只知其一，不知其二。曲中取鱼不是大丈夫所为，我宁愿在直中取，而不向曲中求。我的鱼钩不为钓鱼，而是要钓王与侯。"当时，周文王姬昌兴周伐纣，得知此事，他斋食三日，沐浴整衣，抬着聘礼，亲自前往磻溪招聘，并封姜尚为相。

"姜太公钓鱼，愿者上钩"策划的新奇在于直钩垂钓，以违背寻常弯钩垂钓的常理，获得口碑的相传，引获周西伯关注而亲迎重用，得酬壮志。

2. "卧薪尝胆"

范蠡和越国大夫文种为越王勾践策划了著名的"卧薪尝胆"计策，体现胜败的转机条件创造的智慧。典出《史记·越王勾践世家》，公元前 494 年，越王勾践兴师伐吴王夫差，被吴王夫差围于会稽：

---

① 何学林，吕勇华. 最大商机——经济危机孕育最大商业机会 [M]. 苏州：凤凰出版社，2009.

......

越王谓范蠡曰："以不听子故至于此，为之奈何？"蠡对曰："持满者与天，定倾者与人，节事者以地。卑辞厚礼以遗之，不许，而身与之市。"勾践曰："诺。"乃令大夫种行成于吴，膝行顿首曰："君王亡臣勾践使陪臣种敢告下执事：勾践请为臣，妻为妾。"吴王将许之。子胥言于吴王曰："天以越赐吴，勿许也。"种还，以报勾践。勾践欲杀妻子，燔宝器，触战以死。种止勾践曰："夫吴太宰嚭贪，可诱以利，请间行言之。"于是勾践乃以美女宝器令种间献吴太宰嚭。嚭受，乃见大夫种于吴王。种顿首言曰："愿大王赦勾践之罪，尽入其宝器。不幸不赦，勾践将尽杀其妻子，燔其宝器，悉五千人触战，必有当也。"嚭因说吴王曰："越以服为臣，若将赦之，此国之利也。"吴王将许之。子胥进谏曰："今不灭越，后必悔之。勾践贤君，种、蠡良臣，若反国，将为乱。"吴王弗听，卒赦越，罢兵而归。

勾践之困会稽也，喟然叹曰："吾终于此乎？"种曰："汤系夏台，文王囚羑里，晋重耳奔翟，齐小白奔莒，其卒王霸。由是观之，何遽不为福乎？"

吴既赦越，越王勾践反国，乃苦身焦思，置胆于坐，坐卧即仰胆，饮食亦尝胆也。曰："女忘会稽之耻邪？"身自耕作，夫人自织，食不加肉，衣不重采，折节下贤人，厚遇宾客，振贫吊死，与百姓同其劳。欲使范蠡治国政，蠡对曰："兵甲之事，种不如蠡；填抚国家，亲附百姓，蠡不如种。"于是举国政属大夫种，而使范蠡与大夫柘稽行成，为质于吴。二岁而吴归蠡。

......

居三年，勾践召范蠡曰："吴已杀子胥，导谀者众，可乎？"对曰："未可。"至明年春，吴王北会诸侯于黄池，吴国精兵从王，惟独老弱与太子留守。勾践复问范蠡，蠡曰"可矣"。乃发习流二千人，教士四万人，君子六千人，诸御千人，伐吴。吴师败，遂杀吴太子。吴告急于王，王方会诸侯于黄池，惧天下闻之，乃秘之。吴王已盟黄池，乃使人厚礼以请成越。越自度亦未能灭吴，乃与吴平。

其后四年，越复伐吴。吴士民罢弊，轻锐尽死于齐、晋。而越大破吴，因而留围之三年，吴师败，越遂复栖吴王于姑苏之山。……勾践已平吴，乃以兵北渡淮，与齐、晋诸侯会于徐州，致贡于周。

"卧薪尝胆"是在兵败将亡的危急关键时刻，所进行的转败为胜的策划。策划有三个重要环节，首先是"勾践请为臣，妻为妾"，化解危险，求得生存；其次是"苦身焦思，置胆于坐，坐卧即仰胆，饮食亦尝胆"，韬光养晦，十年生息，壮大势力；再次是等待"吴国精兵从王，惟独老弱与太子留守"，择机反兵，转败为胜。这个策划的实施，不仅需要坚强意志，还需要忍辱负重，把握时机，环环相扣，一步不慎，将国破人亡。

3.《孙子兵法》

《孙子兵法》是我国古代重要的军事策划大典，对军事策划的论述至今仍闪耀着光芒。如《孙子兵法·始计第一》，孙子曰：

> 兵者，国之大事，死生之地，存亡之道，不可不察也。故经之以五事，校之以计，而索其情：一曰道，二曰天，三曰地，四曰将，五曰法。道者，令民于上同意，可与之死，可与之生，而不危也；天者，阴阳、寒暑、时制也；地者，远近、险易、广狭、死生也；将者，智、信、仁、勇、严也；法者，曲制、官道、主用也。凡此五者，将莫不闻，知之者胜，不知之者不胜。故校之以计，而索其情，曰：主孰有道？将孰有能？天地孰得？法令孰行？兵众孰强？士卒孰练？赏罚孰明？吾以此知胜负矣。

这是一则关于出兵作战的军事策划，能不能出兵作战并获得战争胜利，要从道、天、地、将、法等"五事"来考量，将帅熟知"五事"，即熟知民情、天情、地情、兵情、国情，就可以预知战争的胜负。

4."田忌赛马"

孙武后代孙膑，战国大军事家。"田忌赛马"是一则以劣胜优的策划方案，体现了中国竞赛中的优胜智慧。典出《史记》卷六十五《孙子吴起列传第五》：

> 忌数与齐诸公子驰逐重射。孙子见其马足不甚相远，马有上、中、下辈。于是孙子谓田忌曰："君弟重射，臣能令君胜。"田忌信然之，与王及诸公子逐射千金。及临质，孙子曰："今以君之下驷与彼上驷，取君上驷与彼中驷，取君中驷与彼下驷。"既驰三辈毕，而田忌一不胜而再胜，卒得王千金。于是忌进孙子于威王。威王问兵法，遂以为师。

"田忌赛马"的取胜之策，在于孙膑看到了参赛双方马匹的赛跑能力，可以分出上、中、下三个等级，于是在对阵时，以优劣错对，以下对上，上对中，中对下，不采用上对上、中对中、下对下的常规赛法，结果以二比一获胜。策划的智慧所在，就是避强就弱，转弱为强，输一赢二，在全局上取胜。

5."立木为信"

商鞅是战国时代的政治家、改革家、思想家，法家代表人物，他在秦国的改革，史称"商鞅变法"，帮助秦国统一了六国。"立木为信"是商鞅在变法之初，一项以诚信推动变法的策划。典出《史记》卷六十八《商君列传第八》：

> 令既具，未布，恐民之不信己，乃立三丈之木于国都市南门，募民有能徙置北门者予十金。民怪之，莫敢徙。复曰："能徙者予五十金。"有一人徙之，辄予五十金，以明不欺。卒下令。

商鞅深知，变法的成功在于法能在民间推行，在于民众对法信赖，而遵守法度。"立木为信"的策划，以小见大，达到了取信于民的目的。历史发展证明，"立木为信"帮助商鞅在秦国成功推动了变法，"期年之后，道不拾遗，民不妄取，兵革强大"。商鞅的诚信品质影响深远，直到"商君死"后的秦国，商鞅之法仍然"未败"。

几千年来，中国古代策划智慧一直在影响和培育着中国人的智慧成长，成为贡献于世界思想文明的重要方面。

五、中国当代策划

中国当代策划发生在 20 世纪 80 年代的新经济发展时期，策划基于企业从计划经济走向市场经济的创新发展需要。企业需要从策划中，获得在市场经济市场中发展的对策。

在 80 年代和 90 年代，策划从为企业出"点子"开始，出现了"点子大王"。接着的是策划从"出点子"到"卖创意"，再从"卖创意"发展到"大策划"、"系统策划"，走向了策划科学。随之，策划从为企业策划，向社会的多元策划发展，出现了电视节目策划、晚会策划、广告策划、展览策划、艺术策划、旅游策划、城市形象策划、公关策划、地产策划、营销策划、婚礼策划等策划发展方向，体现了中国策划的发展与繁荣。

进入 21 世纪，中国策划进入企业的整合发展和研究教育推进阶段。2003年，国际智业集团有限公司投资创建了中国第一家专业从事策划培训、策划认证、项目策划、学术交流的权威机构——中国策划学院（China Plan Institute，简称 CPI），成立了中华全国策划师协会、中国注册策划师协会、中国策划协会、中国房地产策划师联谊会等全国性行业社会团体。同时，连年召开各种策划年会和策划人奖评选与表彰大会，中国当代策划开始进行总结和研究，将经验上升为理论，推动着中国策划从经验主义走向理性科学之路。例如，2006 年 12

月，在广州召开了中国首届策划业代表大会暨中国策划 20 年顶级峰会，大会回顾和总结了中国策划 20 年发展历程和经验，并开始评选中国企业策划案例暨策划人奖，通过了《策划创意是社会发展的核心推动力，城市发展的核心引擎力，企业发展的核心竞争力，人生发展的核心价值力》主题宣言，将策划与竞争力相联系，引导了中国策划的发展。

2010 年 6 月 20 日，中国生产力学会、中国管理科学研究院、中国国际策划学会（香港）联合在北京中华世纪坛主办第三届中国企业策划案例暨策划人奖评选大会。"中国企业策划案例暨策划人奖评选"活动每两年一次，已成为中国策划界的一件盛事。由获奖案例汇编而成的"顶尖策划"丛书，连续三年荣登国内畅销书排行榜。所评选的"十大策划专家"、"最佳策划师"，推动了策划为经济服务、为生产力发展服务。同年 6 月 21—22 日，第三届中国策划大会在北京友谊宾馆召开。2012 年 12 月 15 日，2012 中国策划年会暨第九届"诸葛亮"策划奖颁奖盛典在北京康铭大厦召开。以上活动，标志着中国将进入科学策划的发展时代。详见表 1—1。正如美国未来学家阿尔温·托夫勒所预言："主宰 21 世纪商业命脉的将是策划，因为资本时代已经过去，策划时代正在来临。"

表 1—1　中国策划年会一览表

会议类型	时间	届次	地点	主题
中国策划年会	2004 年 1 月 8—9 日	首届中国策划年会	北京科技会堂	
	2005 年 12 月 20 日	2005 中国策划年会暨第二届"诸葛亮"奖评选	北京	
	2006 年 12 月 9—10 日	2006 中国策划年会	北京	
	2007 年 12 月 8—9 日	2007 中国策划年会	北京	传承中华智慧，推动社会创新，弘扬民族品牌，创建和谐共赢
	2008 年 12 月 6 日	2008 中国策划年会	北京	弘扬中华文化，倡导和谐共赢，推动民族品牌，创新社会发展
	2009 年 12 月 12 日	2009 中国策划年会	上海华纳酒店	飙中国智慧风，握经济之脉搏，创智业之风采
	2010 年 12 月 10 日	2010 中国策划年会	北京京燕饭店	"变则通，通则达"——探释中国式财智新视角
	2012 年 12 月 15 日	2012 第十届中国策划年会暨第九届"诸葛亮"奖颁奖盛典	北京康铭大厦	文化引领、商帮跨越、抱团取暖、共度时艰

会议类型	时间	届次	地点	主题
中国策划师年会	2003 年	第一届	北京	
	2004 年	第二届	上海	产生"中国策划业十大著名团队"、"中国十大策划业领袖"等行业内最高荣誉
	2005 年	第三届	深圳	"中国创意产业高峰论坛"
	2006 年	第四届	贵州	
	2007 年	第五届	杭州	中国企业经营策划大会
	2009 年	第六届	上海	创意与城市精彩高峰论坛
	2010 年	第七届	新疆	新疆跨越大发展品牌高峰论坛
	2011 年	第八届	山东曲阜	中国传统文化与现代创意策划的融合交流峰会
	2012 年	第九届	江西南昌	中国文化创意产业发展高峰论坛
	2013 年	第十届	上海	
中国房地产策划师年会	2008 年 12 月 15 日	第一届	北京大学	宏观经济·楼市走势·策划文化
	2009 年 12 月 12 日	第二届	上海·易居	共享成果，共赢未来
	2010 年 12 月 11—12 日	第三届	广东深圳	聚合、融通、创新
	2011 年 12 月 10—11 日	第四届	广东广州	转型·创新·共赢
	2013 年 1 月 12—13 日	第五届	浙江杭州	前瞻·多元·创新
	2013 年 12 月 14—15 日	第六届	海南三亚	打造地产升级版
中国创意策划年会	2009 年 12 月 8—9 日	第六届	上海市	
	2013 年 12 月 20—22 日	第十届	上海市	
全国商务策划师年会	2005 年	2005 年全国商务策划师年会暨第二届中国商务策划财富精英论坛	北京大学	
	2008 年 5 月 23—25 日	中国商务策划创新大会暨第二届全国商务策划师年会	江苏苏州	

※ 根据网络资料整理编制。

第二节　旅游策划定义、类型、地位与作用

一、旅游策划定义

在中国经济策划大潮之下，旅游业也开始了旅游策划实践，开始了旅游策划的研究，2000 年由福建人民出版社出版了我国第一部《旅游策划学》（沈祖祥、张帆主编），对旅游策划学进行了学科整体性叙述。由此，中国进入了一个整体性探讨旅游策划学科发展的阶段。中国学者对"旅游策划"定义的研究，形成了多种见解。

杨振之教授认为，旅游策划"是通过整合各种资源，利用系统的分析方法和手段，通过对变化无穷的市场和各种相关要素的把握，设计出的能解决实际问题的、具有科学的系统分析和论证的可行性方案和计划，并使这样的方案和计划达到最优化，使效益和价值达到最大化的过程"。[①] 杨振之教授认为旅游策划是一个整合资源、分析把握市场、设计出效益价值最大化的最优方案和计划的过程，定义强调了策划对资源、市场、方案和计划、效益和价值四者的关系转变，突出"最优化"和"最大化"的策划要求。

戴庞海先生撰文认为："旅游策划是旅游策划者为实现旅游组织的目标，以旅游资源为基础，通过对旅游市场和旅游环境等的调查、分析和论证，创造性地整合旅游资源，别出心裁地设计和策划旅游方案，谋划对策，然后付诸实施，以便使旅游资源与市场密切结合，从而获得最佳经济效益、社会效益和生态效益的运筹过程。"[②] 戴庞海先生的旅游策划定义与杨振之教授最大的不同，是强调了策划的"别出心裁"，突出了旅游策划的创新要求。

沈刚先生也有文章认为："旅游策划就是依托创造性思维，整合旅游资源，实现资源、环境、交通与市场的优化拟合，实现旅游业发展目标的一种创造过程。思维和创造贯穿旅游策划始末，它是旅游创新的基础和根源。"[③] 沈刚先生认为旅游策划是一种创造过程，把"思维"、"创造"放到旅游策划活动的凸显的位置，强调了旅游策划的智慧创造特性。

---

① 杨振之. 旅游原创策划 [M]. 成都：四川大学出版社，2005.
② 戴庞海. 旅游策划创新中存在的问题及对策探讨 [J]. 河南工程学院学报（社会科学版），2009，6（24 卷 2 期）.
③ 沈刚. 基于市场需求的高职高专《旅游策划》课程建设启示 [J]. 教育研究，2007（10B）.

就"旅游策划"定义而言，应反映旅游策划的目的、性质、作用和方式等内涵，可以将旅游策划定义为，旅游策划是面向旅游市场需求，用创造性思维整合旅游资源，以新颖形式获得旅游市场拓展，实现旅游产业发展的筹划活动。旅游策划的筹划活动是一个发展的思辨活动，筹划的信息来自现实，而策划的思维要超于现实，在超于现实的思维空间，需要获得思想的升华，获得创新方案，通过创新方案实现策划的预期效益。

二、旅游策划类型、地位与作用

随着旅游产业的发展，旅游策划的内容愈来愈广泛，形成丰富的策划类型，不同类型的旅游策划正在发挥推动旅游产业发展的积极作用。

1. 旅游策划类型

旅游活动的多元多向特性，导引旅游产业的多元多向性发展。旅游策划是面向旅游产业的策划，涉及旅游产业的各个方面。根据不同的分析角度，可以形成不同的旅游策划类型体系。如按照旅游策划内容的复杂程度，将旅游策划分成单项旅游策划和综合旅游策划。单项旅游策划是指对单一主题和内容所进行的策划，如旅游休憩节点策划、旅游集散中心策划、旅游景区营销策划、旅游购物策划、旅游演艺策划等。综合旅游策划内容较为复杂，涉及诸个主题，如旅游区开发策划、旅游度假区策划、旅游产业发展策划、旅游小镇策划、旅游综合体策划、旅游产业园区策划、旅游影视基地策划等。

又如按照旅游策划内容的跨度，将旅游策划分为宏观旅游策划、中观旅游策划和微观旅游策划三种类型。宏观旅游策划主要是旅游战略宏观层面的策划，如旅游开发战略策划、旅游产业发展战略策划、旅游企业发展战略策划、旅游品牌战略策划等。中观旅游策划是旅游发展一个方面的策划，如观光旅游产品策划、文化旅游项目策划、旅游地文化策划等。微观旅游策划主要是对具体项目的策划，如旅游晚会策划、旅游文化节策划、旅游招商策划等。再如按照旅游活动的形式分类，将旅游策划分为观光旅游策划、休闲旅游策划、度假旅游策划、养生旅游策划、商务旅游策划、会展旅游策划、生态旅游策划、乡村旅游策划、文化旅游策划、工业旅游策划、农业旅游策划、创意旅游策划、特种旅游策划等等。

还有学者从点、线、面、体的视角，对旅游策划类型进行分析，将旅游策划分为点式旅游策划、线式旅游策划、面式旅游策划、体式旅游策划等四种类型。点式旅游策划是指出点子式的策划。点式旅游策划所要解决的是较为简单的旅游问题，策划者只需要根据旅游问题给出点子。线式旅游策划是针对旅游业某一方面所做的系列旅游策划，如对旅游市场营销的策划，需要包括旅游公关营销策划、旅游广告策划、旅游广告营销策划、旅游企业形象策划、旅游产品策划、旅游品牌策划、旅游事件营销策划、旅游网络营销策划等多个点式旅游策划，构成一个线式旅游策划。面式旅游策划是针对旅游业或旅游企业的全面策划，如旅游产业策划、旅游企业发展策划等，都包括了对旅游业或旅游企业的全面策划。体式旅游策划是指按时间为轴所进行的立式旅游策划，如近期旅游发展策划、中期旅游发展策划、旅游发展战略策划，就组成了旅游业发展的体式旅游策划。点、线、面、体的旅游策划分类，具有内在联系，形成为一个旅游策划的整体。从点式旅游策划出发，推进到线式旅游策划，再由线式旅游策划推进到面式旅游策划，由面式旅游策划推进为体式旅游策划，体现了旅游业发展的过程，也体现了旅游策划对旅游业发展的推动作用。

旅游策划分类的研究开拓了我们对旅游策划类型认识的思路。大凡事物的区别都在于事物的性质，旅游策划分类亦然，旅游策划类型间的区别，最终都由性质体现出来。按策划的性质进行的分类，可以更好地梳理形形色色的旅游策划。依此认识，形成对旅游策划类型的分析。详见表1—2。

按策划的性质，旅游策划可以划分为旅游战略策划、旅游产品策划、旅游项目策划、旅游营销策划、旅游文化策划、政府旅游策划、旅游企业策划、旅游管理策划等八大基本类型。

旅游战略策划是对旅游产业或旅游企业宏观发展的策划，包括旅游开发战略策划、旅游发展战略策划、旅游产业战略策划、旅游企业战略策划、旅游人才战略策划、旅游规划战略策划、旅游品牌战略策划等旅游策划。

旅游产品策划是对提供旅游体验产品的策划。旅游产品是旅游产业发展的根本和旅游产业发展平台，旅游产品策划可按旅游产品功能、旅游产品组成要素和旅游产品形态进行类型细分。按旅游产品功能，分为观光旅游产品策划、休闲旅游产品策划、度假旅游产品策划、文化旅游产品策划、商务旅游产品策划、娱乐旅游产品策划、生态旅游产品策划等；按旅游产品组成要素，分为餐饮产品策划、住宿产品策划、交通产品策划、游览产品策划、购物产品策划等；按旅游产品形态，分为主题旅游产品策划、核心旅游产品策划、组合旅游产品策划等。

旅游项目策划是旅游具体活动的策划，包括旅游节庆项目策划、文化旅游项目策划、旅游景区项目策划、旅游景点项目策划、农业旅游项目策划、工业旅游项目策划、乡村旅游项目策划、城市旅游项目策划、观光旅游项目策划、休闲旅游项目策划、度假旅游项目策划、主题公园项目策划、旅游集散中心项目策划、商务旅游项目策划、娱乐旅游项目策划、生态旅游项目策划、旅游地产项目策划等。

旅游营销策划是对旅游目的地和旅游产品的推销策划，包括旅游目的地营销策划、旅游企业营销策划（旅游公司营销策划、旅游景区营销策划、旅游会展营销策划等）、旅游市场营销策划、旅游产品营销策划、旅游公关营销策划、旅游广告营销策划、旅游形象营销策划、旅游品牌营销策划、旅游事件营销策划、旅游网络营销策划等。

旅游文化策划是对旅游地和旅游企业的文化包装和推销策划，包括旅游地文化策划、旅游企业文化策划、旅游文化节策划、旅游文化活动策划、旅游文化地产策划等。

政府旅游策划是政府涉及旅游产业的策划，包括政府委托旅游策划和政府根据旅游产业发展需要所进行的自身旅游策划。政府委托旅游策划一般是指各级人民政府授权相关行政管理部门委托策划机构或个人进行的旅游策划。如奖励旅游策划、旅游产业发展策划、旅游基础设施策划、旅游节庆策划、旅游景区市政基础设施与旅游交通基础设施策划等。政府自身旅游策划，如政府旅游形象策划、政府旅游门户网站策划、政府旅游政策策划等。

旅游企业策划是旅游企业建设与发展的策划，包括饭店策划、旅行社策划、旅游餐饮企业策划、旅游娱乐企业策划、旅游企业营销策划、旅游企业管理策划等。

旅游管理策划是旅游行政部门对旅游产业发展的控制性策划，包括旅游产业管理策划、旅游景区管理策划、旅游企业管理策划、旅游市场管理策划、旅游地产管理策划、旅游危机管理策划等。

表1—2　旅游策划类型一览表

分　类	类　　型
单项旅游策划	旅游休憩节点策划、旅游集散中心策划、旅游景区营销策划、旅游购物策划、旅游演艺策划等。
综合旅游策划	旅游区开发策划、旅游度假区策划、旅游产业发展策划、旅游小镇策划、旅游综合体策划、旅游产业园区策划、旅游影视基地策划等。
宏观旅游策划	旅游开发战略策划、旅游产业发展战略策划、旅游企业发展战略策划、旅游品牌战略策划等。
中观旅游策划	观光旅游产品策划、文化旅游项目策划、旅游地文化策划等。
微观旅游策划	旅游晚会策划、旅游文化节策划、旅游招商策划等。
旅游活动策划	观光旅游策划、休闲旅游策划、度假旅游策划、养生旅游策划、商务旅游策划、会展旅游策划、生态旅游策划、乡村旅游策划、文化旅游策划、工业旅游策划、农业旅游策划、创意旅游策划、特种旅游策划等。
点式旅游策划	出点子。

分　类	类　　型
线式旅游策划	旅游市场营销的策划，需要包括旅游公关营销策划、旅游广告策划、旅游广告营销策划、旅游企业形象策划、旅游产品策划、旅游品牌策划、旅游事件营销策划、旅游网络营销策划等多个点式旅游策划，构成一个线式旅游策划。
面式旅游策划	旅游产业策划、旅游企业发展策划。
体式旅游策划	近期旅游发展策划、中期旅游发展策划、旅游发展战略策划，组成了旅游业发展的体式旅游策划。
旅游战略策划	旅游开发战略策划、旅游发展战略策划、旅游产业战略策划、旅游企业战略策划、旅游人才战略策划、旅游规划战略策划、旅游品牌战略策划。
旅游产品策划	观光旅游产品策划、休闲旅游产品策划、度假旅游产品策划、文化旅游产品策划、商务旅游产品策划、娱乐旅游产品策划、生态旅游产品策划、餐饮产品策划、住宿产品策划、交通产品策划、游览产品策划、购物产品策划、主题旅游产品策划、核心旅游产品策划、组合旅游产品策划。
旅游项目策划	旅游节庆项目策划、文化旅游项目策划、旅游景区项目策划、旅游景点项目策划、农业旅游项目策划、工业旅游项目策划、乡村旅游项目策划、城市旅游项目策划、观光旅游项目策划、休闲旅游项目策划、度假旅游项目策划、主题公园项目策划、旅游集散中心项目策划、商务旅游项目策划、娱乐旅游项目策划、生态旅游项目策划、旅游地产项目策划等。
旅游营销策划	旅游目的地营销策划、旅游企业营销策划（旅游公司营销策划、旅游景区营销策划、旅游会展营销策划等）、旅游市场营销策划、旅游产品营销策划、旅游公关营销策划、旅游广告营销策划、旅游形象营销策划、旅游品牌营销策划、旅游事件营销策划、旅游网络营销策划等。
旅游文化策划	旅游地文化策划、旅游企业文化策划、旅游文化节策划、旅游文化活动策划、旅游文化地产策划等。
政府旅游策划	奖励旅游策划、旅游产业发展策划、旅游基础设施策划、旅游节庆策划、旅游景区市政基础设施、旅游交通基础设施策划、政府旅游形象策划、政府旅游门户网站策划、政府旅游政策策划。
旅游企业策划	饭店策划、旅行社策划、旅游餐饮企业策划、旅游娱乐企业策划、旅游企业营销策划、旅游企业管理策划等。
旅游管理策划	旅游产业管理策划、旅游景区管理策划、旅游企业管理策划、旅游市场管理策划、旅游地产管理策划、旅游危机管理策划。

旅游策划类型的划分不是绝对的，从不同角度，按不同原则，同一项旅游策划都可以归为不同类型。认识旅游策划类型的目的，在于很好地找寻旅游策划规律，把握旅游策划内涵，获得更好的旅游策划创新成果。

2.旅游策划地位

随着旅游产业的深入发展，旅游策划愈来愈显示出在旅游产业发展中的重要地位与作用，人们也愈来愈感觉到，一个好的旅游策划能让人有立即实现它的冲动，能读出成功就在眼前。

旅游产业的发展需要旅游资源以获得旅游业发展的基础，需要科学技术以提高旅游生活的舒适度，更需要旅游策划的魅力以提供前所未有的旅游体验生活。旅游策划具有推动旅游产业发展的知识与智力地位。

人类社会发展到21世纪，愈来愈显示出知识与智力在社会经济发展中强大的推动作用，以至于人们用"知识经济时代"来指称这个时代。知识与智力在知识经济时代拓展到了产业领域，形成知识产业与智力产业。在知识经济时代的旅游产业，旅游策划得到重视和扩展，是时代发展的必然，旅游策划也正在旅游产业中显现出知识与智力的产业意义，用知识与思想，为旅游地和旅游企业创造出异乎寻常的社会价值和经济价值。

旅游策划体现了知识经济时代智力产业的智慧特征，独到的思想，绝妙的概念，闪光的创意，精彩的案例，提高了政府的决策水平。旅游策划给旅游企业出谋划策，给旅游企业以智力、思想、策略的帮助与支持，创造了更多的经济效益。随着社会经济与文化的发展，人们将提高对旅游生活的要求，推动旅游产业对旅游策划的需求，也将比任何时代需要更多旅游策划想象，需要更多的旅游策划创意，也将日益巩固旅游策划在旅游产业发展中的知识与智力地位。

3.旅游策划作用

旅游产业发展需要旅游策划，旅游策划也在旅游产业发展中发挥了作用。旅游策划作用的效益，首先在于有效地整合分散的、凌乱的旅游资源，调动协调概念资源、人力资源、物力资源、社会资源，理清资源关系，分析资源功能，围绕中心，形成资源优势。

其次，旅游策划可以科学预测未来市场，预测目标市场居民具体的旅游需求，使所策划的旅游产品、项目、主题活动成为旅游吸引物，使潜在旅游者变为游客，提高旅游者在活动期间的消费水平，延长旅游者的停留时间，带动周边地区旅游发展。

第三，旅游策划可以通过创新概念，增强所策划的旅游项目的市场竞争能力，突破开发模式，增强景区的生产力，赢得市场主动。通过创建旅游品牌，树立旅游形象，为旅游地创造出更多的商机，提升旅游目的地的旅游市场地位，赢得市场。

第四，旅游策划可以通过旅游市场调研，利用从旅游市场总结出来的智慧，帮助旅游地和旅游企业遵循科学程序，准确决策，避免旅游发展失误，增强企业的管理创新能力。旅游企业要发展，重点是管理创新。策划人帮助旅游企业管理创新，就是从寻求旅游景区的问题入手，探索解决管理问题的有效途径。

在旅游产业的发展中，旅游策划愈来愈变得不可或缺，其作用将体现在旅游业发展的各个方面，成为旅游产业发展的重要组成部分。

第三节　旅游策划特性

在旅游产业的发展中，除了旅游策划之外，还需要旅游设计和旅游规划的保驾护航。旅游设计、旅游规划与旅游策划一样都属于智力产业，都以知识和智慧支持旅游产业的发展。然而，三者是有区别的，要认识旅游策划特性，需要将旅游策划与旅游设计、旅游规划进行比较分析。

一、旅游策划与旅游设计

旅游设计是按照一定的规则对旅游项目的设计，如风景区设计、旅游景点设计、旅游方案设计、旅游线路设计、旅游景观设计、旅游购物步行街设计、游憩方式设计、旅游品牌包装设计、旅游网站设计、旅游商品设计、旅游建筑设计、旅游标识标牌设计、旅游装备器材设计等，根据具体要求用设计图的形式表达设计结果，依据设计图可以进行制作和制造。绘制是旅游设计的突出特征。

旅游策划与旅游设计是相互联系的。旅游策划的核心是创意，而旅游设计在方法上，缺少旅游策划无拘无束的创意畅想，旅游设计的工作是用具体的技术将旅游策划创意畅想变成可以实践的具体方案。旅游策划也需要通过旅游设计将创意表达出来，将创意变成蓝图。旅游设计是旅游策划实现创意目的的手段。旅游策划与旅游设计是创意思考和结果呈现的关系。

当然，一个好的旅游设计，能够包容旅游策划创意，源于旅游策划创意，高于旅游策划创意，既是旅游策划的原创设计，又是旅游策划创意的提高，是旅游策划创意的补充与完善。

二、旅游策划与旅游规划

旅游策划和旅游规划有相同之处，也有相异之处。相同之处是旅游策划和旅游规划都是一种重要的思维创造活动，有相一致的依据原则，如信息性原则、创新性原则、特色原则、保护原则、弹性原则、大旅游原则、可行性原则等。然而，毕竟是两大思维创造活动，存在着较大的区别和差异。

1.性质差异

旅游策划是"出谋划策"，依托创造性思维，整合旅游资源，实现资源、环境、交通与市场的优化组合，实现旅游业发展目标的创造过程。旅游策划的对象是具体旅游事件，通过创造性思维，找出资源与市场间的核心关系，形成可实施的明确方案，并对近期的行动进行系统安排。旅游策划方案不需政府审批，不具有法律效用。宏观旅游策划强调，通过创造性思维，找出资源与市场间的核心关系，建构可采取的最优途径，形成可实施的明确方案，并对近期的行动进行系统安排。

旅游规划是一个地域综合体内旅游系统发展目标和实现方式的整体规划部署过程。旅游规划必须遵循行业和国家要求进行，要按照行业和国家要求对旅游经济产业系统未来发展的规范性统筹谋划。旅游规划具有统筹全局功能，规划文本需要经相关政府审批，具有法律效用，是区域政府各类部门进行旅游开发、建设的法律依据。

2. 理念差异

旅游规划需要遵循法定的规范程序，对目的地或景区长期发展进行综合平衡、战略指引与保护控制规划，实现旅游业有序发展的目标。旅游规划为旅游发展设计一个框架，是长期的、稳定的、必要的旅游产业持续发展框架。

旅游策划是从创造性思维的角度出发，以资源与市场对接为目标，用独树一帜和鹤立鸡群的理念，解决旅游吸引力、产品开发过程、营销等方面的独特性与操作问题；围绕旅游吸引力和商业感召力，旅游策划必须从创新性、可操作性出发，提出游憩方式、营销方式、商业模式等方面的实施方案。

3. 要求差异

旅游规划是有恒定要求的规划，要按照国家规范的标准要求进行，遵循法定的规范程序，提出旅游目的地或景区的长期发展所需要的旅游资源开发、产业结构综合平衡、发展战略指引、发展目标与环境保护控制等规划蓝图，具有稳定性和长期性。

旅游策划则是无规定限制，需要敞开思维。旅游策划是以资源与市场对接为目标所进行的谋划，具有灵活的创造性，通过运用独特的方法提高旅游吸引力，创新游憩方式，赢得旅游市场。旅游策划要求具有创新性，讲究创意的针对性，根据旅游市场的变化而变化。

4. 任务差异

旅游规划的基本任务，是通过确定发展目标，提高吸引力，综合平衡游历体系、支持体系和保障体系的关系，拓展旅游内容的广度与深度，优化旅游产品的结构，保护旅游业赖以发展的生态环境，保证旅游地获得良好的经济效益，促进区域社会经济的发展。

旅游策划的基本任务则是针对明确而具体的旅游事件的目标，通过创造性思维和操作性安排，形成旅游独特的休憩方式、产品内容、主题品牌和商业模式，提出有效的营销促销方案，全面提升旅游产品的市场份额，延续旅游产品的生命力，促使旅游地在近期内获得良好的经济效益和社会效益。

5. 功能不同

旅游规划与旅游策划是旅游产业发展的两大思维创新活动。旅游规划与旅游策划两者关系密切，都是依据旅游资源，以市场为导向的思维创新活动。旅游规划以旅游策划为前导，旅游策划属于旅游规划的前导和组成部分。然而，旅游规划与旅游策划具有不同的功能。旅游规划强调产业规划，侧重于旅游产业结构功能和布局完整；旅游策划则侧重于创意，强调新的思维、新的角度、新的表现形式、新的引导方向。旅游规划关注"面"，关注"面"的整体性和完整性；旅游策划更关注"点"，关注"点"的创意。旅游规划要求前瞻性，讲求系统性；旅游策划则要求现实性，讲求现实的创意、创新。旅游规划从结构出发，有创意部分，也有常规部分，是二者的结合。旅游策划是旅游规划的灵魂，旅游规划的新、奇、特是通过旅游策划来实现的。

旅游策划和旅游规划的相异之处，可以简要概括为九个对应方面，即旅游规划是宏观的，旅游策划是微观的；旅游规划是全局的，旅游策划是具体的；旅游规划是长期的，旅游策划是短期的；旅游规划是统筹的，旅游策划是创新的；旅游规划是指导方针，旅游策划是实施方案；旅游规划形式规范，旅游策划形式灵活；旅游规划重战略研究，旅游策划重创意生成；旅游规划偏重于逻辑性思维，旅游策划偏重于创造性思维；旅游规划重技术，旅游策划重艺术。由于旅游策划与旅游规划存在的同异性，有时旅游规划委托单位为了提高旅游规划的质量和水平，先做旅游策划，后做旅游规划，旅游策划里有旅游规划的章节，旅游规划里有旅游策划的章节。

在旅游发展的作用上，旅游策划和旅游规划有着密切联系。经过旅游发展实践，旅游行业已经理清了旅游策划和旅游规划的互动关系。一个旅游景区开发与发展的顺序，分为旅游规划前旅游策划和旅游规划后旅游策划。旅游规划前的旅游策划是旅游总体策划，在旅游规划之前导入旅游总体策划，可以解决旅游规划中的旅游发展战略、旅游发展定位、旅游形象定位、旅游市场定位、旅游资源与旅游市场的结合点、旅游目的地吸引力构架、旅游客源市场、旅游产品基础、旅游开发格局、旅游产品结构、旅游基础设施等大理念问题。在旅游策划创意大理念思路的指导下，进行旅游规划，确定旅游发展战略、旅游发展定位、旅游形象定位和旅游市场定位，将旅游资源转变为旅游产品、旅游项目，编制详细的旅游发展规划。有了前期的旅游策划，旅游规划更具创新性和时效性。

旅游规划后的旅游策划是对旅游规划所规划的旅游事项，进行深度地具体策划，如旅游项目策划、旅游营销策划、旅游招商策划、旅游融资策划等。通过旅游规划后的旅游策划，旅游规划可以获得旅游发展的具体战略战术和创新的行动计划。

三、旅游策划特性

旅游策划是策划的一种，除了具备一般策划所具有的目标性、系统性、科学性、客观性、时效性、信息性、效益性、操作性等策划的共性之外，更具有超越策划共性的特殊性。旅游策划通过对旅游业特殊性的深入研究，采用策划的普遍原理和方法来解决旅游业的特殊问题，形成了旅游策划的特殊性。

1. 谋略性与智力性

旅游策划的基本特点就是为旅游业发展出谋划策，帮助旅游地进行战略性决策。谋略性是一般策划活动的根本特征，也是旅游策划的最基本特征。旅游策划通过对策划事项的信息搜集、资源评估、市场调查，进行运筹、谋划、构思和设计，高瞻远瞩，放眼未来，系统思维，把握全局，提出策划创意、计策、谋略，创造性地实现旅游策划的目标。

旅游策划是一种智力活动，比一般的智力活动更具有知识高度密集型的特性。旅游策划是多因素、多层次、跨度大的智力运作活动，要求策划人员具备渊博的知识、丰富的经验、宽阔的视野、灵活的思维，掌握现代高新技术信息，能够另辟蹊径，能够创造性解决问题。旅游策划高知识的智力性特点在旅游策划中起主导和基础作用。

2. 创造性与竞争性

旅游策划是随机性、灵活性很强的创造性工作。旅游策划的创造性体现在，根据旅游市场需求，整合旅游资源，分析旅游信息，运用逻辑与非逻辑思维方法去创造性地审视旅游资源的价值和旅游需求的变化，运用内部可控资源和外部可拓展资源，通过发散思维、精心选择与巧妙组合，实现旅游资源与需求的最佳对接，发挥旅游资源的最大价值。创造性是旅游策划活动的本质特征，是旅游策划活动的生命力所在。离开了创造性，旅游策划就失去了应有的意义和价值。在旅游策划活动中，创造性体现在各个方面。创意是创造性活动的产物，是创造性思维的结晶，是旅游策划方案形成的起点，是旅游策划活动的灵魂。通过旅游创意，推出新理念、新主题，产生化腐朽为神奇的策划方案。

旅游策划的竞争特性来自旅游市场的竞争需要。旅游目的地和旅游企业通过旅游策划，获得竞争策略，提升旅游市场的竞争力，赢得旅游市场发展空间，赢得旅游市场发展效益。现代旅游行业的竞争愈发激烈，传统意义上的质量竞争、价格竞争、市场竞争，逐步暴露出其局限性，市场竞争开始转向多元化。

旅游策划通过以竞争优势为策划的核心理念，找出的核心竞争优势，从新视角构建核心竞争力，采取与竞争对手截然不同的竞争战略策划，以超越游客和竞争对手的视野不断创新产品，提供能将某个特色市场与其他市场清晰、有效地区隔开来的产品与服务，形成较强的竞争力和市场占有率，确定在市场上强有力的竞争地位。旅游产品的多元性和消费的综合体验性，决定了旅游地的核心竞争力应由多元因素构成。旅游策划依靠科学的信息系统，有效地发现、策划和掌控机遇，倚重商业远见、经营谋略和创意，谋求具有竞争力的跨越式发展的旅游策划方案，增强企业的实力与竞争力特色。

3. 体验性与艺术性

人们旅游的目的就是为了获得从未有过的生活体验，旅游策划就是为游客策划独特而丰富的旅游生活体验而服务的。体验经济的理念是旅游策划的基本思想方法，体验性贯穿旅游策划的整个过程，体现在旅游策划的方方面面。旅游策划通过对所拥有的旅游资源的独特组合，运用体验设计的技术方法，塑造氛围，设计情景，策划景观，组织活动，配套服务，为游客创造主题鲜明，具有审美、娱乐、教育功能的旅游体验。

旅游策划的艺术性体现在旅游景观策划、旅游形象策划、旅游商品策划、旅游娱乐策划等旅游产品的艺术加工与创作中。艺术加工与创作在旅游策划中占有重要的地位。旅游策划的艺术性，不仅在于融传统文化的诗词、楹联、书画、园林等艺术方法于策划旅游产品之中，提升旅游资源的价值与功能，为普通的旅游产品增添更多的精神内涵，提供无穷的回味空间，更重要的是设计出独特的体验意境和体验方式，使旅游产品具有美学价值和艺术价值，满足游客的审美体验需求，体现旅游活动的价值。旅游策划的艺术性是旅游策划与旅游规划的最大区别。

旅游策划的特性是由旅游产业发展对旅游策划的要求所决定的，旅游策划要适应旅游产业发展要求，在适应旅游产业发展中，发挥着与旅游设计、旅游规划不同的特有作用，与旅游设计、旅游规划一起，共用推动旅游产业的科学发展。

第二章

旅游策划理论

　　旅游策划学作为一个学科，需要建立理论模型，需要一个科学的系统学科理论来指导旅游策划活动。旅游策划学是随着旅游产业发展需要，由旅游学与策划学相融形成的交叉学科。然而，在旅游策划实践中，旅游策划所涉及的理论远不止旅游学与策划学，对运筹学与市场学、美学与心理学、文化学与社会学等多学科都有所借鉴。因而需要吸收诸多学科的相关理论，构建一个具有权威性和系统性的旅游策划学理论体系。

第一节　策划学常用理论

　　旅游策划是策划学的分支，旅游策划理论需要借鉴策划学理论，获得成熟与发展。在策划学界，已有学者将流行的策划学理论进行了整理，形成所谓的策划"九法"。

一、二八定律与长尾理论

　　二八定律，也称二八法则，出自意大利经济学家帕累托。长尾理论（The Long Tail）是网络时代兴起的一种新理论，由美国人克里斯·安德森提出。

1. 二八定律

　　1897 年，意大利经济学家帕累托偶然注意到 19 世纪英国人的财富和收益模式。在调查取样中，发现财富在人口中的分配是不平衡的，大部分的财富流向了少数人手里，即社会上 20% 的人占有 80% 的社会财富。他还从早期的资料中发现，在其他国家都发现有这种微妙关系。于是，帕累托认为 80% 的收入来源于 20% 的客户，80% 的财富掌握在 20% 的人手中，公司里 80% 的业绩是 20% 的员工完成的，20% 的强势品牌占据着 80% 的市场，80% 的利润来自它 20% 的项目。

在日常生活中，也有"二八定律"现象。如20%的人成功，80%的人不成功；企业主要抓好20%的骨干力量的管理，再以20%的少数带动80%的多数员工，以提高企业效率。经营者要抓住20%的重点商品与重点用户，80%的销售额来自20%最优秀的营销人员。80%的公司利润来自20%的重要客户，其余20%的利润则来自80%的普通客户。20%的强势品牌，占有80%的市场份额。

"二八定律"之所以得到业界的推崇，就在于抓住结构中的重要部分。按二八定律，给一个公司带来80%利润的是20%的客户。如果能把这20%的客户找出来，提供更好的服务，对于公司的发展和业绩的增长无疑是最大的帮助。把80%的资源花在能出效益的关键20%的方面，20%方面又能带动其余80%的发展。旅游策划中的"二八定律"，要求重视结构中20%的重要部分，重视对关键区域、关键资源、关键产品、关键项目、关键功能的策划。

2. 长尾理论

21世纪，与二八定律相对，又出现了长尾理论。2004年10月，美国《连线》杂志主编克里斯·安德森，在《连线》杂志上发表《长尾》文章，此后将《长尾》一文扩大写成了一本影响商业世界的畅销书《长尾理论》。长尾理论研究的对象就是在二八定律理论中被忽略不计的80%的作用。

长尾理论的基本原理是，只要存储和流通的渠道足够大，需求不旺或销量不佳的产品所共同占据的市场份额，可以和少数热销产品所占据的市场份额相匹敌，即众多小市场汇聚，可以拥有与主流大市场相匹敌的市场能量。也就是说，企业的销售量，不在于传统需求曲线上代表"畅销商品"的头部，而是那条代表"冷门商品"，经常为人遗忘的长尾。长尾理论所涉及的冷门产品，涵盖了更多人的需求，当更多的人有了"冷门商品"的需求，"冷门商品"就不再冷门。

"长尾理论"被认为是对"二八定律"的叛逆。在长尾理论中，所谓的"长尾"就是二八定律中不被重视的80%的非关键市场和低收益客户。"二八定律"关注20%部分，认为20%的商品带来80%的销量。长尾理论则关注不被重视的80%的长尾巴，认为这部分积少成多，可以积累足够大，甚至超过主流产品的市场份额。[①]在市场发展策划中，长尾理论将帮助小商品、小市场发挥效益。

旅游策划的长尾理论，要求在信息技术日益发展的网络时代，利用数字化手段，将数量庞大的产品集合和存储起来，利用网站的搜寻功能，使消费者能方便地在海量的选择中发现和了解到自己偏好的产品，将众多小需求聚集起来，实现市场效益。

---

① （美）克里斯·安德森著，乔江涛译. 长尾理论 [M]. 北京：中信出版社，2006.

二八定律与长尾理论两个理论分别各执事物构成系统中之一端，特别关注一端的益处。二八定律在"二"与"八"关系作用中，强调了"二"的价值，而长尾理论则强调"八"的意义。实际上，在一定的条件下，"二"与"八"的价值是会转变的，二八定律与长尾理论恰好说明了这一规律。

二、SWOT 分析法与 5W2H 分析法

SWOT 分析法，又称为态势分析法或优劣势分析法，由旧金山大学管理学教授韦里克于 20 世纪 80 年代初提出。5W2H 分析法，是第二次世界大战中美国陆军兵器修理部首创。

1. SWOT 分析法

SWOT 是由优势（Strength）、劣势（Weakness）、机会（Opportunity）、威胁（Threat）四个英文单词头一个字母所组成。SWOT 分析法，即基于内外部竞争环境和竞争条件下的态势与调查分析。可以分为两部分，第一部分为 SW，主要用来分析内部条件；第二部分为 OT，主要用来分析外部条件。将调查得出的各种因素，根据轻重缓急或影响程度等排序进行，构造 SWOT 矩阵，得到优势、劣势、机会、威胁状况系列结论。SWOT 分析法被认为是一种能够较客观而准确地分析和研究现实情况的方法，用来确定企业的竞争优势、竞争劣势、机会和威胁。

旅游策划的 SWOT 分析法适用于旅游产业尚未开发地区或者一个旅游产品尚未开发前的研究，帮助旅游未开发地区或旅游产品，明确优势因素，找出弱点因素，利用机会因素，化解威胁因素，进行旅游产业或旅游产品的可行性论证。

2. 5W2H 分析法

5W2H 分析法是说明品牌从战略（Who、Why）到策略（What、When、Where）、战术（How）和品牌预算（How much）完整的品牌运作系统。5W2H 分析法内容包括七个方面，要回答七个方面问题，使策划运筹获得完整方案。

5W2H 用五个以 W 开头的英语单词和两个以 H 开头的英语单词进行设问，发现解决问题的线索，寻找解决问题的思路，落实问题的解决方案。所要回答的七个方面问题，其一 Why，为什么？要回答为什么要这么做，理由何在，原因是什么；其二 What，什么？要回答目的是什么，做什么，准备什么，重点是什么，功能是什么，规范是什么，工作对象是什么；其三 Who，谁？回答由谁来承担，谁来完成，谁负责；其四 Where，何处？回答在哪里做，从哪里入手，从何处着手进行最好；其五 When，何时？要回答什么时候开始，什么时间完成，什么时机最适宜；其六 How，怎么做？回答如何提高效率，如何实施，方

法怎样，如何做；其七 How much，多少？回答做到什么程度，数量如何，质量水平如何，费用产出如何，成本如何，达到怎样的效果。

提出疑问对于发现问题和解决问题是极其重要的。创造力高的人，都具有善于提问题的能力。提出一个好的问题，就意味着问题解决了一半。学会发明首先要学会提问，善于提问。提高设问技巧，可以激发人的想象力。在做旅游策划时，从 5W2H 来思考，有助于理清旅游策划思路，杜绝盲目性。

旅游策划的 SWOT 分析法与 5W2H 法，给策划指明了思考问题的方向，明晰了分析问题的思路，使寻求问题的方案变得有规律可循。SWOT 分析法与 5W2H 法具有互补性，SWOT 分析法主要分析旅游业所具有的优势和劣势以及面临的机会与挑战，并没有考虑到旅游地和企业改变现状的主动性；5W2H 法强调旅游地和企业可以通过人的能动性来创造所需要的优势，实现战略发展目标。

三、三种竞争战略与蓝海战略理论

三种竞争战略理论由美国哈佛商学院教授麦克尔·波特在《竞争战略》一书中提出。蓝海战略由 W·钱·金教授和勒尼·莫博涅教授在《蓝海战略》一书中提出，[①] 为企业指出了一条通向未来增长的新路。

1. 三种竞争战略

波特的研究认为，在与五种竞争力量（行业现有的竞争状况、供应商的议价能力、客户的议价能力、替代产品或服务的威胁、新进入者的威胁）的抗争中，蕴涵着成本领先、差别化、专一化等三种基本竞争战略。

（1）成本领先战略。成本领先战略，要求建立高效规模的生产设施，在经验的基础上全力以赴降低成本，抓紧成本与管理费用的控制，最大限度地减少研究开发、服务、推销、广告等方面的成本费用。尽管质量、服务以及其他方面也不容忽视，但贯穿于整个战略之中的是使成本低于竞争对手。低成本的公司意味着当别的公司在竞争过程中失去利润时，依然可以获得利润。

（2）差别化战略。差别化战略，或称标新立异战略，是将产品或公司提供的服务差别化，树立起全产业范围具有独特性的东西。实现差别化战略是在品牌形象、技术、性能、顾客服务、商业网络等方面的独特性设计，具有最理想的差别化特点。波特认为，差别化战略具有排他性，推行差别化战略与提高市场份额两者不可兼顾。在建立公司的差别化战略中，总是伴随着很高的成本代价，

---

① （韩）W·钱·金，（美）勒妮·莫博涅著，吉宓译．蓝海战略 [M]．北京：商务印书馆，2005.

有时即便全产业范围的顾客都了解公司的独特优点，也并不是所有顾客都愿意或有能力支付公司要求的高价格。

（3）专一化战略。专一化战略，或称目标集聚战略，是主攻某个特殊顾客群、某产品线的一个细分区段或某一地区市场。专一化战略依靠的前提是，公司业务的专一化能够以更高的效率、更好的效果为某一具体的战略对象服务，从而超过广阔范围内的竞争对手。波特认为，专一化的结果，是公司或者通过满足特殊对象的需要而实现了差别化，或者在为这一对象服务时实现了低成本，或者二者兼得，使其赢利的潜力超过产业的普遍水平。专一化优势保护公司抵御各种竞争力量的威胁。但专一化战略常常意味着限制了可以获取的整体市场份额。专一化战略必然地包含着利润率与销售额之间互以对方为代价的关系。

波特的三种基本竞争战略，开创了企业经营战略的崭新领域。旅游策划的三种竞争战略，需要在旅游基础设施、旅游服务设施、旅游项目、旅游市场营销等策划中，贯彻成本领先、差异化、专一化的思想，科学确定旅游基础设施与旅游服务设施体系，甄选旅游项目，进行有效旅游市场营销，为旅游企业的经营发展提供战略构架。

2. 蓝海战略

蓝海战略是因 W·钱·金和勒妮·莫博涅教授合著的《蓝海战略》一书而得名。蓝海战略把整个市场想象成海洋，由红海和蓝海组成，红海代表现今存在的所有产业和已知的市场空间；蓝海则代表当今还不存在的产业和未知的市场空间。

（1）蓝海战略内容与基石。认为企业要赢得明天，不能靠与对手竞争鏖战红海，而是要开创"蓝海"，视线从市场的供给一方移向需求一方，实现从关注并比超竞争对手，转向为买方提供新价值。通过跨越现有竞争边界看市场，开启巨大的潜在需求，摆脱已知市场"红海"的血腥竞争，开创崭新的"蓝海"市场。通过增加和创造现有产业未提供的价值元素，剔除和减少产业现有的某些价值元素，追求"差异化"和"成本领先"，以较低的成本为买方提供价值。

蓝海战略的基石是价值创新。价值创新挑战了基于竞争的传统教条，即价值和成本的权衡取舍关系，让企业将创新与效用、价格与成本整合一体，不是比照现有产业最佳实践去赶超对手，而是改变产业景框，重新设定游戏规则；不是瞄准现有市场"高端"或"低端"顾客，而是面向潜在需求的买方大众；不是一味细分市场满足顾客偏好，而是合并细分市场整合需求。蓝海战略的"价值创新"将新需求释放出来，创造了企业和买方价值飞跃，使企业彻底甩脱竞争对手。

（2）蓝海战略六项原则。蓝海战略提出了重建市场边界、注重全局而非数字、超越现有需求、遵循合理战略顺序、克服关键组织障碍、将战略执行建成战略的一部分等六项原则。

重建市场边界原则。蓝海战略提出重建市场边界的六条路径。一是产业路径。不仅与自身产业对手竞争，而且与他择产品或服务产业对手竞争。二是战略集团路径，突破狭窄视野，搞清楚什么因素决定顾客选择。三是买方群体路径，重新界定产业的买方群体。四是产品或服务范围路径，分析顾客在使用产品之前、之中、之后的需要，发掘新需求。五是功能情感导向路径，考虑去除哪些元素使之功能化和降低价格。六是时间路径，跨越时间参与塑造外部潮流。

注重全局而非数字原则。伟大的战略洞察力是走入基层，挑战竞争边界的结果。绘制战略布局图，将企业在市场中现有战略定位以视觉形式表现出来，开启各类人员的创造性，把视线引向蓝海。

超越现有需求原则。企业通常为增加市场份额努力保留和拓展现有顾客，导致更精微的市场细分。蓝海战略不只把视线集中于顾客，还关注非顾客。不一味细分市场满足顾客差异，应寻找买方共同点，将非顾客置于顾客之前，将共同点置于差异点之前，将合并细分市场置于多层次细分市场之前。蓝海战略将非顾客分为三个层次，第一层次为徘徊在企业市场边界，随时准备换船而走的"准非顾客"，第二层次为有意回避市场的"拒绝型非顾客"，第三层次为处于远离市场的"未探知型非顾客"。

遵循合理的战略顺序原则。遵循买方效用—价格—成本—接受的合理战略顺序，建立强劲的商业模式，确保蓝海创意变为战略执行，获得蓝海利润。

克服关键组织障碍原则。蓝海战略认为，执行蓝海战略，需要克服四重障碍，一是认知障碍，沉迷于现状的组织；二是有限的资源，执行战略需要大量资源；三是动力障碍，缺乏有干劲的员工；四是组织政治障碍，来自强大既得利益者的反对。

将战略执行建成战略一部分原则。执行蓝海战略，企业需要重视基层员工的态度和行为，必须创造一种充满信任和忠诚的文化来鼓舞人们认同战略，将战略执行建成战略的一部分。

（3）蓝海战略四个步骤。蓝海战略设计了开创和夺取蓝海的四个步骤。第一步，创造杰出的买方效用，即创造令人信服的理由促使买方购买产品和服务。第二步，确定战略价格。超越产业现有的定价规范，确定价格走廊的上中下三段定价，创造新需求，不仅要赢得产业内部的顾客，还要将其他产业的顾客吸引过来。第三步，规划成本目标。从战略定价开始，推演所希望获得的利润率，做出目标成本规划，而不是由成本得出定价。第四步，扫除接受障碍。明确产品或服务要进入市场时可能会遇到的障碍，然后通过教育雇员、商业伙伴和广大公众，开诚布公讨论为什么要推出这样的产品或服务，从而解决接受障碍。

蓝海战略思想是关于企业超越传统产业竞争的思想，企业需要凭借创新能力，开创全新的市场领域，获得更快增长的和更高的利润。在经济高速发展的今天，旅游市场竞争越来越激烈，同质化的旅游产品司空见惯，旅游差异化发展变得越来越难，价格大战愈演愈烈，旅游业进入了一个微利时代。蓝海战略理论使旅游策划看到了竞争市场的转移，发现买方价值的全新源泉，获得为企业甩脱竞争的系统性方法和经过实践证明的分析框架。旅游策划借用蓝海战略，可以为旅游企业指出通向未来增长与利润的新路。

四、USP 理论与定位理论

20 世纪 50 年代初，美国人罗瑟·瑞夫斯提出在广告的策划运筹中，向消费者说一个"独特的销售主张"（Unique Selling Proposition），简称 USP 理论。定位理论由美国学者艾·里斯和杰·特劳特提出。

1. USP 理论

USP 理论是研究广告时提出的，罗瑟·瑞夫斯在 1961 年出版的《广告的现实》一书中进行了系统的阐述。针对消费者提出一个独特的销售主张，通过广告为产品找到一个卖点，这个卖点必须是独一无二的，必须是消费者所喜欢的。瑞夫斯认为，一条没有提出主张的广告是无足轻重的小玩意。他给广告的定义是："以最小的成本将独特的销售主张灌输到最大数量人群的头脑中的艺术。"

USP 理论包括三方面内容，一是每个广告不仅靠文字或图像，还要对消费者提出一个建议，即购买本产品所能得到的明确利益；二是对消费者所提出的建议，一定是广告品牌独具的，是竞争品牌不能提出或不曾提出的；三是对消费者所提出的建议，必须具有足够力量吸引、感动广大消费者，招徕新顾客购买你的东西。

USP 理论包括六方面内涵，其一，实效的广告必须针对消费者，广告的实效来自广告主张对消费者的针对性；其二，实效的广告必须针对消费者提出一个独特的销售主张，即独特的"卖点"，必须对消费者明示商品给予他的"特殊的实益"；其三，实效广告提出的销售主张必须具有独特性，即竞争对手无法也不可能提出的，或者从没提过的；其四，实效广告销售主张的独特个性既可以是商品的独特性、品牌的独特性或者是相关请求的独特性，也可以是非广告方面的主张；其五，销售主张应具有推销力和号召力，能将新的顾客拉来购买商品；其六，实效广告的独特主张应具有广泛消费者的适应性和影响的大众性。

USP 理论"独特的销售主张"是营销创意的一个有效思考工具，启发旅游策划更加关注旅游消费者的"独特的销售主张"，关注旅游产品质量与旅游消费者的利益关系，使旅游策划更具体，更人性化，更具有市场效益。

2. 定位理论

定位理论起始于产品营销，主要论点是要将产品在潜在顾客的心目中确定一个有利地位，针对潜在顾客的心理采取营销行动。定位理论是将消费者的心灵看成是营销的终极战场。

（1）"定位"定义与基本思想。1969年，两位美国年轻人艾·里斯和杰·特劳特提出定位论。认为，"定位"是一种观念。定位从产品开始，可以是一种商品、一项服务、一家公司、一个机构，甚至于是一个人。定位是对潜在顾客心智下功夫，把产品定位在潜在顾客的心中。

定位的基本思想，是要在预期客户的头脑里占一个有价值的地位，独树一帜。在客户的脑子里独树一帜，需要分析消费者的大脑。在传播过度的社会里，一般的说辞已经无法进入大脑。里斯和特劳特提出进军大脑，实现占位的基本方法是，发现或创建心理位置，强调第一和独特性。如果没有第一的位置，可以通过与第一挂钩的方式，如比附定位。在人们记住第一的同时，还知道有个第二。二是给第一品牌重新定位，让出位置，并使自己进入这个位置。

（2）定位类型。定位理论认为，定位已走向多元方向，有抢先定位、强化定位、比附定位、补隙定位、实体定位、观念定位、企业行为识别定位等主要类型。

抢先定位是使产品品牌第一个进入消费者的心目中，抢占市场第一的位置。第一个进入消费者心中的品牌，难以被驱逐。强化定位是企业一旦成为市场领导者后，还需不断加强产品在消费者心目中的印象，确保第一的地位。比附定位是企业不但明确自己现有的位置，而且明确竞争者的位置，用比较的方法在消费者心目中开拓出品牌的位置。补隙定位是根据企业产品特点，寻找消费者心目中的空隙，在产品的大小、价位和功能等方面独树一帜。实体定位突出产品的新价值，强调与同类产品的不同之处和能够给消费者带来的更大利益。实体定位又可以区分为市场定位、品名定位、品质定位、价格定位和功效定位。观念定位突出品牌产品新意义，诱导消费者心理定势，重塑消费者习惯心理，树立新价值观念，引导市场消费变化和发展趋向。观念定位又分逆向定位和是非定位。是非定位是打破既定思维模式的观念体系，创立超乎传统理解的新观念。企业行为识别定位具体表现为突出实力、产品形象、经营风格、企业行为和文化的定位。

定位理论最根本的意义是给企业找到适合的出发点。旅游策划的定位理论，需要在对潜在游客的旅游消费心理分析中，了解潜在游客的需求，从市场发展需要出发，策划旅游产品定位，使旅游产品能抓住消费者的心，在游客心中占据有利的地位，以获得旅游产品营销成效。

五、品牌形象论与木桶理论

品牌形象论是广告创意策略理论中的一个重要流派，由美国广告三大宗师之一的大卫·奥格威在20世纪60年代中期提出。木桶原理由美国管理学家彼得提出。

1. 品牌形象论

品牌是品牌形象论的基础。品牌指人们对一个企业或产品以及售后的文化价值的一种认可，是一种信任。奥格威认为，品牌是一种错综复杂的象征，是品牌的属性、名称、包装、价格、历史、声誉、广告风格的无形组合。品牌同时也是消费者对品牌使用者的印象，以其自身的经验而有所界定。

（1）品牌价值与品牌形象。品牌是企业无形资产的总和，是企业资产价值的真正体现。品牌价值不仅能创造实际收益，更是具有未来创造财富的巨大潜能。从商品运营到资本运营，不管拥有多少资产，如果没有创建强势的品牌，就不具有真正的竞争优势。创建品牌是参与现代竞争的必由之路。品牌带给人们的是一种不能替代的精神需要和心理感受。

品牌形象是公众对品牌的总看法和根本印象，是公众对品牌感知、理解和联想的总和。能否吸引潜在顾客是品牌形象的关键。一个企业或产品在市场上，给人们留下的个性特征，就是品牌形象。品牌形象不是产品固有的，而是消费者联系产品的质量、价格、历史、服务等形成的。消费者购买的不止是产品，还购买承诺的物质和心理的利益。品牌形象不是自发形成的，需要企业全体员工长期坚持努力的塑造。

（2）品牌形象论主要内容。品牌和品牌形象是不可分割的，形象是品牌所体现的特征，反映了品牌的实力与本质。当今世界经济的发展，已经不单纯是产品之间的竞争，而是品牌竞争。品牌的价值与作用越来越突出，成为市场竞争的核心内容。品牌理论内容主要有二：

第一，品牌必须有个性。在奥格威看来，形象指的是个性，就像人一样，也有个性，这个个性能够使产品在市场上屹立不倒。产品的个性是名称、包装、价格、广告风格等多因素混合而成的。塑造品牌，必须突出品牌独特的个性，使品牌个性鲜明。

第二，树立品牌形象的长期性，保持品牌形象的一致性。创建一个品牌形象，是一个长期的过程。在这一过程中，必须高瞻远瞩，任何缺乏长远目标、只求眼前利益的短期行为都是不可能塑造消费者心中的良好品牌形象。

在科技进步的今天，科技使得各企业的产品容易高度同质化，使得人们逐渐淡化对产品实质诉求，而在乎产品的品牌。因而，品牌就是竞争的优势。在旅游产业的发展中，区域旅游同质化市场竞争也在加剧。旅游策划品牌形象理论将完善旅游品牌形象策划、塑造和维护的体系，推动旅游产业的深入发展。

2. 木桶理论

"木桶理论"，或称"木桶原理"、"木桶定律"，是从整体要素上研究社会发展的一个管理学理论。[①]

（1）木桶理论内容与木桶原理分析。木桶理论是观察木桶的盛水状况得到启发而总结出来的理论。一个由多块木板构成的水桶，价值在于盛水量的多少，但决定水桶盛水量多少的关键因素不是其最长的板块，而是其最短的板块。表明木桶盛水量是由所有木板共同决定的，若其中一块木板很短，木桶的盛水量就被限制，短板就成了木桶盛水量的"限制因素"，或称"短板效应"。若要使木桶盛水量增加，只有换掉短板或将其加长。人们把这一规律总结为"木桶理论"，又称"短板理论"。

木桶理论指出，一只木桶盛水的多少，不取决于桶壁上最高的木块，而取决于桶壁上最短的木块。"木桶理论"有两个推论，其一，只有桶壁上的所有木板都足够高，那木桶才能盛满水。其二，只要这个木桶里有一块不够高度，木桶里的水就不可能是满的。随着木桶理论应用场合及范围越来越广泛，已基本由一个单纯的比喻上升到了理论的高度。用木桶比喻任何一个企业和组织都可能面临的一个共同问题，即构成组织的各个部分往往是优劣不齐的，而劣势部分往往决定整个组织的水平，决定整体的实力和竞争力。木桶有大小之分，木桶原理也有整体和局部之分。

（2）木桶理论引申。沿着木桶理论的形象化比喻，在现实中，盛水木桶还存在八个方面状况的变化，引申了木桶理论内涵。

其一，一个木桶的储水量，还取决于木桶的直径大小。直径大的木桶，储水量自然要大于其他木桶。每个企业都是不同的木桶，所以木桶的大小也不完全一致。各企业在进入市场之初，起步是不完全一样的，有的基础扎实，有的基础薄弱，有的资源面广，有的资源面窄，这都对企业最初的发展起到关键的作用。

其二，在每块木板都相同的情况下，木桶的储水量还取决于木桶的形状。在木桶周长相同的条件下，圆形的面积和容量大于方形的面积和容量。因此，圆形木桶是所有形状的木桶中储水量最大的。圆形木桶强调组织结构的运作协调性和向心力，围绕一个圆心，形成最适合自己的圆。因此，企业也要像圆形木桶一样，要求每一块资源都要围绕核心整合，每一个部门都要围绕核心目标

---

① 石磊. 木桶效应 [M]. 北京：地震出版社，2004.

用力，偏倚任何一个部门都会对木桶的最后储水量带来影响。

其三，木桶的最终储水量，还取决于木桶的使用状态。虽然木桶的储水量取决于最短板的高度，如在特定的使用状态下，有意识地把木桶向长板方向倾斜，其储水量就比正立时多得多，从而提高储水量。说明储水本身是一个动态过程，做企业、做品牌，并不仅仅是一个储水的过程，最重要的还在于合理使用，合理使用可以提高储水量和使用储水。

其四，木桶理论的动态演变。在使用木桶储水之前，要清楚是先有水还是先有桶，先有大木桶还是先有小木桶。按照木桶理论，必然是先有木桶，再有水，然后不断调整，从小木桶到大木桶，从矮木桶到高木桶。然而在实践上，也许是先有水再有木桶，或者是先有不成形的木桶，赚到第一桶金，才做出第一个木桶。

木桶储水量的多少是动态的，目标设定木桶储多少水，决定于做多大的木桶，而不是越大越好。大了浪费投资，小了不求进取。同样，一只太深的木桶，却装着太浅的水，必将影响木桶的使用效率，影响企业追求的最终目标。

其五，木桶理论的木板明星效应。木桶的最大价值是使用。为便于使用，一个木桶至少要有两块最牢固的木板装成提柄，以能轻松提取。这两块长板必须能负荷起整个木桶的重量，成为板块明星效应。作为企业，必须要培养核心竞争优势，担当统领整个公司发展的重任。

其六，木桶储水多少还取决于各块板之间的配合程度，取决于各木板配合的紧密性，每一块木板都有其特定的位置和顺序，没有空隙，不能出错。如果木板之间配合不好，出现缝隙，就将导致漏水。一个团队，如果没有良好的配合意识，不能做好互相补位和衔接，最终储水量也不能提高。单个的木板再长也没用，没有组合就是一堆木板，不是完整的木桶、完整的团队。

其七，木桶储水多少还取决于各块木板的厚度。如果木板的厚度不够，水桶的直径越大、木板越长，就越危险。可以将员工技能看作木板长短，员工品德看作木板厚度。企业发展不仅仅是看他拥有多少有能力的员工，更要看他拥有多少品德优秀的员工。如果员工没有品德，那对于企业的损害程度将超出技能的贡献。

其八，木桶储水多少还取决于木桶底面积。如果木桶底面积不够大，就等于没有平台，员工难以施展拳脚。一个大桶底，一个大平台，员工就可以发挥特长，才会有发展的机会。

旅游策划的"木桶理论"，强调重视旅游产业结构中最弱的部分，因为最弱的部分影响整体竞争力，决定发展水平。旅游策划的目的，就是要想方设法增强旅游产业结构中最弱的部分，整体上提高旅游产业竞争力。

六、4P 理论与 4C 理论

4P 理论是一种站在企业立场上的营销理论,由杰瑞·麦卡锡教授在 1960 年出版的《营销学》一著中提出。4C 理论以消费者需求为营销导向,由美国营销专家劳特朋教授在 1990 年提出。

1. 4P 营销理论

4P 理论产生于 20 世纪 60 年代的美国。1960 年,杰瑞·麦卡锡在《营销学》一书中将市场营销组合要素简化概括为产品(Product)、价格(Price)、渠道(Place)、促销(Promotion)四要素,取四个单词的第一个字母缩写为 4P,简称 4P 营销理论。

(1)4P 营销理论四要素解读。麦卡锡认为,一次成功和完整的市场营销活动,意味着以适当的产品、适当的价格、适当的渠道和适当的促销手段,将适当的产品和服务投放到特定市场的行为。产品是能够提供给市场被人们使用和消费,并满足人们某种需要的任何东西,包括产品的实体、质量、外观、式样、包装、品牌、规格、商标、特色、观念等组合,还包括服务及各种服务措施保证等因素。要求企业根据市场需求开发产品的功能,把产品的功能诉求放在第一位。任何时候都要想到产品满足消费者什么需求,给消费者提供什么样的价值。价格包括基本价格和折扣价格,是企业出售产品所追求的经济回报。价格或价格决策,关系到企业的利润、成本补偿,以及是否有利于产品销售、促销等问题。影响定价的有需求、成本、竞争三个主要因素。最高价格取决于市场需求,最低价格取决于产品的成本费用。价格要求企业以营销目标为导向,根据不同的市场定位,制定不同的价格策略,最终达到预定目标。渠道,即销售渠道,是一个交付产品价值的管道,是商品从生产企业流转到消费者手上的全过程中所经历的各个环节之和。销售渠道主要包括分销渠道、储存设施、运输设施、存货控制等。企业并不直接面对消费者,而是注重经销商的培育和销售网络的建立,企业与消费者的联系是通过分销商来进行的。促销是企业利用各种信息载体和传播手段,向目标市场传播产品、服务、形象和理念,刺激消费者购买欲望,说服和提醒人们对企业产品和机构本身信任、支持,以实现营销目标。促销包括广告、销售促进、人员推销、公共关系等可控因素的组合和运用。

4P 营销是一个有效的市场营销组合,是企业利用内部可控因素适应外部市场的营销过程,即生产出适当的产品,定出适当的价格,利用适当的分销渠道,辅之以适当的促销活动,对外部不可控因素做出积极反应,促成交易的实现。

(2)4P 营销理论价值分析。4P 营销理论价值,一是从企业立场出发,重视产品导向,以满足市场需求为目标,要求在营销中,重视产品、价格、渠道、促销的系统关系，为企业的营销策划运筹提供一个有用的框架。二是4P理论最早将复杂的市场营销活动加以简单化、抽象化和体系化，构建了营销学的基本框架，促进了市场营销理论的发展与普及。4P营销理论对市场营销理论和实践产生了深刻的影响，被营销业界奉为营销理论的经典和基石。直至今日，几乎所有的营销教科书都把4P理论作为基本教学内容，仍然是人们思考营销问题的基本模式。

然而，随着社会经济环境的变化，4P理论逐渐显示出不足，一是营销活动着重强调企业产品，对营销过程中的外部不可控变量考虑较少，难以适应市场变化；二是随着产品、价格和促销等手段在企业间相互模仿，在实际运用中很难起到出奇制胜的作用；三是营销是交换关系的相互满足，而4P模型忽略了交换关系中大量因素的影响作用；四是4P营销理论以满足市场需求为目标，重视产品导向而非消费者导向，代表企业立场而非客户立场。于是，更加强调追求顾客满意的4C理论应运而生。

2. 4C营销理论

随着社会的进步，市场环境的变化，消费者由被动变主动，有自己的购买意识，在认为企业产品不再符合自己需求时，就会减少购买次数，甚至放弃购买。20世纪80年代，美国营销专家劳特朋教授在大量的市场调查研究后，针对消费者的购买心理，提出以消费者需求为导向的市场营销四要素，即消费者（Consumer）、成本（Cost）、便利（Convenience）和沟通（Communication），简称4C营销理论。

（1）4C营销理论解读。劳特朋认为，成本不单是企业的生产成本，还包括消费者愿意付出的成本。顾客购买成本，不仅包括货币支出，还包括为此耗费的时间、体力和精力，以及购买风险。便利是购买商品的便利。销售过程在于如何使消费者快速便捷地购得商品，由此产生送货上门、电话订购、电视购物等销售行动。沟通，实现企业与消费者的沟通，谋求与消费者建立长久不散的关系。消费者不只是单纯的受众，也是商品传播者。为顾客提供良好的售后服务，减少顾客精神和体力的耗费，建立基于共同利益的新型企业与顾客关系。4C理论说明了客户需要的是价值、低成本、便利和沟通，而不是促销。企业必须了解和研究顾客，根据顾客的需求来提供产品。同时，企业提供的不仅仅是产品和服务，更重要的是收获客户价值。

在旅游市场营销策划中的4C理论运用，要求从旅游消费者的角度考虑旅游产品营销的思路，旅游消费者是旅游市场营销策划的起点和中心，也是终点。把追求游客满意放在第一位，努力降低游客的购买成本，充分注意到游客购买的便利性，变销售渠道策略为消费者的沟通交流策略，实现市场营销的可持续增长。

（2）4C营销理论价值分析。以追求顾客满意为目标的4C营销理论瞄准消费者需求，真正把顾客作为上帝，一切以消费者为基础，以追求顾客满意为目标，生产出消费者所需的产品，定出消费者所能接受的认知价格，为消费者提供便利的购物渠道，与消费者沟通，让消费者感受到受尊重，促动购买动机，达到营销目的。

与市场导向的4P营销理论相比，4C营销理论有了很大的进步和发展。然而，从企业营销实践和市场发展趋势看，4C营销理论依然存在不足。一是4C营销理论是顾客导向，而市场经济要求的是竞争导向。顾客导向与市场竞争导向有本质的区别。顾客导向着重寻找消费者需求，满足消费者需求。市场竞争导向不仅看到了市场需求，还更多地注意到竞争对手，冷静分析在竞争中的优、劣势，采取相应策略，在竞争中求发展。二是在4C营销理论引导下，企业往往被动适应顾客需求，失去自己的方向，为被动地满足消费者需求而付出成本。如何将消费者需求与企业利润效益相结合，是4C营销理论有待解决的问题。三是4C营销以顾客需求为导向，但顾客需求缺乏合理性。顾客总是希望质量好，价格低，特别是对价格的要求是无界限的。所以，作为长远发展之计，企业经营要遵循企业与顾客双赢的原则，才能可持续发展。

3. 4P营销理论与4C营销理论分析

从4P营销理论到4C营销理论，从以企业为中心转向以消费者为中心，反映了从供不应求的卖方市场到产品供大于求、消费者个性化、竞争激烈的买方市场等营销环境的改变，反映了销售市场的变化。见表2—1。

表2—1 4P营销理论与4C营销理论

4P营销理论	4C营销理论
产品（Product）	客户价值（Customer Value）
价格（Price）	客户成本（Customer Cost）
地点（Place）	客户便利（Customer Convenience）
促销（Promotion）	客户沟通（Customer Communication）
以企业为中心	以消费者为中心

4C理论强调，企业首先应该把追求顾客满意放在第一位，其次是努力降低顾客的购买成本，然后要充分注意到顾客购买过程中的便利性，而不是从企业的角度来决定销售渠道策略，最后还以消费者为中心实施有效营销沟通。与产品导向的4P理论相比，4C理论重视顾客导向，以追求顾客满意为目标，是消

费者在营销中越来越占据市场主动地位，是市场发展的必然要求。

4C营销理论改变了4P营销理论以企业为中心的销售理念，是对传统市场营销理论的一次颠覆，使企业一切"以人为本"，把顾客真正放在了第一位。4P营销理论是销售者影响购买者的市场营销观点，以推销产品为中心的市场营销模式，基本出发点是企业的利润。4C理论是以客户为中心的市场营销模式，网络互动的特性使顾客能够真正参与到整个营销过程中，顾客不仅参与的主动性增强，而且选择的主动性也得到了加强。在满足个性化消费需求的驱动下，企业必须严格执行以消费者需求为出发点，以满足消费者需求为归宿。

总之，4P营销理论发展到4C营销理论，由以企业为中心转变为以消费者需求为中心，使企业所有营销活动在市场上针对不同消费者进行"一对一"地传播，形成一个总体的、综合的印象和情感认同，不仅是经济发展到一定程度下建立品牌的需要，也是确立企业核心竞争力和超越竞争的需要。

4P营销理论与4C营销理论，提供了关于企业与消费者在市场营销中辩证关系的理论思考。在旅游策划中的4P营销理论与4C营销理论，要求企业利益与消费者利益同时在旅游服务设施和旅游项目的策划中得到有效的统一，在满足消费者利益要求的基础上，收获企业发展利益。

七、羊群效应理论与果子效应理论

"羊群效应"是管理学理论，是指一些企业在市场上的一种盲目跟风的行为所折射出的市场定律。"果子效应"是市场营销学，指消费者在选择商品时，由一种品质的认同而判断整体品质的市场定律。

1. 羊群效应理论

羊群效应理论是通过观察羊群的生活习性规律，总结上升为管理策划的理论。羊群效应可分为序列型羊群效应模型与非序列型羊群效应模型。

（1）羊群效应理论解读。羊群效应，又称羊群行为、从众效应。羊群效应是描述在放牧中这样一种羊群现象：一个羊群是一个散乱的群体，平时在一起盲目地左冲右撞。如果一头羊发现了一片肥沃的绿草地，并在那里吃到了新鲜的青草，其他的羊会不假思索地一哄而上，争抢那里的青草，全然不顾旁边虎视眈眈的狼，或者看不到其他地方还有更好的青草。羊群效应，又表现为这样的羊群行为现象。在一群羊前面横放一根木棍，第一只羊跳了过去，第二只、第三只也会跟着跳过去。这时，把那根棍子撤走，后面的羊，走到这里，仍然像前面的羊一样，向上跳一下，尽管拦路的棍子已经不在了。这种追随大众的想法及行为，缺乏个性和主见。从众心理很容易导致盲从，盲目效仿别人，往往会陷入骗局，导致滑稽可笑，遭到市场营销失败。羊群效应一般出现在竞争非常激烈的行业，而且这个行业上有一个领先者（领头羊）占据了主要的注意力，整个羊群会不断模仿领头羊的一举一动，领头羊到哪里去"吃草"，其他的羊也去哪里"吃草"。

（2）羊群效应原因分析。对产生羊群效应行为的原因，不同学科有不同的解释。哲学家认为，"羊群效应"是人类理性的有限性所致，由个人理性行为导致集体的非理性行为的一种非线性机制。心理学家认为，羊群效应是人类从众心理的驱使，影响从众行为的最重要的因素是持某种意见的人数多少，而不是这个意见本身。人多本身就有说服力，很少有人会在众口一词的情况下还坚持自己的不同意见。社会学家认为是人类的集体无意识造成的，许多时候，在市场中的普通大众，往往容易丧失基本判断力，人云亦云。管理学认为，羊群效应是企业市场行为的常见现象。经济学家则认为，"羊群效应"是信息不完全的结果，所有"羊群行为"的发生基础都是信息不完全所致。因此，一旦市场的信息状态发生变化，"羊群行为"就会瓦解，意味着"羊群行为"具有不稳定性和脆弱性。投资者由于对信息缺乏了解，或者了解不充分，很难对市场未来的不确定性作出合理的预期，往往是通过观察周围人群的行为来提取信息，根据其他投资者的行为来设定自己的行为。

（3）羊群效应的启示。羊群效应体现了一种自然界的优选法则，给予企业策划和企业发展诸多启示。其一，羊群效应可以产生示范学习作用和聚集协同作用，有助于弱势群体的保护和成长。在信息不对称和预期不确定的条件下，学习他人，看他人怎么做，借鉴他人经验，可以降低或规避市场营销风险。其二，对于企业来说，跟在他人后面亦步亦趋，难免不被吃掉或被市场营销淘汰。最重要的就是要对大局有自己的判断，保持企业创新意识和独立思考，以创新寻求发展的途径。其三，寻找好的领头羊是利用羊群效应，发展区域经济的关键。理性地利用和引导羊群行为，可以形成集聚优势，创建区域品牌，形成规模效应，获得发展绩效。

在旅游市场上，也有类似的羊群效应的跟风现象。在竞争激烈的旅游市场上，如果有一个领先的旅游产品或旅游项目，赢得了市场营销的注意力，获得良好的经济效益，就会很快在整个旅游市场上出现模仿的或相似的旅游产品或旅游项目，造成整个旅游市场营销的同质性。旅游策划的羊群效应理论，重视社会和旅游市场上的盲目跟风现象，理性地学习成功的旅游发展案例，防止市场跟风的风险，以创新的思维，研究大趋势和大环境，捕捉跟风之外的市场机遇，走创新发展之路。

2. 果子效应理论

果子效应理论是以个体品质判断整体品质的理论，反映了自然界内在的联系和人类社会对事物认识的现象与规律。

（1）果子效应理论解读。果子效应是一种理论判断的假设，认为从一棵果树上摘下的一个果子是甜的，就相信这棵树上其余的果子也都是甜的。形成果子效应判断的前提是，相信这一棵从树上摘下的果子代表了整棵果树的果子，是对整棵果树果子品质的认定。逻辑判断的推理是，这个果子来自这棵树，摘下的果子是甜的，那么，整棵树上的果子也是甜的。因为这棵树是一个整体，同一种种植环境，长在同棵树上的果子，无论大小都应具有同样的品质，具有同样的味道。果子效应隐喻着人们生活中对事物的判断，只要出自同一整体，出自同一工艺，出自同一企业，出自同一学校的物品、工艺品、产品、学生，就相信具有同样的品质，都予以认可。

（2）果子效应理论价值。在消费者选择商品时，由对一种商品品质的认同而判断整体品质的价值，形成对同一类商品的购买。果子效应理论使人们认识到品牌在市场营销中的作用和意义。

品牌是人们对一个企业及其产品、售后服务、文化价值的一种评价和认知，是一种信任。品牌是商品综合品质的体现和代表。当品牌被市场认可并接受后，品牌产生了市场价值。品牌代表着同一种或同一类商品的质量和信誉，成了人们选择商品的经验。在琳琅满目的市场上，同类产品数量之多，消费者不能逐一去了解，逐一去甄别，只有凭借过去的经验，即品牌意识，或别人的经验加以选择。在市场上，品牌一旦成了消费者的购物经验，就会带来市场的"果子效应"，可以利用品牌影响力统领市场。

旅游产业的发展也需要果子效应理论的推动，提醒旅游策划重视果子效应的利用，特别是在旅游市场的营销中，利用果子效应力来获得产业的发展。

八、市场营销竞争策略理论与 CI 系统理论

市场营销策略是企业依据在市场上的地位，为实现市场营销战略和适应营销形势而采用的具体行动方式。[①]CI 系统是企业有意识有计划地将企业或品牌特征向公众展示，使公众对企业或品牌有一个标准化、差异化、美观化的印象和认识，以便更好地识别，留下良好的印象，提升企业的经济效益和社会效益。

1. 市场营销竞争策略理论

策略是一种思想，一种思维方法，也是一种较长远和整体的计划规划。策略是确定企业长远发展目标，指出实现长远目标的策略和途径。市场营销竞争策略是基于企业既定的战略目标而提出的整体市场营销竞争的方向和准则。根

---

① 孟韬. 市场营销策划 [M]. 大连：东北财经大学出版社，2009.

据企业在目标市场上所起的领导、挑战、跟随、拾遗补缺的作用，可以将市场营销竞争策略分为市场领导者竞争策略、市场挑战者竞争策略、市场追随者竞争策略、市场拾遗补缺者竞争策略。

（1）市场领导者竞争策略。市场领导者的竞争策略是处在市场领导地位的竞争策略。市场领导者是在同行业中居于领导地位的企业。一般来说，市场领导者是在产品市场上占有率最高的企业。领导者地位企业在价格调整、新产品开发、分销渠道的宽度和促销力量等方面处于主导地位，为同业者所公认。市场领导者是市场竞争的导向者，也是其他企业挑战、效仿或躲避的对象。市场领导者的地位是在竞争中自然形成的，但不是固定不变的。不同时期，市场的领导者不一样。市场领导者为了保持自己的领导地位，需要维护自己的优势，采取发掘新客户、开辟产品新用途、扩大产品使用量等方法，扩大市场需求，扩大市场占有率。

（2）市场挑战者竞争策略。处在行业中名列第二、三名等次要地位的企业，在市场上，对市场竞争有两种取向，一种是市场挑战者，夺取更大的市场占有率；另一种是市场追随者，维持现状，不与市场领导者引起争端。取向市场挑战者，任务是增加市场份额，提高企业在行业中的地位；战略目标是提高市场占有率，达到提高投资收益率和利润率的目标。选择市场挑战的对象，可以是市场领导者、规模相当者或区域性小型企业。挑战市场领先者需要满足三个基本条件，其一，拥有持久的竞争优势，如成本优势或创新优势；其二，在某些方面发展接近市场领导者；其三，具备阻挡领导者报复的办法。挑战规模相当者，需要仔细调查消费者的满足程度，抓住有利时机，把竞争对手的顾客吸引过来，夺取其市场份额，改变企业的市场地位。挑战区域性小型企业，或是通过发展新技术、新产品，吞并小公司；或是当小企业出现经营困难时，兼并小公司，夺取其市场份额，壮大实力。在营销策略上，市场挑战者可以灵活机动地采取价格折扣、廉价品、名牌产品、产品扩张、产品创新、降低制造成本、改善服务、分销渠道创新、密集广告促销等特殊营销策略，获得挑战市场的成功。

（3）市场追随者竞争策略。市场追随者是不热衷于挑战的企业，主要特征是安于次要地位，在"和平共处"的状态下求得尽可能多的收益。在大多数情况下，企业更愿意采用市场跟随者策略。追随者策略，又称追随策略，营销竞争策略的重要特征是追随领导企业的经营行为，提供类似的产品或者是服务给购买者，利用领导者企业的资源分割市场。追随者竞争战略有三个方式，其一，紧追不舍，在多个细分市场中模仿领导者，但不威胁领导者，不发生正面大规模冲突；其二，若即若离，保持适当距离；其三，选择性追随，在某方面紧跟领导者，有时又走自己的路。追随者是挑战者攻击的主要目标，存在一定的市场风险。

（4）市场拾遗补缺者竞争策略。市场拾遗补缺竞争策略是小企业的市场竞争策略。避免与大公司竞争，专心致力于被大企业忽略的细分市场，把小市场做深做透，通过专业化经营获取利润，成为小块市场的领先者。拾遗补缺者竞争策略的任务是创造补缺市场、扩大补缺市场和保护补缺市场。主要战略是专业化市场营销，致力于为被大企业忽略的客户提供专业化的优质服务。竞争策略需要注意两方面，其一，注意关系市场营销，建立市场营销网络。着眼于长远利益，把同顾客的长期关系视同核心，保持、发展与顾客的良好联系。借助网络找到战略伙伴并进行合作，减少由于产品进入市场的时间滞后而被富有进攻性的模仿者夺走市场的风险。其二，注意顾客让渡价值[①]。要吸引更多的潜在顾客，需要向顾客提供具有更多让渡价值的产品。需要通过改进产品、服务、人员与形象，提高产品总价值的同时，降低生产与销售成本；减少顾客购买产品的时间、精神与体力的耗费，降低非货币成本。

旅游策划的市场竞争策略理论，针对不同发展水平的旅游企业，策划找到适当的旅游市场定位和旅游发展策略。

2. CI 系统理论

CI 是英文 Corporate Identity 的简称，意译为企业形象识别或品牌形象识别。CI 又称作 CIS，是英文 Corporate Identity System，企业识别系统的简称。CI 系统由 MI、VI、BI 组成。

MI，理念识别。理念是企业在长期生产经营过程中所形成的企业共同认可和遵守的价值准则和文化观念。理念识别是将企业的经营想法及做法，进行标语的整合，宣传画的美化和思想观念的教育。向公众及员工传递经营理念、经营宗旨、事业目标、企业定位、企业精神、企业格言、管理观念、人才观念、创新观念、工作观念、客户观念、人生观念、价值观念、品牌定位、品牌标准广告语等独特的企业思想。

VI，视觉识别。企业视觉识别是企业理念的视觉化，通过企业形象广告、标识、商标、品牌、产品包装、企业内部环境布局和厂容厂貌等媒介及方式向

---

① 顾客总价值与顾客总成本之间的差额即"顾客让渡价值"。顾客在购买产品或服务时，总是希望得到更多的利益，包括产品价值、服务价值、人员价值和形象价值等，即顾客总价值。顾客为买到产品、得到服务会耗费一定的时间、精神、体力以及货币资金等，构成顾客总成本。顾客在购买产品时，都希望选择价值最高、成本最低，即顾客让渡价值最大的产品，把费用、时间、精神和体力等降到最低限度，而同时又希望从中获得更大的实惠。

大众表现、传达企业理念。通过企业或品牌的统一化、标准化、美观化的对内对外展示，传递企业、品牌个性或独特品牌文化。视觉识别包括基础要素和应用要素两部分。基础要素包括企业名称、品牌名称、标志、标准字、标准色、辅助色、辅助图形、辅助色带、装饰图案、标志组合、标语组合等；应用要素是指办公用品、公关用品、环境展示、专卖展示、路牌招牌、制服饰物、交通工具、广告展示等。

BI，行为识别。行为识别是企业理念的行为表现，包括在理念指导下的企业员工对内对外的各种行为和企业的各种生产经营行为。通过企业思想指导下的员工对内对外的各种行为，以及企业的各种生产经营活动，传达企业的管理特色。

CI，核心目的是通过企业行为识别和企业视觉识别传达企业理念，树立企业形象。实施 CI 战略应遵循四个原则，其一，坚持战略性原则。作为现代企业形象战略，必然具有长期性、全局性和策略性的特征。CI 战略应立足当前，放眼长远。企业所坚持的战略性原则，不是 3 至 5 年的近期规划，而是企业未来 10 至 20 年，甚至更长时间的具体发展步骤和实施策略。其二，坚持民族性原则。"愈是民族的，愈是世界的"。CI 战略是从企业发展方向、经营方向上所进行的自我设计，CI 的创意、策划运筹、设计工作应立足于民族的文化传统、消费心理、审美习惯、艺术品位等基础之上，取得公众认同，获得成功。其三，坚持个性化原则。CI 战略是企业为塑造完美总体形象的发展策略，是一个在企业群中实施的差别化策略，要求企业形象具有鲜明的个性特征和独具一格的特质。其四，坚持整体性原则。CI 的三个识别是一个整体，理念识别反映在视觉识别和行为识别上，视觉识别和行为识别体现理念识别，表里一致，协调统一。

CI 导入企业是追求内在美和外在美和谐统一的过程，而同时企业的 CI 战略实施是一个不断运动发展的系统工程。它要求企业根据自身各个时期的不同情况加以修正、补充与创新，这样企业才有可能长久保持和发挥 CI 的强大作用与优势。

CI 系统的实施，在企业内部，可帮助企业的经营管理走向科学化、条理化和趋向符号化。根据市场企业的发展有目的地制定经营理念，制定一套能够贯彻的管理原则和管理规范，以符号的形式参照执行，使企业的生产过程和市场流通流程化，以降低成本和损耗，有效地提高产品质量。对外市场营销，可以作为统一性的企业形象，利用各种媒体使社会大众大量地接受企业传播信息，提高企业及产品的知名度，增强社会大众对企业形象的记忆，使企业产品更为畅销，为企业带来更好的社会效益和经营效益。

CI 系统提供给旅游策划运筹一个可以照着进行旅游形象策划运筹的完整成熟的系统和方案，而且 CI 系统理论已经在指导旅游形象策划运筹中获得了成效。

九、优势富集效应理论

优势富集效应描述了这样一种自然现象，一杯水随机倒在地上，会形成一条水流轨迹，后继水滴便会沿着这一轨迹流淌，会使原轨迹出现一条浅浅的河床，容纳更大的水流，形成更大的冲刷力量，经千百万次的积累，又将形成更深的河床，容纳更大级别的水流，形成优势富集效应。优势富集效应的定义是"起点上的微小优势，经过关键过程的级数放大，产生更大级别的优势积累"。[①]

（1）优势富集效应理论解读。优势富集效应理论包括先者生存、群集现象、微量演变三个主要内容。先者生存是一种起点思维，强调"赢在起点"、"起点超越"，形成群集现象。认为发展永远是一种非平衡的过程，初始的崭露头角具有一种进化上的极大优势，优势一旦确立，富集效应便接踵而至，特色一旦形成，传统便绵延不绝，显现出不可超越的优势。一所学校如此，体育运动也如此。进化起点的力量，某种微小的优势一旦进入富集程序，便可能引发巨大的连锁反应。快人半步，优势凸显；后人一步，处于劣势。

（2）特色凸显与速度凸显。优势富集效应必须经过凸显，通过级数放大才能达到。优势富集效应凸显有特色凸显和速度凸显两种表现形式。特色凸显在形态学上又称为"点突破"、"峰顶论"，相对于综合优势是单项优势，相对于整体系统是要素凸显。特色凸显有规模凸显、营销模式凸显、服务凸显、产品特色凸显等多种类型。特色凸显基本上都无法取代。例如上海的金茂大厦，在高度上超过了东方明珠，就成了中华第一高楼，各种会议、参观、新闻、广告形成了集中轰炸效应，正是"高度"凸显，使之后来居上。速度凸显主要是启动速度，强调起点超越，凸显在第一时间，抢占先机。如七匹狼最早时期提出的"夹克之王"的概念，在很长时期内人们的思想里就认可夹克就是七匹狼的好。第一次提出概念，在时间上抢了先，产生先入为主的想法，由此获得大利益。

（3）优势富集效应副作用。在企业营运上，由于优势富集效应具有摒弃效应，一部分优势得到倚重式扩大和提升，其他部分优势相应不被重视。如企业可能以一两类产品作为主打产品，具有强势竞争力，因此在运作过程中，自然倾斜较多资源，形成重中之重，强之愈强。而其他产品，由于得不到资源，容易产生越来越弱。企业结构中的不均衡现象，对于整体市场，具有危险性。因此，在强调优势富集效应的同时，需要平衡产品，避免优势富集效应带来的副

---

① 王健.让思想冲破牢笼 [M].北京：北京大学出版社，2007.

作用。

优势富集效应是起点发展理论，起点上的微小优势经过关键过程的级数放大，可以产生优势积累。优势富集效应提供给旅游策划新的发展观，重视旅游产业和旅游景区起点的策划运筹，在旅游资源评估中，重视核心资源的项目策划运筹，注意产业和景区架构的均衡，做到"赢在起点"。

第二节　人本理论

人本理论以人为本，遵循人体生理与心理规律，把满足人类审美、修学、交流、康体、休憩及整个生活方式需求作为旅游策划运筹的第一原则。我们将需求理论、人体工程学理论、社会互动理论、生活方式理论等以人为研究主体的学科理论归入人本理论范畴，多角度地提供旅游策划的视角。[①]

一、需求理论

旅游需求理论源于马斯洛层次需求理论。1943 年，美国社会心理学家亚伯拉罕·马斯洛发表《人类动机的理论》，提出了需要层次理论。

1. 马斯洛需求理论

需要是人类生存的基本前提，也是人类发展的动力。人类因为生存需要开拓衣食住行之源，因为发展需要拓展生活空间。马斯洛层次需求理论主体为二层次需求理论和五层次需求理论。

（1）二层次需求理论

在马斯洛看来，人类价值体系存在两类不同的需要，一类是沿生物谱系上升方向逐渐变弱的本能或冲动，称为低级需要和生理需要；一类是随生物进化而逐渐显现的潜能或需要，称为高级需要。

低层次需要基本得到满足后，激励作用就会降低，不能成为激发人们行为的起因，高层次的需要就会取而代之，成为推动行为的主要原因。高层次需要比低层次需要具有更大的价值。人的最高需要即自我实现，热情是由高层次的需要激发，以最有效和最完整的方式表现自己的潜力，使人得到高峰体验。

马斯洛认为，在人自我实现的创造性过程中，产生出欣喜若狂、如醉如痴、销魂的"高峰体验"情感，这时人处于最激荡人心的时刻，处在最高、最完美、最和谐的状态。试验证明，当人待在漂亮的房间里面就显得比在简陋的房间里

---

① 　林峰 . 旅游产品策划的人本主义方法 [N]. 华东旅游报，2007—03—15（A10）.

更富有生气、更活泼、更健康；一个善良、真诚、美好的人比其他人更能体会到存在于外界中的真善美。当人们在外界发现最高价值时，就同时在内心中产生或加强这种价值。

（2）五层次需求理论

马斯洛理论把需求分成生理需求、安全需求、社交需求（情感和归属需求）、尊重需求和自我实现需求五类，依次由较低层次到较高层次。

生理需求是人类维持自身生存的最基本要求，包括饥、渴、衣、住、行的方面的要求。如果这些需要得不到满足，人类的生存就成了问题。生理需要是推动人们行动的最强大的动力。马斯洛认为，只有这些最基本的需要满足到维持生存所必需的程度后，其他的需要才能成为新的激励因素。

安全需求是人类要求保障自身安全、摆脱事业和丧失财产威胁、避免职业病的侵袭、接触严酷的监督等方面的需要。马斯洛认为，整个有机体是一个追求安全的机制，人的感受器官、效应器官、智能和其他能量主要是寻求安全的工具，甚至可以把科学和人生观都看成是满足安全需要的一部分。

感情需求包括两个方面，一是友爱的需要，人人都需要伙伴之间、同事之间的关系融洽或保持友谊和忠诚；人人都希望得到爱情，希望爱别人，也渴望接受别人的爱。二是归属的需要，人都有一种归属于群体的感情，希望成为群体中的一员，相互关心和照顾。感情上的需要比生理上的需要来得细致。

尊重需求是人人都希望自己有稳定的社会地位，要求个人的能力和成就得到社会的承认。尊重的需要又可分为内部尊重和外部尊重。内部尊重就是人的自尊，是一个人希望在各种不同情境中有实力、能胜任、充满信心、能独立自主。外部尊重是一个人希望有地位、有威信，受到别人的尊重、信赖和高度评价。马斯洛认为，尊重需要得到满足，能使人对自己充满信心，对社会满腔热情，体验到自己活着的用处和价值。

自我实现需求是最高层次的需要，是人实现个人理想、抱负，发挥个人能力，完成与自己能力相称的一切事情的需要。马斯洛提出，为满足自我实现需要所采取的途径因人而异。自我实现的需要是在努力实现自己的愿望，使自己越来越成为自己所期望的人物。

马斯洛认为，人都潜藏着这五种不同层次的需要，但在不同时期表现出来的需求迫切程度是不同的。人的最迫切的需要才是激励人行动的主要原因和动力。人的需求是从外部得来的满足，逐渐向内在得到的满足转化。人的五种基本需要往往是无意识的，无意识的动机比有意识的动机更重要。对于有丰富经验的人，通过适当的技巧，可以把无意识的需求转变为有意识的需求。马斯洛认为，五种需要像阶梯一样从低到高，按层次逐级递升。某一层次的需要相对满足了，就会向高一层次发展，追求更高一层次的需要。

五种需要可以分为高低两级，其中生理上的需要、安全上的需要和感情上的需要都属于低一级的需要，通过外部条件就可以满足；而尊重的需要和自我实现的需要是高级需要，通过内部因素才能满足。一个人对尊重和自我实现的需要是无止境的。同一时期，一个人可能有几种需要，但每一时期总有一种需要占支配地位，对行为起决定作用。任何一种需要都不会因为更高层次需要的发展而消失，只是对行为影响的程度大大减小。

一个国家多数人的需要层次结构，是同这个国家的经济发展水平、科技发展水平、文化和人民受教育的程度直接相关。在不发达国家，生理需要和安全需要占主导的人数比例较大，而高级需要占主导的人数比例较小；而在发达国家，则刚好相反。在同一国家不同时期，人们的需要层次会随着生产力水平的变化而变化。

（3）需要理论评价

对于马斯洛需求理论，国内外学术界有各种不同的评价。总体认为，马斯洛需求理论既有其积极价值，也有一定的消极因素。

马斯洛需求理论的积极价值，其一，马斯洛提出人的需要有一个从低级向高级发展的过程，符合人类需求发展的一般规律，对企业管理者如何有效地调动人的积极性有启发作用。一个人从出生到成年的需求发展过程，基本上按照马斯洛提出的需要层次进行。其二，马斯洛的需求理论指出了人在每一个时期，都有一种需求占主导地位，而其他需求处于从属地位。其三，马斯洛需求理论的基础是人本主义心理学，认为人的内在力量不同于动物的本能，人需求的内在价值和内在潜能的实现是人的本性，人的行为受意识支配，是有目的性和创造性的。

马斯洛需求理论的消极因素，其一，马斯洛过分地强调遗传在人发展中的作用，认为人的价值就是一种先天潜能，人自我实现就是先天潜能的自然成熟过程，社会影响反而束缚了人的自我实现。马斯洛过分强调遗传影响，忽视了社会生活条件对先天潜能的制约作用。其二，马斯洛的需要层次理论带有机械主义色彩。一方面，他提出了人类需要发展的一般趋势，另一方面，他又把需要层次看成是固定的程序，是一种机械上升运动，忽视了人的主观能动性，忽视了通过思想教育，可以改变需要层次的主次关系。其三，马斯洛的需要层次理论，只注意了一个人各种需要之间存在的纵向联系，忽视了一个人在同一时间内往往存在多种需要，而这些需要又会互相矛盾，进而导致动机的斗争。还有研究对马斯洛的需要层次论提出不同见解。认为没有足够证据证明需求是有层次的。主管人员的升迁，是职位上升的结果，而不是低级需求得到满足后产生的。换句话说，需求没什么层次之分。

2. 旅游需求理论

旅游需求理论是马斯洛需求理论的延伸和发展。旅游的需求，是一种高级需求，是人们在满足基础生存和生活的需求以后，才产生出来的社会需求行为。

（1）旅游需求定义

对旅游需求理论定义，学术界尚未展开广泛的讨论，基本有两种定义。其一，认为旅游需求是人们为了满足外出旅游的欲望所发生的对旅游产品的需求，可以分为有效或现实的旅游需求和受抑制的旅游需求。受抑制的旅游需求又分为潜在旅游需求和延缓旅游需求。其二，认为旅游需求是指在一定时期内，旅游者愿意并能够以一定货币支付能力购买的旅游产品。简言之，就是旅游者对旅游产品的需求。

对旅游需求的定义理解，首先旅游需求是一种生活需求，是满足多元生活情趣需要的需求；其次，旅游需求产生是有条件的，除了社会发展的条件之外，还需要本身具备时间闲暇和经济能力两个关键条件，才能使旅游需求得以实现。因此，旅游需求是人们追求在家庭和家庭住地之外的生活需求，满足了人们观光、休闲、度假、养生的多元生活愿望。

（2）旅游需求层次与分类

按马斯洛需求理论的思路，可以把人类旅游需求分为五个层次，第一层次为旅游基础需求，包括旅游住宿、饮食与安全等最基本的要求；第二层次为旅游生理及心理的需求，以舒适为基础的旅游休憩需求，以健康为基础的旅游康体、疗养需求，都是人体生理与心理调养需求；第三层次为旅游精神需求，主要有旅游修学、旅游审美、旅游交流等方面需求；第四层次为旅游综合需求；第五层次生活方式的需求，一种追求生活新体验的需求。

在五个层次的旅游需求中，第一和第二层次需求是旅游存在的基础，可以称为一般旅游需求，是旅游发展为产业的基础。需求层次之间，存在从低到高逐步发展的规律。最初从观光需求出发，开始旅游生涯；当旅游多年，积累了丰富的旅游观光见识以后，开始趋向于参与性为主要特色的体验式旅游；当体验式旅游经验丰富积累，经济能力增强，人们将会追求将旅游作为一种生活方式，一种定时或不定时的，以实现自我休闲度假愿望的一种生活方式。

按旅游需求层次性质，可以进行旅游需求分类。根据属性不同，可以把旅游需求分为物性需求、人性需求、神性需求和社会需求四类。物性需求是指在旅游中的感官体验需求，包括在旅游中获得的视觉、听觉、嗅觉、味觉、触觉体验需求等等。人性需求主要包含情感体验、科学与智慧体验、运动体验、商务体验四个方面。情感体验包括如蜜月、感伤、孤独、亲情、友情等情感体验；

科学与智慧体验包括实习、田园生活、科考、智力游戏等科学与智慧体验；运动体验包括体育、探险、极限挑战等运动体验；商务体验包括拓展、合作、谈判、会务、展览等商务活动体验。神性需求主要是旅游活动中人们对与宗教有关的文化古迹、建筑景观所形成的人的精神体验。社会需求主要指人们对发展旅游所带来的经济效益的需求和文化发展的需求。旅游需求应是希望参加旅游活动所获得的益处的身心需求，希望发展旅游获得经济和文化发展效益的需求应不在此列。

（3）旅游需求基本特性

旅游需求是对旅游活动内容与形式的需求，旅游活动有属性的规定，旅游活动属性影响和规定了旅游需求的基本特性。旅游需求具有指向性、整体性、敏感性、多样性等四个基本特性。

旅游需求的指向性包括旅游需求的时间指向性和旅游需求的地域指向性。旅游需求的时间就是选择旅游出行的时间，旅游出行时间受到气候条件和季节影响。每一次实现旅游需求都在具体的旅游的目的地，需要有明确指向的旅游的目的地，兑现旅游需求。旅游需求的整体性是指人们实现旅游需求，需要获得交通、住宿、餐饮、购物、娱乐等旅游基础设施和旅游服务设施的整体支持，旅游需求的实现程度受限于旅游需求整体性水平和质量。旅游需求的敏感性是指人们对出游环境发生变化所做出的敏感反应，出游环境变化包政治社会环境和自然经济环境。旅游需求的多样性是指人们在旅游地选择、旅游方式、旅游等级、旅游时间和旅游类型等方面存在的多样性差异。

旅游需求的基本特性反映了人们的旅游需求是有限度的，旅游需求实现需要社会的进步和旅游产业的发展。此外，人们的旅游需求还受到旅游价格和可自由支配收入的影响。旅游价格决定人们的旅游需求量。当旅游产品价格相对上升时，旅游需求量就会下降；当旅游产品价格相对下降时，旅游需求量就会上升。人们在一定时期内可自由支配收入是有限的，当价格发生变化时，一定量的可自由支配收入的购买力也会随之发生变化，当旅游产品价格下降时，虽然可自由支配的收入额没有发生变化，但是实际可自由支配收入是增加的，从而使人们有能力以原有水平的收入扩大对旅游产品的需求量。

二、人体工程学理论

人体工程学理论是旅游策划学重要的基础理论。人体工程学，也称人类工程学、人体工学、人间工学或工效学，是一门探讨人们劳动、工作效果、效能规律的学问。人体工程学由人体测量学、生物力学、劳动生理学、环境生理学、工程心理学、时间与工作研究等多门分支学科组成。

1. 人体工程学定义与研究内容

按照国际工效学会所下的定义，人体工程学是一门"研究人在某种工作环境中的解剖学、生理学和心理学等方面的各种因素，研究人和机器及环境的相互作用，研究人在工作中、家庭生活中和休假时怎样统一考虑工作效率、人的健康、安全和舒适等问题的科学"。有研究认为，人体工程学是探知人体的工作能力及其极限，从而使人们所从事的工作趋向适应人体解剖学、生理学、心理学的各种特征。也有将人体工程学定义为，人体工程学是研究"人——机——环境"系统中人、机、环境三大要素之间的关系，为解决系统中人的效能和健康问题提供理论与方法的科学。

人体工程学是一门交叉性基础应用科学，早期主要研究人和工程机械的关系，即人机关系，研究人体结构尺寸和功能尺寸、操作装置、控制盘的视觉显示等，内容涉及心理学、人体解剖学和人体测量学等学科。继而研究人和工作环境的相互作用和关系，内容涉及生理学、心理学和设计学科。生理学主要研究人体的结构尺度，找出人体与设计物的比例关系，根据人体结构的基本参数进行各领域的设计，满足人们的物质需求。心理学研究色彩、线条、空间、形状、声音、气味、肌理等客观因素对人的感情、运动、意志、行为等方面的影响，在具体设计中注意造型、色彩、环境等因素，更科学、更合理地满足人们的精神需求。人体工程学最终要指导设计研究。例如，服装设计需要研究人体的机能特征和人体静态与动态的习惯范围；工业设计需要研究机器的操作与使用界面，能否达到人的工作、操作驾驶及乘坐的要求；环境艺术设计需要研究人与自然或人与人造景观的环境空间，是否能体现人文观念的生活需要。至今，人体工程学的研究内容仍在发展。

人体工程学的实质就是"以人为本"，让周围的物或环境适应人类生理和心理特征，以保证人在各种不同的环境中，获得健康、安全、舒适、愉悦的享受。

2. 人体工程学研究方法

人体工程学研究综合采用了人体科学和生物科学等相关学科的研究方法和系统工程、控制理论、统计学等学科的研究方法，建立了包括观察法、分析法、实测法、实验法、模拟法、计算机数值仿真法等学科研究方法体系。

观察法是通过观察和记录自然情况下发生的现象来认识研究对象的一种方法，如观察工人操作动作，分析工艺流程和功能。分析法是获得了一定的资料和数据后采用的研究方法。人体工程学分析法有瞬间操作分析法、知觉与运动信息分析法、动作负荷分析法、频率分析法、危象分析法、相关分析法、调查研究法等七种。瞬间操作分析法是采用统计学中的随机采样法，对操作者和机械之间在每一间隔时刻的信息进行测定后，再用统计推理的方法加以整理，获得人机环境系统的有益资料。知觉与运动信息分析法，就是对人机之间信息反馈系统进行测定分析，然后用信息传递理论来阐述人机间信息传递的数量关系。动作负荷分析法就是对操作者在单位时间内工作的负荷进行分析，可以获得用单位时间的作业负荷率来表示操作者的全部工作负荷。频率分析法就是对人机系统中的机械系统使用频率和操作者的操作动作频率进行测定分析，获得作为调整操作人员负荷参数的依据。危象分析法就是对事故或者近似事故的危象进行分析，识别容易诱发错误的情况，查找出系统中存在的问题。相关分析法能够确定两个以上的变量之间是否存在统计关系，利用变量之间的统计关系对变量进行描述和预测，从中找出合乎规律的东西。例如对人的身高和体重进行相关分析，便可以用身高参数来描述人的体重。调查研究法包括简单访问、专门调查等研究法。实测法是借助于仪器设备进行实际测量的方法。实验法一般在实验室中进行，也可以在作业现场进行。例如，为了获得人对各种不同的显示仪表的认读速度和差错率的数据，一般实验室进行试验；为了了解色彩环境对人的心理、生理和工作效率的影响，由于需要进行长时间研究和多人次的观测，才能获得比较真实的数据，通常在作业现场进行实验。模拟方法包括对各种技术和装置的模拟，可以对操作系统进行仿真实验，得到更符合实际的数据。计算机数值仿真法是在计算机上利用系统的数学模型进行仿真性实验研究。可对尚处于设计阶段的未来系统进行仿真，就系统中的人、机、环境三要素的功能特点及其相互间的协调性进行分析，预知所设计产品的性能，进行改进设计。

3. 人体工程学理论的旅游策划应用

人体工程学为旅游策划提供了理论基础。现代策划与设计的人本理念，体现为处处从人的需求出发，进行细致入微地策划设计。在旅游策划中体现人本理念，需要应用人体工程学中的人体舒适带、人体感觉系统、人体生理系统、人体运动系统、人体力学等理论知识，构建出适宜于人旅游的环境，保证旅游者在旅游中得到休憩、放松、快乐的目的。[①]

人体工程学的人本理念与旅游策划是共同的，都强调从人出发，把人作为设计主体，人是旅游策划的出发点和根本归宿。人体工程学在旅游策划中的应用，要求从人类特点和生物特性出发，策划出符合人需求的旅游产品。一方面寻求最大的安全性、可靠性、舒适性及最高的效率；另一方面，在策划中把美学因素同技术因素结合起来，达到功能美、结构美、材料美、形式美四方面的统一。

人体工程学的舒适带理论认为，环境应适合于人的生理条件，环境改变和

---

① 王荣红. 探析旅游规划中的人体工程学 [J]. 昆明冶金高等专科学校学报，2009，25（4）.

保护应满足人的舒适要求。在旅游活动中，微观环境、中观环境和宏观环境的水平和条件，都会影响人的心理感受，影响到人们对旅游舒适感的评价。宏观环境中的空气、温度、湿度，人类很难控制，而中观环境和微观环境中，如家具、设备设施、绿化、温度、湿度、色彩、绿地、交通系统、水体等因素，可以按照人体工程学"舒适带"理论进行尺寸调节，为旅游者确定感觉器官适应的数据。在旅游线路设计中，遵照人体工程学的人体生物节律、人体力学和感觉特性理论，研究游客的体力、精力、游览景点距离、事物感知时间长短等生物节律，进行景点与景点、景点与景观面、景观面与游览线路的合理设计，避免游客体力超负荷，造成过度劳累，产生审美疲劳。

人体工程学人体感觉系统理论认为，人与环境的直接交互作用的是眼、耳、口、鼻、皮肤等感觉器官，通过感觉器官对周围环境作出心理行为反应，产生视觉、听觉、嗅觉、味觉和触觉，环境背景内的温度、湿度、色彩、绿地、交通系统、水体等因素都会影响人们的心理行为。在旅游地环境背景的策划运筹中，需要遵循人体工程环境感官理论，利用策划运筹环境范围内的山体、水体、土地本身的颜色，进行温度、湿度、色彩调控。

人体工程学人体运动系统理论认为，人的运动是靠肌肉收缩实现的，连续活动到一定程度之后，就会引起人体疲劳。疲劳通过肌体的活动产生，可以通过休息减轻或消失；人体的耐疲劳能力可以通过疲劳和恢复的重复交替而得到提高，人体能量消耗越多，疲劳的产生和发展越快；疲劳有一定限度，超过限度就会损伤人的肌体。所以，在游览线路策划中，需要注意景观动静交错，旅游节奏松弛交替，在游览线路中为游客设置休憩节点，机动灵活地安排娱乐活动，让游客在游中静，娱乐中游，避免因为过度疲劳影响愉快的旅程。需要考虑人体感觉特性。当同一刺激物的刺激时间过长时，人的感觉适应就会变成感觉疲劳，就会出现"久闻不知其香"的嗅觉疲劳、"熟视无睹"的视觉疲劳，需要在旅游线路策划中，安排最适于人的观赏及游乐方式，最适合人的步行、站立、座息、游走及观赏方式，用景观的差异性、变化性，唤起游客的新鲜感，激发旅游兴趣。

在旅游活动中，存在着大量的人与车（包括船、飞机、索道等交通工具）、人与路、人与景观、人与住宿、人与餐饮、人与游乐设施等的关系，需要按照旅游人体工程学要求，对游步道、观赏节点、休憩环境、游玩过程、旅游交通、康体项目、修学方式、观赏设计、厕所配置等进行策划，如游步道策划，要充分考虑人体安全，考虑人正常走路的步幅大小和步幅节奏；考虑游步道的栏杆高度、材质与人体的关系，以及儿童、老人特殊问题；考虑步道长度与休息点安排、步道坡度与休息点安排、观景角度与观景节点安排、过程吸引力与终极吸引力安排等等，改进旅游交通工具和旅游服务设施，增加旅游者的适应性、舒适性、安全性、愉悦性。

三、社会互动理论

社会互动是在一定社会关系背景下，人与人、人与群体、群体与群体等，通过信息传播，在心理和行为上相互影响、相互作用的过程。社会互动理论就是研究社会互动动态过程的理论，是旅游策划学进行旅游互动策划的理论。

1. 社会互动含义

社会互动，社会相互作用或社会交往。当个人之间、群体之间、个人与群体之间，相互采取社会行动时就形成了社会互动。社会互动是由个人及团体各种社会单位所组成，彼此相互沟通、交互反应，相互影响对方行动的过程。社会互动是人类社会生活中最基本的过程，人类所有的社会关系及社会组织模式及文化都在社会互动过程中所产生，在互动过程中得到维系或变迁。

人类在互动中，产生竞争、合作、冲突、斗争、交换、顺应、同化、支配与从属等社会互动形式。社会学家研究社会互动有三层意义，其一，人们经由社会互动，产生对外在文化环境共同的了解；其二，社会互动是将文化的规范和价值代代相传的一种主要方式，通过互动，人们了解文化规范和社会的期望；其三，社会互动是社会秩序的基础，使得社会行为可以重复和预测。

社会互动有四个内涵，其一，相互作用应有两个以上的主体，主体可以是个人，也可以是群体。个人之间、群体之间只有发生了相互依赖性的行为时才存在互动，不是任何邻近的两个人都形成社会互动。其二，社会互动是在特定的情境下进行的。同一行为在不同的时间、不同的场合具有不同的意义。社会互动可以是面对面的，也可以在非面对面的场合下发生。主体间接触的形式，有语言形式，也有非语言形式，如身体感官或通过其他媒介的接触形式。其三，社会互动以信息传播为基础，互动双方互不认识和理解，互动就无法进行。在互动过程中，人们不仅交流信息，还交流思想和情感。在信息传播中，各方都能清楚认知所传播"符号"或行为代表的意义，并能进行积极回应。其四，社会互动会对互动双方及他们之间的关系产生影响，并有可能对社会环境形成一定的作用。

社会互动是有条件的互动，互动双方需要遵循一定的行为模式，有一定的互动结构。第一，必须相互认知。认知包括直接认知与间接认知，直接认知是面对面的，认知对方的地位、权力、角色、利益，认知对方的性质、规模、结构、功能、变化等等。间接认知是通过语言、文字、照片等媒介体进行的非接触性的认知。第二，社会互动必须在一定情景中进行，包括一定制度、文化、空间、情绪等环境中进行。其中，最重要的是制度与文化，没有适宜的制度与文化，社会互动不能持久。具有相同的制度、文化以及适当的空间、和谐的情绪，交往比较容易，而且频率较高、范围较广；反之，社会互动则要受到很多的限制。社会互动是各种社会现象的根源，正是由于社会互动，社会才有光怪离奇的各种社会现象。而社会互动的制度化，便形成各种固定的、静态的社会关系、社会群体、社会组织。

2. 社会互动分类

互动是一种最基本、最普遍的日常生活现象。社会互动的方式很多，可以将社会互动分为若干类型，不同类型的划分，都是从不同角度对社会互动的认识。

根据交往的范围，可以将社会互动分为微观互动和宏观互动；根据交往的部门，可以分为经济互动、政治互动、文化互动；根据交往的显明性，分为公开互动和隐蔽交往互动；按和谐状况，分为合作互动与对立互动；按情感关系，分为友好互动、故意互动、情感无涉互动；按利益关系，分为合作互动、竞争互动、冲突互动；按地位关系，分为强制互动、服从互动、平等协商互动；按互动广度，分为单一角色互动、多重角色互动；按互动媒介，分为言语性互动、非言语性互动；按互动单位，分为人际互动、群体互动，如此等等。通常还把社会互动划分为以下几种类型：

（1）根据社会互动的中介状况，社会互动分为直接交往与间接交往。直接交往就是运用人类的言语与手势、身态、表情等特有方式进行面对面的交往。间接交往就是借助书信、电话等个人媒介，及电视、广播、报刊等大众媒介所进行的交往。划分直接交往与间接交往，有助于分析社会群体和社会组织的交往方式，认识不同社会群体、社会结构的交往的特点，增进对人类社会的了解，促进社会的发展。有研究表明，在古代社会，直接交往是社会互动的主要形式，随着社会生产力的发展，科学技术的进步，间接交往日益增加。如利用手机的间接交往方式，已经成为人们生活中不可缺少的部分，几乎占了人们三分之一的闲暇时间。

（2）根据社会互动双方的社会身份，社会互动可以分为角色互动和非角色互动。角色互动指受到一定社会行为模式与规范约束的互动，是具有特定社会群体或社会组织身份的人之间的互动。互动双方都需遵循一定的角色规范进行交往，一方角色失调，就可能中断或改变互动的方向。角色互动受到交往者所处的地位的变化、扮演角色的结束等影响，不能随心所欲、自行其是。非角色互动是个人间的交往，不受特定环境与社会组织规范的限制，朋友之间、亲戚之间的交往就属非角色互动。将社会互动分为角色互动与非角色互动，能够使我们从这些互动方式中分析交往的内容与特点。在一定的时空和情景条件下，角色应按某一行为模式行动，不能混同角色。

（3）根据社会互动的向度，社会互动可以分为横向互动和纵向互动。横向互动是指同一层次、同一等级的人或集团之间的交往，如工程师与讲师之间、处长与县长之间、不同公司之间、不同国家之间的交往。纵向互动指不同层次、不同等级的人或集团之间的交往。如教授与讲师之间、领导与被领导之间、中央与地区之间、父亲与子女之间的交往。

传统社会互动基本上是直接的、面对面的初级群体的互动，现代社会的互动，随着科学技术的进步，已形成以大规模的现代化传输手段为媒介的间接互动。研究社会互动类型的主要目的，就是从日常司空见惯的交往活动中找出规律，完善社会交往规范。

3. 符号互动论

符号互动论，也称符号相互作用理论，通过分析日常环境中人们的互动，来研究人类群体生活，研究人们相互作用发生的方式、机制和规律。

一个事物之所以成为符号，是因为人们赋予了它某种意义，这种意义是大家所公认的，如文字、语言、物品、情境等。符号互动论的基本观点，第一，人类最根本的特征是具有使用符号表示各种体验的能力，人是符号的使用者；第二，人类运用符号进行彼此沟通，符号在人们社会互动中发挥着中介作用；第三，人们通过解释他人行动中所具有的符号意义进行交流和互动；第四，在互动过程中，由于互动情境的变化，人们也在不断地修改对事物的定义；第五，角色扮演是最基本的互动方式，在角色扮演中，人们不断进行内部解释，想象站在对方的角度去理解行动的意义。

符号互动论强调符号在人类互动中的重要性。通过符号进行的沟通，是人类互动的一个重要组成部分。两种最重要的非语言沟通是体态语言和个人空间。体态语言包括面部表情、动态体语和静态体语。在日常生活中，人们借助于各种共享文化基础的符号进行互动，了解和理解他人行动符号的缘由和意义，使社会秩序保持有序状态，让社会更稳定。人们只有在充分了解符号的基础上，才能进行正常交往和交流。

4. 人际互动理论

发生于个体之间的、带有明显的个人因素的相互作用称为人际互动。在社会生活中，人们之间的互动并不都是按照社会规范进行的。社会生活中有大量互动是在与陌生人相遇时发生的，个体间在互动时常常带有情感等个人特点。

社会交往需要人际吸引力。在日常生活中要注意培养自己的人际吸引力，需要尊重他人，平易近人，推己及人，以身作则；既要自信，又要谦虚，懂得在什么时候表达自己，在什么时候聆听别人；不能恃才傲物，要懂得迁就。提高人际吸引力，能更好地进行人际交往，改善社会关系。

社会互动是人类日常生活中必不可少的社会活动，人的一生总是在互动中不断寻求角色升级和角色变化。角色通常附属于某一既定社会位置，通常一个社会位置均搭配一连串息息相关的复杂角色，称为角色组。譬如，一个职业为教师的人，除了扮演好主要的老师角色，妥善处理师生关系之外，还要扮演不同的角色面对家长、校长、学校行政人员及其他老师；另外他还可能是教育学会的成员、某小区住户、妻子的丈夫、子女的父亲等等复杂的角色关系。所有从老师社会位置出发，引发各种不同角色的互动，就共同构成老师的角色组。也就是说，任何人都可能有一组相关的社会角色，这些角色的社会互动便构成人的角色组。

旅游策划中社会互动交流理论的运用，可以为旅游者提供更好的社会角色体验经历策划。在旅游过程中，新的社会环境，不断变换的旅游区域环境，临时旅行团队的结伴同行，家庭的全天候陪伴，都为游客提供角色转换的基础和丰富的互动方式。旅游活动中的社会互动，包括旅行团队内非正式角色互动、个体间互动、群体内两性互动、游客与旅游服务员互动、游客与旅游目的地居民互动、参与性活动角色互动等等互动交流结构类型。可以策划参与性导游方式与导游词，形成小型团组，建立团队合作模式，设计互助加竞争式的游程结构；策划烧烤晚会、篝火晚会、歌舞表演等参与性游戏及活动，打破游客间交流与互动隔阂，释放热情，展示才艺，融洽家庭，增进友谊；策划游客与服务人员间互动性小活动，形成游程中的关爱情趣。

四、生活方式理论

生活方式是不同的个人、群体或全体社会成员在一定的社会条件制约和生活方式价值观念制导下所形成的，满足生活需要的全部活动形式与行为特征的体系。广义指日常生活领域的活动形式与行为特征。狭义指个人由情趣、爱好和价值取向决定的生活行为的独特表现形式。

1. 生活方式形成解读

生活方式是在一定的历史时期与社会条件下，各个民族、阶级和社会群体的生活模式。生活方式内容相当广泛，包括人们的衣、食、住、行、劳动工作、休息娱乐、社会交往、待人接物等物质生活以及价值观、道德观和审美观。生活方式是一个历史范畴，不同社会、不同历史时期、不同阶层和不同职业的人，有不同的生活方式。随着社会的发展变化，生活方式也随之变化，直接或间接影响着一个人的思想意识和价值观念。

影响生活方式形成的因素，有宏观社会环境，也有微观社会环境。宏观社会环境，如地理环境、文化传统、政治法律、思想意识、社会心理等因素，从不同方面影响着生活方式。如居住在不同气候、山川、地貌等地理环境中的居民，生活方式就具有不同的风格、习性和特点；一个民族长期生活在独特的文化背景中，就会在生活方式中呈现出丰富多彩的民族特色。微观社会环境，如人们的具体劳动条件、经济收入、消费水平、家庭结构、人际关系、教育程度、闲暇时间占有量、住宅和社会服务等条件的差别，会使同一社会中的不同个人生活方式形成明显的差异。一个人的思想意识与心理结构也影响着一个人的行为方式，影响着对社会的态度和价值观念，影响着社会生活方式。

生产方式是人类社会赖以建立的基础和发展的起点，满足人类自身生存、享受、发展的生活方式。人类社会的历史表明，生产力越发展，科学技术越进步，人们生活空间和时间也就越扩大和增多，人们主体性在社会发展中的作用越增强，生活方式在社会生产和再生产中的地位和作用就越重要。在人类历史的每个时代，社会生产方式都规定了社会生活方式。在生产方式的统一结构中，科学技术的进步和生产力的迅猛发展，成为推动人类生活方式变革的巨大力量，影响生活方式。

生活方式的主体分个人、群体、社会三个层面。任何个人、群体和全体社会成员都是有意识的生活活动主体。人的活动具有能动性、创造性的特点，在相同的社会条件下，不同的主体会形成全然不同的生活方式。在生活方式的主体结构中，一定的世界观、价值观和生活观对人们的日常活动起着根本性的调节作用，规定着一个人生活方式的选择方向；社会风气、时尚、传统、习惯等社会心理因素对生活方式具有深层的影响力量和导向作用，以特有的方式调节着人们的日常活动和行为特点。生活方式的主体在生活方式构成要素中具有核心地位。

2. 生活方式特点

日常活动条件和日常活动主体的相互作用，必然外显为一定的日常活动状态、模式及样式，使生活方式具有综合性和具体性、稳定性与变异性、社会形态属性和全人类性、个人特性。

（1）综合性和具体性。生活方式既是群体生活方式，也是个人生活方式，具有外延广阔、层面繁多的综合性特点，不仅涉及物质生产领域，也涉及物质生产活动以外人们的日常生活、政治生活、精神生活等更广阔的领域。任何层面和领域的生活方式总是通过个人的具体活动形式、状态和行为加以表现，具有具体性特点。

（2）稳定性与变异性。在一定客观条件制约下的生活方式，具有相对稳定性和历史传承性，有着独特的发展规律。生活方式的稳定性，对新的、异域的生活方式具有排斥倾向。但是，任何国家和民族的生活方式都隐藏着变化，随着制约生活方式的社会条件的变化，生活方式将或早或迟地发生相应的变迁。生活方式变迁是整个社会变迁的重要组成部分。在一般情况下，生活方式的变迁采取渐变方式，只有在社会变革时期才采取突破方式。

（3）社会形态属性和全人类性。生活方式是人社会化的重要内容，决定了个体社会化的性质、水平和方向。生活方式是一个历史范畴，在一定社会形态中的生活方式，总是具有一定的社会属性，如在奴隶社会中，存在奴隶和奴隶主两大阶级的生活方式；在封建社会，存在农民和地主两大阶级的生活方式等等。另一方面，生活方式具有满足人类生存需要和种族繁衍的自然属性。随着国家之间的交往，又使人类的生活方式形成共同的规范、准则。在生产力和科学技术发展水平接近的情况下，促使各国、各民族在生活方式上形成越来越多的趋同性。这种趋同性超越社会制度属性，使不同社会制度国家在生活方式上的相互借鉴成为可能和必要，人们的生活方式也越来越国际化，具有全人类属性。

（4）个人特性。不同社会、不同历史时期、不同阶层和不同职业的人，有着不同的生活方式，一个人的思想意识，又会反作用于一个人的生活方式。生活方式的变化直接或间接影响着一个人的思想意识和价值观念。社会生活方式是通过一个人的思想意识与心理结构的形成，影响着一个人的行为方式和对社会的态度，反映了一个人的价值观念和世界观的基本倾向。生活方式反映人们日常生活习惯，属于人们心理对生活感知范畴，内容可以是独特的个人爱好、事业观念、感情观念、生活品质观念、世界观、人生观、价值观等等，同时也包括在居住、服饰、饮食、旅游、休闲、体育运动、事业追求方面的要求。

各种生活方式生动地向我们展示了人们的消费方式，各不相同的喜好，诸如便捷的、自然的、悠闲的、热闹的、奢华的、都市的、乡土的、繁华的、宁静的、怀旧的、时尚的、国际的、地域的、社交的、动感的、恬静的、养身的、康体的、科技的、智能的、民俗的、风情的、童趣的、娱乐的、保守的、前卫的、超现实的等等。

3. 生活方式分类

对生活方式可从多种角度作类型分析。按主体的层面不同，可分为社会、群体和个人三大类型的生活方式。社会生活方式是社会全体成员的生活模式。人类历史上出现的不同社会生活方式类型，有原始社会生活方式、奴隶社会生活方式、封建社会生活方式、资本主义社会生活方式和社会主义社会生活方式等。群体生活方式包括各阶级、各阶层、各民族、各职业集团，以至家庭生活方式等庞大体系。个人生活方式从心理特征、价值取向、交往关系以及个人与社会的关系等角度，可分为内向型生活方式和外向型生活方式、奋发型生活方式和颓废型生活方式、自立型生活方式和依附型生活方式、进步的生活方式和守旧的生活方式等等。某一社会、群体、个人生活方式是该社会中生活方式的一般、特殊和个别的表现形态。

按生活方式的不同领域，可划分为劳动生活方式、消费生活方式、闲暇生活方式、交往生活方式、政治生活方式、宗教生活方式等。按不同的社区，可分为城市生活方式和农村生活方式两大类。在当今世界上，发达国家的城市人口占很大比重，城市生活方式是绝大多数居民人口的生活方式。发展中国家的农业人口占很大比重，农村生活方式仍占优势。伴随着工业化、城市化的进程，城市和城市化的生活方式将在发展中国家得到相应的发展。按时代特征，可分为现代社会生活方式、传统社会生活方式。按主要经济形式，可分为自然经济生活方式、商品经济生活方式。

4. 旅游策划引领生活方式

生活方式是一个国家或一个民族最具经济推动力的方式。物产、经济、文化、思想都有可能创造生活方式。物产丰盈，创造了一个"烹饪王国"；在经济不发达的年代，"处处排队"是整个中国社会的生活方式；自行车的制造，曾在20世纪80年代，造就了一个"自行车王国"。旅游在中国的发展，已经在创造一个旅游大国。

旅游策划的最高境界，就是为游客创造全新的生活体验，形成人们向往的生活方式。从创造生活方式的理论出发，策划出按照某一特定生活方式生活的群体需要的旅游产品，就能够创造出具有社会意义的游客消费方式，创造出人们喜爱的生活方式。

从创造生活方式的实践要求，旅游策划都需要基于生活方式重新定义旅游产业发展定位，需要从创造市场走向创造生活方式，从细分市场走向细分生活方式。旅游观光是一种生活方式，旅游休闲是一种生活方式，旅游康体也是一种生活方式，引领了旅游消费方式的潮流，也就是在创造生活方式。旅游策划所形成的团队旅游、自助旅行、农家乐、山水实景演出、旅游购物步行街以及迪士尼乐园、巨型客轮、拓展营地、高尔夫俱乐部等等，都创造了新的生活方式，或者正在创造新的生活方式。生活方式决定了旅游行业的市场规模。

第三节　运筹学理论

运筹学是一门通过确定目标、制定方案、建立模型、制定解法等步骤，来解决千差万别的各种问题的学科。随着科学技术和生产的发展，运筹学已渗入很多领域里，包括旅游策划领域，应用运筹学理论探讨旅游发展问题。

一、运筹学定义与运筹步骤

1.运筹学定义

运筹是一种被普遍应用而高效的方法，是方法的方法。"运"就是运动、运作、运行；"筹"就是讲思谋、谋划、筹策。所谓运筹，就是进行策划或规划、设计的具体思谋或谋划。汉高祖刘邦就曾赞谋士张良"夫运筹帷幄之中，决胜于千里之外"。运筹就是对社会实际活动对策的思谋、筹度。

运筹学作为一门现代科学，有研究定义，运筹学是在实行管理的领域，运用数学方法，对需要进行管理的问题统筹规划，做出决策的一门应用科学。也有将运筹学定义为，管理系统的人为了获得关于系统运行的最优解而必须使用的一种科学方法。运筹学使用数学工具(包括概率统计、数理分析、线性代数等)和逻辑判断方法，来研究系统中人、财、物的组织管理、筹划调度等问题。

运筹学在社会发展中得到广泛的应用。随着对系统配置、聚散、竞争的运用机理深入的研究和应用，形成了比较完备的一套理论，如规划论、排队论、存贮论、决策论等等。电子计算机的问世，又大大促进了运筹学的发展。

2.运筹步骤

运筹学广泛应用于工商企业、军事部门、民政事业等统筹协调问题，既对各种经营进行创造性的科学研究，又涉及组织的实际管理问题。以整体最优为目标，从系统的观点出发，力图以整个系统最佳的方式，来解决该系统各部门之间的利害冲突，具有很强的实践性，能向决策者提供建设性意见。

应用运筹学处理问题的运筹步骤可以概括为五步：第一步，提出和形成问题。提出需要解决的问题，分析问题所处的环境和约束条件。第二步，建立模型。把问题中的决策变量、参数与目标函数和约束条件之间的关系用一定的模型表示出来。模型是研究者经过研究后用文字、图表、符号、关系式，以及实体模样描述所认识到的客观对象。成功的模型对问题的解决有关键作用。第三步，最优化。确定与模型有关的各种参数，选择求解方法，求出最优解。第四步，解的评价。通过灵敏度分析等方法，对所求解进行分析和评价，并据此提出修正方案。第五步，决策。向决策者提出决策所需的数据、信息和方案，帮助决策者决定处理问题的方案。

旅游策划掌握运筹学的特点和处理问题的步骤，可以提高策划严谨性和科学性，使旅游策划更周密。

二、全能策划运筹

全能策划运筹是一种具有多功能的广泛适用于各个社会领域和各种类型的社会活动的策划运筹，是最能广泛适应现代社会活动多种需要的策划运筹。全能策划运筹以人类智慧力为支撑，有效地找到取得实践活动成功和解决实际问题的科学方法和举措，有效地运用各种因素和条件去创造成功和辉煌。全能策划运筹具有广泛的适用性，能解决人类实践活动中的各类复杂问题，不断地把人类的社会实践活动带向更高层次和更高水平。

1. 全能策划运筹价值

全能策划运筹不同于一般的方式方法，其一，全能策划运筹是人类智慧高效开拓和有效运用的思考和行为方式。全能策划运筹的理念、原理、思维方式、心理活动、思维运作、思维创造、工作方式等，都是以有利于人类智慧的开发和运用为基础的，为人类智慧的有效开发和运用提供了相应条件，开辟了崭新的道路。其二，全能策划运筹的基础、依据和支撑是人类智慧力，依赖于人类智慧力的发挥。成功在于智慧。全能策划运筹作为一种成功的思考和活动的方式方法，必须依靠人类智慧力的发挥。其三，全能策划运筹为人类智慧力的形成、发展铺垫了道路，开拓了广阔前景。全能策划运筹提供的思维方式、方法，思考和行动的策略、举措，为人类各种智慧间的相互借鉴、沟通和综合应用提供了一种新型的架构，使人类各种智慧间能够实现崭新的、更密切的、效率更高的联系，从而使人类智慧得到更好的组合、开发和运用。同时，全能策划运筹的运作方式也为人类智慧的培养、开发、运用和发展，提供了无限广阔的空间和优越的基础条件。全能策划运筹不仅能使人类智慧拥有用武之地，任其施展，得到最大限度的发挥，而且，还能通过对人类智慧的整合、冶炼、提炼和升华，不断创造和提升，快速地发展人类智慧，提高人类智慧，使人类智慧呈加速度的进步和发展，加速整个人类社会的进步。

2. 全能策划运筹创想

要有效地进行全能策划运筹创想，一是要在客观现实存在的基础上进行创想，二是要进行科学和艺术的创想，这是保证全能策划运筹创想的基础。在客观存在基础上的创想，是为了保证创想的客观性、实践性和可行性。策划运筹创想是在对客观材料进行分析、推理、推算、论证基础上的创想，创想有据，才能符合客观实际要求，才能获得驾驭实际，最好、最快地实现活动目标，取得社会活动卓越成功的途径、方法、举措的创想。否则，创想就可能是脱离客观实际的空想，不着边际的胡思乱想。科学和艺术的创想，是运用科学和艺术的方法，技巧性地进行创想，使创想具有科学价值和艺术价值，能经得起科学推理和论证，符合科学的规范和艺术的要求。不仅要敢于创想，而且要善于创想，要富于创想。善于创想，就是要善于运用一切科学和艺术的创造方法，高效地运作大脑思维，进入"思绪万千，浮想联翩"的无穷创想之境。富于创想不仅是创想多，而且创想质量高，创想符合科学合理性和艺术性要求。

全能策划运筹创想需要符合新、奇、独、巧、效的要求。"新"，创想应是新思路、新观点、新理论、新方法、新举措等新的东西。计谋无穷，新意迭起，高人一筹，是旺盛生命力的源泉。新意应是前所未有的，是开拓，第一次，不是简单的思想重复，而是随事物变化和发展要求的新东西。"奇"，策划运筹创造的思想、思路，方法奇妙、奇特，具有举重若轻，举难为易，"不战而屈人之兵"的奇妙效果。奇是反常规，反寻常，出乎预料，出乎寻常，达到"出奇所不趋，趋其所不意"之境。奇能使新创想无比巧妙，富于魅力，富有力量。"独"，策划运筹独特，想人所未想，见人所未见，做人所未做的"独门奇功"。在平常中发现不平常，从常人不能发现中发现，常人不能想到中想到；从人们习以为常的司空见惯、见怪不怪的事物中发现独特，发现超乎寻常之点，提出非同一般、非同寻常的独到创想。创想独特而符合规律，就会获得出乎预料的成功。"巧"，策划运筹创想的巧妙、神奇。巧在别人想不出，甚至不能仿效；巧在巧夺天工，微妙之极，妙不可言，妙趣无穷；巧在能把各种有效技巧和方法巧妙结合起来，在常人不能知觉、未能感觉和发现的情况下，制造出成功，轻而易举地达到目的。"效"，创想实施要能产生奇特的神奇效果，取得人们未曾料想到的、出乎预料的、喜出望外的成果，如人们常说的"挽狂澜于既倒，救三军于危途"，化腐朽为神奇，化不利为有利，"决胜千里"，举难为易，举重若轻，以最少投入取得最大成果等出奇效果。

旅游策划运筹创想需要基于客观现实存在，以科学和艺术为创想基础，以新、奇、独、巧、效为要求，敢于创想，善于创想，富于创想，使旅游策划创想具有无穷力量和无限魅力。

三、系统分析策划运筹法

系统分析策划运筹法是把将要研究的策划运筹问题当做一个统一的整体，把这个整体分解为若干子系统，在揭示影响子系统的环境、社会、经济、文化等各项因素及相互关系，对获取的信息进行综合整理、分析、判断和加工的基础上，选择出最优方案的策划运筹分析方法。主要特征就是从整体角度，揭示整体下各局部所产生的影响和相互关系，找出系统整体的运动规律，分析达到目的的途径。运用系统分析策划运筹法研究和解决策划运筹问题，通常按如下步骤进行：

1. 确定策划运筹目标

从系统整体的要求出发，提出需要解决的中心问题，确定策划运筹活动必须达到的目标与希望达到的目标。确定目标，一般应满足目标的唯一性、具体性、标准性和综合性四个条件。

目标的唯一性是对目标含义的理解必须是唯一的，对目标的表述，要求尽可能采用定量数字语言，避免采用定性自然语言。目标的具体性是指达到策划运筹目标的各项措施要具体。具体性可以通过"目标结构分层"的办法来实现，即理清上一级总目标与下一级分目标之间的层次体系和各层次的范围。通过层层分析构成一完整的分层目标结构体系，制定出落实各级目标的具体措施。目标的标准性是给目标规定一个达到某种程度的标准，以便了解目标实现的程度。目标的综合性，主要针对多目标的选择。由于现实的科技、经济、社会因素复杂，策划运筹目标往往不止一个而有多个。有时各目标之间相互联系，甚至重叠，若不妥善处理，可能会主次不分，顾此失彼。因此，要求从整体视角对多目标进行综合处理。综合处理目标的办法有两种，其一是精简目标，去除那些实际上根本无法达到的目标，除去从属关系目标中的子目标；其二是合并目标，合并意义相近的目标，将若干个子目标组成一个综合目标。

2. 系统综合，拟定方案

根据既定的策划运筹目标，制定出可以实现目标的各种方案。拟定策划运筹方案的两个基本工作方式，一是提供两个以上备选方案，系统综合分析每一种选择方案在政治、经济、社会、公共关系等方面可能产生的后果及利弊，依据分析拟定科学、客观、公正而全面的策划运筹方案。二是在提出有多方案情况下，坚持各方案间相互排斥性原则，俩俩比较，要么 A，要么 B，二者决一，进行系统综合，拟定最终方案。

3. 系统分析，评价方案

通过数学分析、运筹学分析、模型分析、功能模拟分析等方法，对提出的各种备选方案进行比较和评估，找出各种方案的优缺点。在对诸多方案进行分析评价时，应掌握评估策划运筹方案的价值标准、满意程度和最优标准。

评估策划运筹方案的价值标准是一个方案的作用、意义和收效的价值大小。确定价值标准同确定策划运筹目标一样，完全取决于策划运筹的需要，受客观条件的限制，具有主观选择因素。评估策划运筹方案的满意程度和最优标准，包括策划运筹目标的量化性、策划运筹备选方案的完全性、策划运筹方案执行结果的预测性、具有较高的择优标准等条件。

评价方案常用方法有经验判断方法、数量化方法和模拟方法。经验判断方法，如淘汰法、排队法、归类法等，适用于策划运筹目标多、方案多、变量多、标准不一的情况。数量化方法是用数学方法、运筹学方法等对可供选择的多个方案进行定量的分析和测算，提出数据结果，供旅游策划运筹者加以权衡和选择。模拟方法是通过设立模型来揭示原形的性质、特点和功能，通过结构或功能的模拟寻找出最佳的策划方案，或对已经产生的方案作出修订或调整。

4. 系统选择，策划运筹优选

通过综合分析、比较和计算，从诸多备选方案中，选择出最优化的方案。根据系统局部效益与整体效益相结合、多级优化和满意性等原则，策划运筹人员应向策划运筹委托部门提出书面策划运筹报告，由策划运筹者根据报告中提出的若干方案或建议权衡利弊，决定最终方案。

5. 跟踪实施，调整方案

在实际工作中，策划运筹是预测性活动，策划方案在实施时，不可避免地会遇到在策划运筹时所无法预见的问题，需要跟踪方案执行情况，及时发现问题，及时修改，或补充策划方案，使策划方案实施的结果能始终朝着策划运筹的目标前进，最终实现策划运筹目标。

旅游策划运筹作为一个系统，不仅是一个旅游创意或一个旅游行动步骤，不能孤立地看待旅游策划运筹对象，要把旅游策划运筹对象放在宏观背景下，认真分析旅游主客观条件，围绕旅游策划运筹目标，充分利用各种旅游资源，谋划出多种旅游策略，并通过论证、评估、比较，选出效益最大化的旅游策划运筹方案。时间上，旅游策划运筹每一步骤脉脉相依，环环相扣；空间上，是多种旅游因素的立体组合。只有将旅游策划运筹放在一定的社会背景下，充分考虑各种千丝万缕的联系，才可能准确把握旅游市场脉搏，保证旅游策划运筹的科学性。[①]

四、找寻规律，认清实质，因事施策

在策划运筹中，要获得对事物未来成功的预测，需要找寻规律，认清实质，因事施策。

1. 找寻规律

任何事物都有着运动变化的规律性。我国春秋时代的思想家荀子认为"天道有常，不为尧存，不为桀亡"。大自然的运行有着自身运行的规律，不会因为尧的圣明或者桀的暴虐而改变。事物内在的必然联系，决定着事物发展的必然趋向。规律是客观的，不以人的意志为转移。准确认识事物规律，把握事物规律，就能把握事物的发展，就能运作事物为我所用，助我成功。

在旅游策划运筹中，正确认识策划运筹对象，发现和揭示策划运筹对象的规律性，遵循规律性，认识和把握客观事物，驾驭客观事物，有针对性，有的放矢

---

① 卢毅. 解析策划的核心理念 [J]. 商场现代化，2008，6（542）.

地找到有效打开问题的钥匙；遵循事物的规律性去创造新思想，找准解决问题的新思路，找到解决问题的新办法，按照规律操作，实现旅游策划运筹的目的。

2. 认清实质

实质是事物本身所固有的特定属性，认清实质是重要的策划运筹理论。毛泽东说："我们看事物必须要看它的实质，而把它的现象只看作入门的向导，一进了门就要抓住它的实质。这才是可靠的科学的分析方法。"[①] 要认清事物的实质，必须学会辩证分析法，善于观察和剖析事物，透过事物各种表面现象，洞穿迷雾，抓住事物的本质，揭示问题的实质。在现实中，纷繁复杂的形势、变化不定的事物表象常常把人们弄得晕头转向，分不清方向，分不清主要和次要，关键就是未能抓住事物的本质，失去了根本。在策划运筹中，认清了策划运筹对象的实质，抓住策划运筹对象的本质，问题就会迎刃而解。

3. 因事施策

因事施策就是要根据事物的规律和针对事物的本质进行策划运筹，使策划运筹因事制宜，有的放矢，提高成效。客观世界气象万千，各种客观事物内容各不相同，异彩纷呈，要想因事施策，必须坚持具体问题具体分析，具体问题具体处理。因事施策，不意味着同一问题或同一事件只有一种方法。对策可以多种多样，甚至无限多样。但并不是每一对策，都能起到良好作用，产生好的效果，只有具有针对性和高效性的对策，才是成功的策划运筹。因事施策应注意：

第一，准确把握运筹对象。需要对策划运筹对象的性质、类型、内容、特色、数量、结构、变化发展，进行定性定量分析，力求准确、全面、深刻地把握策划运筹对象。

第二，运筹方案经得起分析论证。在拟定解决问题方案时，需要设计多种备选对策方案，从中选出最佳方案。在选择运筹方案时，力求"深思熟虑"、"深谋远虑"，使方案经得起推理分析和论证。

第三，权衡利弊。在选择对策时，全面分析实施对策的实力和条件、目标追求、预想成果，以及客观存在形式和条件现状、可能产生的变化，对各种备选对策进行比较、权衡，选择最好的、力求多胜的对策。在实力和条件都一般时，应选择稳中求胜和稳中求多胜的对策；在自身实力不足和环境情况不利时，应选择少输或败中求胜的对策。

五、抓住中心，精于组合

在策划运筹中，面对纷繁复杂的现实，需要抓住中心，精于组合，充分调

---

① 毛泽东. 毛泽东选集 [M]. 北京：人民出版社，1991：420.

动各种有利因素，实现策划运筹目的。

1. 抓住中心

中心在空间上是与四周距离相等的中央位置，在区域上是占重要地位的城市或地区，在事物上是事物主要部分。运筹学认为，中心具有带动全局的作用。在策划运筹中，既要总揽全局，统筹兼顾，更要注意抓住中心，突出重点，以中心带动全局。抓住中心包括三个方面：

其一，认准中心，抓住中心。抓住中心，就是明确中心点。中心是事物的焦点、关键点、对全局有重大影响之点。在策划运筹中，需要避免无中心，避免多中心或中心不突出；避免事物失去重心，失去关键，失去焦点，失去平衡，导致整体失误。在策划运筹中，需要避免抓枝节，丢根本；避免捡了芝麻，丢了西瓜，得不偿失。抓住中心，就是整个事情围绕中心进行，集中力量和措施解决根本问题。

其二，体现中心，以中心统帅各方。体现中心，就是围绕中心，使整个活动有序开展，有条不紊。体现中心，就是在运筹对策时，"眼观六路，耳听八方"，瞻前顾后，首尾兼顾，全面而又动态地把握客观局势和主观条件，力求使对策系统、全面。

其三，既有中心对策，又有结构合理的系列对策；对策层次分明，各有功能；对策实施步骤得当，环环紧扣，面面照应，疏而不漏，满盘皆活。

在策划运筹中，抓住中心，就可以使策划运筹的对策卓有成效，使运筹对策成为惊人之举，惊世之作。

2. 精于组合

策划运筹实际上是通过对各种主客观要素或条件的巧妙组合，系统中的要素的最佳组合就能使系统功能最大化，实现社会活动主体整体功能的最大化，获取最大活动成果，取得最大化成功。在同样的要素或条件下，实物组合结构可以多样性，不同的组合结构会产生不同的组合能量，然而，只有最佳的组合结构，才能产生最佳的组合能力。

策划运筹就是要精于要素组合，实现要素组织结构最优化和组织功能的最大化。在现实中，几个简单的要素，只要在人们想象力的作用下进行不同地有机组合，就可能产生出无数的奇妙无比的新奇东西。孙子曰："声不过五，五声之变，不可胜听也。色不过五，五色之变，不可胜观也。味不过五，五味之变，不可胜尝也。"[①]人们通过要素的巧妙组合，可以获得"五声之变"、"五色之变"、"五味之变"，精于要素组合，能够产生无穷无尽新东西，形成无限创造。

----

① 孙子兵法 [M]// 第五章·势篇.北京：北京燕山出版社，2001.

要素是组合的基本单位，不同性质、种类、质量、功能、特点不同的要素组合，就会产生不同的组合效果。在策划运筹中，要做到精于要素组合，其一，找到组合的有利要素进行组合。既要发现和利用有利要素，又要发现和剔除舍弃不正常的、无利和有害的要素，保障要素组合的最佳化和功能最大化的基础。进行要素组合，需要对准备组合的要素进行分析，把握各种要素的优劣、利弊、变化，剔除破坏性的要素，保证组合达到最优。

其二，选取正确组合法则或方式方法。一般说来，相似的要素组合能产生新事物。越不接近，越不相关，间隔越遥远的要素组合，越易产生神奇、妙不可言、事先无法预想到的效果。组合的方式方法越奇特，组合的效果就会越奇妙无穷，创造就会变得无限。

其三，追求要素形式组合，注重要素实质内容上的品质、特点、功能组合。通过要素从形式到内容的最佳组合，真正使组合奇妙无穷，神形兼备，力量无限。要素组合既是随意的，也是有规律可循的。重视要素组合的科学和艺术性，使运筹思路科学、正确，富有魅力，达到人类思想的较高境界，创造出无穷无尽的新思想、新观念、新方法、新举措、新业绩、新成果等诸多创新，形成无限能量，创造无限财富。

旅游策划的根本特征是运筹和谋划，旅游策划活动的核心是策划主体对未来旅游产品生产、营销与交换活动的运筹、谋划、构思和设计。旅游策划运筹不是按部就班的常规思考，而是在运筹思维的基础上，放大智能，以非凡智慧，提出独到见解。

旅游业是一个开放式系统，系统的最终目标是生存和发展。旅游策划运筹是一个系统策划运筹。旅游策划运筹的根本任务就是帮助旅游业系统对发展的旅游市场需求不断地做出调整，以适应市场环境的变化。由于旅游业开放式系统生存在一个不断变化的环境中，必须不断地调整以便维持均衡或者平衡的状态。旅游策划运筹者在策划运筹中，需要抓住中心，精于组合，注重系统的整体优化，注重系统的动态开放，注意系统的协同性，协调具体的发展目标、产品、项目与战略目标相一致，形成一个生动的完整的系统，以适应不断变化的市场环境，整合旅游企业的要素，提高旅游企业在市场中的整体竞争力。

第四节　市场学理论

市场学理论是研究消费者和企业之间的交易行为，如何共同决定产品市场的价格和产量的规律的理论。旅游业是一个经济产业，市场是经济产业的核心和根本。有学者认为，市场学既是一门科学，同时也是一种行为，还是一种艺术，涉及经济学、心理学、人类学、社会学以及数学等学科的理论和方法，研究对象已经远远超出商品流通的范围，涉及生产、分配和消费领域。旅游策划需要依据市场理论，使旅游策划方案更具有实践价值。

旅游策划依据的市场学理论是由旅游产品的商品性质决定的。在市场经济条件下，市场需求决定产业的发展方向、发展规模、发展速度和发展前景，旅游策划必须与之相适应。旅游策划运筹需要认识和掌握市场理论研究内容，以便在旅游策划运筹方案中得到反映和考虑。

一、市场含义与结构类型

市场，从事商品买卖的交易场所或接触点，由供求双方组成。市场就是从事某一特定商品买卖的交易场所，或者说市场就是由供求双方所形成的交换各自产权的经济场所。

任何一种商品都有一个市场。按有形与无形进行划分，有固定地点的有形市场与无固定地点的无形市场；按狭义和广义划分，有狭义市场和广义的市场，狭义市场是指有固定地点的有形市场，广义市场既包括有形市场也包括无形市场。按具体商品划分，有汽车市场、电脑市场、蔬菜市场、家具市场等各种产品市场；按交易方式划分，有零售、批发，以及赊销、拍卖、邮购、直销、抵押、典当等市场；按时间划分，有现货市场与期货市场；按交易区域划分，有国内市场、国际市场、广东市场、上海市场、北京市场等；根据市场主体在商品市场中的数量比例和竞争程度划分，有完全竞争市场、垄断市场、垄断竞争市场、寡头垄断市场。

旅游市场与一般经济市场定义与结构类型有所不同。旅游市场指有潜在旅游者所在的区域，哪里有潜在旅游者，哪里就是旅游市场。旅游市场有属于自己的分类方法与结构类型。世界旅游组织根据全球地区在地理、经济、文化、交通以及旅游者流向、流量等方面的联系，将整个世界旅游市场划分成六个大的区域，即欧洲市场、美洲市场、东亚及太平洋地区市场、南亚市场、中东市场和非洲市场。按国境划分旅游市场，一般分为国内旅游市场和国际旅游市场。国际旅游市场又分为出境旅游市场和入境旅游市场。国内旅游市场，按旅游者的实际消费水平，划分为高档旅游市场、中档旅游市场和经济档旅游市场。根据旅游目的，划分为观光旅游市场、度假旅游市场、宗教旅游市场等。按旅游组织形式，划分为团体旅游市场、散客旅游市场。按旅游者年龄和性别特征，划分为老年旅游市场、中年旅游市场、青年旅游市场、儿童旅游市场和妇女旅游市场。按旅游活动类型，分为观光旅游市场、度假旅游市场、会议旅游市场、购物旅游市场、体育旅游市场、探险旅游市场和科学考察旅游市场。按旅游接待量和地区分布，划分为一级旅游市场、二级旅游市场和机会旅游市场。旅游市场性质决定研究市场理论的价值，研究市场规律对旅游市场策划有理论指导意义。

二、四种市场竞争类型

旅游企业经济活动的目标是获取利润，通过配置旅游资源，形成成本的节省，以实现利润最大化。在旅游市场上，旅游企业之间的竞争，围绕着争夺旅游者和旅游中间商而展开，以便提高自己的旅游市场占有率，占领更多的市场份额来保证自身利润的实现。旅游市场竞争吻合了市场竞争四种类型即完全竞争市场、垄断市场、垄断竞争市场、寡头垄断市场的一般规律，即市场竞争和市场垄断。

1. 完全竞争市场

完全竞争市场是指市场上的竞争是充分的，在这个市场上，任何买者或卖者都是市场价格的接受者，无法用增加或减少自己的购销量对价格施加影响，只能按市场既定的价格来调整自己的购买量或销售量。

在完全竞争市场上，有众多的消费者和企业，每个企业提供的都是完全无差异的同质的产品。市场上没有限制买卖规定，企业可以自由进入或退出市场，任何企业都可以自由进入或退出该市场。每一个市场上的消费者和企业对该市场均具有完全的信息。

在完全竞争市场的条件下，短期生产中的产品市场价格以及生产中不变要素的投入量均是确定的。企业是在既定的生产规模前提下进行生产，通过对产量的调整来实现最大利润。当市场价格高于平均成本的最低点时，企业可以获得超额利润。当市场价格等于平均成本的最低点时，企业获得正常利润。当市场价格低于平均成本，此时，企业虽然亏损，但仍继续生产。因为生产要比不生产强。当市场价格低于平均可变成本的最低点时，企业在此时就会停止生产。因此，企业就会利用完全竞争市场条件下的进入和退出机制，当价格高于长期平均成本，可以获得超额利润时，企业就选择进入完全竞争市场，使行业的供给增加。然而，在需求量不变的条件下，市场价格就会降低，利润会减少。于是，当价格低于长期平均成本时，企业就会选择退出完全竞争市场。

完全竞争市场是极为特殊和理想化的一种市场结构。在完全竞争旅游市场条件下，同样存在许多竞争的旅游者和旅游经营者，生产要素自由流动，市场信息充分，旅游产品完全相同，进退市场自由。完全竞争市场的局限性在于，在完全竞争市场中提供的产品，都是无差异的同类产品，对于消费者会过于单调。

2. 垄断市场

垄断市场，也有称为完全垄断市场，特征之一，行业中只有一家企业，只有一个卖者，企业代表行业，而消费者却是众多的；企业凭着他的市场垄断地位任意制定价格，而消费者只能接受垄断价格。特征之二，在垄断市场上，垄断企业提供的产品不存在任何的替代品，也无法找到其他的替代品。特征之三，在已经形成的垄断市场上，存在行业进入障碍，新企业因进入成本大，以至于不可能进入垄断市场。

导致行业出现垄断市场的原因，第一是规模经济的发展，使某一企业拥有了市场的全部需求，使其他企业无法企及。第二是形成生产要素垄断。一旦生产者拥有稀缺资源，控制了整个行业的产品原材料，而其他生产者无法获得这种原材料时，那么，该生产者就成为该行业的垄断者，最后形成垄断市场。第三是法律保护。在行业发展中形成的《著作权法》《专利法》《商标法》等知识产权立法，保护了市场上的垄断行为，也就保护了垄断市场。第四是特许经营限制。在市场上，政府授权行业内的某些家企业经营某种产品的特许权。如《市政公用事业特许经营管理办法》(2004年)，通过市场竞争机制选择市政公用事业投资者或者经营者，明确其在一定期限和范围内经营某项市政公用事业产品或者提供服务。城市供水、供气、供热、公共交通、污水处理、垃圾处理等行业，也依法实施特许经营。

垄断市场的优点是垄断企业在产品市场上没有竞争者，长期获得超额利润可以促使生产新产品的垄断企业或行业获得进一步发展。在垄断市场上，利润最大化仍是垄断企业经济行为的决策准则。若价格高于平均成本，在处于均衡状态时，垄断企业获得超额利润。若价格等于平均成本，在处于均衡状态时，垄断企业获得正常利润。若价格低于平均成本，垄断企业会出现亏损。如果垄断企业长期处于亏损，必然会退出该行业。因此，垄断企业的长期均衡的典型状况是获得超额利润。同样状况下的旅游垄断市场，处于垄断地位的旅游经营者控制旅游产品的价格和产量，使旅游产品没有替代品，形成市场壁垒。

垄断市场的缺陷，是垄断的高价格。在垄断市场上，企业不仅决定产量，而且规定价格。垄断企业获得的超额利润造成市场收入分配的不平等，最后使市场失衡。

3. 垄断竞争市场

垄断竞争市场是介于完全竞争市场与垄断市场之间的市场结构类型，既有竞争，又有垄断，是最常见的市场结构。垄断竞争市场一般具有四特征，第一，行业中企业的数量多，有大量的卖者和买者；第二，企业能提供有差异的产品，或者是彼此接近的替代品；第三，企业可以自由进入和退出垄断竞争市场；第四，在垄断竞争市场上，存在产品模仿的威胁。

在垄断竞争市场上，由于存在竞争，企业具有降低成本的压力，从而促进经济效率提高。由于垄断竞争市场中的企业在长期中无超额利润，因此垄断竞争市场是一个相对公平的市场。在短期内，垄断竞争市场上的企业，通过调整现有生产规模的产量，来实现垄断竞争市场价格。在长期内，垄断竞争企业不仅可以调整生产规模，还可以加入或退出垄断竞争市场。比较垄断与竞争下的价格和产量，垄断价格大于竞争价格，垄断产量低于竞争产量，消费者剩余和生产者剩余达到最大。

垄断竞争市场的特点，第一，产品之间有差别和较高的替代性。产品之间的差别，包括功能、质量、造型方面的差别；包装、色彩、规格方面的差别；销售地点、服务质量、售后服务等方面的差别；商标的差别等等。产品差别是垄断竞争市场形成的基本原因。第二，企业数量多，提供了产品的多样化，使消费者有更多的选择。第三，企业进入产品市场比较容易，有利于鼓励创新。

在旅游垄断竞争市场上，竞争性表现为旅游经营者较多，同类产品存在差异性，进入或退出市场较容易；同时，旅游产品的个性和差异性、政府的方针政策，以及各种非经济因素的制约，使市场竞争表现出一定的垄断性。

4. 寡头垄断市场

寡头垄断市场是指一个市场上只存在少数几个卖者，或者市场被几个企业所控制。卖者数量少，各自对价格和产量的决定具有市场影响力。

寡头垄断市场的主要特征，第一，在寡头垄断市场上，只有少数几个企业。由于企业有限，彼此非常了解，企业间的决策具有较高的关联性。单个企业的产销量占整个市场相当大的份额，对市场价格具有明显的影响力。第二，寡头市场的产量与价格决定没有一个确定的规律，因为每一个企业的产量在市场上都占有较大的份额，企业作出决策时必须要充分考虑竞争对手的反应，而竞争对手的反应可能是多种多样的，很难准确预测。第三，寡头市场的产量和价格一旦确定后，就具有较长期的稳定性，因为随意改变产量和价格会招致竞争对手的报复。第四，寡头市场企业数量少，相互依存性高，因而较为容易相互形成某种形式的暂时的妥协性联盟。第五，在市场容量不变的情况下，少数企业的规模越大，市场集中度越高，使市场存在进入障碍。

在寡头垄断旅游市场上，也表现为为数不多的旅游经营者控制了行业绝大部分旅游供给的市场，并且在行业中都占有相当大的市场份额。

随着市场经济的发展，旅游市场已不仅仅是旅游产品的交易场所，还是旅游交换市场关系的总和。任何一种旅游产品都有一个市场，有多少种旅游产品，就有多少个旅游市场。旅游市场与旅游行业紧密联系。为同一个旅游产品市场提供同一类产品的所有企业的总体，就形成一个行业。可以运用市场结构类型理论，分析在旅游市场经济发展中所形成的完全竞争市场、垄断市场、垄断竞争市场、寡头垄断市场，帮助企业进入和退出旅游市场，选择市场发展战略。

三、市场营销理论

市场营销是在以顾客需求为中心的思想指导下，企业所进行的有关产品生产、流通和售后服务等与市场有关的一系列经营活动。市场营销作为一种计划及执行活动，包括对一个产品、一项服务、一种文化的开发制作、定价、促销和流通等活动，目的是通过有效的交换及交易，达到打开和扩大市场需求的目标。

1. 市场营销定义

市场营销，简称"营销"，也有称作"行销"。对"市场营销"定义及内涵，学术界与行业尚无统一的认定。代表性的定义有四，其一，"市场营销是创造、沟通与传送价值给顾客，及经营顾客关系以便让组织与其利益关系人受益的一种组织功能与程序"。[①] 其二，"市场营销是指企业的这种职能：认识目前未满足的需要和欲望，估量和确定需求量大小，选择和决定企业能最好地为其服务的目标市场，并决定适当的产品、劳务和计划（或方案），以便为目标市场服务"。[②] 其三，"市场营销是企业经营活动的职责，它将产品及劳务从生产者直接引向消费者或使用者以便满足顾客需求及实现公司利润，同时也是一种社会经济活动过程，其目的在于满足社会或人类需要，实现社会目标"。[③] 其四，"市场营销既是一种组织职能，也是为了组织自身及利益相关者的利益而创造、传播、传递客户价值，管理客户关系的一系列过程"。[④]

"市场营销"的本质是销售，或者通俗所说的"推销"。市场营销是一种有调查研究，有分析策划，有计划方案的商品推销，最后实现商品更多更广泛销售的目的。所以，市场营销又是有组织、有创造的商品促销活动。

2. 市场营销职能与作用

研究市场营销，需要研究市场营销的职能与作用。研究市场营销，需要研究商品销售。市场营销是为商品销售开道。商品销售对于企业和社会来说，具

---

① 美国市场营销协会定义。
② 菲利普•科特勒（Philip Kotler）定义。
③ 麦卡锡（E.J.Mccarthy）1960 年定义。
④ 中国人民大学郭国庆定义。

有两种基本功能，一是将企业生产的商品推向消费领域；二是从消费者那里获得货币，以便对商品生产中的劳动消耗予以补偿。商品销售是生产效率提高的最终完成环节，通过销售环节把企业生产的产品转移到消费者手上，满足其生活需要。在企业转让产品给消费者的同时，企业获得货币，获得连续生产能力，提高了生产效率。通过商品销售，商品变为货币，社会为企业补充和追加投入生产要素，企业因此也获得了生存和发展的条件。

旅游市场营销同属一般市场营销范畴。旅游市场营销具体包括寻找和识别潜在游客、接触与传递旅游产品信息、谈判、签订合同、提供旅游服务。旅游市场营销的作用，其一，解决旅游生产与旅游消费的矛盾，满足生活消费和生产消费的需要。在商品经济条件下，社会的生产和消费之间存在着空间和时间上的分离和产品、价格、双方信息不对称等多方面的矛盾。旅游市场营销的任务就是使旅游生产与旅游消费需要和欲望相适应，实现旅游生产与旅游消费的统一。其二，实现旅游商品的价值和增值。市场营销通过旅游产品创新、分销、促销、定价、服务，密切相互满意的交换关系，使旅游商品价值和附加值得到社会的承认。其三，避免旅游资源和企业资源的浪费。旅游市场营销从游客需求出发，根据旅游需求生产，最大限度地减少旅游产品无法销售的情况出现，避免旅游资源和企业资源的浪费。其四，满足旅游者的需求，提高人民的生活水平和生存质量。旅游市场营销活动的最终目标，是通过各种方式和服务，最大限度地满足游客需求，提高旅游生活质量。旅游市场营销成功的基础是旅游服务质量。

3. 旅游市场营销方法

如何把已经来临的市场销售与盈利机会充分有效地利用，如何灵活适应市场需求变化，关键在于旅游产品策划和市场营销方法的选择。

（1）整体营销。整体营销由企业内部多项经营职能综合体现。旅游销售部门在每个时期都能向市场销售适销对路的旅游产品，旅游市场调研部门需要提供准确的旅游市场需求信息；旅游经营管理部门需要把市场需求预测资料转变成旅游产品，让销售部门及时向游客提供所需要的旅游产品；人事部门要在更早的时候对员工进行技术培训和岗位责任教育，激发职工提高生产劳动的积极性和主动性，通过热情和满意的服务让销售部门能够迅速打开旅游市场销路，扩大旅游市场游客数量，建立高尚的企业形象和旅游产品形象；宣传促销部门需要有效地展开广告宣传攻势，采用顾客喜闻乐见的方式，组织对潜在顾客有吸引力的促销活动；销售渠道和网络管理部门要争取尽可能多的中间商经销或代销旅游产品。企业各个部门相互之间协同作战，就是整体营销的精髓。

（2）共生营销。共生营销是两个或两个以上旅游企业，通过分享旅游市场营销资源，达到降低成本、提高效率、增强市场竞争力的营销策略。主要包括，第一，共享资源。共享资源包括旅游设施、旅游营销渠道、旅游品牌及其他旅游资源。第二，共同促销。共生伙伴成员把单个优势旅游产品、旅游营销技能和旅游营销网络组合起来，联合开拓旅游目标市场，发挥单个旅游企业促销无法达到的规模效应。第三，共同提供旅游产品和旅游服务。客运公司、旅馆、饭店、娱乐业等共生伙伴的旅游产品联合，可以提供"一揽子"旅游服务，既降低了价格，又方便了顾客，增强共生伙伴成员的竞争力。第四，共同旅游销售。在共生伙伴的售票窗口都可以买到每一个共生伙伴成员的旅游产品，形成共同旅游形象。

（3）虚拟市场营销。21世纪的互联网技术，已经建立一个全球性的统一而又抽象的市场，它不受空间限制，可以全天候网上营销，将产品或服务实时传递到世界任何一个角落。互联网技术使旅游产品或旅游服务不再是面对面地与客户直接交易，而是借助电脑与互联网在网上与客户见面，客户不再是被动地去接受商品或服务，而是主动地与企业建立互动式的商业关系。以互联网技术为基础的高新技术与旅游市场营销资源融合在一起，就生成虚拟市场营销。

借助互联网技术的虚拟市场营销具有五个特点，一是全天候服务和简便易行的全球性贸易，为旅游业拓展了巨大的发展时空；二是及时、全面、广泛的市场信息服务，可以随时为旅游企业经营提供决策依据；三是电子交易和结算方式有助于加快资金周转和提高资金利用率；四是网络销售方式将大大降低销售人员、场地的成本；五是利用网络发布旅游企业、旅游产品或旅游服务信息，促成旅游交易行为的有效实现。

（4）个性化市场营销。21世纪的消费者具有良好的教育背景和日益个性化的价值观念，需要在送货、付款、功能和售后服务等方面满足特别的需求，形成市场营销个性化基础。在个性消费阶段，旅游消费者购买旅游产品不只是满足对旅游本身的需求，主要是看重旅游产品的个性特征，希望通过购买旅游产品来展示自我，达到精神上的满足。个性化市场营销在发达国家已蔚然成风。旅游产品的生产与市场营销也须跟上个性化需求发展趋势，对旅游住宿、餐饮、娱乐、交通、购物等进行个性化策划，形成个性化旅游市场营销模式。

（5）精简、反应快速的营销组织。21世纪信息社会的最大特征就是网络化，互联网带来了速度、效率，同时也带来了不确定性，正是这种不确定性，从本质上改变了传统旅游市场营销的组织设计思路。适应网络时代变化的旅游营销组织，必须反应迅速，沟通畅通，内外协调互动。现代旅游营销构架将由网状组织体系取代，精简、富有弹性和互动、极具效率、高度自动化、网络化等，将是构建市场营销组织的基本原则。

（6）数字化分销渠道。21世纪人类迅速进入了数字化时代，商业过程的高度自动化和网络化，将旅游市场营销中的分销移植到互联网，建设数字化分销渠道，利用电子商务开展网上分销活动，改变了传统的分销体制，实现了真正的旅游虚拟营销。利用数字化网络所形成的旅游分销渠道，缩短了旅游目的地与旅游消费者之间的距离，节省了旅游产品在市场流通中的诸多环节，旅游消费者通过互联网在电脑屏幕前就可完成景区、酒店订房等旅游购买行为。网上旅游购买不仅可以节省时间，方便快捷，而且还省钱省力。

第五节　美学理论

美学是从人对现实的审美关系出发，以艺术作为主要对象，研究美、丑、崇高等审美范畴和人的审美意识，运用美感经验，创造美的科学。人类自脱离动物以来就开始了审美欣赏和审美创造活动，旅游涉及审美关系，从根本上也是人类追求美的活动。旅游策划需要具有美学理论基础，提高旅游策划审美质量，提供更好的旅游审美体验方案。

一、美学三论

在美学理论中，对于旅游策划有直接指导意义的是美感经验论、自然美论、感染论等美学三大理论，旅游策划需要在项目外形和内涵上，吻合美学三大理论所阐述的审美规律。

1. 美感经验论

美感经验论认为，美反映生活中一切使人感兴趣的事物。在人们的审美活动中总是伴随着情感、愉悦、想象等各种心理活动。美的发生离不开人心理因素的参与。正如刘勰所说："登山则情满于山，观海则意溢于海。"美感经验就是人们在欣赏自然美和艺术美时的心理活动。诗句"感时花溅泪，恨别鸟惊心"，表达在对花鸟引起的美感时，重要的不是研究花、鸟的生活和本身的特点，而是研究花、鸟引起人的心理活动（惊心、溅泪）的特点。花、鸟所以成为审美对象，是由于美感经验中心理活动的结果。孔子所说的"知者乐水，仁者乐山"，也是美感经验的感悟。

2. 自然美论

自然美论认为，美是自然的一种最大的秘密。客观存在就是自然，美就是自然美。一切美的事物都具有客观物性因素，物性因素在引起人的审美愉悦方面起着至关重要的作用，决定了人们之所以选择这个事物，而不是那个事物作为美的对象。自然即为美，美的本质是自然。合乎自然的即为美，反之则为丑。大道至简，大道至美。

自然美论不仅适用于天地万事万物，也同样适用于人类社会。美学离不开人，美与人类社会生活的各个方面都有着密切的联系。人和社会的和谐自然为美，人自身的和谐同样表现为美。美是人的社会实践的产物，是人的本质的形象化，是真与善的内容同和谐的形式相统一，是能引起人的愉悦心情的生活形象。旧石器时代的山顶洞人，用石珠、兽牙、海蚶壳等染上红、黄、绿等各种不同的颜色佩戴在身上，形成了人类早期对美的愉悦趋向；以各种动物为题材的洞穴壁画与陶器等原始艺术，生动细致，色彩绚丽，集中反映了人类早期的自然审美观念。

3. 感染论

感染论认为，美的东西具有强烈的感染力，就在于体现了人的情感生活。美直接诉诸人的情感，或喜爱、或激动、或崇敬，使人在精神上获得极大的愉悦和满足。美是对人类整体、个体的历时性、共时性审美、创造美实践经验的概括。审美对于人类具有不能抵挡的诱惑力。在每个民族中，都有许多精细制造的东西以独到的美吸引着人们。审美意识自觉不自觉地灌注到生产生活中，验证了审美意识源于审美冲动的本能，也标明"美"本身的巨大魅力。

按照审美价值确立的旅游策划方案，可以培养健康的审美趣味，提高审美、创造美的能力，从而改造社会，美化生活，完善人性，具有重要的实践意义。旅游策划方案除了旅游资源的知名度和美誉度之外，还要讲求旅游策划创意的格调，好的创意能引起人们情感的共鸣，给人美的享受。优秀的旅游策划应该达到朴实、真诚、奇妙、灵慧的境界。

二、旅游审美体验理论

美是能够使人们感到愉悦的一切事物，包括客观存在和主观存在。和谐是美的根本属性，是事物促进和谐发展的客观属性与功能激发出来的主观感受。事物具有促进和谐发展功能与自然美属性，促进和谐发展的思想与情感是心灵美，创造和谐发展的行为与实践是行为美，追求和谐发展的精神是内在美，有利于和谐发展的仪表是外在美。要努力开发自然美、积极创造美、弘扬心灵美、实践行为美、培养内在美、修饰外在美。

1. 审美

人类之所以审美，除了愉悦自己的目的之外，在很大程度是为了完善自己。通过一代代对周边世界的评判，剔除人性中一些丑陋的东西，形成完善的美世界。所以，审美需求作为人的一种统摄性和精神性需求，不仅是改善人生活质量的重要杠杆，并且由于审美判断本身的自由愉悦性和鉴赏性，而成为人类追求发展与完善的内在动因。

人们审美的范围与旅游审美范围一致，内容极其广泛，包括建筑、音乐、舞蹈、服饰、陶艺、饮食、装饰、绘画等生活的每一个方面。任何生活对象都可以进入审美领域，获得审美价值评价。生活对象一旦进入到审美活动，就跳出了现实的领域，进入到理想的境界。审美是多层次的，分浅层次审美和高层次审美。日常生活和风景审美属浅层次的审美现象，人性审美属高层次审美。

审美是一种主观的心理活动过程，是人们根据自身对某事物的要求所作出的一种对事物的看法，是人们美感的产生和体验。旅游策划中的审美主题，需要运用策划者本来就有的生活经验和知识，参加到旅游审美对象当中去，和审美的内容联系起来，获得对旅游审美对象的深刻理解。旅游审美需求是人们现代生活的需求，是人精神需求的高级阶段。

2. 审美特点

在人类审美活动中，审美具有直觉性、情感性、愉悦性三个基本特点。

（1）审美直觉性特点。审美体验直觉性就是对美的形态的直接感知，是对审美对象的整体把握。审美直觉性包含着三层含义，其一，审美感受的直接性，就是整个审美过程中，形象自始至终都是具体的，在直接的感知中进行；其二，在审美中，是从全局整体上而不是支离破碎地感知审美对象；其三，在审美体验中，无须借助抽象的思考，不用理智思考和逻辑判断，便可不假思索地判断对象的美或不美，直接产生审美感官愉快。

科学与艺术史证明，在人类思维活动中，存在着与逻辑思维迥然不同的思维方式，审美直觉性能使人在瞬间领悟和理解，形成人对现实的理性把握。人类的直觉性感悟可以分两种，一种是低级的、原始的直觉性感悟，是在理性阶段之前的直觉性感悟。一种是高级的、经过长期经验积累的直觉性感悟，是经过了解性认识阶段的直觉性感悟。审美直觉性感悟是对客观事物的一种深入正确的把握，认识真理的一种人类高级感悟的反映形式。

（2）审美情感性特点。情感活动是审美心理极为重要的组成部分。审美情感活动由于以形象思维为基础，审美情感的对象也必须是形象的，而不是真理、正义、自由之类的抽象概念和原则。审美情感是一种精神的愉悦，不是物质情欲的发泄，而是人的一种高级的情感活动。任何审美过程，如果不能动人以情，那就不能使人产生美感，或者至少这个美感是不深刻的。在美感引起的情感活动中，"惊"和"喜"是两种基本情感。"喜"就是审美愉悦，赏心悦目，是一种快感。"惊"是对艺术作品的惊异之感，敬佩之情。

（3）审美愉悦性特点。审美愉悦来源于人对审美对象感悟的升华，表现出人对生命力的追求。审美是一种感情,是一种喜悦和愉快的感情。无论什么样的审美对象,总能给人们带来审美的喜悦。愉悦感来自身心感悟能力的和谐运动,令人感到恬然沁心,有益于人的身心发展,能陶冶人的美好情操。审美愉悦是感官享乐和精神享乐的统一,只有实现了感官与精神愉悦的统一,感官才可能产生审美的愉悦。

3. 审美体验

体验是一种生命活动的过程,是人主动的、自觉的能动意识活动。在体验的过程中,主客体融为一体,人的外在现实主体化,人的内在精神客体化。在人类多种体验当中,审美体验最能够充分展示人自觉的意识,表达人对理想境界的追寻,是人类的最高体验。人在审美体验中不仅获得生命高扬和生活充实,还获得对自身价值的肯定,对客体世界的认知和把握。

美是事物本身所具有的,审美体验来自恰到好处的美感距离,距离产生美。美感距离分实际距离和心理距离。审美的实际距离,审美主体与审美对象需保持一定距离,太近或太远都会破坏美感,达不到良好的审美效应。太近容易发现审美对象的白璧微瑕,使审美情趣减弱;太远不能准确清晰地观赏审美对象,影响美感体验。恰到好处的美感实际距离,审美主体对审美对象会保持完美良好的印象,审美感官能得到极大调动,饱受美感享受。审美心理距离是人在审美时,由于经验和主观情感的不同,对同一审美对象产生不同的审美感受。审美的心理距离不能太过,也不能不及。太过的审美心理距离,会产生粗鄙的占有欲,看到鲜花就想摘;审美心理距离不及,会严重阻碍美感的产生。良好的心理距离是撇开功利的、实用的概念,用一种纯精神的心理状态来体验对象。

审美体验是一种心理移情过程,移情是审美的最基本行为和心理。人们在审美或欣赏过程中,把自己的主观感情转移或外射到审美对象身上,然后再对之进行欣赏和体验。如诗人把自己不畏强暴的风格和情感投射到菊花身上,然后再讴歌菊花不畏严寒和美丽。进入到“物我同一”的审美境界,就会淡化主客体之间的心理审美距离。在审美过程中,审美者面对富有吸引力的、启发性美的形象,就会自然地唤起对事物的联想和想象。联想和想象产生于对审美对象有所感受、有所理解的基础上。想象包括创造想象、再造想象、自由想象。再造想象是根据语言、符号、图样的描述和指示,在头脑中构想相应的“成型”形象。

审美体验是生命整体瞬间的体验,是层层推进、环环相扣、逐渐深化的完整过程,包括虚静、感物、会心、畅神四个阶段。“虚静”为心理准备阶段;“感物”为感知阶段;“会心”为心意层面阶段,标志着审美体验进入精神活动的境界;“畅神”为神志层面阶段,意味着主体精神意志的通畅和提升,也是审美的最高境界。在日常生活中，无处不在的审美体验，可以发生在任何行业中的任何常人身上。一种需要的满足，一个心愿的实现，一项目标的达到，都可能带给人审美体验。

4. 旅游体验

旅游体验是一种跨文化的、身心共融的审美体验。旅游作为自然美引发的美好情感而兴起，作为轻松活泼的活动填补了人们的闲暇时间，作为一种健康的、文明的生活方式而得到不断的发展。旅游体验，不仅满足人们的审美愉悦，更有助于提升人们的精神境界。作为人们审美追求和审美向往的形式载体，旅游已经成为人们追求幸福生活不可或缺的方式之一，成为现当代审美文化的重要组成部分。

旅游体验是多元化和个性化的，发展的动力和机缘在于人们对丰富度的渴望和对未知好奇的追求。对旅游体验的渴望是人们对生活世界的审美追求。人们在旅游过程中，不仅赞美如画的风景，重要的是将自身融于如画的风景之中。从观光旅游到休闲旅游，旅游发展的进程不仅昭示着旅游产业发展的重要趋势，更体现了旅游者对审美需求的演绎。旅游环境的生态化、休闲化，不仅是自然和谐的体现，也是内心的需要。自然美景成为内心追求的风景向往，旅游体验将成为人们心中永远回味的风景。

旅游体验的审美体系建立在人本基础上。旅游体验对于旅游个体来说，始终是一个审美过程，始终是对精神世界的追求，体现了对未知的探索，体现了对休闲境界的渴望。旅游的时空转换，为人生体验的拓展提供了条件，通过丰富的审美展现，能使人获得身心放松和精神满足。现代社会，旅游体验已经成为生命美学建构中不可或缺的组成部分。旅游体验通过审美感知、审美想象、审美情感，丰富了人生的意义。

5. 旅游审美

旅游是一种经济活动，更是一种文化活动。旅游是一种新鲜刺激的生活，在旅游过程中，遇到的人和事，都是新奇的；旅游也是一种休闲安逸的生活，在旅游过程中，尽可以放松。旅游将生活与审美融为一体。旅游审美是直接的人生精神愉悦和升华体验，旅游审美是文化的互动，是文化的体验。旅游涵盖了吃、住、行、游、购、娱生活的全部要素，意味着对惯常生活的离弃。旅游离开原住地，造就了距离产生美的旅游审美可能。远距离的旅游交往，赋予了生活的新鲜感，旅游使人们的审美扩大了地域范围。

旅游生活充满着对旅游目的地无限向往的审美理想，融汇着经历、践行、感悟的审美愉悦。旅游作为一种综合性的审美活动，涉及的范围甚广，体现出审美独享、全面、独特、互动等特性。其一，独享性。旅游者融入旅游环境，与目的地居民接触与交往，通过自己的亲身经历，体味生活之美。因此，旅游者的体验是个性化的、独享的亲身经历，独享的审美感受。旅游者可以与旁人分享旅游见闻和旅游纪念品，但旅游审美体验不能分享。所以，旅游审美体验，彰显的是审美的独享性。其二，全面性与独特性。同艺术审美一样，旅游进入了全景旅游地，同样使人获得全方位的审美感观刺激。不仅如此，旅游所蕴含的"异质性"提供了旅游审美的独特性。独特审美产生旅游者独特的情感外化，获得新想象、新激动和新生活。其三，互动性。在旅游过程中，旅游者所观所感，无一不与旅游目的地环境、旅游服务、当地居民的态度息息相关。在特定审美场域中，旅游者的审美体验由与诸多元素的互动而加深，通过互动创造了丰富的审美体验。旅游所提供的审美实践机会，陶冶人们的情操，升华人们的精神，促进人们的身心健康，满足人们的求知欲望和审美需求，培养和提高人们对现实世界和文化艺术的审美鉴赏力。①

　　旅游审美是旅游者在观光游览过程中所进行的一种价值判断过程。在旅行游览中，旅游者的审美要求集中于旅游地的自然美和人文美，通过对客观事物有所认知和了解，慢慢地对审美对象产生情感，形成审美心理认识和美的价值判断。在旅游审美活动中，需要运用观赏原理，调节旅游审美行为，获取最佳旅游审美效果。借助不同的观赏方法观赏形态各异的景观，契合审美心理，深化旅游活动的审美体验。以相宜的动态节奏，观赏江河湖泊和名山；以静态观赏的法则，观赏飞瀑、日出或艺术作品；以最佳的观赏角度，看石林"阿诗玛石像"；以最佳观赏的时机，登泰山看日出，览"黄河金带"；以适当的距离，观赏漓江泛舟，赏象鼻山景观。在武夷山、九寨沟、张家界等世界自然遗产自然景区中，也需要讲究观赏原理，以景观之奇特，具有震撼性的美丽效果，给人以想象空间的审美体验。

　　旅游审美是一种文化审美，包括自然文化审美、社会文化审美和艺术文化审美三种类型。自然文化审美是以大自然为载体的文化审美。自然文化美是自然事物的美，主要特征侧重于形式，以自然原有的感性形式唤起人的美感。自然美是天赋的，审美主体对它的欣赏不具有强制性和主导性，但是自然美需要发现，需要审美主体具备审美的体验和审美知识，因而不同层次的旅游者即使是置身于同一地理位置同一自然景观之中，所获得的审美享受是不同的。社会文化审美包括人类的伦理道德、风俗礼仪、婚丧嫁娶、宗教信仰、民居建筑以及人类自身的存在状态和活动状态等等文化审美。旅游者在旅游活动中，不仅仅是游览自然山水，自然文化审美，同时还要对旅游目的地的社会文化和艺术

---

① 潘海颖.旅游体验审美精神论的体验 [J].旅游学刊，2012，5.

文化访问参观，获得社会文化和艺术文化审美体验。旅游审美感知是一个由景观到意象，然后进入意境的过程。在审美主体的需要与审美客体的感知特征双重作用下产生，从景观审美感知进入一个自由的审美活动境界，进行具有选择性、非功利性、想象性、情感性的整合，通过联想和想象，获得旅游审美的愉悦。

6. 民俗旅游审美

民俗文化有着极为广泛的内涵，使民俗旅游的审美对象丰富多彩。民俗文化的旅游审美大量地体现在对各地域、各民族地区的建筑、服饰，民族、民间工艺美术，工具、节日礼仪与庆典活动、游艺竞技活动、民俗信仰与祭祀活动等日常生活之中。以民俗风情参与和体验为主要内容的民俗文化旅游审美活动常常使旅游者获得终生难忘的审美感受。①

民俗旅游审美与对自然风光、名胜古迹以及旅游地文化艺术的审美欣赏一样，都是异地跨文化的审美欣赏活动，是高级的精神享受。由于民俗文化是通过文化载体进行传播的，在旅游审美过程中，旅游者更多地通过与当地民众的接触与交流来感受和体验民俗文化美的内蕴，构成民俗文化旅游审美与其他旅游审美不同的特征。

（1）新奇审美体验。民俗文化旅游作为异域的跨文化审美活动，是在完全新鲜的环境中亲身体味异乡情调的生活，感受从未接触过的奇异风俗，对于旅游者来说，是完全陌生新奇的审美体验。陌生新奇的审美体验不仅给旅游者以难忘的深刻感受，而且促使旅游者了解产生"奇异"民俗风情的历史原因，了解民俗文化的丰富内容。

（2）亲切情感沟通。无论是对自然景观，或是对历史古迹的旅游欣赏，都是旅游者单向度的审美活动，而在民俗风情旅游中，旅游者直接进入旅游地的生活环境之中，参与民俗活动，与当地民众进行面对面的交流沟通，形成双向度的审美活动。在民俗旅游中的观赏参与，交流情感，体验异域文化，轻松愉快，没有政治性、经济性或学术性的功利目的，使民俗文化旅游审美活动轻松惬意。

（3）异域文化对话。民俗文化旅游审美不仅是旅游者在异域环境氛围下的民俗文化的审美体验，还是与异域文化的对话。旅游者处于产生异域民俗审美文化的自然与人文环境氛围下，有助于体验、理解民俗文化的特色。民俗旅游审美的异域文化对话，促进着不同文化、不同地域、不同民族间人们的相互理解与尊重，在相互欣赏文化上鲜明差异所带来的审美特色的同时，寻求人类的共同点，在不同地域、不同民族之间建立起亲情，体现了民俗文化旅游审美的深刻价值。

---

① 张文祥. 民俗文化的旅游审美旅游研究 [J]. 桂林旅游高等专科学校学报，1998，4.

旅游策划基于旅游资源的审美价值，基于社会文化生活的旅游审美体验想象空间，策划有益于旅游审美体验的参与方式。旅游策划可以从象形和故事两种形式增添旅游审美体验活动的情趣，深化旅游审美体验的想象空间。一个简单、寓言式的故事，隽永而简洁，可以使人感悟；一个生动而深刻的历史典故，可以激发游客的无穷想象。用景区讲故事，或用故事烘托景区，需要有最符合游客心理、最优雅的方式，将故事融入景区景点的情境设计之中，以故事增加景区的文化内涵，通过观赏角度、观赏过程，把景观的意境凸显出来，使游客获得审美体验。故事可以通过导游来讲述，更为生动的是通过象形景观来呈现，情景相融，以故事拓展体验旅游。当然，景区要避免无聊的故事，避免牵强附会的故事，避免游客对故事的反感。

经过多年的旅游策划实践，我国的旅游策划取得了丰硕成果，需要认真整理和总结，将旅游策划经验上升为旅游策划学理论，充实到由多学科相关理论构成的旅游策划理论体系中，形成概念统一、结构严谨、论证充分、系统性强的旅游策划学理论。

第三章

旅游策划技术

旅游策划是用超常规思路和方法，对旅游产业进行策划，实现旅游业发展的创新行为。进行旅游策划，除了拥有一套完整的专业理论知识之外，还需要辅助以符合科学精神的旅游策划技术。旅游策划技术是相对旅游策划者而言，需要掌握包括旅游策划基础、旅游策划方略、旅游策划方法、旅游策划程序等旅游策划的基本技术。

第一节　旅游策划基础

甄别旅游策划水准和质量的重要标志是创意，而甄别创意水准和质量的重要标志是共鸣。旅游策划要想达到共鸣的目标，就必须具备寻找共性激情的方法和视角，具备寻找这种视角所要求的基础，这些基础有策划能力基础、旅游策划思维基础、旅游策划信息基础。

一、旅游策划素质基础

作为策划组织的主要从业人员，应当具有较高的思想素质、知识素质、能力素质、心理素质。其中，知识素质是基础，要求策划人员要博学，要具备策划科学的专业基本知识，软科学的专业基础知识，相关自然科学和社会科学的一般基础知识相结合的综合知识。而且要做到专业知识的深度与综合知识的广度相结合，书本知识与实践知识相结合。

1.思想素质

思想素质是旅游策划人员的人品。旅游策划从业人员一定是一个具有社会良知和良好职业操守的、具有强烈的社会责任感和职业责任心的、具有勤奋敬业和乐于奉献精神的人。只有这样不以个人利益为最高目标，真想为社会和历史做点贡献的人，才能站到时代的高度，以对社会、对历史、对未来、对开发者和游客负责的态度，才能最充分地调动起自己的主动性、创造性，也才能创造出经典的科学策划。

旅游策划人员良好的思想素质要求具有正确的策划观、正确的价值取向、超人的勇气和胆量、独立的思考和创造、坚强的意志、严谨的思维。

（1）正确的旅游策划观。就是要正确认识旅游策划，明白旅游策划是什么东西，是怎么样一回事，这是进行旅游策划的基础。目前对策划的认识有生产力观、方式观、事业观、谋略观诸种观念。

生产力观认为，策划是现代社会生产力中最重要、最活跃的因素，是现代社会生产力中的"第一生产力"，是"文化生产力"。方式观认为，策划是一种解决实践问题的有效方式。解决问题可以有多种方式，策划就是最好的方式。事业观认为，策划是一种事业。一种事业的追求，能把科学精神和事业追求结合在一起。谋略观认为，策划是一种谋略，是周密的运筹和谋划。以上诸说，都从一个方面说明了策划的内容和实质。综而言之，策划是理性思维和创造性活动，是从事实践活动前期最有成效的方式方法。心理、能力、信息是策划的条件和基础，经过思考和思想创造，形成正确的认识和创造出正确的思想，形成和制定策划方案。旅游策划不是为策划而策划，旅游策划是一种责任，是一种事业。

（2）正确的价值取向。旅游策划的价值取向是指对待旅游策划的个人价值追求和价值观。价值观决定着人们的信仰、理想和追求、态度和目标，以及对自身价值的体验和评价，也就决定着人们对待客观世界的认识和主观努力的方向。旅游策划是以高品位的心理为基础的，旅游策划的价值观应符合社会需要，适应社会进步和发展。正确的旅游策划价值取向，包括要确立远大的理想和抱负，锻造崇高的精神境界，甘于奉献，吃苦耐劳，具备"先天下之忧而忧，后天下之乐而乐"的崇高的精神境界。

（3）超人的勇气和胆量。马克思曾经说过："在科学的入口处，正像在地狱的入口处一样，必须提出这样的要求：'这里必须拒绝一切犹豫，这里任何怯懦都无济于事。'"[①]勇气和胆量是一种勇敢精神，敢于碰硬，敢于批判，敢于探索，敢于创造。勇气和胆量是一种恢弘的气度，是一种献身精神，敢于进取，敢于突破，敢于超越，敢于创新路。旅游策划是一种大运作、大创造，必须要有超人的勇气和胆识，才能成功。当然，勇敢不等于莽撞、无知、蛮干，应是一种智慧，一种以丰富知识和极大能力为底蕴的，能正确地认识并驾驭客观事物的勇敢，是高瞻远瞩、深谋远虑的勇敢，而不是匹夫之勇。

---

① 卡尔·马克思.《政治经济学批判》序言（1859年）[M].北京：人民出版社，1964，6.

（4）独立的思考和创造。独立的思考和创造是一种人格的力量，善于把习见的概念、形象、联系和规律与众不同地结合在新的关系之中，能够独有见地地进行发现和创造。正如爱因斯坦所说："要是没有独立思考和独立判断的有创造能力的个人，社会的向上发展就不可想象，正像要是没有供给养料的社会土壤，人的个性发展也是不可想象的一样。"[①]又说："发展独立思考和独立判断的一般能力，应当始终放在首位，如果一个人掌握了他的学科的基础理论，并且学会独立地思考和工作，他必定会找到自己的道路，而且比起那种主要以获得细节知识为其训练内容的人来，也一定会更适应进步和变化。"[②]可见，独立性品格在旅游策划中至关重要。

旅游策划中的独立性是善于独立思考，能把大家的思路集中起来，提出自己的独特见解。独立性不是追求标新立异、炫耀、体现优越或特殊，而是以思维的敏捷和深刻，独立深思，自成体系。独立性是开放思想开动脑筋，勤于思考和善于思考，善于多问几个为什么，对同一问题善于从不同的角度去思考，保持思维灵活性、深邃性。

（5）坚强的意志。意志是进行旅游策划的重要心理。旅游策划是一项艰苦的劳动，艰难的工作过程，需要坚强意志。坚强的意志在旅游策划运作中体现为果断、刚毅、顽强，目标坚定，惊人的自制力和忍耐力。

刚毅果断，就是敢作敢为，反应敏捷，行动迅速，干净利索。旅游策划中的果断是以睿智、慧眼为条件的，经过深思熟虑的果断行动，而绝不是瞎闯。顽强，就是在旅游策划中要有韧性、有毅力、有耐力，坚持不懈，锲而不舍，百折不回，不怕挫折，脚踏实地，一步一个脚印地往前走。坚定目标，就是始终如一地朝着一个目标推进，不存侥幸，不急功近利，以执著的追求，实现旅游策划既定目标。自制力和忍耐力，就是在旅游策划中，能节制和自动调控自己的心理，保持心理的稳定和平静，不受干扰，在艰难中预见到成功，在黑暗中看见光明，在无路中发现出路。

2. 知识素质

进行旅游策划必须具备广博的知识基础、合理的知识结构。旅游行业是一个由多专业交叉而形成的复合型文化产业，能在旅游行业做策划的人，首先要是一个大杂家。在旅游专业知识的基础上，对天文、地理、人文、历史、自然、政治、法律、经济、宗教、民俗、建筑、交通、美学、艺术、环保、植物、心理、物候、文学、传播等学科的常识性知识都要通晓。一个知识功底单薄，或

---

① 赵中立. 纪念爱因斯坦译文集 [M]. 上海：上海科学技术出版社，1979：51.

② 许良英，李宝恒，赵中立. 爱因斯坦文集 [M]. 北京：商务印书馆，2009：（3）147.

知识结构不合理的人，是做不出优秀旅游策划的。一个优秀的旅游策划人，一定是一个读万卷书，行万里路，广见博识的人。

旅游学是一门具有综合性的学科，作为旅游学重要分支的旅游策划，秉承了旅游学的综合性特征。旅游策划的综合性特征，要求旅游规划师必须掌握各方面的基础知识，成为"通才"。要求在基础知识方面，了解和掌握社会学、经济学、政治学、历史学、民族学、文学艺术、民俗学、伦理学、美学、心理学等人文社会科学基础知识；了解和掌握生态学、环境学、生物学、地质学、自然学等自然科学基础知识；了解和掌握规划学、统计学、地理信息技术、方法论科学、系统科学等技术科学基础知识。在专业知识方面，熟悉旅游规划的依据、特点和相关分析方法，了解旅游策划的理论体系。旅游策划所涉的知识面广，还包括历史、文化、地理、管理、营销等方面的知识。在旅游策划过程中，旅游策划师要善于运用这些知识，使旅游资源能够得到有效配置，使旅游策划内容全面而完整。

旅游策划与特殊地貌、文物古迹、气象奇观、风土人情、建筑园林、音乐绘画、城市景观等等都有密切的联系，都可将之策划成为旅游产品，都需要相应的知识进行统筹策划。所以，真正能适应未来发展的旅游策划师，应该是多门学科的集大成者，是创新复合型人才。

3. 能力素质

旅游策划的能力素质由旅游策划的工作性质所决定。旅游策划是一项科学的技术工作，又是一项管理与决策的工作，除了自身的技术能力素质之外，还需要具有与他人联系与合作的能力素质。旅游策划的能力素质结构由基本能力、旅游策划技术、交往、计划与组织等能力素质构成。

旅游策划的基本能力素质，也是通常所指的共性素质，包括阅读、书写、倾听、口头表达、数学运算、沟通、执行力、责任心、主动性、诚信、团队意识等能力素质。旅游策划技术能力素质，也是通常所指的运用特种技术的能力素质，或称为非共性素质，包括获取信息并利用信息、合理利用与支配各类资源、旅游项目策划、旅游策划技术及设备操作维护、旅游策划文本图件写作与绘制等能力素质。交往能力素质，主要是与旅游策划委托单位的交往能力，包括善于倾听，能够客观正确地理解他人的思想、感情与行为，能够从对方的地位、处境、立场思考问题和评价对方行为，人际交往的举止、做派、谈吐、风度，以及真挚、友善、富于感染力的情感表达，能够很好地与他人合作，沟通协调等能力素质。计划与组织能力素质，包括能进行思考，计划和有效地调剂工作，很少感觉自己工作负担过重，能够做到每天清理办公桌上的所有文件，能够设计弹性工作时间，将每日的工作时间限定在某一范围内，能够调整速度以实现目标或在规定时间内完成工作等能力素质。

旅游策划的能力素质是一个综合性整体素质，在这一框架中，各部分素质需要综合平衡发展，形成共同作用，体现出旅游策划的高素质。

4. 心理素质

心理素质是人的整体素质的组成部分，是人的心理过程及个性心理结构中所具有的状态、品质与能力之总和。心理素质是一个人综合素质的基础，支配着人们的认识、态度和思想，决定人们的行为及其效果。只有具备良好的心理品质，即健康、健全的正常心理素质，才能够产生正确的认识和思想，反之，则难以形成正确的认识和思想。旅游策划是一种高层次的认识和思想创造，策划要成功就必须具备优秀的心理品质和科学的超常的心理素质。

旅游策划是以获取成功的心理为前提的，成功的心理是旅游策划成功的先导。由于心理有引导和支配人们的思想和行为方式的作用，不同的心理可能引导人们产生不同的思想和行为。成功的心理能导致成功、积极、健康；向上的心理会导致人们勤奋、进取。消极的无所作为的心理将导致人一无所为，毫无建树。旅游策划是一种"必然要成功"的运作，进行旅游策划就必须要具有成功心理素质。

成功心理素质就是一种必胜心理，就是要勇于挑战，勇于获取成功的心理。这种心理能产生巨大的推动力，增强自信，迸发激情，心智活跃，会使人心中燃起烈火，引起思想风暴，会使人创造无穷而找到获取成功的途径和方法，从而使策划获得成功。一种胆小怕事、不敢追求成功的心理是不可能引导策划成功的。

超常心理素质使旅游策划产生巨大的功能。超常心理能超越常规，超越惯常的思维领域，超越惯常的思维方式，超越平常的智慧和创造力。这正是旅游策划具有创造奇迹的巨大能量的原因，如果没有超常的心理，策划也就会平平常常，犹如平常一首歌，平淡如水，毫无功效和魅力。

超常心理素质因其能反常规，突破常规，而能实现超越和超前。实现超越就能扩展空间，为策划拓宽思维空间，实现超前便能对策划赢得时间，争取主动，常规方法和技巧的超越就会使方法技巧形成卓越，形成"高才伟艺"。在超常心理支撑下的旅游策划，就能得出杰出、卓越的旅游策划方案。正常健康的心理素质是旅游策划的重要条件。

二、旅游策划能力基础

策划能力是每一个人不可缺少的必备的人类能力。人类策划能力是人类进行一定社会活动的基础和条件，人类凭借着策划能力推动社会发展。人类策划能力越强，完成社会活动的本领就越大，社会就越进步。人类策划能力是天生的，是人类生存与发展必须的基本能力。生产与生活、社会发展、学校和家庭教育等，提高和造就人类特殊的策划能力。因此，人类策划能力分为基本策划能力和特殊策划能力。旅游策划能力或称旅游策划力，是人类一种"化腐朽为神奇"的特殊策划能力，需要接受策划能力的训练才能获得。旅游策划力是一种综合策划能力，由基本策划能力和特殊策划能力两部分组成。

1. 基本能力

人类生存与发展的基本能力包括注意力、观察力、判断力、选择力、分析力、推理力、综合力等能力，这些能力的相互融合协调，就能形成强有力的策划力。

（1）注意力与观察力

注意力即精神专注力，是思维高度凝聚、高度集中，专注于某一客观事物或客观事物的某一方面，或某一目标的能力。注意力是观察力的基础，没有注意力就无法形成观察力，也不具备判断力、选择力、分析力、推理力、综合力等能力。人们关注事物的注意力越强，精神越专注，越有注意力，就越能进行观察，就越能有所发现。

观察力是人们窥见事物本质和变化的能力。人们通过仔细观察和研究事物的变化，一事物与其他事物的联系和区别，而发现客观事物的细微变化、本质、特点以及与其他事物的区别。观察力是发展力的首要能力，是其他能力发挥的条件和前提，是正确认识客观事物的基础，有了观察力就能独具慧眼，看出破绽，发现异常。缺乏观察力就难以发现事物的新变化、新特点。观察力是进行旅游策划的至关重要的能力，正如科学家达尔文所言："一个好的观察家确实等于一个好的理论家。"[1] 有了观察力，就会有发现。

（2）判断力与选择力

判断力是对事物的变化性质、变化态势进行准确界定和把握的能力。选择力是对客观事物所反映的各种信息、各种社会活动、目标或理论方法、机遇等进行选择的能力。旅游策划选择力以判断力为前提，判断准确，选择才会准确。判断力的强弱决定着判断的准确程度，即判断的准确性。

判断就是界定问题性质，就是下结论。判断结论是否准确直接决定着选择的正确与否。选择是否正确又直接决定着往后行动目标是否正确，决定着活动的成功或失败。判断力和选择力是一种至关重要的反应能力，如果缺乏一定判断力和选择力，就难以正确判断和选择。如果判断和选择失误，必将造成无穷

---

[1] （美）欧文·斯通著，叶笃庄等译. 达尔文传 [M]. 北京：十月文艺出版社，1999.

后患。进行旅游策划需要具有正确的判断力和选择力。

（3）分析力与推理力

分析力是对客观事物进行正确剖析和准确把握的能力，是对客观事物联系和变化状况及变化原因、变化性质、变化形式、变化内容的分析辨别能力。分析能力越强，就越能准确把握事物的本质和运动规律，越能正确区别不同事物，越能正确把握事物间的不同性质、不同属性、不同特点和不同事物之间的区别点，才能对同一事物在不同阶段、不同时间、不同地点场合的情况进行准确把握，从而深刻地认识事物。在分析力的基础上形成推理力。

推理能力即按逻辑关系进行推理的能力，从一个或几个判断推出另一个新判断的思维能力，是思维活动得以展开的能力。人们在社会实践活动中对许多事物的了解，许多知识的获得以及对客观事物的本质和规律性认识是不能仅依靠感觉的，而必须依靠推理能力的发挥，进行正确推理而获得。隐藏在客观事物内部的本质属性和规律性，人们对不能直接观察到的未知事物的猜测，客观事物未来发展趋势的预见等，都必须要依靠推理能力的发挥，如果缺乏推理能力，就难以正确认识客观事物。在旅游策划中，各种正确的推理方法的运用，正确推理能力的发挥是不可少的，否则就难以正确发现和创造。

（4）综合力

综合力是一种以高智能为底蕴的，具有非凡的理性认识和思想创造的能力。旅游策划综合力结构是一种综合性、复合型的独特能力结构，是一系列能力的有机组合。

综合力是一种由学习力、认识力、表达力（语言或文字）、分析力、想象力、思辨力、批判力、创造力等能力综合所形成的能力，不仅能准确地发现问题，精辟地分析和精确地把握问题，高效地解决问题，还可以形成思想、策略、方法的创造。综合力所具有的能力特质，提高了对客观事物认识的正确性，把握客观事物实质的准确性，并能根据客观事物的运动变化规律，驾驭客观事物，进行独到的卓有成效的思想创造。综合力能使人类能力得到充分发挥、扩张、增强。通过运用正确的思维方式方法操作人类的思维，使人类大脑得到有效开发，大脑思维力得到迅速提高，放大人类的思维能量。

不同的社会活动需要不同的人类能力。社会活动所需的能力是因事而异的，重要的是要根据社会活动的需要，发展专业能力和建立合理的能力结构，才能使人类能力与所从事的社会活动需要的能力相符。

2. 旅游策划基本能力

从事旅游策划的基本能力，包括市场调研能力、组织能力、洞察能力、预见能力、想象力、迁移能力、直觉能力、整合能力、实现能力。

（1）调研能力与组织能力

① 调研能力。旅游策划调研能力包括旅游资源调研能力和旅游市场调研能力。旅游策划人活的灵魂就在于他能够从区域性旅游资源的调查中和旅游市场的调查中，准确把握旅游资源特色和旅游市场趋向，预测和把握旅游发展的机遇，不失时机地成为引领旅游市场潮流的领导者。对旅游资源的认识、评价和把握，是旅游策划的基础。旅游资源的调查和评价是一个科学的系统，专业性很强，涉及面广，几乎涉及自然、人文学科的方方面面。旅游资源调研能力是旅游策划人在区域旅游目的地进行旅游资源访问、勘察、识别、评价、选择的能力，这是旅游项目、旅游产品的策划，乃至旅游产业策划的前导性能力。

旅游策划的成功来源于旅游目的地和旅游市场现实，来源于对现实大量信息的占有、分析和提炼。旅游策划取得预期效果的前提是有效地进行旅游市场调研。对旅游市场的调查研究，是旅游策划成功的关键。旅游市场不同于其他类型的市场，面对不同的特殊经历的游客，同时游客旅游经历的感受又受着时时变幻的游客心理因素的影响。旅游市场调研能力是旅游策划人对旅游市场现状的分析，进而预测未来趋势的能力，要求策划人要有深谋远虑、未雨绸缪的战略眼光。旅游市场调研能力如何，会直接影响旅游市场营销策划的结果。

② 组织能力。旅游策划组织能力是旅游策划人能够根据旅游策划的要求将旅游资源进行有机结合的能力，包括对旅游策划团队组成人员的找寻、旅游策划资料的搜集、旅游策划方案的制定等，也就是对旅游策划中的人、物、事实统筹安排。旅游策划经理人的组织能力的强弱，将直接影响旅游策划的结果。

旅游策划人的组织能力包括内部组织调配和外部组织协调，以达到完成共同的旅游策划任务的目标。组织能力除了要求旅游策划人具有极强的组织纪律性和团队协作精神之外，还要求具有较强的组织领导能力所体现的统率力。在任何一项旅游策划活动中，任何一个个人的能力总是不能够代替旅游策划团队的能力，个人能力再强，也没有团队的合作强大。可见，组织能力在旅游策划的集体活动中，直观影响到旅游策划的水平与质量。

（2）洞察能力与预见能力

① 洞察能力。旅游策划洞察能力就是旅游策划人能够全面、正确、深入地分析认识客观旅游现象的能力。旅游策划人的洞察力对于旅游策划结果的质量具有直接的影响。

"察人之所未察，见人之所未见"是对旅游策划人洞察力要求的具体描述，旅游策划人应该善于从过去和现在的资料文献中发掘具有旅游创意策划的重要素材。旅游策划洞察力是统观全局、全面分析的能力，能够透过旅游现象抓住本质，以及对旅游发展的科学预见。旅游策划的洞察力能够保证旅游策划的针对性，找到解决问题的关键所在，获得旅游策划的成功。

旅游策划洞察力，也称为对事物发展变化的敏感力、分析力和观察力。这是旅游策划人应具备的最基本素养。

② 预见能力。旅游策划预见能力即预想能力或预测能力，是通过从已知推测未知的能力，诸如预见事物的未来发展趋势，预见看不见、摸不着的事物内部图景的能力，也是一种从现实中生发想象、幻想、推测、憧憬的能力。旅游策划人需要具备在尚未构建创造出他的旅游对象之前，就已经在头脑中预想出他的对象现实。预见力是一种超常思考，超前的思想，超越性思想。预见力越强，思维就越超常，就越能进行创造。尤其是在复杂、变化快速的现代社会中，很多事情的处理和创造都需要极强的预见力。在旅游策划中必须充分发挥旅游预见能力的作用。

（3）迁移能力与直觉能力

① 迁移能力。旅游策划迁移力是一种思维的转换能力。当外界刺激而躁动不安，或冥思苦想而不得要领时，能快速地将思维转移到其他方面，而不因为沉浸于思考而不得要领的问题，而束缚思维。迁移力可使精神放松，消除紧张，思想转换后，往往会因受到新的刺激而产生灵感，产生新思想。

旅游策划迁移力也是一种经验转移能力，将已取得的经验转移到现实所要解决的类似问题上，发现类似的解放办法，或将信息转换为创造新思想的能力。相传我国古代巧匠鲁班从划破手指的带刺的茅草得到启示而发明了锯子。旅游策划中只要能进行多种发现，并巧妙地运用于所要思考或策划的旅游问题上，就会形成对旅游发展的创造。

② 直觉能力。旅游策划直觉能力是指不经过逻辑推理就直接认识真理的能力，也就是凭借知识和经验"一眼洞穿"客观事物本质的能力。直觉能力既是一种真理认识能力，又是一种科学创造能力，而且是科学创造中的关键能力。

旅游策划直觉能力既能够使人们认识事物的本质和规律，又能在思想创造中帮助人们进行发现和正确选择解决问题的最可行的方法或迈向成功的可行捷径，还能帮助人们预见到多种可能性，进行无穷的创造和科学的预见。旅游策划直觉力，使我们能够具有无限的透视力，不需要经过严密的逻辑推理而直达事物的内部。旅游策划直觉能力是旅游策划中不可缺少的能力，直觉能力强能增强旅游策划的洞察力和创造力。

（4）整合能力与变能通力

① 整合能力。旅游策划整合能力是把大量的思想、概念和内容，去粗取精，增删减补，加工整合，高度归纳概括，形成某种内容极丰富的、包含着深邃哲理的、简单的概念的能力。旅游策划整合能力能使思想或策划方案变得简

洁明了，内涵丰富，全面、系统而又周密，从而放大思想和行动力量。旅游策划人不是比别人更高明，而是在于把各种旅游资源要素整合在一起，协调各方面的力量形成旅游合力，达到旅游策划目的。

旅游策划人的整合能力，基于他的理性思维能力，即在一定理论指导下的系统思维，还在于旅游策划人对信息情报资源的大量、合理、高效的占有能力。旅游策划整合能力，只有在占有足够多的信息，在具有理性分析和合理取舍之后，才能使策划活动具有创新性和创造性。

② 变通能力。旅游策划变通能力即应变力，是根据客观实际的变化和条件的允许，通过改变某些具体做法以适应客观情况，使旅游策划方案创意能够付诸实施，变为现实的能力。旅游策划变通能力就是人们常说的"灵活机动"与"以不变应万变"的能力。客观情况的不断变化性，必然要求旅游策划方案不断调整和变化思想，以变化保持旅游策划方案与"动态一致性"。旅游策划的变通能力，是保证旅游策划方案顺利实施不可缺少的能力。

（5）实现能力

旅游策划实现能力是将旅游策划方案进行完善，使之变为实践效果的能力，既是思维创造力的延续能力，又是实现旅游策划的能力。旅游策划实现能力包括旅游策划完成力、旅游策划表现力、旅游策划完善力等能力。

① 完成力。旅游策划完成力是将旅游策划的原始思想进行完善，最后形成旅游策划方案的能力。旅游策划完成力，一是表现为旅游策划彻底性，即旅游策划有始有终，不半途而废；二是表现为使旅游策划思想臻于完善成熟，一丝不苟，严谨、认真地修改、补充、完善，使旅游策划思想具有完整性、周密性、精确性，不会发生偏差和失误；三是"精雕细刻"，注意旅游策划细节，使之完善，以增强旅游策划原始思想和方案的艺术力量，使之变得完善而且可行。旅游策划需要具备完成力，确保旅游策划有始有终，旅游策划方案具有完整性、周密性、精确性，精雕细刻，最终成为有用的策划。

② 表现力。旅游策划表现力又称旅游策划呈现力，是将旅游策划结果通过语言、图式等方式充分表现出来，使人们能够明白，能给人留下深刻的印象的能力。在旅游策划表现力中语言表现力是关键。旅游策划语言表现力就是在旅游策划中语言的运用能力。良好的语言表现力，不仅能准确完整表达旅游策划思想，而且能使旅游策划激动人心，使人对旅游策划产生兴趣。缺乏语言表现力，再好的旅游策划思想也难以为他人所接受。旅游策划语言表现力的强弱，关键在于文字的坚实和术语运用的正确性。只有具备语言呈现力，才能使旅游策划思想变为旅游策划方案。语言文字的表现力越强，就越能以生动的形式体现旅游策划思想，体现旅游策划方案。

③ 完善力。旅游策划完善力是一种融通着整合力与协调力的综合力，是旅游策划思想和旅游策划方案落实的保障能力。完善力将各种旅游策划思想和各个方面进行最佳组合，经过慎重的、严格的、仔细的、一丝不苟的审查，使旅游策划思想和旅游策划方案具有系统、规范、完整和可行性。

旅游策划是一个主观见之于客观的活动，旅游策划者需要不断地在旅游策划实践中去观察，增加见识，在错综复杂的旅游策划环境中获得观察能力、想象能力、概括能力、提炼能力和逻辑推理能力等旅游策划能力的锻炼和提高。

3. 旅游策划专业能力

所要具备的旅游策划专业能力，包括创意思维能力、文案写作能力、组织协调能力、市场开拓能力和图件处理能力。

（1）创意思维能力

作为旅游策划专业人才，其职业能力首先突出地表现为超凡的创意思维能力。因为在旅游活动中，消费者普遍带有求新求奇的心理倾向，越是新奇刺激的东西，就越能激发人们的消费欲望。一个旅游项目如果没有好的创意，在市场上肯定不会有卖点，没有卖点就意味着不能产生效益，而效益好坏则是评价旅游项目策划成败的基本依据。从这个层面上说，创意是旅游策划的灵魂。为此，从事旅游策划工作，创造性思维开发就显得十分重要。创造性思维训练主要依赖于发散性思维逻辑，这就要求旅游策划人才在平时工作中，敢于"异想天开"，对于任何事物都能够激发出"奇思妙想"，不要僵化死板，不能因循守旧。墨守成规肯定想不出"金点子"，拿不出"好主意"。

旅游策划是兼具理性思考与艺术灵感的创作，是融科学性、前瞻性、可操作性、创新性于一体的对未来发展蓝图的勾勒，以及经过一系列选择来决定未来的行动，是一个动态的、反馈的过程。在新经济时代，"智慧就是力量"，而思维能力是智慧（或智力）的核心，缺乏科学思维的旅游策划，不可能成为好的旅游策划。旅游策划不同于其他策划那样只需强调逻辑思维，它还必须强调形象思维、直觉思维、辩证思维、逆向思维、横向思维、灵感思维、立体思维、组合思维、类比思维、联想思维、求异思维、集中思维、发散思维、质疑思维、博弈思维等超常的创造性的思维素质。

（2）文案写作能力

旅游策划文本写作是旅游创意策划的物化和升华。如果说创意是旅游策划的灵魂，文本就是旅游策划的躯壳。通过创意获得的任何一个"金点子"或者"好主意"，只有通过"文本"这种特定的载体表现出来之后，才能付诸实施。旅游策划的成果主要是文本，而文本的写作需要扎实的文字写作能力，需要以标准的文件模式来写作。文字的写作需要用词专业、精炼、准确，不能口语化，不能有感情色彩。因此，文本写作能力是旅游策划人才职业能力的重要体现。旅游策划人才必须重视培养自己的专业文本写作能力，不断提高自己的文字表达功夫和文本写作水平，以适应旅游策划工作职位的需要。旅游策划文本写作能力的训练和培养不可能一朝一夕完成，它需要通过不断学习和反复实践才能提高。在平时工作中，既要认真学习文本写作方面的理论知识，又要加强实践操作方法的训练，让自己在多次尝试中把握其写作规律和应用技巧。

（3）组织协调能力

有专家认为，旅游策划是通过整合各种资源，利用系统的分析方法和手段，通过对变化的旅游市场和各种相关要素的把握，设计出能解决实际问题的、具有科学的系统分析和论证的可行性方案和计划，并使这样的方案和计划达到最优化，使效益和价值达到最大化的过程。由此可见，旅游策划是一项系统工程。在旅游策划实践中，不论是旅游产品策划，还是旅游形象策划，或者是旅游市场策划，都会涉及不同的行业和部门，经历众多程序与环节。作为旅游策划人员，应具备良好的组织协调能力，能够在兼顾各种相关主体利益的前提下，有效沟通，精心组织，合理安排，积极稳妥地推动旅游策划工作顺利开展。

（4）市场开拓能力

伴随我国旅游市场竞争的不断加剧，创意策划几乎涉及旅游行业的全部过程，从旅游发展战略、旅游景区开发、旅游品牌经营，到旅游形象塑造、旅游营销推广、旅游节庆活动乃至资本市场运作，无不留下创意策划的印记。在这场策划热潮中，无论处于哪个环节，我们需要始终铭记，旅游策划的根本目的是为了实现它的商业价值，即通常所说的市场卖点。一个旅游项目经过策划推向市场之后，如果没有卖点，不能产生效益，那么注定是要失败的。因此，作为旅游策划人员，必须具备过硬的市场开拓能力。在旅游策划过程中，要充分尊重市场经济运行规律，全面掌握旅游行业发展动态，科学预测市场前景，准确把握市场机遇，从而为旅游策划提供可靠的市场基础。

（5）图件处理能力

旅游图件作为旅游策划的直观表达方式和重要研究成果，在旅游项目策划中发挥着特殊作用。根据各地旅游产业发展的客观实践以及国家颁布的相关标准，旅游策划中的图件基本上可分为区位分析图、旅游资源分析图、客源市场分析图、道路交通图、功能分区图、建设规划图等。另外，旅游企业，特别是旅行社和景区景点，在经营服务过程中，也会用到一些基本图件，如导游图、广告宣传图、管理规划图等。因此，作为旅游策划人员，必须具备娴熟的图件处理能力，不仅能够完成旅游策划过程中的地图符号系统及其设计，而且能够对野外调查中所拍摄的一些重要影像资料进行技术处理，从而为旅游项目策划成果在视觉上提供清晰直观、一目了然的旅游空间信息。除了文本外，旅游规划的另一个主要成果就是图纸。无论是文本编辑还是图像处理，都需要运用一定的电脑软件。这就需要旅游策划师能够熟练运用 Word、Excle、PowerPoint、PhotoShop、AutoCAD 等软件。

三、旅游策划思维基础

旅游策划必须有智慧的指引。孟子曰："耳目之官不思而蔽于物……心之官则思，思则得之，不思则不得也，此天之所与我者。"①旅游策划活动是一种思维活动，是一种创意的思维活动，需要思维的灵活性，需要弱化思维定势，转换思维角度。旅游策划需要借鉴成熟的策划思维，形成旅游策划思维基础。见图 3—1。

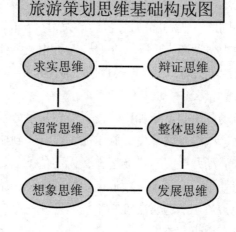

图 3—1　旅游策划思维基础构成图

1. 求实思维与辩证思维

思维的出发点是客观存在，由接触客观存在获得感知，由感知而联想互动，一切的思想收获都基于此。求实思维与辩证思维是旅游策划最基础的思维。

（1）求实思维。求实思维是一种客观性思维，或理性思维，是符合客观的科学思维。求实思维是坚持尊重客观，符合客观实际，追求实际效用和实际价值的思维。客观实际是思考问题和决定行动的基础和依据，只有正确地认识和反映客观实际，才可能找到改造客观实际的最有效的方法、举措和途径。

坚持尊重客观实际，力求使思想认识符合于客观实际，准确地反映客观实际，这就要求旅游策划坚持调查研究，坚持收集分析客观信息，在全面、详细、

---

① 国学整理社．诸子集成 1[M]// 孟子·告子章句上卷十一：467，北京：中华书局，2006.

周密、准确地了解实际情况的基础上，才能准确把握客观实际，才能使旅游策划的思维变得真实、可靠，具有实践性和操作性、可靠性。

坚持实事求是，一切从实际出发，从客观存在出发去进行思考，立足客观实际问题的解决和谋划，立足于实现社会实践活动的最大经济和社会价值取向，才可能使旅游策划思维有坚实的基础，只有立足可靠和丰富的内容，旅游策划才能做到有的放矢，才能以策划取胜，获得实践活动的成功。

求实思维也是观察思维、目标思维、记忆思维、求同思维与求异思维等多种思维的综合，在旅游策划中只有坚持求实思维，才能使旅游策划的思维具有客观性、科学性和可行性。

（2）辩证思维。辩证思维是哲学思维，是最为重要的理论思维，是人们辩证地认识客观事物的理性思维。辩证思维内涵丰富，是人们对客观事物的理性认识和由理性认识变为能动地反映客观世界的思维；是富于哲理，具有真理性的思维；是揭示事物本质和规律性的思维。要使旅游策划具有理性、正确性，转换为改造客观世界的有效方法和手段，就必须坚持辩证思想。

在旅游策划中坚持辩证思维，就是在思维中坚持对立统一观点，坚持客观世界的万事万物都是相互联系的，万事万物都在运动变化，都是相互作用、转化。

在旅游策划中坚持辩证思维，就要坚持全面地认识问题，知其一，必知其二，知其三，甚至知其更多，以保证认识的全面性和深刻性。要坚持变化的、联系的观点认识事物，不能用静止、孤立、片面的观点去看待客观事物。同时，必须看到事物都有对立面，而且这种对立又总会是相互转化的，由相互转化可能造成无穷多的变化。旅游策划坚持辩证思维，必须注重事物的多因果性、多趋向性，通过努力，促成客观事物向着好的有利的方向变化。

2.超常思维与整体思维

思维形式可以分为常态思维与超常思维、整体思维和局部思维的类型。常态思维属小思维，是固有生活的思维，无须集聚心智，就得到维系着常态生活的方案，具有稳定属性。局部思维是受条件局限的思维，思维的终结方案固守着局部利益。超常思维和整体思维是突破性思维，是突破常态、突破局限的思维。

（1）超常思维。能超越常规，超越惯常的思维领域，超越惯常的思维方式，超越平常的智慧和创造力，这正是策划具有"决胜千里"、"叱咤风云"、"制作无穷造化"的巨大能量的原因，如果没有超常的心理，策划也就会平平常常，犹如平常一首歌，平淡如水，毫无功效和魅力。

超常心理因其能反常规，突破常规，而能实现超越和超前。实现超越就能扩展空间，为策划拓宽思维空间，实现超前便能对策划赢得时间，争取主动，常规方法和技巧的超越就会使方法技巧形成卓越，形成"高才伟艺"，这种心理支撑下的策划就能杰出、卓越、惊人，"穷天地、侔造化，与神合契"。超常思维是超越常规的非惯常性思维，是打破常规的思维，是具有反常性、超越性、发散性、独特性的思维。

其一，超常思维是一种反常态思维、反常规思维方式和思维程序，突破思维习惯，或不遵习惯性思维，独辟蹊径，追求新异。

其二，超常思维是多向思维，发散思维。超常思维是围绕着思考对象向不同方向、不同领域、不同内容、不同形式和现象进行发散、辐射。或者说是从不同角度、不同方位、不同侧面、不同视野来思考同一问题。因而，既拓展思路，形成无穷的思想，又能实现对客观事物的全面性认识和进行超常性的思维创造。

其三，超常思维包含着逆向思维、侧向思维、转换思维等。逆向思维是从通常思维的相反方向进行思考，或颠倒思考的思维，是对传统的、习惯的思维的"反叛"，反其道而行之，达到对原有思维的突破而形成新思维，具有创新、独出心裁的思维特点。与逆向思维对应的是"顺向思维"。顺向思维是按照事物的发展脉络去认识事物的方式，可以理清事物在时间上的联系和比较事物前后阶段的变化。侧向思维就是多侧向进行思维，就是思维的"多棱镜"，能使思维增加思考密度，产生多种相异思维。转换思维就是思维的转折、转向、转位、转角度、转秩序，能从转换中有发现，产生新思想，有所谓"转换思路天地宽"。

其四，超常思维是一种超越思维，超越现存时空，超越现实的范围和一切去思考和认识事物，是超越现实领域而向未知领域掘进的思维。在思维空间范围中思维可以不受现存约束，能"跳跃"现实或高于现实去思考、去认识、去拓宽思路，使狭窄的思路变得宽敞无比。同时在时间序列中，超越思考对象所框定的有限的时间界限，使思维达到时间隧道的遥远过去和将来，从而具有非同寻常的超前性和历史跨越性。但是，超越现在时空，不是任意的、脱离现实的，必须立足于现实，是在现实基础上的超越和超前。

其五，超常思维是求异思维。求异思维是以追求新奇、标新立异为特征的思维。追求奇异，能因不同思考对象而有不同的思路，能因人、因事、因地、因时、因势而异，因变而异，突出思维个性。

其六，超常思维是一种独特的思维，独特是超常思维的本质和核心。超常思维能发现常规思维所不能发现的，能解决常规思维的不解之谜。超常思维的独特性就在于超常思维的方式方法、思维角度、思维程序、思维结构、思维方向以及思维结果，具有独特和不同寻常性。

其七，超常思维是一种开放式思维。超常思维是思想解放，没有框框，没有约束，不封闭，想象丰富，灵活有度，视野开阔。在横向上，能贯穿各个思维领域、思维空间和事物的各个方面，以极度的扩展和延伸，把人们的思想带入异彩纷呈的美妙无穷的思维境界和广阔天地，使思维与时空中的事物渗透、交融、联结，构成全面而广阔的思维。在纵向上，能向纵深渗透，穿越各个层次，直达事物的内核，形成立体思维。保持思维的广阔性和深邃性、创新性，产生令人叫绝的、精彩绝伦的奇思妙想。

（2）整体思维。整体思维是一种系统性、立体性思维，把任何事物都看成是一个系统，按照系统理论或方法思维，注重思维的整体效用。

其一，整体思维要求思维完整与严密。整体思维要求做到对一定时空范围内的各种要素、各个层次、各个环节、各种联系，以及方方面面的全部考虑，密无疏漏，在整体上反映事物，全面、正确、深刻地认识事物和把握事物、运作事物。

其二，整体思维要求把一定的思考对象，限定在一定的时空范围或系统之内，或围绕着一定的思考对象进行内外扩散。向内扩散是对系统内或一定时空内的事物进行剖析和联系性思考，使思维深入系统内的各个层次、各个层面、各种要素、各个领域、各个分支、各个环节、各种因素、各种联系，使思维系统全面、严密和完整。将思维的范围集中于一个层次，做事物的横向比较，对于认识层次内事物的异同有着特殊作用，又称为"平面思维"。与平面思维对应的是强调多层次多侧面思维的"立体思维"，立体思维是平面思维的有机组合。

向外扩散是思维围绕着思考对象或系统向外扩散，尽可能去思考系统外的与系统整体运作有关的、直接的或间接联系的各种事物或因素，并能做到准确地把握它们与系统运作的联系和影响，使思维真正从整体性上去把握思考对象。

其三，整体思维是网状思维，把若干单个思维按照一定的排列组合模式，进行排列搭配组合形成思维框架。整体思维能使思维和运作的层次并进，分头并进，而又线线相联、环环紧扣，组成统一严密的思维之网。

其四，整体思维是组合思维，将客观事物的各种要素或系统要素，在思维中进行有机组合，形成新思想。整体思维是按照"最佳组合"原理，把思考对象的各种要素进行多样性优选排列组合，形成最佳的组合，最大限度发挥组合要素的功能作用，形成最大的整体功能。

其五，整体思维是关联思维，从事物的内部联系、外部联系、同一事物不同方面的联系、不同事物彼此间的联系中，思考和认识事物，把握事物的整体性。

整体思维把事物放在广阔的范围内观察分析，从整体、大局上认识事物，又称"宏观思维"。与宏观思维对应的是"微观思维"，微观思维侧重于对事物局部、重点作深刻分析，从事物的个性上了解事物特点。宏观思维和微观思维相结合思维问题，会获得对问题认识的广度和深度。

3. 想象思维与发展思维

人类需要想象和发展。想象思维能激发人的潜能，发展思维能鼓舞人的斗志。想象思维与发展思维是旅游策划思维不可缺少的基础性思维。

（1）想象思维。想象思维是通过感性认识获得的客观事物的表象重组加工创造出新形象的能力，是人类思维创造的原动力，是人类的天赋能力。马克思说："想象力，这是十分强烈地促进人类发展的伟大天赋。"[①] 想象思维能使思想激荡，思维发散，思想无限地活跃，使思想产生原子核裂变，一变成多，变成无限。

想象思维发挥是人类创造的前提，人类在社会实践中创造发明的一切，都总是先发挥想象思维，进行充分想象，然后再经过实践而变化为现实的。如今天人类的飞机、宇宙飞船、登月的成功等，都是早先的人们通过想象而形成的思想成果。未来的发展，更需要人们充分发挥想象思维，丰富想象，为人类创造美好未来，开拓思想先河。

想象思维是人们对客观事物的抽象思维。想象不是凭空臆想，而是在对客观事物认识基础上从客观现实出发去进行的想象。想象的基础是客观现实，想象的过程是想象力的发挥。想象的过程一般是信息（大脑思维材料）——想象——灵感（启迪、顿悟）——结果。信息是客观存在的事物所发出的信号，是想象的依据。客观存在的事物原型是构成想象力的基础，没有客观事物的原型形象存在，就难以想象，例如没有见过飞翔的鸟，就不会想象到飞机。想象总是由一定客观存在的原型，去发挥思想的，不是凭空进行的。想象的过程是想象力的发挥阶段。想象力的发挥是思想的自由奔放，不受逻辑推理的影响，不受思维定势的干扰，任凭思绪"浮想联翩"，进而升华出无数的思想，爆发出各种灵感，形成各种新思想，进行无穷创造。

想象思维又包含着联想思维、形象思维和多向思维。联想思维是一种具有极强创造性的思维，将不相同的知识或事物组成联想，从中引出正确结论的思维，引出新东西的思维。联想过程是从一事物联系到他事物，从现时联系到将来，从此地联系到彼地，通过思想的升华扩散，发现事物间联系的真谛和新的事物，创造出认识事物和解决问题的办法。

联想又分为类似联想、关联联想、对比联想、飞跃联想等。类似联想，如由水想到汤，想到油，想到一切相关或相似的东西。关联联想即由相互接近或

---

① 马克思恩格斯全集 [M]. 北京：人民出版社，2007，2：5.

相互关联的东西进行联想，如由酒想到煮酒的原料、粮食，由西装想到领带等。对比联想即对可以进行比较的事物进行联想，如由天空想到大地，由春天想到冬天，由水想到火等。飞跃联想即自由联想，是跨越阶段、跨越时空、跨越事物性质的联想。飞跃联想是思维向上下左右前后，四面八方扩散，无边无际的荡激，如由矿泉水想到地，由地想到天，想到宇宙的无限联想。飞跃联想力是最富于创造的能力，飞跃联想力越强，思想的自由性越强，思维越易激荡，辐射跨度越大、越广阔，联想结果就越独特、越奇妙，内容就越丰富、越无限、越科学。

形象思维就是一种形象抽象。在对各种事物进行准确把握的基础上，对事物表象进行抽象，创造出新的事物形象，是一种富于创造的思维。形象思维通过形象思维活动发挥作用，形象思维活动将感性认识所获得的外界客观事物的表象进行加工、整理、重组，抽象创造出新形象。

（2）发展思维。发展思维是将事物放在运动变化中思考的思维。是适应客观世界复杂多变的客观情况，思维不断破旧图新、不断求索、不断变革、不断创新的思维。发展思维是根据事物的发展变化不断调整认识角度和取向的思维形式，侧重于从运动中研究事物的性质，故又称为"动态思维"。

发展思维首先是变革思维，是对旧思维的批判、怀疑和变革，不破不立，不变革就没有发展。发展思维也是一种创新思维。创新思维就是思维的新颖、奇特、不陈旧、不守俗，与常规不同，与众不同。思维创新就是不因循守旧，不闭关自守，不僵化、陈旧，要不断奋进，不断求索，不断创造，不断使思维具有新的形式、新的要素、新的内容、新的成果，适应客观世界和社会发展的需要。思维创新是运用联想思维、求异思维等艺术性思维，激荡、扩展思维，就能使思维异常活跃，而产生出种种新思想、新观念，实现思维的创新。

在旅游策划活动中，可以借鉴的策划思维，还有逻辑思维、横向思维、换位思维、推理思维、分解思维、简练思维、质疑思维等。旅游策划人才需要进行策划思维的训练。

四、策划信息基础

旅游策划是在对旅游信息进行充分调查和分析后进行的。旅游信息是旅游策划的基础，策划活动要涉及文化环境、文化寓意、文化产品、市场需求、消费者心理等因素的调查，如何保证所获得的旅游资源、旅游企业、旅游市场信息的真实性，要求旅游信息准确、及时、完整、系统。调查得越准确、越深刻，策划的成功概率就越大。

1. 信息准确性

旅游策划获得成功的前提是旅游信息要准确地反映旅游发展的客观情况。旅游信息包括三大方面信息，一是旅游资源信息，二是旅游产业发展信息，三是旅游客源市场信息。要确保旅游信息的准确性，就要深入实地进行调查和进行客观的分析。

2. 信息及时性

在当代信息社会，信息资料越来越多，信息的变化速度也不断加快，变化周期大大缩短，因而旅游信息的及时性显得越来越突出。旅游策划是时效性很强的策划，需要获得及时的旅游信息，以便使旅游策划吻合旅游市场需要。

3. 信息完整性

旅游信息的完整性对旅游策划十分重要。旅游信息的完整性包括旅游资源信息完整性、旅游产业发展信息完整性、旅游客源市场信息完整性。在完整旅游信息基础上，旅游策划就能保证策划的完整性，保证旅游策划获得成功。

4. 信息系统性

旅游信息的系统性，是一个对长时间的旅游信息的系统掌握。通过系统的旅游信息，可以分析研究得出旅游发展规律的认识。旅游策划需要旅游系统信息，以便使旅游策划符合旅游发展趋势。

进行旅游策划需要终身学习，不断完善旅游策划理论与知识体系。旅游策划人除了要掌握基本的策划知识和技能之外，还需要通晓营销、管理、品牌、广告、公关、传播、人力资源、财务等方面的基础理论知识，具有历史学、政治学、心理学、经济学、社会学、民族学、民俗学等广博的理论知识，以适应旅游策划工作中对旅游策划人知识体系的要求。

第二节　旅游策划方略

旅游策划方略是从战略高度对旅游策划方案评价与选取的方略，包括满意化旅游策划方略、最优化旅游策划方略和平衡化旅游策划方略等基本方略。

一、满意化旅游策划方略

满意是对旅游服务的基本要求，也是对旅游服务的根本要求，因此，满意化旅游策划方略是旅游策划的基本方略。

满意化旅游策划方略要求旅游策划以游客满意为尺度，以"满意"衡量旅游策划方案和选取旅游策划方案。游客满意尺度以旅游六要素满意服务为权衡指标，即旅游交通满意服务指标、旅游住宿满意服务指标、旅游饮食满意服务指标、游览观光满意服务指标、旅游娱乐满意服务指标、旅游购物满意服务指标，达到旅游六要素满意服务指标的旅游策划方案，就达到满意化策划方略要求。

二、最优化旅游策划方略

在满意化旅游策划方略的基础上形成最优化旅游策划方略。从规范性决策论观点出发，在旅游决策过程中需要去掉不合理的东西，这就是优化旅游策划方略的要求。

最优化旅游策划方略与满意化旅游策划方略在对旅游策划于旅游策划方案选取数量和对旅游策划方案评价方式方面有不同要求：

其一，最优化旅游策划方略，要求把所有可能的备选方案全部列出后，从中评价选出最优方案；满意化旅游策划方略则是在备选方案中发现达到满意要求的方案。因而，采用最优化旅游策划方略所寻找的备选方案的数目一般要多于满意化旅游策划方略。

其二，最优化旅游策划方略需要把影响决策后果的全部因素列入模型来作全部评价，而满意化旅游策划方略则仅是用旅游满意服务指标要求来检验旅游策划方案是否达到旅游服务满意要求。用满意化旅游策划方略评价旅游策划方案和选取旅游策划方案，所花的时间要少于最优化旅游策划方略，快于最优化旅游策划方略。满意化旅游策划方略是评价和选取满意旅游策划方案，并不同于最优化旅游策划方略必须找到"最好"的方案。因此，满意化旅游策划方略对旅游策划方案的要求比最优化旅游策划方略低。

最优化旅游策划方略的用处在于，给旅游策划者提供了"力求优化"的指导思想，在进行旅游策划时不要马虎草率，随意降低要求；不要在本来可以找到更好旅游策划方案的情况下，随意接受一个不太好的旅游策划方案。"力求优化"指导思想还提示旅游策划者，应当努力学习和采用更有助于找到更好旅游策划方案的现代科学方法，尽可能提高旅游策划方案的有效性。最优化旅游策划方略的程序化技术性较强，受社会因素、心理因素、政治因素等影响较少。

三、平衡化旅游策划方略

旅游策划所面对的是多元化的旅游局势，旅游目标是多元的，影响旅游策划成果的因素是多元的，旅游产品价值标准是多元的，旅游策划涉及的旅游者是多元的，需要用平衡化旅游策划方略加以裁决和选择。如旅游商品策划，"价廉"与"物美"两者难于兼得，有所谓"好货不便宜"、"便宜无好货"，因此策划时如只能在价格与质量两者之间作出折衷处理，以求得两者的平衡。越是复杂的旅游策划，多元旅游现象越是严重，越是需要在多元旅游现象之间求得平衡。旅游策划中所需要做出妥协、折衷、调和、权衡，就是求得在多元旅游现象之间的平衡。旅游策划在极大的程度上可说是一种平衡的艺术。在旅游策划总体方略中把追求平衡放在重要指导地位，称为平衡化旅游策划方略，或称折衷化旅游策划方略。在以下场合需要应用平衡化旅游策划方略。

1. 多目标或多价值平衡

由于旅游目标或旅游价值标准的多元化，以致无法用单一明确的价值尺度去比较不同的备选旅游策划方案，而且很少有一个在所有旅游目标或旅游价值上都达到"绝对最优解"，在"各有千秋"的旅游策划备选方案中，需要通过比较多种旅游策划方案的质量和数量要素，从中平衡做出抉择。

2. 好处和代价平衡

旅游策划的目的都是为了提高经济效益和社会效益，但旅游策划本身需要付出成本代价。例如，策划开发一个旅游新产品并投入市场，旅游企业常常可以获得重大收益，但旅游新产品策划并不是易事，至少需要做旅游市场调查与预测，于是旅游市场调查与预测需要付出代价。一般而言，旅游市场调查得越仔细，调查的范围越广阔，旅游预测得越准确，旅游新产品开发策划也就越可靠，开发旅游新产品所获得的收益也就越大，同时旅游市场调查与预测所花的费用也越高。因此就会提出需作多少次市场调查、调查的范围应该多大、做到什么程度等诸如此类有关策划的所得与所耗的问题，只能通过权衡求得折衷，既不是旅游市场调查越多越好，也不是越少越好。

3. 合理性与时效性平衡

旅游策划应力求合理，而且一般说来，越是经过周密论证的旅游策划，合理性也越高，为论证所需的搜集大量资料所花的时间也越长。但是，旅游策划又要求时效性，慢了就有可能错过时机，但快了又往往论证不周。旅游策划的合理性与旅游策划时效性必须兼顾，两者的矛盾只能经过折衷解决。

4. 目标与负作用平衡

旅游策划当然是为了实现策划目标，但由于客观事物的相互联系性，使得旅游策划方案在执行过程中，除了可能达到期望策划目标以外，往往还会产生一些影响，其中有些是不希望有的影响，即负作用，有时负作用十分严重，使旅游策划暗淡失色。如旅游发展与环境保护问题，就需要平衡旅游发展速度、规模，使之保持在环境可承受的范围之内。按照平衡旅游策划方略，在旅游策划之初，就要注意到负作用问题，并在实现旅游策划目标与减少负作用之间做出权衡，有时为了减少负作用需要降低旅游策划目标。

5. 收益与风险平衡

旅游策划者总是希望风险小而收益大，但在现实的旅游业发展中，这两者又常常成正比，即收益大风险大，如大投入，就有大效益，但同时也伴随着大风险。虽然，在旅游策划中以主观期望值的最大收益作为旅游策划的准则，但是这一准则并非是在旅游市场上保证减少风险的办法，仍需要在旅游策划时，对收益与风险做出平衡，以在旅游市场上的合理利益来减少旅游市场风险。

6. 眼前利益与长远利益平衡

旅游策划效益不是以一次效益为终结，往往会影响到长远的未来效益。因此，旅游策划效益往往就有眼前效应与长远效应之分，而且两者同时存在。旅游策划效益长期效应与眼前效应的关系比较复杂，有的眼前效应与长远效应基本一致，眼前效应也意味着长远效应；但也有眼前利益与长远利益两者有矛盾，太多追求旅游策划的眼前效益就会损害长远效益。协调眼前与长远的关系问题，解决的办法就只能求得两者的兼顾与折衷，既不放弃眼前效益，又不影响长远效应。

7. 可接受性与科学性平衡

旅游策划方案要付诸实施才能产生效果，为了使旅游策划能付诸实施并取得效果，除了旅游策划方案本身的科学性外，旅游策划委托者对旅游策划方案的认可至关重要，这就要求旅游策划方案为旅游策划委托者可接受。旅游策划的科学性只表示旅游策划方案是可以实施的，但是它并不表示旅游策划委托者是愿意实施的。旅游策划方案具备实施的科学合理性，但并不说明人们愿意实施，如果要勉强实施，也会打折扣；而另外一种旅游策划方案，从旅游策划方案本身并非合理，人们却愿意实施，而且还会获得一定的实施效益。因此，这就需要在旅游策划方案的科学性与可接受性之间找到平衡点。

旅游策划方案缺乏可接受性，除了旅游策划的委托者的利害关系和习惯以外，还往往与以下两个原因有关，一是旅游策划委托者对决策缺乏了解，不理解旅游策划方案，为了提高旅游策划的可接受性，旅游策划者需要做好说明和解释工作；二是旅游策划者对旅游策划委托者的能力缺乏了解，超出旅游策划委托者实施能力的旅游策划方案，旅游策划委托者当然是难于接受。

8. 动态变化与回旋余地平衡

社会在发展，人们的旅游观念和旅游要求也会跟着变化，旅游策划也得同步变化，在旅游策划方案中需要留有回旋变化的余地。给旅游策划留有回旋余地，称为旅游策划的可调性。旅游策划一定是可调的，以便适应新的变化，但这并不等于说余地留得越大越好，如果旅游策划回旋余地太大，不但不利于最佳地实现旅游策划目标，而且还难于调动旅游策划委托者实施旅游策划方案的积极性，因为他们会认为"反正可以改变旅游策划方案"。要使旅游策划方案回旋余地留得大小合适，需要在考虑基础条件与目标任务等因素方面做出权衡。

9. 群体利益平衡

旅游策划会涉及旅游社区、旅游企业、旅游者等各种群体利益，旅游策划方案对各种群体的影响有好有坏，即使都是正面利益，也有大小程度不同，需要在旅游策划方案中有一个很好的利益协调。在群体利益中的利益各方，所代表的利益各不相同，平衡协调不好，会影响旅游策划方案的实施，或者执行起来困难重重。

在旅游业发展中，对诸多方面的平衡旅游方略十分重要，需要在旅游策划中得到"统筹兼顾"，以平衡达到旅游产业的协调发展。

第三节　旅游策划方法

人们的旅游活动是有规律的，因而旅游策划也是有规律可循的。我国的策划专家和旅游策划学者在多年的策划与旅游策划实践中，归纳总结了多种策划方法和旅游策划方法，为我们今天进行旅游策划学习和旅游策划实践提供了经验借鉴和路径指引。

一、借势策划法

"势"是一个涵义丰富的词，有形势、趋势、权势、时势、情势、威势、规律和趋向等解释。"形势"指事物赖以生存发展的客观环境诸因素运动变化及形成格局的情状，形势是对事物运动变化进行推动或制约的一种无形的作用力，即称"势力"。作用于事物的无形之力的方向，即为"趋势"。水无常形，兵无常势，"势"有消长，有逆转，"势"有不可抗拒的力量。

旅游策划要"审时度势"，积极、敏锐、全面地观察了解，预测"势"运动变化的趋向和力度，使旅游策划跟上形势、顺应形势、适应形势。旅游策划需要充分认识自身的优势与劣势，随时捕捉形势带来的机会，努力去利用自己的优势、回避自己的劣势，抓住转而即逝的机会，防止突如其来的危难。在旅游策划中，要学会顺势、造势、导势、借势等策划方法。

1. 顺势策划方法

顺势策划方法，就是在旅游策划时把自身的力量和目标融进社会大潮之中，以顺势获得策划所期待的社会效益与市场效益。在旅游策划中，通过分析认识掌握旅游产业发展大趋势、大热点，将所策划的旅游资源，汇入到众所注目的旅游产业中，顺势而为，趁势而上，获得旅游市场的发展。如顺着《大红灯笼高高挂》电影走红之势，乔家大院旅游名扬四海。

2. 造势策划方法

造势策划方法，是凭借智慧和力量，积极主动地利用环境和条件创造出一种有利于己的态势、格局和趋向。《孙子兵法·兵势第五》："故善战人之势，如转圆石于千仞之山者，势也。"意思是善于指挥军队打仗的人，善于造成有利的态势，就像高山滚石一样，飞驰而下，势不可挡。例如，2013年，新加坡旅游局以微电影《从心发现爱》为旅游造势。新加坡旅游局以微电影，与上海航空国际旅游（集团）有限公司共同展开密切合作，在北京、上海、广州、成都同时举办以新加坡旅游为主题的微电影《从心发现爱》全球首映式日，推出以"亲情、友情、爱情"为主题的"从心发现新加坡"旅游新路线，使游客重温感动，重走微电影景点。同时，上航国旅在官方网站及微博上线开展一系列互动活动，为上海、广州、成都等地的游客推介更多元、更新鲜、更深度的新加坡旅游体验，很好地造成了中国公民赴新加坡旅游新势头。[①]

3. 导势策划方法

导势策划方法，即当形势发展处在不利境地而面临危机时，改变和引导形势朝着有利的方向转变的方法。在旅游策划中，就是通过重新认识旅游资源优势，重新制定战略定位和发展目标，引导旅游产业形势改变，走上新的和更加宽阔的发展大道。海南的国际旅游岛战略就是最好的"导势"策划法案例。

海南是我国最大的经济特区和唯一的热带岛屿省份。建省办经济特区20多年来，经济社会发展取得显著成就。但由于发展起步晚、基础差，目前海南经济社会发展整体水平仍然较低，如何扭转态势，充分发挥海南的区位和资源优势，建设海南国际旅游岛，打造有国际竞争力的旅游胜地，加快海南发展现代服务业，实现经济社会又好又快的发展？[②]海南的国际旅游岛战略得到了国家支持，2010年1月4日，国务院发布《国务院关于推进海南国际旅游岛建设发展的若干意见》。海南国际旅游岛建设步入正轨，取得了令人瞩目的发展成就。2010年、2011年全省民生投入分别达409.6亿元、546.9亿元，占公共财政支出的比例达70.5%、70.2%。一批民生实事惠及海南广大百姓。2010年12月30日东环高铁建成开通运营，将海南东部六市县串成了"珍珠"，海南从此迈入高铁时代；从2010年8月入境海南免签证国家由21个增加到26个，加大了对外开放；成功举办金砖国家领导人第三次会晤、第56届观澜湖高尔夫世界杯赛、博

---

① 楼丽娜.新加坡首部微电影为旅游造势[N].上海商报，2013—05—13.
② 国务院.关于推进海南国际旅游岛建设发展的若干意见.国发〔2009〕44号.

整国际旅游论坛；全省GDP突破2500亿元、人均GDP超过4000美元。[①]可以预期海南国际旅游岛建设，将把海南建设成为中外游客的度假天堂、海南人民的幸福家园。

4. 借势策划方法

借势策划方法，即借助已有的形势，顺风张帆、借风使舵、顺路搭车、借鸡下蛋、借花献佛、借题发挥的方法。借势包括对环境的认识、对信息的把握、对资源的利用，在此基础上整合资源顺势而为或推陈出新、标新立异。一个旅游目的地要想塑造自己的良好形象，提高知名度和美誉度，可以借电影、借歌曲、借节日、借名人、借文化，或借政府之势来达到旅游发展目的。旅游策划中的借势策划方法，第一，通过联想，把策划的目标与所借之势联系起来，特别是与内在关系的关联，联系一经点破，便会产生非常效应。如借河南人妇孺皆知的豫剧《朝阳沟》，策划河南新乡八里沟景区，引得成千上万的游人蜂拥而至。第二，要事前研究势的发展趋向。当形势发展有利时，借势发展。第三，所借之"势"，必须有较强的影响力，如所借之"势"不如自己的影响大，借势便无价值。第四，借势，一定是少花钱多办事，花小钱办大事。在对旅游策划借势方法的研究中，欧阳斌先生在《中国旅游报》发表了多年旅游策划心得《旅游策划借势八法》。

（1）借事件之势。借事件之势就是借助某一事件的影响进行旅游策划。世界上每时每刻都在发生着各种不同的事件，每个事件总会波及一定的区域，造成一定的影响，因此，也总会被人们所关注。旅游策划需要从中发现契机，顺势而为，策划出旅游活动项目或旅游发展项目。1999年，云南举办世界花卉博览会，虽然是一个世界性的会议，在云南举行之前已经在20多个地方举行过了，但都没有留下什么硬性旅游资源。可云南不一样，他们趁势而动，提出了"人与自然——迈向二十一世纪"口号，而且，征地218公顷，建立了一个集古今中外园艺为一体的昆明世界花卉博览园，从而，云南举办一个世界花卉博览会为云南留下了一笔永久的旅游业资产，成为借事件旅游策划的典范之作。

（2）借决策之势。借决策之势，也可称为借政策之势，主要是指借助各级政府的重大旅游决策而进行旅游策划。研究政府的旅游决策文件，可以从中发现商机，抢得先机，趁势而为，取得佳绩。2004年湖南、江西等省借国家旅游局决定将红色旅游作为一个重点来发展的决策，率先行动，启动了红色旅游。湖南省人民政府联合国家旅游局、团中央在韶山组织了声势浩大的"中国红色之

---

① 付美斌.海南评出2010—2011年国际旅游岛建设十大成果[EB/OL].中国新闻网，2012—04—10.

旅，百万青少年湘潭韶山行"大型主题活动；江西组织了"新世纪、新长征、新旅游——2004 中国红色之旅万里行"活动，由 10 多台专车组成的车队从瑞金出发，沿途穿越 15 个省（市、自治区），历时两个月，行程 3 万余公里，在全国树立了红色旅游形象。

（3）借时间之势。借时间之势就是借助某一特殊的、有重大纪念意义的时间进行旅游策划，以达到旅游发展的目的。特殊的时间往往具有特殊的意义。2000 年是一个新世纪开始的元年，是一个特殊的时间，著名策划家、人称"创意九段"的陈放先生早在 1993 年就敏感地意识到了千禧年的商机，策划出了几百套方案，其中包括泰山点千年圣火、钱塘观千年大潮等。在 2000 年到来之时，这些方案大部分都实施了，不愧为是借时间之势进行旅游策划的经典。

（4）借人物之势。借人物之势就是指借助某一名人的影响，策划相应的旅游活动或旅游开发项目。人物可以分为古人和今人，只要有一定的影响，都可以"为我所用"。山东的孔子国际文化节、湖南的蔡伦科技发明节等都是借古代名人造势策划的典范。著名武侠小说大师金庸先生的作品中有一个东岳、西岳、南岳、北岳、中岳五大名山的掌门人共同结盟的"五岳联盟"的故事。2003年，南岳"假戏真做"，联合其他四岳成立了一个现代旅游营销意义上的"五岳联盟"，引起了旅游界、新闻界的轰动。

（5）借山水之势。山有山的走势，水有水的走势。借山水之势，就是利用自然界山水旅游资源，稍加点缀，营造新的景点，策划大型旅游活动。张家界景区的飞机穿越天门洞，就是利用了张家界天门山顶的天然山洞，策划了飞机穿越的活动，于是使张家界景区名闻天下。从那一次穿越之后，那个山洞便与挑战和冒险连在一起了，成了大自然留给人类的一道战书。四川乐山大佛是个著名的景点，乐山大佛所在的那座山的山势被人发现也像一尊卧佛之后，经媒体的炒作，卧佛又成了新的景点。

（6）借建筑之势。借建筑之势就是指利用古代或现代的建筑物旅游资源，策划旅游活动或景区（景点）。建筑是人类文化的立体展现。借建筑之势的旅游策划，古建筑是最为常见的。如现存的古代书院、寺庙、民居、宫殿，都是策划景观景点的好资源。平遥古城、凤凰古城都是利用古建筑策划出来的景点。北京的故宫、长城，西安的华清池、碑林更是利用古建筑促进旅游发展的典范之作。借现代建筑之势所策划的旅游景观景点，如上海的东方明珠电视台、上海世博会中国馆等，都是成功的案例。

（7）借特产之势。借特产之势就是利用区域风物特产旅游资源，策划旅游活动或旅游产品、旅游景区（景点）。利用特产策划旅游节会活动，已经成为各旅游城市旅游策划所追逐的旅游项目。如吐鲁番的葡萄节，海南的椰子节，大连的服装节，湖南常德桃花源的桃花节、石门的柑橘节等就已经成为以特产为基础，有一定影响的旅游节会活动。

（8）借民俗之势。借民俗之势就是指借助区域民风民俗旅游资源，策划旅游活动项目或旅游产品、旅游景区（景点）。张家界的土家族民族风情园，就是对土家族的民风民俗进行策划的旅游景点。云南的泼水节、火把节和内蒙古的摔跤节等，也都是利用民风民俗而策划的旅游活动项目。

对于旅游策划中的"借势"策划方法，张利庠先生在《论企业策划的专业方法——企业策划理论研究之二》[①]一文中，介绍了企业策划中一种"虚拟借势"策划方法，对旅游策划方法的丰富也是很好的借鉴。虚拟借势就是企业在有限资源的条件下，为了适应快速、多变的市场需求，取得最大的竞争优势，以商业机遇中的项目、产品或服务为中心，凭借自己拥有的核心能力或品牌优势，通过信息网络、特殊的组织形式和快速运输系统将所需要的各种社会资源整合利用的一种企业策划思路或方法。

虚拟借势的企业策划思路和方法有五种运作方式，第一，企业生产虚拟借势，即是通过合资、合作、委托生产等多种形式，最大限度地缩小本企业制造产品的规模，快速组织本企业以外企业制造产品，不仅大量减少制造支出费用和资金占用，还能充分利用他人廉价劳动和要素投入，将产品制造中的质量、交货时间等风险分散到参加产品制造的企业，无论是市场经营效益，还是企业内部管理效率都大为提高。第二，以企业产品研发和设计虚拟借势。如波音777客机的设计、制造，在不用图纸的情况下设计了第一架商用飞机。所有的合作者通过在网络上使用同样的CAD软件，在世界范围内交换设计方案。运用这一软件，先对飞机的每一部件设计出模型，然后"组装"成一个三维飞机模型，接着对之进行大量修改。第三，通过虚拟借势形成战略联盟，交换彼此的资源，以创造竞争优势。第四，虚拟借势企业营销，把处于价值链不同环节各自独立的生产商、经销商、零售商构建成虚拟经销联盟。第五，人才虚拟化。"借钱"不如"借脑"，"集资"不如"集智"，广泛借用人才，充分利用"星期天工程师"等资源，迅速把"地方游击队"改编为"跨国集团军"，被称为"苏锡常现象"。虚拟借势策划法是建立在企业自身实力的基础上，以"实"带"虚"，才能从整体上提高企业的竞争力。

二、策划创意法则

创意是创造的源泉和动力，是人类智慧中最有价值的部分。策划的灵魂就

---

① 张利庠.论企业策划的专业方法——企业策划理论研究之二[J].生产力研究，2004，4.

是创意，创意是一切创造活动的先导。旅游策划需要创意。旅游策划是对未来活动进行筹划和安排的一种超前行为，要有前瞻性、创新性。创新以创意为前提。旅游创意是一种新颖独特的表现形式，是创新思维的成果，是旅游策划主题的具体化。旅游策划活动的关键是以创意求得创新，在旅游创新策划中坚持"创意至上"的原则，找到一个好创意，就意味着旅游策划成功了一半。

旅游创意是交叉的智慧，运用创造性思维，对旅游资源、旅游市场、旅游目的地、旅游企业等特定事物状态及相关因素进行联想、假想，创造出一种意图、意象和意境。创意可能在旅游策划的初期就有一个雏形，一步步地固化、完善；也可能旅游策划主题确定后，再考虑如何通过独特的创意完美地表现旅游主题。完美的创意表达是旅游策划创意形成的重要标志。要综合研究旅游发展竞争形势、旅游市场环境、旅游资源特征等因素，结合旅游目的地优势，独辟蹊径，不落俗套，敢于打破常规、标新立异、特立独行、出奇制胜，体现出与他人之间的差别，要比他人更早地发现机会，比他人更早地采取行动。策划创意并不神秘，有规律可循，有法则可循。[①]

1. 整合法则

整合法则，不仅包括通常意义上的将各种旅游元素整合的法则，还包括改良创意、替代创意和组合创意。改良创意是通过改变旅游产品的形状，以激发旅游产品创意。替代创意是用一种旅游元素替代另一种旅游元素，出现旅游产品创意。组合创意是把两种或两种以上的旅游元素组合起来，形成新的旅游产品创意。例如旅游产品的组合创意，实地山水＋舞台＝山水实景演出；餐饮＋歌舞＝歌舞晚宴；农场＋旅游＝观光农场（开心农场）；森林＋旅游＝森林公园；水库＋旅游＝水利风景区等。

2. 次序法则

次序法则是一种改变常规次序的法则，包括角度创意、颠倒创意、迂回创意等创意方法。角度创意是从新的角度去看一些早已习以为常的事物和资源，以激发创意。例如，森林旅游策划创意，以休闲的角度，修木栈道，林中漫步；以度假的角度，在林中建树屋，居住林中；以休憩的角度，摆桌椅，撑太阳伞，系吊床，林中小憩等等。颠倒创意是把问题颠倒过来思考，如里外颠倒、上下颠倒、左右颠倒、前后颠倒，以激发创意。例如，吉林长春东北虎园、深圳野生动物园运用里外颠倒法则，颠覆一般的动物园"兽在笼中坐，人在笼外看"的传统游览方式，把老虎等野生动物放养在自然环境里，让游人坐在安全的游览车里，慢慢驶入动物园区，体验流动观览动物的自然活动状态。吉林长春东北

---

① 吴相华. 策划创意法则 [J]. 商场现代化，2007，2（495）.

虎园、深圳野生动物园打破动物园常规旅游体验方式，创造了很好的市场效益。迂回创意就是一种通过事物位置替换的迂回联想产生的策划创意。例如，在旅游停车场的创意中，屋顶可以建空中花园，停车场能否建在屋顶上，成为空中停车场；酒能贮藏在地下库房，停车场能否建在地下，成为地下停车场；树下能纳凉，停车场能否建在树下，建成生态停车场。如此等等，就是运用迂回法则事物位置替换思维所产生的旅游策划创意。

3. 破除法则

破除法则就是不按照人们习惯和熟悉的旅游价格、方式、环境、形式、程序，提出异乎寻常和意想不到的构思，而获得旅游创新策划方案。例如，我国北宋画家张择端名画《清明上河图》，在 2010 年上海世博会中国馆里，运用最先进的电子影像、动漫制作等技术，复制放大做成了画卷长 128 米、宽 6.5 米的巨型动态版《清明上河图》，在传统的《清明上河图》基础上增加了夜景，让人们看到了画卷上会动的 1000 余个景物，栩栩如生，完全颠覆了人们对《清明上河图》的观赏方式，成为中国馆最大的亮点。巨型动态版《清明上河图》在上海世博会及中国馆续展期间累计吸引中外游客 1750 万人次之多，在海内外赢得了良好口碑。①

4. 关联法则

关联法则包括相似类推、联想创意、反差创意等旅游策划创意方法。相似类推方法是以形体相似的东西，来刺激产生创意。例如，蝙蝠飞翼服设计的灵感来自蝙蝠翼，产生了蝙蝠飞翼跳伞运动。美国"探索频道"电视节目主持人杰布·科利斯，是全球公认的世界最顶尖、最勇敢的蝙蝠飞翼定点跳伞运动员，被欧美媒体称为当代最强悍的冒险运动家。14 年间，在多个国家完成了 1000 多次极限定点跳伞。每次跳伞总是身穿特制的蝙蝠飞翼服。飞翼服在双腿、双臂和躯干之间缝制了相连结实的"蝙蝠翼"，形成一对可以充满空气的"翅膀"，在跳伞者从高空下跳时托起跳伞者，自如调整航向缓慢下降。2011 年 9 月，科利斯曾来到中国张家界，身穿飞翼服从 600 米高空的直升机上跳下，以逾 200 米时速穿越张家界天门洞，被媒体称为"蝙蝠侠"。②

联想创意是运用联想的方法来思考问题，以激发创意。如由热气球运动联想创意了热气球观光旅游。热气球运动是一种国外流行的体育运动方式，国内

---

① 许晓青．巨型动态版《清明上河图》"落户"上海世博会纪念展 [EB/OL]．新华网，2011—10—12.

② 旺旺．身穿飞翼服从桌山上纵身一跳，不幸撞山摔断双腿 [EB/OL]. http://www.enorth.com.cn，2012—01—19.

新兴的体育运动项目，具有航空体育比赛、探险、空中摄影、高空作业、气象探测、地质地貌测绘等多重功能。我国成功地举办了第一届、第二届北京国际热气球邀请赛，泰山国际热气球邀请赛，99'全国热气球锦标赛等大型比赛活动。目前全世界约有2万个热气球，已有部分用于旅游观光。2010年，中国已拥有可飞行热气球200具，有效注册飞行员300余人，注册俱乐部约20家。其中，海南三亚云中浪漫热气球俱乐部经营热气球观光业务，游客可以体验热气球系留飞行。①

反差创意是借用对比强烈、差别悬殊的事物，产生创意。在旅游策划中，例如旅游类型中，休闲旅游与观光旅游的反差，休闲旅游强调慢生活，观光旅游满足到此一游；旅游景观中，大佛与微雕的反差，大佛追求高大震撼人心，微雕以小巧精致折服游客；景区门票中，高门票与免门票、1元门票的反差，高门票以门票收入获得回报，免门票、1元门票以区域整体经济效益为目的。关联法则启发旅游策划无限的创意空间。

5. 直接运用法则

直接运用法则指在具备资源与环境生态性和完整性的良好状况下，策划创意的法则就是把活动直接引入资源与环境之中，开发利用资源与环境的生态魅力和整体感染力。例如，在民俗文化为主题的旅游中，直接将游客带领到民俗文化的生活生产区，直接观赏和体验鲜活的民俗文化，或是换句话说，直接将现实中的民俗生活生产作为一个民俗主题旅游项目引入旅游活动之中。如在80年代海南岛创办经济特区时，就策划利用海南黎族民俗的魅力，将游客直接带入黎族山寨，让游客在黎族山寨里看民族歌舞表演，与穿民族服装的小姑娘合影留念，吃黎家饭、买黎族妇女的手工刺绣品。内蒙古和新疆的草原上，骑马、帐篷，也成为直接民俗旅游项目。云南、西藏、四川、贵州等民族地区的村落、民俗风情、民俗工艺品、民俗民艺表演等都直接就成了旅游者愿为之消费的旅游产品。至今，直接利用现实民俗生活内容为特色的旅游景区，仍具有强盛的市场生命力，不仅对海外游客有魅力，对国内旅游者也显示了巨大的吸引力。②

6. 列举法则

列举创意法则是按照旅游的范畴涉及属性、类别、触类等方面，极尽所能进行列举旅游产品和旅游项目，从列举中发现和得到新旅游策划创意。范畴列举是按范畴列举已知的旅游项目，从中获得旅游策划创意。例如，民俗旅游范畴可以列举出城市民俗旅游、乡村民俗旅游、民俗节庆旅游、民俗歌舞旅游、

---

① 刘泽飞.海南仅有一家热气球俱乐部 乘坐注意三点 [N].海南特区报，2013—03—03.
② 赵宇共.民俗学者与旅游策划——由克林顿西安入城式引发的思考[J].民俗研究，1999，4.

民俗村落旅游、民俗体育旅游等旅游产品。属性列举是先列举出旅游项目的属性，再加以改变，产生创意。例如，为开发旅游商品闹钟进行创意列举，首先是闹钟形状，有圆形、长方形、正方形和小狗、小猫、鸡、鸭、鹦鹉、鸳鸯等可爱的小动物形；闹钟铃声，有传统铃声、优美的音乐铃声，或是配合动物造型的狗吠、猫叫、鸡啼等铃声；闹钟材料，除了有金属材料，是否还可以用塑料、橡胶、玻璃、陶瓷、木材等材料制造；闹钟功能，除了发出声音之外，是否还能释放某种香味，等等。类别列举是先列举出产品的类别，再加以组合与变更，形成旅游策划创意。例如，景区内陆地上的旅游方式，是步行旅游，还是观光车、黄包车、乘轿（或滑竿）、自行车、赛格威、骑马（骆驼）等方式旅游。触类旁通是通过别的事物来刺激，从中获得启迪，产生创意。例如，从事物触类旁通获得的酒店造型设计，澳大利亚卡卡杜国家公园格古祖鳄鱼假日酒店，是一个巨型鳄鱼状外观；美国爱达荷州犬吠公园酒店以狗为设计外形，做成了世界上最大的犬形酒店；[1]湖州喜来登温泉度假酒店，外型设计是耳目一新的指环型形状，有如一弯月形，又名月亮酒店。[2]

策划创意是有规律可循的，以市场为目标，以消费者为中心，使各种要素的映像如涓涓细流，在策划人脑海中流动，便可进行新的组合，直到创意脱颖而出。

三、旅游策划八法

旅游策划就是创新，通过创新，寻找机遇，把握机遇，利用机遇，创造机遇；通过创新，优化价值，协调价值，获取超额价值。随着旅游策划实践的深入，旅游策划经验的总结，旅游策划方法不断涌现。

1. 原创性运用法

原创性运用法就是在搜集、整理、研究文化资源的基础上，进行新的、独立主题旅游项目策划的方法。如西安仿古入城式、唐代婚礼等主题旅游项目，其中，盛唐婚礼，是依据《二十五史》《十三经》《图书集成》《唐会要》及敦煌出土文书等多方面历史文献记载和田野调查获得的诸多具体内容和运作性行礼规则知识策划成型的。在旅游的项目策划中，还需要旅游策划人有礼仪与婚俗方面的民俗文化知识。原创性民俗旅游的项目策划的关键点和难点，在于古代民俗动态表演没有现成的样本可以模仿，各类民俗史、民俗专题著作、论文中也

---

① 盘点令人震惊的酒店造型 [EB/OL]. 凤凰网，2014—02—09.

② CNN 盘点令人吃惊的中国造型奇葩奢华酒店 [EB/OL]. 凤凰网，www.sinonet.org 2014—05—18.

无完整的可直接利用的操作性文本，需要旅游策划者进行设计。因此，原创性主题旅游项目策划活动的文化含量和专业性质要求高，要求旅游策划者必须掌握、熟知民俗文献，并有具体演示再现能力的民俗学者参加。仅凭想象或依据戏剧影视资料，生编硬造出的民俗文化主题旅游项目，不能算作原创性主题旅游项目，难以得到游客认同，不会有旅游市场生命力。

2. 三脉策划法

三脉策划法就是依据地脉、文脉、人脉进行旅游策划。在旅游策划时，要充分认识和理解旅游主题与旅游资源的地脉、文脉和人脉三要素的内在联系。旅游项目的价值，来源于地质地貌、生态环境的"地脉"，来源于历史文化、民俗文化的"文脉"，也来源于现实的"人脉"。旅游策划只有深度挖掘旅游资源所蕴涵的地脉、文脉、人脉的积淀，结合旅游市场需求，才能充分显现旅游资源的效益价值。

（1）基于地脉的旅游策划。地脉是一个地域（国家、城市、风景区）的综合自然地理背景，即自然地理脉络，代表着区域自然地理的地域性、季节性和整体性等显著特征，表现为时间变化上的动态性和空间分布上的系统性，包括地质地貌、气象气候、生物、水体和自然区位等五大因子。旅游活动的产生和发展总是在一定自然环境基础上展开，自然环境为旅游的第一环境。分析地脉、把握地脉，对旅游策划具有基础性作用。基于地脉的旅游策划，就是根据旅游目的地区域地理优势，具体包括区域地理优势、局部地地理优势、特殊地理优势进行旅游内容和形式的策划。①

基于区域地理优势的旅游策划，例如，深圳的锦绣中华、世界之窗等特大型主题旅游项目策划之所以取得成功，从旅游区域地理角度分析，是因为深圳地处我国改革开放窗口地区，是特定的区域地理优势使然，接壤香港的地缘关系，不仅吸引了大量港、澳、台及国外旅游者，同时吸引着大量内地游人。北京的世界公园、中华民族园等主题旅游项目策划的成功，也同样因为它位于首都的区域地理优势，一是有北京一千多万城市人口，二是天津、河北及全国各地每天到京的几百万流动人口。此外，哈尔滨冰灯主题旅游项目策划是利用了东北地区冬季长、气温很低之地带性气候优势；昆明园艺花博园主题旅游项目策划的成功，同样是首先考虑了它优于其他各地的区域性气候优势，四季如春的气温与近千毫米的年降水量，可基本适应热带、亚热带、温带等气候环境中

---

① 郭康，张聪，邸明慧，蔡湛，马辉涛，王衍用，陈国忠．区域旅游地理层次与人造景点之创意策划——回顾陈传康教授地段地理学思想 [J].地理学与国土研究，2000，5（第16卷第2期）．

的植物生长。

基于局部地地理优势的旅游策划。局部地地理优势是旅游地之间重大的旅游主题区别，因为它决定了自然风光的本质区别。在旅游策划中，就是根据旅游目的地所具有的区域旅游地理优势，进行旅游主题选择和旅游内容策划。如桂林与武夷山都是具有相对区别的区域地理优势，在各自的旅游产业发展的主题旅游中，都分别强调了喀斯特地貌主题自然景观和丹霞地貌主题自然景观。

基于特殊地理优势的旅游策划。特殊的旅游地理优势是指罕见而独特的自然地理环境和历史地理环境，依据特殊地理优势的旅游策划，最具有旅游吸引力，成为旅游市场垄断性产品。比如，在开封复修宋城与兴建清明上河图实景文化主题景区，要比在香港、杭州更有价值。南京市复建的秦淮河，上海市扩建的城隍庙、外滩等均为基于特殊历史地理优势进行旅游策划的成功之作。

（2）基于文脉的旅游策划。文脉是指旅游目的地的人文历史背景，包括旅游目的地的历史、社会、经济文化等人文历史特征，是一种集地域性的自然地理、历史文化传统和社会心理积淀的综合性的四维时空组合。旅游产业的发展过程，往往是以旅游文化的互异性为诱因，以旅游文化的碰撞与互动为过程，以旅游文化的相互融合为结果。旅游资源的文脉价值是旅游项目的根本价值，对旅游资源文脉揭示的深度和对旅游资源文脉把握的程度，将直接影响旅游项目吸引力的强度和吸引力的衰减速度。文脉是旅游项目的内核，旅游项目依文脉而立，只有准确地把握旅游项目文脉，挖掘旅游项目特色卖点，提升旅游项目文化质感，才能增强旅游项目的吸引力。

2005年6月，古老的三秦大地刮起了一股文化旅游旋风。旋风的生成，起源于一份关于用文化整合陕西华夏文明源头景区，打造"中国华夏龙脉"品牌旅游线的主题旅游项目策划建议书《"中国华夏龙脉世纪行"大型主题文化推广活动暨陕西北部旅游崛起活动》，策划方案提出，从历史文化资源最厚重，但旅游业一直处于相对温冷状态的陕西北部和东北部入手，将与中华文化发展史关系最紧密的闪光点相连接，经过文化整合和市场包装，形成陕西第一条主题文化旅游品牌产品——中国华夏龙脉旅游线。这一旅游项目策划，是基于陕西所蕴涵的华夏历史文脉的旅游策划，用"华夏龙脉"整合陕西历史文化资源，提炼文化的灵魂，将历史、现实、精神和物质串联起来，推动陕西旅游业的发展。[①]

---

① 王晓民，韩丽."华夏龙脉"主题旅游策划引发的市场冲击波 [N].中国旅游报，2005—08—05（7）.

（3）基于人脉的策划。人脉是一种社会的人缘关系，特别指一种友爱、友谊、关爱、信任、帮助、互助的人缘关系。基于人脉的旅游策划，就是将人缘关系的友爱、友谊、关爱、信任、帮助、互助的内涵融于旅游项目之中，为游客提供具有亲和力的、新奇独特的愉悦空间与旅游体验，以及关爱般的热情周到的温馨服务，获得旅游消费者的青睐与互动，形成游客市场"人脉"，提高游客市场的"人气指数"。

旅游策划与地脉、文脉、人脉之间是相辅相成的关系，地脉是主题旅游策划的切入点，文脉是主题旅游策划的核心点，人脉则是旅游项目与旅游市场的和谐点，地脉、文脉、人脉统一构成旅游策划的内涵体系。

3. 多方面策划法

多方面策划法就是从所有旅游策划对象各个方面的把握展开策划的方法。任何旅游策划的对象都是由实体和属性两大方面构成的。实体由多种要素构成，属性也由多种特性构成，一个旅游策划对象就是多方面的要素、多方面的特征以及二者之间的多方面关系的集合体。要真正认识旅游策划对象，就需要全面地、完整地掌握旅游策划对象，在此基础上展开旅游策划。多方面策划法可分为阐发式多方面策划法和归纳式多方面策划法。

阐发式多方面策划法，主要是围绕旅游资源的核心特色，由特色阐发延伸到各个有关方面，进行多方面旅游项目的策划构想。例如，南岳衡山有寿岳之称，就围绕阐发旅游资源一个"寿"字，展开阐发式旅游项目策划，不但策划铸造了"中华万寿大鼎"，建设了南岳寿文化苑，还策划了一年一度的寿文化旅游节，形成了一系列与寿有关的旅游产品项目。阐发式多方面策划法需要避免用旅游策划对象某个方面的关系代替全部关系，防止用旅游策划对象的局部认识代替整体认识。

归纳式多方面策划法是围绕某一旅游主题，将有关的旅游资源项目集中于一个园区，形成为主题旅游景区。例如，民族民俗旅游村的策划，就是围绕民族的文化主题，将民族的民俗建筑、服饰、歌舞、饮食、手工艺品、手工艺作坊等等作为民俗旅游项目，组织集中再现于一个具体区域内，形成文化主题旅游景区。深圳中华民俗村、昆明云南民族村等都属于归纳式多方面策划法的成果。运用组合法进行主题民俗旅游策划，需要有民俗专家参与，要求逼真考究的制作工艺，延续民俗文化所具有的生命力和旅游竞争力。

4. 条件策划法

任何客体的存在和发展，都受一定条件制约，被条件所决定。把握旅游策划对象的一切条件，才能正确认识旅游策划对象存在和发展的环境，才能准确认识旅游策划对象和进行科学有效的策划。在进行策划时要充分认识条件，要尽可能把握一切条件，把策划实践的目标、计划、措施建立在对条件综合分析的基础之上。把握旅游策划对象的一切条件，应当注意以下几点：

第一，将策划主体与策划目的相联系把握条件。与旅游策划对象相关的事物很多，但是只能有一部分是条件。要把与旅游策划对象的存在和发展有特定关系的事物作为条件来考察，省略掉那些影响很小的事物，以有利于按照旅游策划目标需要把握事物的条件。

第二，从旅游策划对象内外两个方面把握条件。人们往往认为条件只是旅游策划对象之外的诸要素的总和，而实际上还包括旅游策划对象内部的诸要素，在旅游策划时，既要考察外在条件，也要考察内在条件，以利于全面考察旅游策划对象存在和发展的条件。

第三，全面而具体地把握条件。旅游策划对象存在和发展的条件是多种多样的，有基本条件与非基本条件、主要条件与次要条件、有利条件与不利条件、主观条件与客观条件等等。不仅要全面地把握这些条件，而且要具体分析多种多样条件的地位和作用，以及各条件之间的关系，以确定基本的主要条件，从而把握条件的全面性和具体性，把握住带有关健性的条件。

5. 移植策划法

移植旅游策划法就是将在他国他地成功的旅游策划案例移植到本国本地的旅游策划方法。深圳华侨城旅游开发策划就是一个移植旅游策划法成功的案例。1985年，为完善深圳华侨城的开发方案，香港中旅集团有限公司总经理马志民带一批人赴欧洲考察，受荷兰"小人国"景区的启发，他把"小人国"的核心创意——景观缩微借鉴移植到深圳，独树一帜地旅游开发策划了"锦绣中华""世界之窗""中国民族文化村""欢乐谷"四个景区。四个景区策划了不同的主题，锦绣中华是中国自然风光和人文历史精粹的缩影；中国民俗文化村是荟萃国内各民族的民间艺术、民俗风情和民居建筑于一园的大型文化游览区；世界之窗以世界文化为主题，集世界奇观、历史遗迹、古今名胜、自然风光、民俗风情和各国歌舞于一园，再现了一个美妙动人的世界；欢乐谷是以欢乐为主题，利用现代主题公园营造自然环境的设计手法，为少年儿童和家庭兴建的主题游园。四个景区互相辉映，整合为独具特色的华侨城旅游区。

张艺谋"印象"山水实景演出的策划也是一个移植旅游策划法的成功案例。张艺谋是一个电影导演，他将电影技术移植到了旅游演出的策划。一是利用电影造景手法，构建了"印象"山水实景演出的场景；二是运用"大片"场景手法和音响效果，以超量的个数，营造了山水实景演出宏大的感染力。游客看"印象"山水实景演出，实际就像到片场，观看一部电影的实地拍摄。

6. 结构策划法

结构旅游策划法就是按照一定的结构排序的方法进行旅游策划思考，以获得旅游策划创新。结构旅游策划法包括争当第一法、拦腰切入法、概念提升法、加减乘除法、古题今做法、题外巧做法、小题大做法等策划方法。

（1）争当第一法。成功的旅游策划必须争当第一，才能引起旅游市场的关注与厚爱，使消费者强化地位感和信任度，淡化旅游市场价格敏感度，企业才能最终获益。

（2）拦腰切入法。拦腰切入旅游策划方法是以小换大，以小投入换取潜在的高位起点，或未来的高端价值平台，在半路乘机搭上快车，以使自身得到高起点的快速发展，获得超值利益的策划方法，经常使用在旅游企业的产权收购或旅游融资策划中，以及进入旅游产品展览会的旅游市场的营销策划。

（3）概念提升法。概念提升旅游策划方法是以提升原概念获得新策划的方法。概念提升法就是为同样一个产品，策划新概念，使消费者产生更多的想象。概念提升策划要体现为游客提供更多的"附加价值"、"体验价值"，以呼应新概念。如旅游观光提升到旅游休闲度假，旅游休闲度假提升到旅游养生康体等。

（4）加减乘除法。加减乘除旅游策划方法是以增加或减少内容的方法获得新策划创意。加减乘除法具体操作就是用数学运算手段为游客提供更多、更经济实用的旅游方案。许多旅游新产品和旅游服务项目不需要特别的创新，加一加、减一减、乘一乘、除一除，就会出现意想不到的效果。如农业加旅游、工业加旅游、商业步行街加旅游、餐饮一条街加旅游、地产加旅游等等，就能找到新的市场机会。

（5）古题今做法。古题今做旅游策划方法，就是利用古人留下的文化遗产旅游资源做旅游项目策划文章。湖南的桃花源可以算是古题今作的典型。东晋诗人陶渊明曾写过一篇著名的文章《桃花源记》，但陶渊明所写的桃花源到底在什么地方，至今仍有争议。湖南常德市正好有个县名叫桃源县，于是常德市和桃源县的领导巧妙利用地名旅游资源，附会陶渊明《桃花源记》，按《桃花源记》的描绘进行实景策划与建设，举办桃花源游园会，使常德的桃花源成了陶渊明笔下的桃花源，2004年接待游客竟达到了50多万。

（6）题外巧做法。题外巧做旅游策划方法，就是在旅游策划时，不仅注重对旅游项目本身的策划，还注重旅游环境的策划和旅游形象的策划，营造旅游大环境，树立大旅游形象，让旅游项目所处区域的每一栋建筑和每一个街区都成为旅游观光资源。

（7）小题大做法。小题大做旅游策划方法，就是在利用品质价值不高的普通自然资源、人文资源，进行旅游策划时，通过丰富内容，增加设施，加大宣传等方法，来扩大以普通旅游资源所策划的旅游项目的影响，提高旅游市场效益。采用小题大做旅游策划方法，需要注意"小资源"与"大内容""大炒作"的关系，要通过以普通旅游资源策划的旅游项目折射旅游大内容，创造旅游大效益。张家界黄龙洞在开发初期，为了使黄龙洞景区在短时间内获得旅游市场响应，策划将洞内一个钟乳石柱上升到"镇洞之宝"的高度，并投保一个亿，进行广泛的新闻传播炒作，就是典型的小题大做的旅游策划案例。

7. 逻辑分析策划法

逻辑分析旅游策划法是把旅游策划对象的发展进程在思维中以逻辑的形式表现出来，从而制定旅游策划方案的方法。逻辑分析旅游策划法有两个特征：

其一，典型性。摆脱旅游策划对象发展的自然线索，从最能体现旅游策划对象发展的本质和规律性的东西入手，对其进行研究，也就是从旅游策划对象成熟的和典型的发展阶段上对事物进行研究。任何事物都有一个从萌芽状态到成熟阶段的发展过程。当事物处于萌芽状态时，由于本质还没有充分展开，因而很难认识其本质和规律。当事物发展到成熟阶段，形成了比较完善、比较典型的特征，事物的本质已经充分地展开，就易于辨识和掌握。所以，从旅游策划对象发展成熟的、典型的阶段上来研究，就比较容易发现旅游策划对象的本质及其规律。如乡村旅游从最初的自然发展状态到形成模式，乡村旅游模式的形成就体现了乡村旅游的规律和特点，研究乡村旅游的典型模式，就可以获得乡村旅游的新创意策划。

其二，抽象概括性。逻辑分析旅游策划法是以抽象的、理论上前后一贯的形式对旅游策划对象的发展进行概括研究。事物的发展是曲折的，必然性是通过无数偶然性开辟其前进的道路，本质常常为纷繁的现象所掩盖。逻辑分析旅游策划法就是从纯粹的、抽象理论的形态上来揭示旅游策划对象的本质，通过概念、判断、推理等思维形式完成策划。如观光旅游概念所反映的旅游本质是走马观花，由此形成逻辑分析，得出具体旅游策划对象某山某水的观光旅游策划方案。

8. 善变策划法

善变旅游策划法是在拥有的旅游资源的基础上，采用"变"的方法获得新的策划方案。变的方法在于改变策划思路，如变大变小，一米变八米，变世界之最，如 2010 年 9 月 13 日，山西在关公故里常平村南中条山上立了一尊世界最高关帝塑像，关帝塑像整尊通高达 80 米，塑像身高 61 米（寓意关公享年 61 岁），底座 19 米（寓意关公在家乡生活 19 年），塑像于 2007 年 1 月开始铸造，用铜料500 余吨，钢材 2000 余吨；一米变毫米，变成微雕。变规模，10 人腰鼓变 100人腰鼓，变 1000 人腰鼓。变方式，室内的舞台表演变为露天广场表演，变为山水实景表演。变材质，木变钢，变成 LED。变造型，方变圆，如鸟巢。局部变为整体，如上海世博会的中国馆，将中国传统建筑中的斗拱结构，放大变成一座现代建筑；同一结构，变形式（印刷导游图变成手绘导游图）、变色彩、变材料、变工艺、变环境等等。此外，还可以无声变有声，笼内变笼外，不动变动等等。

但是，万变不离其宗，不能改变旅游资源的本质，不能改变旅游资源的内涵，不能脱离市场需求。如果脱离旅游资源和旅游市场的客观实际，片面追求区域或全省、全国、亚洲甚至世界之最，将造成严重的经济损失和环境灾难。如洛阳龙门石窟景区建设的"中华龙宫"（在龙门石窟南 30 米处，占地面积 108 亩，投资 2000 多万元）、河南新郑始祖山建设的身长达 21 公里的"华夏第一祖龙"（计划投资 3.1 亿元）、河南永城市的世界最高刘邦立像（总高度达 197 米，投资 3000 万元）、河南鲁山县的世界第一大佛（总高度为 153 米，名叫"佛山金佛"，为铜质，造价达两亿元）等，因脱离旅游市场发展的客观实际，前三者已被拆除，后者也经数年的波折后才得以开光。还有专家为河南新郑黄帝故里策划了世界最高黄帝塑像的方案，但最终未付诸实施。此外有报道，郑州斥资 1.8 亿元建成的 106 米高的炎黄巨像和海南在南海填海造地，耗资数亿元建起的一座 108 米高的南海观音，都因为不切实际引起了不少争议。[①]

9. 大旅游策划法

进入 21 世纪，中国旅游业已愈来愈融入世界旅游市场，国内区域旅游联盟已成为各地旅游业发展的趋势，形成了"大旅游"的格局。于是，"大旅游"就成为指导旅游策划的一种思想和方法。"大旅游"旅游策划核心，就是跳出具体旅游区地域或旅游资源区域的狭窄范围来思考旅游业的发展。第一，旅游策划面积规模要大，投入资金要大；第二，讲求区域联合，讲求多赢发展；第三，要求从世界、全国、全省、全区的宏观角度思考旅游发展战略，来进行旅游发展目标、旅游景点景区、旅游目的地策划。

大旅游策划的区域，可以是一个景区，也可以是一个跨县域的区域，如大桂林旅游圈、大武夷旅游圈、大三亚旅游圈、大滇西旅游圈等。有学者提出了跨度更大的"大旅游"，如京津大旅游圈、大西北旅游圈、大西南旅游圈、孟中印缅大旅游圈等等。跨县以上区域的旅游圈，构建成功的重要环节是各级政府间的沟通协调，跨国界的需要国家沟通协调，形成旅游发展共识，答成互利互惠协议，最终实现旅游圈的无障碍旅游。

---

① 戴庞海. 旅游策划创新中存在的问题及对策探讨 [J]. 河南工程学院学报（社会科学版），2009，6（第 24 卷 2 期）.

10. 出奇制胜

孙子曰："凡战者，以正合，以奇胜。故善出奇者，无穷如天地，不竭如江河。"[1] "出奇制胜"是战争取胜的法宝，也是旅游策划的常用技巧。旅游策划的"出奇制胜"，就是要追求独创奇异，形成独特性卖点，化平淡为辉煌，化腐朽为神奇，赢得市场的关注。在旅游策划中的"出奇制胜"技巧，就是要紧紧抓住旅游者求新、求奇、求异的需求特点，全面认真地去分析、研究策划对象，以独到的眼光、独到的视角，去发现旅游资源延伸的独特价值，以多资源、多技术、多方式，把所发现的独特之处做大、做足，打造项目的独特性，彰显项目的独特性，做成市场亮点和卖点。例如，曾成功策划"穿越天门飞向21世纪""99张家界世界特技飞行大奖赛"的叶文智，2003年9月又出奇策划了"'棋行大地，天下凤凰'2003南方长城中韩围棋邀请赛"。2003年9月20日，南方长城2003中韩围棋邀请赛在湘西凤凰古城举行，中方常昊九段、韩方曹薰铉九段，中韩两大棋坛至尊对决中国南方长城。在湘西凤凰古长城脚下，铺设了总面积为1004.89平方米的世界最大棋盘，361名武林童子分别身着黑白武侠服饰、头顶黑白斗笠，充当棋子，使出螳螂拳、醉拳、散打等近50种武术招式登场落子。并组织了中央电视台、湖南电视台、香港凤凰卫视中文台、韩国电视台等8家新闻媒体对比赛进行全球同步直播，新华社、人民日报、中央人民广播电台等30余家媒体进行现场报道。这场比赛，虽然是一场普通的围棋比赛，却轰动国内外，主要得益于"出奇制胜"的策划，把这场巅峰对决摆到著名的凤凰古城，置于湘西奇山秀水之间，将棋盘和棋子出奇演绎为"蓝天为幕，大地为盘，武童为棋，苗族风情为秀"，361个学生，穿着黑白两色武士服装，在几十米的大棋盘上为两位棋手现场再现赛局。场面壮观，气势恢宏，人与棋，棋与地，地与天，天、地、人合一，堪称绝妙构思。

旅游策划方法的研究和总结，使旅游策划有方法可依，有规律可循，增强旅游策划能力，也使旅游策划更科学。

第四节　旅游策划程序

"策划是一种程序，在本质上是一种运用脑力的理性行为。"[2] 旅游策划也是一种程序，旅游策划程序的科学性就决定了旅游策划成果的科学价值。

---

[1]　古敏. 孙子兵法·兵势第五 [M]. 北京：中信出版社，2001.

[2]　（美）盖尔西克. 哈佛管理丛书 [M]. 北京：经济日报出版社，1998.

一、旅游策划程序涵义

旅游策划是一种思维创造活动，在旅游策划活动过程中，策划运作有先后顺序和内在规律，按照划分若干既相对独立又前后衔接的阶段和步骤进行运作，就是旅游策划程序。研究科学的旅游策划程序，使旅游策划做到程序化、科学化，是旅游策划成功的关键。

科学旅游策划程序来源于决策程序和创造程序的科学规律。科学旅游策划活动作为"一种程序"，囊括了决策之前的谋划、构思、设计等创造性活动的全部程序过程，成为管理决策理智化、效能化、科学化的前馈依据和程序保证。因而，旅游策划程序必然受决策和创造程序的双重制约，接受其双重指导。一方面，旅游策划活动是为管理决策谋划、构思、设计提供选择决断的旅游策划方案，旅游策划活动必然沿着科学决策程序的方向运行；另一方面，旅游策划活动作为一种创造性活动，在旅游策划的创新思维过程中，又必然依据创造活动过程的程序规律进行运作。所以，决策程序和创造程序的规律性就是旅游策划程序的科学来源。旅游策划活动应以决策程序和创造程序为指导，遵循旅游策划活动自身的内在规律，形成科学的旅游策划程序。①

二、旅游策划程序规律

旅游策划活动的程序过程，是一个从提出旅游目标到实现旅游目标的过程。正确旅游目标的提出，是正确认识和分析旅游环境与旅游资源、旅游市场的结果；实现旅游主体目标，是策划者主动改变内部条件和创造条件，包括进行创造性思维和创造性提出实现对旅游客观环境改造的措施和方案，适应旅游环境和旅游市场的变化，实现旅游策划目标。旅游策划活动是一个依据策划任务要求，认识旅游资源、旅游环境、旅游市场等条件，提出实现旅游策划目标方案的过程。

在进行旅游谋划、构思和设计的旅游策划活动过程中，策划者客观上受制于不依主观意识为转移的客观规律，意味着旅游策划过程中必须遵循的策划科学规律。旅游策划程序规律包括四个方面：

1. 基本规律

旅游策划程序基本规律贯穿策划活动过程的始终，对整个旅游策划活动过程起着决定性的作用，规定和影响着其他各层次的规律。旅游策划程序基本规律是由策划活动的基本矛盾决定的。如旅游市场需求基本规律。旅游策划程序基本规律有两个特点，其一，在策划活动规律体系中，处于最基本、最主要的

---

① 岳兴录.策划程序与策划组织.在第八届全国策划理论研讨会暨第一次全国策划组织联席会议上的主题学术报告 [J]. 辽宁经济，10(12)/98.

地位，决定着策划活动的性质、方向和发展水平；其二，对其他策划活动规律起着支配和决定的作用，制约其发生作用的范围和程序。

2. 一般规律

旅游策划程序一般规律是一切社会形态中策划活动程序过程所具有的共同规律。在一切社会形态中，策划活动程序过程，都必须遵循策划反馈调节循环规律，即发现问题、确立目标、确定方案、实施反馈的循环规律。现代控制论反馈原理认为，控制系统明确输出信息，及时反馈信息，根据反馈信息再输出信息，从而控制本系统的运行方向，以确保预期目标的实现。旅游策划过程中反馈调节的一般规律是客观的，客观地存在于旅游策划活动过程中，不是旅游策划者主观可以改变的。所以，反馈调节是旅游策划活动中必须遵循的规律。

3. 特殊规律

特殊规律是指对旅游业发展适用的规律，同一般规律有明显的区别。如旅游体验规律是进行旅游策划活动程序过程所独有的规律，遵循旅游体验规律的旅游策划程序，可以使旅游策划程序更贴近旅游产业实际。

4. 个别规律

旅游策划程序个别规律是指在进行单项旅游策划活动过程中所需要遵守的规律，这是比旅游策划活动程序过程的特殊规律更特殊的规律。如旅游营销策划规律。

以上四个层次的策划程序过程规律是相对的、相互联系又相互制约的。这些规律的外延有的很宽，也有的很窄；有制约全面的，也有制约某一方面的；有制约高层次的，也有制约低层次的。旅游策划规律在策划活动过程中起着重要的作用。

三、旅游策划程序

旅游策划就是根据旅游策划委托主体的问题，确定策划目标，探索和设定解决问题的具体步骤和方法，设计可实施的旅游策划方案。旅游策划程序设计以决策程序和创造程序为指导，借鉴多种策划程序过程划分阶段的精华，依据旅游策划程序过程的客观规律，可以把旅游策划程序划分为策划启动、策划问题确认、策划调查研究、策划创意、策划方案设计、策划方案论证、策划答辩评审等七个阶段。

1. 策划启动阶段

旅游策划启动阶段是由旅游策划委托主体的需要委托旅游策划的始动阶段。旅游策划委托主体可能是旅游企业，也可能是地方政府。旅游企业或地方政府根据旅游决策成功的需要、旅游市场营销需要、旅游战略发展需要、增强市场竞争能力的需要、塑造良好旅游形象的需要等等，提出旅游策划要求，启动旅游策划。作为旅游企业或地方政府要根据旅游策划的具体情况，审核有关旅游策划公司和科研院所，从中选择合适的旅游策划承担者。作为旅游策划承担者在接受旅游策划委托后，需要与委托方签订委托协议或合同，明确双方的责任和权利、策划的内容和目标以及策划完成时间和所需费用等。

2. 策划问题确认阶段

在旅游策划启动后，旅游策划承担者需要与旅游策划委托方就旅游策划问题进行确认。问题确认主要为三方面，其一，旅游策划者要完全领悟委托方旅游策划问题的本意。如果策划者不能完全领悟委托方的本意，可能导致旅游策划结果与委托方的本意出现巨大偏差，造成双方人力、物力和财力的浪费，而且会损害旅游策划方的声誉。同时，需要调查分析委托方的本意是否有可行性，是否可以改进以获得更大的效果。如果策划难度很大，受托方感到不能胜任，则最好放弃策划任务，以免给他人和自己带来不必要的麻烦。此外，如果委托方的目标本身很难实现，又无变通可能，策划者也要放弃该策划项目。

其二，确立旅游策划目标。旅游策划目标既是旅游策划师制定策划方案的前提，又是论证并评价旅游策划方案的衡量标准，还是旅游策划方案实施控制和实施效果评估的依据。确立旅游策划目标，必须明确把旅游策划问题解决到何种程度，最终达到何种目的的旅游策划目标。一是旅游策划目标的表达应尽量是单义的，易于明确领会含义，而不产生模糊不清的感觉；二是尽可能使旅游策划目标数量化，尽量使旅游策划目标可测。围绕旅游策划目标进行创造性的探索和构思，才能产生适应旅游策划委托主体创新需要的策划目标，并沿此目标设想和制定旅游策划方案。

其三，要明确旅游策划完成的时间和内容等具体要求。在了解委托方旅游策划问题的本意和要求后，策划者需要对委托方的本意和要求进行科学论证，判断委托方的本意是否可行，是否存在改进以获得更大效益的可能。如果科学论证的结论是委托方的本意不可行，则要尽量劝说委托方放弃；如果可以改进，则要明确向委托方提出改进的方向；如果可行但策划难度较大，策划方不能胜任，最明智的方法是放弃，以免给委托方带来不必要的麻烦。

确认旅游策划问题是旅游策划目标具体化的基础和前提。确认旅游策划问题，就是要确定其主要问题，明确策划重点，明确旅游策划的目标，把各种旅游策划问题的信息连贯起来，做纵横双向原因分析，从性质、特点和范围乃至发展趋势等方面，把握旅游策划问题的实质，准确地把握旅游策划问题。

3. 策划调查研究阶段

在旅游策划问题确认之后，可以进行旅游策划问题的调查研究，收集有关旅游策划问题的文字、图片、图像、统计等相关资料。相关资料可以合同约定的方式由委托方提供，也可以采取发放调查问卷、登门个别访谈、召开座谈会等形式，进行深入细致的调查研究。在调查阶段，多与相关领导和部门进行沟通、交流，将工作做得仔细一些，尽可能多地获得资料信息，为旅游策划创意提供基础。

4. 策划创意阶段

旅游策划必须在充分地资料调查的基础上，不断地受到资料的启发，发挥创造性思维和创造性想象，不断地发现，找到更多闪现的灵机，感悟出策划思维的秩序，遵循"准备、孕育、顿悟、验证"策划创意的程序，进行策划创意。

创意是旅游策划的生命力，是整个旅游策划过程的核心和关键环节，是旅游策划的中心工作。具体内容包括确定策划立意、设计策划主题和构思策划创意等三个方面。其一，确定策划立意。策划立意就是确定策划活动或策划对象的作用层次和品位，回答策划活动或策划对象要反映什么样的文化品位，达到什么效果等问题。策划立意是制作策划方案的总体指导思想和立足点，决定着策划方案的编制方向、层次、水平和策划对象的发展前景。为提高策划方案的实施效果，策划立意必须立足于新颖、高层次，能反映时代的潮流。其二，设计策划主题。策划主题是策划活动理念、内容及策划对象特色的高度提炼，是策划对象发展方向、功能和形象的统一体，是策划活动的灵魂，并贯穿于整个策划活动之中。策划主题是否突出、形象生动、富有特点，能否高度概括和反映策划活动内容，直接关系到整个策划活动的成效。其三，构思策划创意。构思策划创意是创造性的思维过程，通过构思策划创意，形成新的思想和方法。创意离不开点子，点子是策划的亮点；但创意不是点子，而是经过系统地组织、整理所形成的可以实现的构思和方案。

5. 策划方案设计阶段

在旅游策划创意的基础上，进行旅游策划方案设计。旅游策划方案采取总体设计和细部设计两步骤。总体设计是指在确认旅游策划问题、确立旅游策划目标的基础上，对旅游策划方案未来的实施在技巧上、市场的运作上进行轮廓设想，制定出策划项目的研究计划书，重点是运用创新技法从不同的角度和多种途径思考酝酿，大胆设想出各种可能的策划方案。细部设计是以总体设计为基础进行细部加工，以项目研究计划书为大纲，进一步探索细节，深化研究并进行反复修改。

6. 策划方案论证阶段

旅游策划方案设计制定完成后，一个旅游策划运作过程已大体完结。在旅游策划中，往往出现几个甚至多个创意，并得到不同的策划方案。为使策划方案优化和切实可行，必须对不同的方案进行评估论证，综合分析评价，比较各种方案的优劣，筛选出最优方案作为最终实施的方案。

在选择最优方案的过程中，旅游策划方案论证包括三个方面工作，一是比较论证和评价各种旅游策划方案的创新性，选择最具奇妙的新设想和创新旅游策划方案。二是比较论证和评价各种旅游策划方案的可行性和可操作性。因为仅有创新性，实施细节如不确定，只是笼统的、抽象的概念，策划方案就无法实施。有的策划方案尽管很好，但投资大、投资周期长、所需外部条件比较苛刻，这样的旅游策划方案就不能采用。三是旅游策划方案应得到领导的信任与支持。需要策划人员在旅游策划过程中认真倾听委托方和有关领导的意见和建议，并在旅游策划方案中合理吸收。这是因为，委托方或有关领导非常熟悉当地实际情况，而且，旅游策划方案能否顺利实施和执行到底，与领导的信任和支持程度密切相关。

科学的理想的论证可以帮助完善旅游策划成果，使旅游策划成果变为现实。

7. 策划答辩评审阶段

在旅游策划答辩评审阶段，主要的工作有四项，其一是旅游策划答辩评审前征求意见。征求意见的方式，可以是召开意见征求座谈会，也可以把旅游策划书下发给各个相关部门的主要领导和其他人员，广泛征求意见。其二是旅游策划评审汇报。评审汇报要求策划评审汇报人口齿清楚，语言流畅，条理清楚，重点突出，言简意赅。评审汇报也可辅助动漫短片，使汇报生动活泼。其三，旅游策划答辩。旅游策划主要是回答评审专家询问策划问题。在策划方案评审过程中，策划小组应对策划书的内容作出比较详细的阐述，对提出的问题作明确的答复，并认真记录专家的意见和建议。其四，修改完善旅游策划书。根据评审专家的正确意见和建议，对旅游策划书进行修改。如果意见不多，则可以少修改；如果意见较多，则需要进行较大的修改，甚至从头再来。

旅游策划程序是旅游策划方案形成的工作运行模式，旅游策划程序的科学和正确与否，制约着旅游策划的质量和水平，影响旅游策划的科学性和有效性。旅游策划程序，既是旅游策划科学化、效能化的保证，也是策划师思维活动程序性规律的反映。在旅游策划活动中，必须尊重旅游策划运作的客观规律，遵循旅游策划程序，按阶段和步骤进行策划，用旅游策划程序保证旅游策划活动的质量。

四、旅游策划书写作

为了给旅游策划的实施提供依据，便于查阅、参考，旅游策划的最终方案必须整理成旅游策划书或旅游策划报告书，并提交委托方和有关部门。旅游策划书一般由文字、图表、照片、示意图、效果图等组成，由旅游策划文本、旅游策划说明书和图件三大部分构成。

1. 旅游策划书写作原则

旅游策划书是旅游策划的成果，旅游策划书写作需要结构简练，条理清楚，层层递进，旅游策划书写作需要遵循如下四原则：

（1）逻辑思维原则

旅游策划书是一个操作性强的方案性质的文书，需要符合人们对问题认识的逻辑思路，逐一展开问题的陈述。首先要回答旅游策划的目的，接着要逐个叙述谁举办、谁承办、需要做的工作、在哪里做、从哪里入手、什么时间完成、由谁来承担、谁负责、怎样做、如何提高效率、做到什么程度、数量多少、质量水平要求、费用、专业观众、客户、项目争取到多少支持等等，做到内容清楚，任务清楚。

（2）简洁朴实原则

旅游策划文本指导执行类的文字要清晰易懂，便于理解和掌握。旅游策划说明性的文字和数据要真实，不能浮夸；对旅游策划重点内容进行深入分析，强调重要性。

（3）可操作原则

旅游策划文本要注意与各环节的相关人员及部门沟通，保证各环节能够合理调配；充分了解和掌握外部资源（媒体、广告商、推广物料制作商、公关展会提供商等），确保策划方案执行时的外力需要能够实现。旅游策划说明书要仔细分析已有资料，掌握旅游策划委托方的资源实力，清楚目前的外部环境。

（4）创意吸引原则

旅游策划书的版式要新颖，关键词要有创意，内容创新，行文造句要有诗意，赋予旅游策划书深厚的内涵和吸引力。

2. 旅游策划书格式

旅游策划是一种谋划行为，所策划内容涉及广泛，旅游策划书写作的格式也无定式。让人最易看懂和明了旅游策划书的格式就是最好的格式。旅游策划书的写作是一个逐级递进的、由若干环节组成的链状进程。一般而言，旅游策划书采用应用文的形式，写作要点在于始终紧扣"创意"与"创新"。写作时，强调突出要点，文句简洁明了，具有很强的操作性。

3. 旅游策划书内容

从策划书的内容来看，策划对象和策划目标不同，策划书的内容也千差万别。但一般的策划书应包括九大基本要素，即策划项目的名称、策划委托单位、策划小组（包括策划领导小组、顾问小组、专家小组和评审小组等）、完成时间；

策划的目标、原则和指导思想；策划对象的社会、经济、市场环境和资源条件；策划方案的内容和详细说明；策划的实施安排；策划的预算、计划（人力、物力、费用）；策划方案预期实现的经济、社会、环境效果分析；策划的相关资料和说明；其他策划方案概要；策划实施过程中需要注意的事项。旅游策划书（或方案）一般包括策划缘起、策划宗旨（或目的）、策划资源解读（价值、市场、特点）、定位策划、内容策划、策划预期等部分。

旅游项目策划文本框架，一般包括项目缘起与策划背景、指导思想、策划理念、项目综合环境分析（项目现状分析、市场需求分析、行业环境分析、SWOT 分析、分析结论）、项目定位分析（主题与项目名称定位、目标市场定位、功能定位、发展目标定位）、总体布局、要素配置与游憩方式设计（总体空间布局、功能分布安排、游憩方式设计、六要素配置、基础设施配置、游线设计）、分项目设计（观赏游览项目设计、休闲游乐项目设计、娱乐项目设计、商业及纪念品设计、餐饮设计、住宿设计）、景观设计要求（总体景观要求、植物景观要求、建筑景观要求、小品景观要求）、形象设计与品牌营销（形象设计、品牌营销）、商业预估（投资预估、收入预估、成本预估、效益评估）、支撑体系（政策支撑、环境支撑、文化支撑、人才支撑、管理支撑、运营支撑）、综合效益分析（开发商经济效益分析、环境效益分析、区域经济效益分析、社会效益分析、文化效益分析）、开发运作计划（开发运作原则、前期工作计划、开发分期、运作步骤、区域互动与景区联动）。

旅游活动性质的旅游策划方案，一般包括活动背景、活动价值、活动主题、活动时间、主要活动、整合传播策略、政府操作指导等部分，也可以是活动意义、策划构想、创意亮点、活动主题、活动口号、活动目的、活动时间、活动地点、组织原则、活动项目等部分。

旅游节事活动策划方案，一般包括旅游节事、时间、地点、主办、承办、支持、活动主题、邀请人员、活动内容、宣传策略等部分。

旅游营销策划方案一般包括旅游营销现状（旅游形象现状、市场宣传现状、产品开发现状、营销渠道现状）、旅游市场战略（市场分类、旅游市场定位）、旅游形象定位（总体旅游形象定位、重点旅游产品定位）、旅游产品策划、旅游形象识别、形象传播、旅游促销、可供选择的宣传媒体等部分。

不论哪一种内容结构的旅游策划书，都要求结构科学合理，创新亮点突出，目标明确，内容清晰，言简意赅，可操作性强。

第四章

旅游发展战略策划

"战略"一词在现代社会的发展中，已从军事领域被引申至政治和经济领域，泛指具有统领性的、全局性的、左右胜败的方略。旅游发展战略是一个宏观的旅游产业发展战略，是指导决定和统领旅游产业发展全局的策略。旅游发展战略是由旅游资源与市场共同决定的。旅游发展战略策划是 个多层次的战略策划，有国家、省、市、县等不同政府层面的旅游发展战略策划，也有景区、旅行社、酒店等不同类型旅游企业的旅游发展战略策划。不论哪一个层次的旅游发展战略策划，主要都包括旅游产业定位战略、旅游发展目标战略、旅游发展布局战略、旅游发展速度战略、旅游资源开发战略、旅游产品战略、旅游市场营销战略等旅游发展战略策划。

第一节　旅游发展战略策划准备

旅游发展战略策划是一个宏观策划，在启动策划工作之前需要做有关的理论准备，包括分析旅游发展战略条件，明确旅游发展战略策划内容，理解旅游发展战略策划原则，掌握旅游发展战略策划方法。

一、旅游发展战略条件分析

旅游发展战略条件是进行旅游发展战略策划的基础，良好的旅游发展战略条件将为旅游产业发展提供宽阔的空间平台。旅游发展战略条件分析，包括旅游发展区位条件分析、旅游资源条件分析、旅游市场条件分析、旅游安全性评估等四方面的基本分析。

1. 区位条件分析

区位指一事物与其他事物的空间联系。旅游发展战略区位主要是指旅游目的地、旅游景区、旅游企业与旅游资源、旅游客源地、交通条件等要素在地理空间的联系。旅游发展战略区位条件分析，主要是从市场角度对旅游发展战略的旅游资源、旅游客源、旅游交通等区位空间联系的优劣状况作出评价。

（1）旅游资源区位分析。旅游资源是旅游目的地、旅游景区、旅游企业发展的基础，良好的旅游资源品质以及由此带来的旅游吸引力，将给旅游发展带来巨大的推动力。一个旅游景区能否兴旺发达乃至兴旺发达的程度，不仅取决于资源的绝对价值，更取决于资源的相对价值，即取决于旅游目的地、旅游景区在空间位置中与邻近区域资源的组合结构。在同一类型旅游资源区结构中，处于核心旅游资源边缘位置的旅游景区，一般容易被处于核心旅游资源区的旅游景区所遮掩，难以在旅游市场上发挥应有的价值。如武夷山自然保护区以山貌雄伟和生物多样性而闻名于世，地跨福建省的武夷山市、建阳市、光泽县和江西省的铅山县，主峰黄岗山位于江西省铅山县境内，但当福建省武夷山市成功申报为世界文化与自然遗产双重遗产地、国家 5A 级旅游景区、全国文明风景旅游示范点、首批国家级风景名胜区、首批国家级自然保护区、国家水利风景区、中华十大名山之一、世界生物圈保护区、全球生物多样性保护区等之后，武夷山市成了武夷山的核心旅游资源区，武夷山风景名胜区成为武夷山旅游资源区的代表，周边的建阳市、光泽县和江西省的铅山县就成了旅游资源的边缘区，无法与武夷山市比拼。如果再进行跨区域的不同类型的旅游资源组合，旅游资源的吸引力就能增大，形成旅游市场的相互补充和互动，产生市场叠加效应。如武夷山与厦门、武夷山和上海，就属于跨区域不同类型的旅游资源组合，能产生市场叠加效应。旅游资源类型结构相距性愈大，对游客的吸引力就越大。在旅游发展战略区位条件的分析中，资源区位的结构十分重要，进行多元资源类型的组合，有利于旅游发展战略市场空间的拓展。

（2）旅游客源区位分析。旅游客源区是旅游市场所在区域，旅游目的地和旅游景区与旅游客源区的区位关系，对旅游发展战略策划十分重要。依据旅游者出游规律，旅游目的地和旅游景区游人的多少并不完全取决于旅游资源的吸引力，很多时候是位置的吸引力。在旅游者出游时间和支付能力受限的情况下，与旅游客源区距离相近的旅游目的地和旅游景区将更多地受到旅游者的青睐；相反，在旅游者出游时间和支付能力宽裕的情况下，远距离旅游客源区的旅游目的地和旅游景区将更多地成为旅游者出行的选择。因此，旅游发展战略客源区位条件的评价，一定要分析客源市场与旅游目的地和旅游景区远近距离的区位，分析旅游者可能的出游时间和支付能力。

（3）旅游交通区位分析。旅游交通是联系客源地和旅游区的桥梁，是旅游的通道和媒介，是旅游者出游的重要条件，是旅游业产生和发展的先决条件，是构成完整的旅游功能系统的必要组成部分。

旅游交通是旅游地社会经济发展的重要推动力。旅游目的地和旅游景区游客人数的多少，除了取决于旅游资源区位和旅游客源区位之外，还取决于旅游交通区位，取决于交通线路的数量、等级、通畅程度。旅游交通在以下三种情况下，会制约旅游业的发展。一是交通不便，可进入性差，使拥有纯真山水的"老、少、边、穷"地区，无法形成旅游产业。二是没有火车或飞机直达，游客进去容易出来较难，从而影响了游客的旅游动机形成，影响和制约旅游业发展。三是有火车，但没有始发的列车，也影响了旅游业发展。可见，现代旅游业需要在交通条件得到极大改善后形成，没有良好的交通条件就不能形成旅游客流。

在旅游资源的开发中，旅游交通建设是一项主要的开发内容。没有方便的交通把客源地和旅游目的地连结起来，旅游资源只是一种潜在的资源。在旅游产品中，交通运输服务也是一项重要的旅游服务内容，是旅游收入的重要来源。在旅游过程中，旅游者往往根据自身的需要和目的地的交通区位，来选择旅游交通线路和旅游交通方式。因此，游客选择什么样的旅游交通工具出游，是旅游交通区位分析的结果。

旅游交通由铁路交通、水运交通、公路交通、航空交通和特种旅游交通构成。从空间上，旅游交通分为三种层次。第一层次是外部交通，是指从旅游客源地到旅游目的地所依托的中心城市的交通。外部交通跨越空间尺度大，主要方式是航空交通和铁路交通，也有部分水运和公路交通。第二层次是在旅游区内，由中心城市到旅游风景区的交通，跨越的是中小尺度的空间，交通方式主要以公路或城市轻轨交通为主。第三层次是内部交通，指旅游地和风景区内部的交通，跨越的是小尺度空间，交通方式以电瓶车、游船、畜力车、骑马、索道等特种交通为主。旅游交通条件好坏，就是旅游交通区位的优劣体现，决定了旅游发展战略的高度。

2.旅游资源条件分析

旅游资源是自然界和人类社会具有旅游吸引力，能为旅游业开发利用，并可以产生经济效益、社会效益和环境效益的各种事物和因素。旅游资源是发展旅游业的凭借和依据，是旅游产业构建的物质基础，旅游资源的赋存状况，直接影响旅游业的战略发展。

旅游资源具有多种类型和多元品质，需要充分分析和认识其旅游吸引力价值，开发形成旅游产业。按国家标准《旅游资源分类、调查与评价》（GB/T 18972—2003），旅游资源分为8个主类、31个亚类、155个基本类型，"主类"含"亚类"，"亚类"含"基本类型"。其中，8个"主类"是地文景观、水域风光、生物景观、天象与气候景观、遗址遗迹、建筑与设施、旅游商品、人文活动，前四主类为自然风景旅游资源，后四主类为人文景观旅游资源。31个亚类中的岛礁、岛区、岩礁、河段、天然湖泊与池沼、瀑布、泉、河口与海面、观光游憩海域、涌潮现象、击浪现象、冰雪地、树木、草原与草地、花卉地等自然风景旅游资源，构成了美丽无穷的风景和清新舒适的生态环境，认识和分析自然风景旅游资源价值，可以开发形成观光和休闲度假旅游业。31个亚类中的史前人类活动场所、社会经济文化活动遗址遗迹是个性鲜明、品位高、价值大、可观性极强的历史文化旅游资源，可以开发形成文化旅游业。31个亚类中的民间习俗，具有原生性、丰富性、群体性等特征，充满着鲜活的质感和强烈的动感，是一种融历史风韵与现实情调为一体的民俗风情旅游资源。民俗风情旅游资源既具时代性，又兼备历史性，风情浓郁的地方戏曲、民间歌舞、民族服饰、特色饮食以及风俗习尚都对旅游者构成恒久的强烈吸引力，可以开发形成民俗风情旅游业。旅游资源类型不仅仅是有形的山川河流、历史遗迹和民俗风情，还包括湛蓝的天空、清新的空气、洁净的水质、宁静的环境。旅游业的战略发展，必须注重对特殊旅游资源数量、存在形式、资源结构的分析。旅游资源的特殊性越大，旅游业发展的可能性越强。以特色旅游资源为重点，确保旅游业的经济、社会和环境效益。

对旅游资源条件分析，需要从战略布局及战略发展的视角，发挥旅游资源的旅游发展战略价值。立足旅游资源特色，打造旅游品牌产品，建设大型旅游综合体，彰显鲜明的旅游区位优势；立足于建设旅游城市、度假胜地的观念，从单纯的景点景区建设，逐步过渡到建设基础设施完善的旅游城市。

有了旅游资源基础并不等于有了旅游产业，从旅游资源到旅游产业需要通过旅游策划进行转化。旅游发展战略的策划，需要分析旅游资源条件，构建旅游资源保护和旅游产品品牌体系，促进旅游业的快速、健康发展。

3. 旅游市场条件分析

旅游市场是旅游产业凭借发展的经济平台，没有旅游市场就没有旅游产业，分析旅游目的地和旅游景区的旅游市场条件，可以预测旅游产业发展的前途，找准旅游产业发展的策略。

分析旅游市场条件，就是分析旅游市场的变化趋势。经过21世纪前10年的国家经济和旅游业的发展，人民生活水平在不断地提高，旅游消费群体在不断扩大，构成了一个庞大的旅游需求和消费市场。旅游市场需求呈六大变化趋势。一是规范旅游市场秩序的进程加快。随着社会主义市场经济的建立和完善，旅游市场体系也在逐步完善，全国各地旅游行业和管理部门，针对旅游市场中某些不合理不规范的行为，切实加强规范化管理。二是市场需求呈现多样化多层次性。由于旅游者的社会经历、经济收入、个人兴趣爱好、受教育程度、职业、性别等等不一样，旅游者表现出不同的市场需求。全国性的旅游资源和旅游产品开发，使得中国旅游资源和旅游产品不断丰富。与此同时，极强的旅游产品替代效应，增加了旅游者更多的可选择性。三是随着旅游市场的日趋成熟，游客自主意识的增强，旅游者消费观念的改变，旅游市场的散客化自由行趋势日趋明显，散客旅游成为各种旅游活动的主要形式，推动旅游业向着多元化、个性化的休闲度假旅游发展。与之相适应，休闲度假景区、经济型酒店、大众连锁餐饮、在线旅游预订等获得新一轮发展。四是因私出境旅行成为出境旅游市场的主体。据统计，2012年我国的出境旅游市场，因公出境旅行人数仅占到总出境人数10%左右，因私出境旅行的人已占全部国民出境人数的90%。我国已经成为亚洲最大的出境旅游客源国，并且在2012年首次成为世界第一大出境旅游消费国。五是大众休闲游成为主流。据数据显示，在国内旅游的大众休闲游、公务差旅和商务差旅的"三驾马车"中，大众休闲游一枝独秀，公务差旅下降，商务差旅相对平缓，表明中国旅游业正步入大众化旅游需求的新阶段。六是自驾游大幅增加，成为黄金周旅游市场的特点。

长期以来，我国旅游市场的竞争基本是旅游饭店、旅行社等同行业中企业之间的竞争，随着旅游业在各地的兴起，相关行业进军旅游业，使旅游市场竞争复杂起来，表现为多方位和多角度竞争，不仅有来自旅游行业内部的竞争，还有各行各业办旅游所带来的竞争，有来自潜在竞争者的竞争，还有替代产品的竞争等等。我国旅游市场竞争日益复杂化、多角化，要求旅游目的地和旅游景区从长期性和战略性来考虑市场营销战略。

通过旅游市场的分析研究，可以确定旅游需求的现状和变化趋势，预测国际国内旅游市场发展的总趋势，确定地区的目标市场；研究影响市场的各种因素，使旅游经营适应旅游市场的变化，达到从追随旅游市场到发展旅游市场的目的。

4.旅游安全性分析

旅游安全是旅游业的生命线，是旅游业发展的基础和保障。没有安全，便没有旅游。旅游业发展的事实证明，旅游安全事故的出现，不仅影响旅游活动的顺利进行，而且可能带来巨额经济损失；旅游安全事故危及旅游者生命和财产，直接影响社会的安定团结；旅游安全事故还会损害国家的旅游声誉，阻碍旅游业发展。

旅游安全性分析，需要分析旅游安全的特点，以便从旅游业发展战略的高度，确保旅游安全。旅游安全具有集中性、广泛性、巨大性、隐蔽性、复杂性、特殊性、突发性等七个方面特点。旅游安全的集中性，一方面集中在旅途与住宿活动环节，另一方面表现形态集中在犯罪、疾病或食物中毒、交通事故上，尤以犯罪为最。旅游安全的广泛性，一是广泛地存在于旅游活动的六个环节中，二是任何类型的旅游者都可能面临旅游安全问题，三是旅游安全还与旅游地居民、旅游从业者、旅游管理部门以及包括公安部门、医院等在内的旅游地各种社会机构相联系。旅游安全巨大性，一是旅游安全问题造成的危害和破坏巨大，不仅使旅游者蒙受巨大的经济与名誉损失、遭受生命威胁，而且将可能造成旅游企业财产和社会财产的巨大损失；二是旅游安全问题会影响到旅游者对旅游地的安全认知及其旅游决策。旅游安全的隐蔽性，主要是旅游安全问题所带来的负面影响易被旅游经营管理者所掩盖，旅游企业面对媒体或广大公众的安全事件询问常常避而不谈或草草带过。旅游安全的复杂性是旅游安全工作表现出极大的复杂性，除防火和防食物中毒外，还要防盗、防暴力、防黄、防毒、防欺诈、防各种自然及人为灾害等。旅游安全的特殊性在于旅游过程中发生的各类案件与事故不同于一般的民事、刑事案件，也不同于其他行业的安全问题，有其自身的规律性和特殊性。旅游安全的突发性是指发生在旅游活动中的各种安全问题，往往带有突发性。

旅游安全的分析，还包括自然性的旅游安全分析、社会性的旅游安全分析、管理性的旅游安全分析、社会公共卫生的旅游安全分析、民族宗教的旅游安全分析等。旅游安全性分析目的是全方位地确保旅游活动的安全。

二、旅游发展战略策划内容

旅游发展战略策划是一个宏观的战略策划，是一个从旅游发展战略思想到旅游发展战略重点的策划，从战略思想到战略实践的客观策划。

1. 旅游发展战略策划重点

在旅游发展战略的策划中，涉及一个庞大的旅游产业系统，需要明确旅游发展战略策划的重点问题。作为旅游发展战略，重点问题包括旅游产业地位、旅游供给和旅游市场、旅游开发导向、旅游发展方向和旅游产业布局等四方面问题。

（1）旅游产业地位问题。旅游产业地位，在国家层面，2009年底，《国务院关于加快发展旅游业的意见》（国发〔2009〕41号）提出要"把旅游业培育成国民经济的战略性支柱产业和人民群众更加满意的现代服务业"。明确了旅游产业在国民经济中支柱产业和现代服务业的战略性地位。随着国民经济的发展，旅游业在国民经济中的地位越来越突出。

旅游经济在特定地区国民经济中的地位，需要根据特定地区的旅游资源、市场需求、旅游发展现状和地位（占GDP比重）、地区的经济发展形势等方面进行综合分析得出结论。旅游产业地位应根据不同地区旅游发展的不同情况确定旅游产业发展地位。由于旅游资源和社会经济条件不一样，需要在旅游发展战略策划中重点研究确定旅游产业地位。如，2009年，天津市、云南省、海南省、河南省、湖南省、浙江省、青海省、内蒙古自治区、西藏自治区等一市六省两个自治区发布的《支持文化体制改革和文化事业文化产业发展》等文件中，旅游业均被作为联动产业。

（2）旅游供给和旅游市场问题。旅游发展取决于旅游供给和旅游市场两方面状况。旅游供给包括旅游资源和为提供旅游服务的各种物质条件和人力资源。旅游供给具有产地消费性、协作性、非贮存性、低弹性、多样性等特点。旅游供给产地消费性特点，是指旅游供给在地域上是不可移动的，只能在固定空间上的产品供给，旅游者要消费旅游产品，就通过流通环节到旅游供给的产地进行消费。旅游供给协作性特点，是指旅游需求是一种综合需求，旅游者在旅游过程中的食、住、行、游、购、娱等各方面的需求，一个旅游企业供给无法满足，必须由社会多个旅游企业与多种行业共同协作完成。旅游者的需求是多种产品的组合需求，旅游供给是多个企业、多种行业的组合性协作供给。旅游供给非贮存性特点，是指旅游供给实质上是一种服务供给，具有非贮存性，旅游产品生产、交换与消费处在同一时段，旅游产品生产完成，旅游消费也就完成，导致旅游产品不能贮存。旅游供给低弹性特点，是指支撑旅游供给的旅游资源是自然的和历史的结果，旅游设施的增加、建设不仅需要大量的资金投入和必要的科技手段，还需要一定的时间，就表现为旅游供给的低弹性。旅游供给多样性特点，是指旅游供给的存在是以需求为前提的，旅游者需要千差万别，旅游供给就呈多样性特点。

旅游市场通常是指旅游需求市场或旅游客源市场，即某一特定旅游产品的购买者和潜在购买者。旅游市场是旅游产品供求双方交换关系的总和，旅游市场是旅游经济活动的中心。旅游市场属一般商品市场范畴，具有商品市场的基本特征，包括旅游供给的场所（旅游目的地）和旅游消费者（游客），以及旅游经营者与消费者间的经济关系。

旅游发展战略策划，需要研究旅游供给特点，研究影响旅游供给的旅游资源、旅游产品价格、社会经济、科学技术、政府政策等因素，研究旅游市场关系，活跃旅游市场，保障旅游供给。

（3）旅游产业导向问题。旅游产业导向是以旅游产业为依托，借助旅游产业的带动性和聚合作用，整合区域内的农业、手工业、养殖业等，并引入房地产、体育、文化等多种产业，不断延伸和拓展旅游产业链条，构建旅游目的地产业体系。旅游产业导向的发展核心，是以旅游产业发展为引擎，通过旅游产业整合提升原有产业，并通过旅游产业的发展提高知名度，聚集人气，使区域僵化的产业结构重新活跃起来，为区域经济发展构建多元化的产业依托，推动区域经济发展。

　　旅游产业导向作用的发挥，取决于内在的产业资源开发导向和可持续产业导向。在旅游发展战略之下的产业资源开发导向，强调不同资源类型采取不同的开发模式。以自然风貌取胜的旅游景点开发，强调保持天然风貌，彰显天然风貌；历史古迹旅游景点开发，强调保护和突出历史文化内涵，重视文化氛围创造；民俗风情类景点开发，强调保持"原汁原味"的民俗特色，以特有的风情吸引旅游者。在开发旅游产业时，要求政府不能仅以经济利益为目标导向，要考虑生态环境的影响与保护、文化多样性的存在与延续、后代人的利益等多个目标导向。

　　可持续旅游产业导向，以可持续旅游产业的发展为目标，不仅强调对风光、野生动物、纪念物和建筑物以及文化多样性的合理保护，而且要促使旅游产业的可持续发展；强调社会公众广泛参与可持续旅游的激励机制，综合考虑介入可持续旅游的相关主体关系和利益，考虑旅游项目所在区域的资源（环境、人力、财政、技术）优势、方案与国家旅游系统的对称性，考虑旅游资源所在社会的居民态度、当地传统文化及消费生活方式；强调制度和技术的双重创新，建立包括经济政策、生态环境政策、产品与技术政策、社会文化政策、消费法律政策等可持续旅游产业的管理政策体系，提高可持续旅游产业发展质量，保证旅游发展战略的实现。

　　（4）旅游发展方向和旅游产业布局问题。在旅游发展战略策划中，把握旅游发展方向至关重要，需要从旅游发展趋势获得认识。据统计，我国国内旅游已经超过一年 13 亿人次，意味着中国每人每年平均出游一次。这是一个阶段性的转化，意味着中国的旅游市场已经从一个高速增长时期转向一个平稳发展时期。

　　2005 年国内生产总值的统计体系做了一次大的调整。调整之后旅游在国民经济中的地位相对下降，2005 年比重下降了 0.8 个百分点。据 2005 年的统计调整，服务经济大幅度提升，增加了 23000 亿人民币，比重也在提升。服务业整体提升，意味着旅游在服务经济里的比重相对下降。面对旅游在国民经济中的地位和在服务经济中的比重相对下降的态势，旅游业需要面对挑战，提高旅游服务水平，强化旅游经济功能、社会功能、文化功能和环境功能。与此同时，大众化的旅游发展趋势更加明显，旅游业呈现跨领域、跨行业、跨产业融合的发展趋势，旅游业从旅游景区到旅游目的地转型升级，旅游业的新产品和新业态层出不穷，自驾车旅游、房车旅游等新业态正在成为引领旅游消费增长的重要的领域。旅游业逐渐从比较单一的观光型旅游产业转向复合型旅游产业，从传统服务业转向现代服务业，从经济产业转向社会产业。计算机和互联网技术，加速着智慧旅游的发展。在国家政策和政府的推动下，旅游业正在走强大旅游企业，旅游强市、强省、强国，建设世界旅游强国之路。

旅游产业布局。我国旅游行业涉及 30 多个产业和部门，因而在制定旅游发展战略时，需要考虑旅游产业系统总体布局，考虑旅游业内部和各种有关行业的综合配置，需要考虑旅游六要素之间的数量和质量的有机配置，以及旅游行业服务于管理部门的综合配置。旅游产业系统是由旅游产业的相关要素组合而成的综合性旅游产业体系。按照旅游产业结构的基本框架和构成要素，分直接与间接为旅游业服务的两大旅游产业要素类型。直接为旅游业服务的产业要素，包括游赏业、旅行社业、酒店业、餐饮业、商购业、娱乐业、交通运输业等。间接为旅游业服务的产业要素，包括旅游商品加工业、旅游房地产业、康体保健业以及工业、农业、商业等。旅游产业系统总体布局是根据旅游产业结构和旅游业发展规模需要，协调匹配，合理布局。具体包括旅游景区景点的布局、旅游企业的布局、旅游交通布局、相关行业和部门的整合与布局等。在旅游发展战略的旅游产业系统总体布局策划时，应注意发挥旅游行业在优化产业结构中的作用。

2. 旅游发展战略思想

战略思想是旅游发展目标实现的战略成效总结，反映了策划者对旅游发展目标实施途径的把握。旅游发展战略思想策划从资源开发、产品品牌、市场营销思想、投融资等四方面策划得以体现。

旅游资源开发战略思想策划，一般为整合资源，实施重点分布的战略策划，强调资源转化为产品的能力，坚持"整体规划、分布实施、突出重点、强化特色、打造品牌、持续发展"整体原则。

旅游产品品牌战略思想策划，认为旅游产品品牌战略就是清晰品牌定位，通过品牌定位，创造和树立个性鲜明和独特的形象，最终赢得市场客源。

旅游市场营销战略思想策划，是对旅游发展营销的整体性、长期性、基本性的思想策划，强调从宏观的战略高度，树立大市场、大营销的观念，明确政府树形象、行业拓渠道、企业推产品的总体思路，开展区域联合、行业联合、企业联手为主的大联合整体营销。

旅游投融资战略思想策划，就是吸引投资者投资的策划，通过旅游项目投资建设内容、建设目标、建设环境、市场前景等分析，使投资者看到投资的机会，符合投资者的利益目的，能够带来经济回报，进而实现旅游项目融资的目的。

3. 旅游发展战略重点

旅游发展战略重点是始终影响旅游产业全局发展的问题。按规律，一般以旅游发展方向、旅游核心竞争力、旅游增长点、旅游竞争对手、旅游目的地形象、旅游市场、旅游文化、旅游资源、旅游环境、智慧旅游、旅游战略等 10 大问题为旅游发展战略策划重点。

（1）确定发展方向。发展战略可以帮助企业指引长远发展，正确选择和确定发展方向是保障企业持续发展和基业常青的基础。寻找与确定发展方向就是根据市场内外环境的变化，结合自身能力水平，整合资源，选择合适的战略发展方向。科学把握正确的发展方向，必须对市场吸引力、企业竞争力和企业家精神与抱负三大维度进行平衡。

充分研究市场吸引力是正确把握发展方向的重要基础。研究市场吸引力就是研究旅游产品对企业的价值。市场吸引力研究对象包括两大方面，一是现有的旅游产品，二是可能进入的旅游产品。研究旅游产品是否有发展前景，是否值得去做。明确在某一个特定区域范围内，旅游产品的市场规模有多大。市场规模越大，市场机会就越多，企业发展的可能性就越大。

旅游发展方向策划不仅要研究市场吸引力，同时要客观评价自身的竞争力。评价自身竞争力必须注意，不同的旅游产品市场，评价侧重点可能不一样。因为不同的行业，由于行业特点的不同，行业关键成功要素不同，要想获得发展必须掌握的资源和能力也不同。

企业家的精神与抱负对旅游发展方向的选择具有重要的影响。一个谋求把旅游发展规模做到百亿以上的企业家，是不会重视只有几个亿的旅游发展规模，因为小规模发展，无论怎么做也达不成企望的旅游发展目标。他会更加关注具有几千亿甚至上万亿旅游发展规模，因为在这样的旅游发展规模中，他才有可能把企业做到百亿以上规模。因此，在确定旅游发展方向时，必须明确企业家（团队）的精神与抱负。

（2）培育核心竞争力。核心竞争力是在整合各项资源的基础上，提炼形成的具有竞争力锋芒的能力。核心竞争力具有社会认定价值、卓越性、难以复制和不可替代的特征。培育核心竞争力，需要进行核心竞争能力辨识，不能把营销能力、产品质量、领导能力、创新能力等，认定为核心竞争力；不能把销售跟踪、财务管理、客户意见处理、供应商管理、销售人员激励机制等工作确定为核心竞争力；不能把品牌、资产、专利、设备等基础条件，作为核心竞争力。

判定核心竞争力的标准是价值性、卓越性、难以复制和不可替代性。核心竞争力主要取决于核心旅游产品，核心旅游产品创造比较竞争优势。核心竞争力是一种存在于组织内部的集体学习能力，来源于战略选择的能力、战略资源控制能力、战略实施能力。以核心价值观，指导战略发展，创造持续核心竞争力。

（3）选取正确增长点。旅游发展战略策划在方法上，需要判断和选取正确增长点。可以将旅游产品分为种子产品、增长产品、核心产品，分别进行成功率和增长绩效评估，培育有增长前途的旅游产品，开拓迅速增长的旅游产品，将在市场上站稳脚跟，以稳健盈利的旅游产品，确立为旅游发展增长点，建立具有强执行力的和善于精耕细作的管理团队，形成在行业领先的核心旅游产品。

（4）分析竞争对手。旅游发展战略在方法上，需要分析市场上面临的主要竞争对手。分析竞争对手的近年业绩、近期目标、长远目标、现行战略和可能在未来五年采用的战略举措；分析竞争对手目标与战略举措可能对旅游发展战略潜在的威胁；分析竞争对手优劣势、竞争假设及分析、相关的客户价值；分析核心竞争力的培育和规划竞争力，制定击败现有及潜在竞争者的计划。

（5）塑造形象。旅游目的地形象是由旅游地的旅游资源、旅游产品、旅游设施、旅游服务等多种因素交织而形成的总体印象，是人们对旅游地总体的、抽象的、概括的认识和评价。设计和塑造旅游目的地形象需要重视，其一，合理有效地开发旅游资源，打造旅游产品特色，形成旅游目的地吸引力；其二，提供完备的旅游设施及真诚的旅游服务，影响旅游者对旅游地的选择；其三，准确的形象定位，多途径传播旅游形象，在旅游者心中形成生动、鲜明、独特的感知印象。旅游发展战略策划是塑造旅游地形象的重要手段，可以增强旅游目的地旅游吸引力。

（6）拓展市场。旅游市场始终是旅游发展战略的重点，旅游发展需要从旅游市场获得发展的经济动力。旅游发展战略中的旅游市场拓展策划，需要在旅游营销理念、渠道、方式、手段上实现创新突破，多举措开拓国内外市场，扩大旅游目的地的旅游影响力；根据区位和资源条件确定主要客源市场，根据旅游市场形势变化，调整优化旅游产品结构，创建精品旅游市场；巩固提升传统旅游市场，对准发达地区旅游市场；立足国内市场，面向国际市场，重点拓宽本省和周边旅游市场；以观光市场与休闲市场为主体，逐步发展商务旅游市场和会议旅游市场；以品牌营销推动旅游市场，以营销网络提升旅游市场，以多渠道营销扩大旅游市场。

（7）传承文化。文化是旅游业发展的根基，是旅游目的地的灵魂，是旅游活动吸引旅游者的魅力所在，需要在旅游发展战略策划中得到突出，得到传承。旅游目的地的文化遗产具有永恒的魅力，为其他旅游地所无法取代。旅游发展的根本是文化，随着旅游业的不断发展，人们已不满足于游山玩水，而是更多地向往体验异地的别样文化风情。传承文化是对文化的根本性保护。一方文化铸就了一方人，也需要一方人在现代旅游业发展中，传承文化，保护、开发和利用好文化资源，给旅游目的地增添魅力，增强旅游发展竞争力。

（8）保护资源，保护环境。旅游资源和环境保护是构建旅游核心竞争力的前提条件。在旅游发展战略策划中，保护性开发旅游资源，重点优先开发最具垄断性、竞争力的旅游资源，打造拳头旅游产品。在旅游发展中，需要对已建、在建和拟建旅游项目进行环境评估，对造成环境严重污染或破坏景观的旅游项目，采取关、停、并、转、拆的整改措施，保护和提高旅游生态环境质量。为适应休闲社会生活的发展趋向，需要以良好的生态环境资源，发展生态旅游、低碳旅游，以优质的旅游资源和优美的生态环境，赢得旅游业发展的未来。

（9）发展智慧旅游。智慧旅游是随着云计算、物联网、互联网等新技术的旅游业应用而出现的旅游发展新模式。智慧旅游以云计算为基础，以移动终端应用为核心，提供主动感知旅游资源、旅游经济、旅游活动、旅游者等高效信息服务，让人们能够及时安排和调整工作与旅游计划，达到对旅游信息的智能感知、方便利用的效果。

在旅游发展战略策划中，需要开发和发展智慧旅游，借助物联网技术、互联网/移动互联网、虚拟现实等技术，通过软件系统的应用和数字化网络的部署，建设智慧化旅游景区，建立景区智慧管理体系、智慧服务体系、智慧营销体系、智慧体验体系，实现旅游景区经营资源和服务设施相统一的作业体系，展现旅游景区"智慧"的能力和"舒适"的形象，促进旅游景区的效益化经营和可持续发展。以智慧景区创新发展机制，借助智慧旅游营销商业新模式发展景区经济；以旅游目的地或城市的智慧化建设，形成产业集聚合力，推动区域经济结构转型升级，实现旅游产业服务模式的创新驱动，实现旅游业的跨越式发展。

通过发展智慧旅游，为游客提供更便捷、智能化的旅游体验，为政府管理部门提供更高效、智能化的信息平台和管理手段，为旅游企业提供更高效的营销平台和广阔的客源市场。通过智慧景区发展，推动整个旅游目的地和城市游的发展。

（10）筛选旅游发展战略。筛选旅游发展战略是一个总体性、指导性的战略谋划。旅游发展战略属于企业战略，包括一体化战略、多元化战略、密集型成长战略、稳定型战略、收缩型战略、并购战略、成本领先战略、差异化战略和集中化战略等类型。

旅游一体化战略，包括纵向一体化战略和横向一体化战略。纵向一体化战略是以面向用户为前向，获得对经销商或者零售商的所有权和控制。横向一体化战略是获得对供应商的所有权和控制。旅游一体化战略可以通过购买、合并、联合等途径实现。旅游多元化战略，包括同心多元化战略和离心多元化战略。同心多元化战略也称为相关多元化战略，以现有旅游业务为基础进入相关旅游产业的战略。离心多元化战略，也称为不相关多元化战略，主要是从财务上平衡现金流或者获取新的利润增长点考虑战略进入。旅游密集型成长战略，也称为加强型成长战略，包括市场渗透战略、市场开发战略和产品开发战略。旅游稳定型战略，也称为防御型战略、维持型战略，包括暂停战略、无变化战略、维持利润战略、谨慎前进战略。旅游收缩型战略，也称为撤退型战略，包括转变战略、放弃战略、清算战略。旅游并购战略，可以分为横向并购、纵向并购和混合并购。在激烈的市场竞争中，企业既可以通过内部投资获得发展，也可以通过外部并购获得发展，两者相比，购并方式的效率更高。旅游并购战略可以节省旅游企业发展时间，可以降低旅游企业进入市场壁垒和企业发展的风险，可以促进旅游企业的跨国发展。旅游成本领先战略，可以抵御竞争对手的进攻，具有对供应商的议价较强能力，形成了进入壁垒的优势。采取旅游差异化战略具有一定的市场风险，风险包括竞争者可能模仿，使得差异消失；保持产品的差异化往往以高成本为代价；企业要想取得产品差异，有时要放弃获得较高市场占有率的目标。旅游集中化战略，可以分为集中成本领先战略和集中差异化战略。采用旅游集中化战略，主要是企业资源和能力有限，难以在整个产业实现成本领先或者差异化，只能选定个别细分市场，集中财力和人力进行发展。

筛选旅游发展战略，分为制定战略选择方案、评估战略备选方案、选择战略三步骤步。在制定战略选择方案时，根据不同层次管理人员介入战略分析和战略选择工作的程度，可以采用自上而下、自下而上和上下结合三种战略形成方法。在评估战略备选方案时，需要把握两个标准，一是考虑选择的战略是否发挥了企业的优势，克服了劣势，是否利用了机会，将威胁削弱到最低程度；二是考虑选择的战略能否被企业利益相关者所接受。在选择战略时，应聘请外部机构，以旅游企业目标作为选择战略的依据，以事实为基础进行行业竞争分析，通过财务目标预测主要增长点，预测总销售额市场份额，进行评估确定战略选择方案。

旅游发展战略策划内容是变化的，旅游发展战略策划需要根据不同时期的不同情况，确定不同的旅游发展战略重点。按照旅游产业规律，在旅游产业开发初期，以景区景点建设、旅游环境建设、旅游基础设施建设和市场开拓为旅游发展战略重点，中远期以完善旅游产业结构、旅游产品结构、景区景点结构以及旅游管理体系建设为发展战略重点。

三、旅游发展战略策划原则

旅游发展战略策划是个高瞻远瞩的策划，需要有很高的洞察力和宏观把握能力。只要作为一种策划都是有规律可循的，策划原则就是策划规律的一种归纳总结。旅游发展战略策划可以按照归纳总结形成的原则进行。[①]

1. 与时俱进原则

在旅游发展战略策划中，要遵循与时俱进原则，避免旅游发展战略水平滞后。"时"是旅游业发展面临的新"形势"、新"趋势"。"进"就是创新、变化和前进。与时俱进就是在进行旅游发展战略策划时，时刻关注旅游业发展的新形势、新趋势，时刻保持旅游发展战略策划思路和内容，与旅游发展趋势形成连动和同步发展；时刻关注旅游产业环境的微妙变化，研究旅游产业管理实践的最新发展，运用管理学新的研究成果，提高旅游发展战略策划水平，实现所策划的旅游产业发展目标。

2. 超前创新原则

超前创新是旅游发展战略策划的生命和灵魂。一个旅游发展战略策划方案，如果没有超前创新的内容，就会变成一堆毫无价值的文字垃圾。超前，就是在时间上有一定超前性。创新，就是要有新思想、新方法、新发明。创新从时间序列角度，大体上可以分成两个层次，一是适应型创新，即在旅游业发展环境发生了变化，旅游业发展已经滞后于旅游业发展形势时，旅游发展战略策划方案需要有新措施、新方法来适应已经发生的变化，以实现新的协调、新的发展。二是超前型创新，即根据对旅游发展环境未来可能发生的变化进行预测分析，充分发挥旅游发展战略策划的主动性，拓展思路，创造条件，引导旅游向有利于旅游产业的方向发展。

3. 技艺融合原则

旅游发展战略策划技艺融合原则，就是在进行旅游发展战略策划的工作中，运用技术和艺术两种方法，将现代的科学技术和现代的审美艺术统一于旅游发展战略策划方案之中。作为21世纪的旅游发展战略策划的技术，就是将现代新科学、新技术、新材料和计算机辅助应用等技术运用于旅游产业，策划出的旅游产品和旅游项目有技术含量，有科学分量，有先进科学技术的体现，构建具有科学精神的旅游发展战略。旅游发展战略策划的艺术应用，就是将艺术化思想贯穿整个旅游发展战略策划活动始终。在策划开始前，把握艺术的总基调；在策划创意阶段，注重灵感、激发、愉悦、包装、渲染的艺术；在策划方案形成阶段，注重结构、语言、效果的艺术。旅游发展战略策划注重技艺融合原则，就要实现技术性和艺术性的连动优化，既有技术的说服力，又有艺术的魅力，体现策划的创造力。

---

① 主要参考张利庠先生的理论框架。张利庠.论企业策划的四大原则——企业策划理论研究之一[J].生产力研究，2004，3.

4. 综合集成原则

旅游发展战略策划是一个系统策划，需要遵循综合集成的科学策划原则。综合就是把各种不同类别的旅游产业资源和科学技术方法组合在一起，集成是将各类社会经济与自然界事物中好的方面、精华部分集中组合在一起。旅游发展战略策划的综合集成，就是要通过创造性思维，从新的角度和层面来连动各种旅游产业资源要素，拓展旅游策划视野和疆域，提高各项旅游产业资源要素的交融度，优化和增强旅游策划对象的有序性，促进各项旅游产业要素、功能和优势的互补、匹配，创造出更大的竞争优势。

四、旅游发展战略框架

旅游发展战略就是一定时期内对旅游发展方向、发展速度与质量、发展点及发展能力的重大选择的策略。发展战略目的就是要解决旅游业的发展问题，可以指引旅游业长远发展方向，明确发展目标，指明发展点，确定旅游业需要的发展能力，实现旅游业快速、健康、持续发展。旅游发展战略框架由旅游发展愿景、战略目标、业务战略和职能战略四大部分组成。

1. 发展愿景

发展愿景是旅游业未来发展要实现的愿望。发展愿景概括了旅游业的未来目标、使命及核心价值，是产业哲学中最核心的内容，是旅游业最终希望实现的图景。发展愿景反映了旅游业对长远未来的追求与理想和对于未来的梦想、憧憬和渴望，对旅游业发展起着重大的指引作用。发展愿景是企业员工脑海中真正所持有的意象或景象，而不仅仅是文字所描述的景象；是员工对企业未来的憧憬，是渴望实现的愿望，是毕生为之奋斗的梦想。发展愿景描绘了旅游业令人向往的未来，是旅游业长期恪守的奋斗目标，是战略的方向舵，指明了旅游业的发展方向。

有志向的旅游城市和旅游企业都会制定远大的发展愿景，作为特别有力的机制来刺激旅游业进步。武夷山市的发展愿景设计为"国际旅游度假城市"，南宁市的发展愿景是"国际都市休闲旅游区"，桂林的发展愿景是建成"国际旅游胜地"，港中旅将努力实现"中国第一、亚洲第一、世界前五"的企业愿景，安徽省旅游集团发展愿景是"成为深受信赖、国内领先的综合性旅游企业集团"。远大的愿景可以激发所有人的力量，团结一致，集中于伟大的目标之下。

2. 战略目标

战略目标是明确旅游业未来发展速度与发展质量。战略目标的设定，是旅游业发展愿景的展开和具体化，是旅游业发展愿景在企业某个发展阶段进一步阐明和界定，是旅游业所要达到的水平的具体规定。如桂林要实现"国际旅游胜地"发展愿景,明确提出了两个阶段发展的战略目标,第一阶段,从 2012 年到 2015 年,目标是国际旅游胜地建设全面推进,城市旅游服务功能进一步提升,发展环境明显改善,初步建成在全国具有先进示范作用的旅游管理体制和公共服务体系。具体定量的目标要求,如接待入境游客数、生态环境保护的要求和指标,都要在全国继续保持领先。第二个阶段,从 2015 年到 2020 年,国际旅游胜地基本建成,成为世界一流的山水观光休闲度假旅游目的地、国际旅游合作和文化交流的重要平台。具体是城市文化特色突出,城镇化率高于全国平均水平,城乡生态环境达到国际优良水准,旅游公共服务体系和综合服务功能完备,交通条件全面优化,以服务业为主体的现代产业体系形成。[①]

战略目标与发展愿景不同,发展愿景是对旅游业长远发展方向和发展景象的高度概括表述,一般没有具体的数量特征及时间限定,而战略目标则不同,是为旅游业在一段时间内所需实现的主要成果的界定。战略目标可以是定性的,也可以是定量的,如旅游业营业收入目标、获利能力目标、生产量目标或竞争地位目标等。战略目标必须是具体的、明确的和可衡量的,以便对目标是否最终实现进行比较客观的评价考核。

战略目标是旅游业经营管理的起点,旅游业需要按时间维度把战略目标分解成年度目标、季度目标和月度目标,并形成从高层管理者到中层管理者,再到基层员工自上而下的目标体系。战略目标是旅游目的地和旅游企业配置资源的依据,根据战略目标、各层级及各业务单元目标的大小,制定实现目标的计划,配置相匹配的资源支持。

战略目标不仅使整个旅游业有了明确的发展目标,而且还使旅游业的各层级、各业务单元、各部门及每位员工都有了奋斗目标。战略目标会使各方面的力量在战略目标引导下集中起来,形成一股合力,推动旅游业不断前进。战略目标及围绕战略目标分解形成的目标体系对旅游业各层级、业务单元、各部门员工都是一种鼓舞、一种动员,激励每一个人充分发挥积极性、主动性和创造性。

3. 业务战略

业务战略确定旅游业发展点,是对旅游业未来业务发展方面的重大选择、规划与策略。愿景指明了旅游业发展方向,战略目标明确旅游业发展速度与质量。旅游业可以从产业、区域、客户、产品四个方面考虑业务战略,形成产业战略、区域战略、客户战略、产品战略。

(1)产业战略。产业战略是旅游业在一定时期内对产业发展方面的重大选

[①] 《桂林国际旅游胜地建设发展规划纲要》(2013)。

择、规划及策略。产业战略时限比较长，可能是五至十年，甚至数十年。

（2）区域战略。区域战略是旅游目的地和旅游企业在一定时期内对区域发展方面的重大选择、规划及策略。区域战略的时限可长可短，长的有十年甚至十年以上，短的有一至二年。旅游企业从小到大会经历一个区域经营范围的变化，初创时期可能在一个城市经营，到一定规模可能会成为一个省或跨省经营，再发展可能成为全国性的公司，成为全球性的公司。旅游企业在区域发展上的选择、规划和策略，需要通过区域战略来回答。

（3）客户战略。客户战略是旅游业在一定时期内对客户发展方面的重大选择、规划及策略。客户战略的时限也可长可短，长的有十年甚至十年以上，短的有一至二年。旅游目的地和旅游企业面向客户经营管理，确定客户，客户分类，客户定位，客户管理，需要客户战略来解决。

（4）产品战略。产品战略是旅游业在一定时期内对旅游产品发展方面的重大选择、规划及策略。旅游产品战略相对产业战略来说，时限要短一些，长的三至五年，短的可能是一年。旅游产品设计、旅游产品定位、旅游产品功能、旅游产品特点等等，需要产品战略来解决。旅游产品战略在业务战略中处于核心地位，产业战略、区域战略、客户战略都需要通过产品战略进行落实。

产业战略、区域战略、客户战略、产品战略不是孤立的，是紧密联系、相互影响、相互作用、不可分离的系统。产业战略、区域战略、客户战略、产品战略在不同的发展阶段可能起的作用不同，在某一发展阶段，可能是区域战略起主导作用，其他业务战略起辅助作用，而在另一发展阶段，可能是产品战略和客户战略起主要作用，也有可能只有通过产业战略调整，旅游业才可能持续发展。因此，旅游目的地和旅游企业不能将资源与力量均分到业务战略中，而应有所侧重，某个阶段重点突出某个业务战略，真正起到战略发展的作用。

4.职能战略

职能战略是旅游业为实现发展愿景、战略目标和业务战略，在企业职能方面的重大选择、规划与策略。发展愿景、战略目标、业务战略需要发展能力来支撑，尤其是核心发展能力的支持，而核心发展能力需要职能战略来构建。在职能战略策划中，需要注意核心发展能力与核心竞争能力的区别。核心竞争能力是企业相对于竞争对手现在的核心竞争能力，核心发展能力是企业相对于企业未来战略目标、业务战略所要求的支撑能力。核心竞争力是基于过去和现在的核心能力，核心发展能力是基于企业未来发展所需要的发展能力。职能战略一般可分为技术研发战略、市场营销战略、生产制造战略、人力资源战略、财务投资战略等。

（1）技术研发战略。技术研发战略是为实现旅游业战略目标、业务战略及核心发展能力构建，而在技术研发方面的技术、研发、标准等采取的重大战略选择、规划及策略。

（2）市场营销战略。市场营销战略是为实现旅游业战略目标、业务战略及核心发展能力构建，而在市场营销方面的品牌、渠道、推广、销售、促销等采取的重大战略选择、规划及策略。

（3）生产制造战略。生产制造战略是为实现旅游业战略目标、业务战略及核心发展能力构建，而在生产制造方面的生产布局、品质、存货、采购、成本、交货等采取的重大战略选择、规划及策略。

（4）人力资源战略。人力资源战略是为实现旅游业战略目标、业务战略及核心发展能力构建，而在人力资源方面的人力资源规划、招聘配置、培训开发、考核激励等采取的重大战略选择、规划及策略。

（5）财务投资战略。财务投资战略是为实现旅游业战略目标、业务战略及核心发展能力构建，而在财务投资方面的财务预算、会计核算、现金管理、投资、产权管理等采取的重大战略选择、规划及策略。

当然，除五大职能战略之外，旅游目的地和旅游企业可能把一些认为非常重要的职能纳入到职能战略范畴，如攻关战略、信息化战略等。职能战略是为战略目标和业务战略服务的，所以必须与战略目标和业务战略相配合。职能战略一般的年限是等于或小于业务战略，长的三至五年，短的只有一年。

旅游发展战略的本质是要解决旅游产业的发展问题。在发展战略框架中，所有构成部分都是围绕旅游产业发展来进行，发展愿景指引旅游产业发展方向；战略目标提出旅游产业发展的要求，明确发展速度和发展质量；业务战略是旅游产业发展的手段，指明了旅游产业的发展点；职能战略是旅游产业发展的能力支撑。发展愿景、战略目标、业务战略和职能战略构成旅游产业发展战略的四个层面。上一层面为下一层面提供方向与思路，下一层面对上一层面提供有力支撑，相互影响，构成有机的发展战略系统。

旅游发展战略系统是一种战略方法论体系，通过明确旅游业发展方向、发展速度与质量、发展点和发展能力等战略问题，帮助旅游业系统解决发展问题和实现快速、健康、持续发展。

旅游发展战略策划是有条件的科学策划，需要把握策划的各种客观条件，明确和熟悉策划内容，依据策划原则，构建旅游发展战略框架，使旅游发展战略策划方案真正成为旅游产业建设和发展的科学指南。

第二节 旅游发展战略定位策划

旅游发展战略定位是旅游产业发展的重要战略决策，准确的旅游发展战略定位将有助于旅游产业发展。在旅游发展战略管理结构中，旅游发展战略定位处于制定旅游发展战略的最前端，一个好的旅游发展战略定位是旅游产业战略获得成功实现的基础和前提。旅游发展战略定位是为旅游目的地和旅游企业构建一个独一无二的旅游发展格局战略，对旅游目的地和旅游企业具有现实的和持久的指导意义。

旅游发展战略定位是一个多元的发展战略定位，包括旅游发展目标战略定位、旅游产品发展战略定位、旅游市场发展战略定位等。旅游发展战略定位策划有循序渐进法、差异定位法、设限定位法、归核化战略定位法等多种可参考的策划方法。

一、战略定位条件分析

战略的本质就是选择，旅游发展战略定位就是通过分析和选择旅游业的内外部条件，进行旅游发展战略定位策划。旅游发展战略定位条件分析，具体是价值观分析、外部市场条件分析和内部资源条件分析。

1. 价值观分析

价值观是关于对象对主体有用性的一种观念，是人们追求成功过程中所推崇的基本信念和奉行的目标。旅游发展战略价值观是旅游发展的价值取向，是旅游目的地或企业一致赞同的关于旅游发展的终极判断。旅游发展战略价值观就是旅游发展决策者对旅游发展性质、目标、经营方式的取向所做出的选择，是为旅游目的地或企业所接受的共同观念。

价值观是一种主观的、可选择的关系范畴。一事物是否具有价值，不仅取决于它对什么人有意义，而且还取决于谁在做判断。不同的旅游目的地和旅游企业可能做出完全不同的价值判断。认为旅游发展的价值在于致富、旅游发展的价值在于利润、旅游发展的价值在于服务、旅游发展的价值在于塑造形象等，分别称为"致富价值观"、"利润价值观"、"服务价值观"、"形象价值观"。

价值观是旅游目的地和旅游企业文化的核心，是旅游目的地和旅游企业精神的灵魂，保证人们向统一的目标前进。旅游目的地或企业价值观的发展与完善是一个永无止境的工作，价值观建设的成败，决定着旅游目的地和旅游企业的生死存亡。价值观可以用具体的简洁的语言表示出来。如有学者将我国旅游行业的核心价值观概括为"推动发展、游客为本、敬业奉献"。①湘潭乌石红色旅游景区价值观为"求是、担当、爱国、奉献"。对拥有价值观的旅游目的地和旅游企业，共同价值观决定了旅游目的地和旅游企业的基本特征，使其与众不同。

旅游发展战略定位必须要有一个独到的价值观，这个价值观有别于市场上的竞争对手。有了独到的价值观，就有了一个独到的价值链，就会在战略发展上获得不同的市场定位，提出不同样的旅游产品和服务，获得不同样的发展。

2. 外部市场条件分析

旅游业都在特定的外部市场条件下发展，在进行旅游发展战略定位时，必然要考虑外部市场环境。随着外部市场条件的变化，旅游目的地需要分析外部市场条件，及时调整战略以适应外部市场条件的变化，抓住市场机会，实现旅游产业的持续稳步发展。旅游发展战略定位的外部市场条件分析内容具体包括旅游产业政策、旅游产业格局和旅游产业价值链三个方面。

（1）旅游产业政策分析。对旅游产业政策分析，先是就以往的旅游产业政策做简单的梳理和了解，更重要的是近一两年国家、地方旅游产业政策的梳理，分析旅游产业政策对旅游业发展的规范性和引导价值，对旅游发展战略定位做出预测。

（2）旅游产业格局分析。对旅游产业格局分析，主要从旅游市场规模及旅游增长速度、旅游市场竞争格局、旅游业态和旅游产业技术方向四个方面展开。旅游市场规模及增长速度分析，需要研究旅游产业的市场总量、平均利润率和平均增长率，以确定旅游发展战略定位。旅游市场竞争格局分析，其一，要看旅游市场上竞争者的数量和产业集中状态，竞争是否激烈；其二，分析现有的及潜在的旅游者需求的变化趋势，以便旅游发展战略定位能够满足越来越多特色化和个性化的旅游需求。旅游业态分析，主要研究产业内有多少类企业，各自经营的状况，内容包括旅游产品、发展模式、核心竞争力等。旅游产业技术方向分析，重点关注对旅游产业具有颠覆性的旅游产业升级技术和对旅游企业具有实质变革性的技术，预测旅游行业技术发展趋势。

（3）旅游产业价值链分析。在旅游产业价值链上，有的环节是高利润区，有的环节则是无利润区。要保持旅游业在行业内的核心竞争优势，关键之一就是要保持其旅游价值链的竞争优势，尤其是旅游价值链的战略性环节的竞争优势。其一，分析旅游产业价值链条上的价值传递过程，对产业价值链各环节作价格的评价。一是看高利润、高成本的环节的位置，成本高的环节是否存在降低成

---

① 高扬先.旅游行业核心价值观研究 [EB/OL].智慧旅游519，2013—03—30.

本的可能性；二是看旅游业是否有可能进入高利润环节。其二，提炼旅游产业价值链主要环节的标准、损耗少等关键竞争要素。分析关键竞争要素是为旅游业进行旅游发展战略定位做铺垫，根据旅游产业价值链各环节的关键竞争要素来构建旅游业的产业竞争优势。

3. 内部资源条件分析

旅游发展战略定位的基本命题，是立足于旅游业自身拥有或可调集的资源能力，把握适合自身条件的外部市场机会，力争使旅游业资源能力与外部市场机会相匹配。以旅游业的独特资源和在发展过程中所获得的能力作为制定战略的出发点，积累和利用独特资源和能力来开拓市场是旅游业赢得竞争优势的源泉。当旅游业在内部的资源与能力匹配不了外部市场发展机遇时，执意去争取市场机会，将导致由于内在支撑力度不足或资源过于分散而举步不前。因此，客观、准确地评估自身拥有或可调集的资源能力条件，是旅游发展战略定位策划的基础。

进行内部资源条件分析的目的，是得出旅游业在旅游产业领域内发展的可行性。内部资源条件分析具体包括旅游业现有事业结构分析、团队战略思维认知分析、经营管理指标分析三方面。

（1）现有事业结构分析。其一，分析旅游业在所发展的行业中，各项业务目前的收入和盈利水平状况，以及各项业务发展的后劲状况，一方面分析各项业务处于生命周期的哪一个阶段，是否具有发展的潜力；另一方面分析各项业务的盈利前景。其二，分析旅游业的物质资源、人力资源、市场资源、公共关系资源等各种有形、无形资源，评估这些资源在独特运用能力上存在的优势以及不足。

（2）团队战略思维认知分析。其一，分析旅游高层的旅游发展战略主张，分析高层认可的旅游产业发展方向。其二，了解中基层员工对旅游发展战略是否有清晰的认知，分析统一认知的旅游发展战略的价值。

（3）经营管理指标分析。主要是通过对旅游业的营业额、利润、供应商与客户、人力资源等经营管理指标进行评价，来检验旅游业经营管理的绩效。

通过对旅游业现有事业结构、团队战略思维认知和经营管理指标的分析，可以获得对旅游业的家底、观念和发展战略的了解，可以明确旅游业在旅游发展战略定位上具有的条件。进行旅游发展战略定位条件分析，目的在于明确旅游发展战略定位的有利条件和不利条件，化解旅游发展战略威胁。

二、战略定位策划法

伴随着旅游业的发展，我国旅游发展战略定位策划已经有三十余年的经验，可以归纳为循序渐进、差异定位、设限定位、核心价值定位四大策划法。

1. 循序渐进法

旅游发展战略定位的循序渐进策划法，认为旅游发展战略定位是一项复杂和重要的工作，战略策划者必须慎重对待，避免因战略定位不准确，造成对旅游发展全局的影响。循序渐进策划法，就是遵循从市场调查分析开始，到自身评估、竞争对手和相关市场要素分析等环节，循序进行的旅游策划方法。

（1）市场调查和评估。旅游发展战略定位是针对旅游市场发展的战略定位，市场调查和评估就是对旅游发展的市场环境条件进行科学的调查和分析，寻找旅游发展的机遇。在旅游市场调查和分析中，需要集中对旅游市场容量、旅游市场增长率、游客来源、市场盈利空间、旅游市场监管水平等五个关键要素进行评估。如果某一旅游客源地或旅游产品具有旅游市场广、市场增长率高、游客来源广、市场盈利空间大、旅游市场监管水平环境宽松等旅游市场环境条件，则说明该旅游客源地或旅游产品可以成为旅游发展战略的定位方向，同时可以证明，旅游发展战略定位于这样的旅游客源地或旅游产品，将会获得较好的旅游发展业绩。

（2）自身评估。准确评估旅游业的旅游资源特色、旅游产业优势和旅游竞争能力水平，尤其要准确分析旅游业的旅游竞争能力水平，找到核心竞争优势。旅游业的旅游竞争能力，主要包括旅游营销能力、旅游管理能力、旅游财务实力、旅游创新能力等四项。旅游能力水平决定了旅游发展拓展空间、旅游市场范围、旅游服务质量、旅游竞争策略和旅游市场盈利水平。旅游发展战略定位策划必须建立在对旅游业准确评估的基础上。

（3）竞争对手和相关市场要素评估。在进行旅游业旅游发展战略定位策划时，必须考虑在进入旅游客源地时的旅游行业竞争对手的实力及其所采用的竞争策略，同时还要考虑旅游中介商、旅游经销商所具有的旅游市场竞争能力，以及潜在竞争者的旅游市场竞争威胁。

2. 差异定位法

旅游发展战略定位的差异定位策划方法，核心理念是遵循事物差异化规律。差异化就是做到与众不同，以差异化方式提供给旅游消费者独特的价值，以差异化竞争方式为旅游市场提供更多的旅游创新产品。差异定位策划方法强调独特价值诉求、有所为与有所不为、战略长期性和连续性、与时俱进。

（1）独特价值诉求。独特价值诉求就是在旅游发展战略定位策划中，强调旅游产品、旅游项目、旅游服务方式、旅游营销策略等选择，都与竞争者形成差异，构成旅游业的旅游市场核心竞争力。在旅游发展战略定位策划中，独特价值诉求主要体现在三个方面，其一，旅游市场细分，提供差异价值产品；其二，选择旅游市场切入点，提供相配旅游产品；其三，建立旅游市场成本优势，赢得旅游产业相对优势。

（2）有所为与有所不为。战略本身就是一种选择。因此，在旅游发展战略定位策划时，需要清晰取舍内容，确定哪些事是必须要做的，哪些事是要放弃而不去做的，即有所为，有所不为，以便集中精力于优势的项目和方面，获得旅游产业的发展。在旅游发展战略定位策划中，没有放弃就没有定位。

（3）战略长期性和连续性。旅游发展战略定位必须具有战略的长期性和连续性。成功和成熟的旅游业所采用的旅游发展战略定位一定是连贯的。任何一个发展战略定位必须要实施三至四年，否则就不算是发展战略定位。旅游发展战略定位不能受领导人变更的影响。由于主管旅游领导人的变化，旅游发展战略定位也跟着变，这是旅游业发展不成熟的表现。

（4）与时俱进。旅游发展战略定位的长期性和连续性特点，并不意味着旅游发展战略定位永远一成不变，旅游发展战略定位需要反映时代特点和旅游发展的阶段性。旅游发展战略定位的与时俱进，要求旅游发展战略定位具备进取性、时代性、开放性和创新性，是一个先进的旅游发展战略定位。

差异化的旅游发展战略定位策划方法，不但可以帮助旅游业的旅游产品和旅游服务在旅游市场上同竞争者的区别开来，而且决定着旅游业能否成功进入旅游市场，立足旅游市场。

3.设限定位法

旅游发展战略设限定位策划方法，是通过对宏观旅游环境、外部旅游市场条件、旅游竞争对手、旅游产品、旅游业发展趋势等方面的综合分析，结合专家意见，最终确定体现旅游业特色与核心能力的旅游发展战略定位。

旅游发展战略设限定位包括设限和定位两部分。设限，就是在限定的条件和范围内，选择确定旅游产品和旅游发展战略定位。定位，就是确定旅游发展的战略位置，找到一个最合适的旅游发展"点"。设限定位就是运用经济学两种相关变量组成一个直角坐标图，确定旅游产业资源配置的最优位置，掌握旅游目标值的变化趋势，实现旅游发展目标。设限定位策划法，可以分为目标定位、成效定位、目标与成效混合定位和产品品牌定位等策划方法。

（1）目标定位策划方法。旅游发展战略目标的定位策划方法，就是把旅游发展战略策划目标的位置及与相关变量的关系在坐标图上表示出来，清晰反映出旅游发展战略中的最优点，如最大值点、双赢点和盈亏分界线。

（2）成效定位策划方法。旅游发展战略成效定位策划方法，就是绘制散点图，又称为离散图，把旅游发展经济变量的值与另一种经济变量的值联系起来，绘成包括多个对应点的分布图，通过多点连线的变化趋势，判断在旅游发展战略定位策划中的成效，是事半功倍，还是事倍功半，以最佳成效点作为旅游发展战略的定位点。

（3）目标与成效定位策划方法。旅游发展战略目标与成效混合定位策划方法，就是把目标定位策划与成效定位策划的两种方法结合起来，在坐标图上既明确标出目标点，又标出旅游发展成效的位置，从而发现旅游发展目标与成效二者之间的差距，寻求最适合旅游业发展的旅游发展战略的定位点。

（4）产品、品牌定位策划方法。旅游产品、品牌定位策划方法，就是将旅游业的旅游产品、旅游品牌形象选择在目标消费者心目中占据的特定的位置，形成有别于竞争者的旅游形象价值，维持好旅游业在旅游市场上的最佳效益。旅游发展战略目标定位中的旅游产品品牌定位策划有四大步骤，其一，分析旅游发展环境和旅游竞争者优势、弱点，发现旅游竞争的旅游产品和旅游品牌在旅游消费者心中的大概位置；其二，寻找出能与竞争对手区别开来的核心旅游概念和旅游价值；其三，找到旅游产品和旅游品牌与竞争对手区别的旅游市场支持点；其四，将旅游产品和旅游品牌的鲜明区别的定位特点，集中宣传给旅游消费者。

4.核心价值定位法

核心价值定位策划方法，是基于旅游业核心价值的战略定位方法，是围绕旅游业核心旅游区的发展环境评估，来确定旅游发展战略定位的策划方法。在策划旅游发展战略定位时，需要对旅游业具体的旅游经营环境进行细致的分析评估，得出旅游业在旅游发展中的核心价值和比较优势，由此来选择旅游发展战略定位。

按照核心价值定位策划方法，对旅游业的业务系统，强调通过对旅游业的所有旅游业务进行分析整理，从而形成一个核心的旅游业务体系。旅游业在某一旅游业务经营上有比较优势，而且这项旅游业务又具有较大的市场潜力，能给旅游业带来产业增值，并且旅游业有能力通过一定的旅游运营活动得以实现，那么，这项旅游业务就可以纳入旅游业的核心业务体系中。这个核心业务体系，就是旅游业在旅游发展中的核心价值，就是旅游发展战略的定位点。旅游业应至少有一项旅游业务处于核心旅游业务体系中，其他次要旅游业务，则依据其在旅游发展战略定位中的重要性不同，安排在核心业务体系之外的不同位置，对旅游业核心旅游业务的运营进行支持。

核心价值定位策划法，具体来说是以旅游业的核心旅游业务价值为基础的战略定位策划的方法。确定核心旅游业务的标准是多样的，不同的旅游业对于划分核心旅游业务的标准也是不一样的，甚至同一旅游业在不同时期的划分标准也存在着差异。旅游业的旅游发展战略定位，就是在确定旅游业核心旅游业务体系的选择过程中得到确定。具体可以从旅游产品、产品渠道、旅游者解决方案和旅游系统支持等四个方面思考旅游发展战略定位。

（1）产品战略定位。产品战略定位，就是基于旅游业最佳旅游产品所体现的核心价值进行的旅游发展战略定位。核心价值定位的关键是选择最佳旅游产品。最佳旅游产品的选取是在综合分析旅游市场信息后，以价值分析法对旅游业的旅游产品进行重新分析、改造后进行确定。主要方法是通过对旅游者的需求进行分解，将旅游产品的功能集中在旅游者需求中最主要的部分，从而对旅游产品的功能进行取舍，在旅游产品的价值与旅游产品的成本、旅游产品的功能之间建立必要的联系，分析所具有的旅游市场价值。旅游市场价值大的旅游产品，就是最佳旅游产品。

（2）产品渠道定位。产品渠道定位，是基于旅游产品与旅游者独特而有效的相连渠道的旅游发展战略定位的策划方法。旅游产品渠道是旅游目的地和旅游企业的旅游产品与目标顾客的有效接触路径，不同的旅游业有不同的旅游产品与旅游者联系沟通的渠道。最佳联系沟通的渠道，就是旅游发展战略的定位点。

如武夷山要建设国际旅游度假城市，从分析得知武夷山在东北三省有较好的客源市场，有广泛的旅游产品渠道联系。那么，就可以东北三省的客源市场作为基础，进行韩、日、俄的国际入境旅游发展。东北三省就成为武夷山引进韩、日、俄国际游客产品渠道，由此可以确定武夷山国际旅游度假城市产品战略定位："走东北三省，连通韩、日、俄，拓展韩、日、俄国际旅游市场，建设武夷山国际旅游度假城市。"

随着旅游业的发展，旅游目的地和旅游企业的旅游产品服务旅游者的渠道越来越趋于扁平化，使得旅游者与旅游产品的接触周期和路径大大缩短。因此，考虑旅游者便利就是旅游业策划旅游产品渠道所要重点思考的内容。

（3）解决方案定位。解决方案定位，就是基于为旅游者提供完善的旅游解决方案的旅游发展战略定位的策划方法。现代全球化的市场竞争，已经不单是围绕旅游业为旅游产品服务旅游者渠道，更要求旅游业综合全面地分析旅游者所遇到的各种难题，并能提供一套完善的旅游解决方案。旅游解决方案要求旅游业能向旅游者提供独特的解决方案，以获得和提高旅游者忠诚度。

从旅游业为旅游者提供可感知和可利用的有独特价值的旅游解决方案进行发展战略定位，需要围绕旅游者评判价值的标准和价值形式整合形成一套系统的旅游解决方案，有效全面地满足旅游者的真实需要，解决旅游者难题。

（4）系统支持定位。系统支持定位，就是基于区域旅游核心价值系统支持所体现的进行旅游发展战略定位。采用区域旅游核心价值系统支持进行旅游发展战略定位，是旅游发展战略定位的高级模式。通过旅游发展战略定位，利用区域旅游系统的核心价值，解决旅游业生态系统中的各个子系统的发展问题；通过旅游发展战略定位，推动区域旅游产业和旅游企业集群的发展。

如武夷山旅游产业，依托武夷山国家风景名胜区景点与九曲溪竹排漂流项目的系统支持，2006年年接待游客突破600万旅游人次大关，然而却多年徘徊在五六百万旅游人次之间。武夷山旅游产业要跨过这个"槛"，就需要寻求新的系统支持，需要从依托国家风景名胜区景点与九曲溪竹排漂流项目的系统支持，转向以武夷山旅游城市为系统支持的旅游发展战略定位，实现旅游产业的新发展。

尽管基于区域旅游支持系统的旅游发展战略定位在我国很少有成功案例，但它确实是旅游业发展战略定位的最佳思考方向，尤其是在知识经济时代，随着区域旅游和旅游企业集群等新兴经济体在我国各旅游经济区域的出现，旅游业如能抓住这一旅游产业发展机遇，将是获得跨越式发展的大契机。

成功的旅游业发展战略策划方法各有千秋，但共同的一点就是为旅游业找到好的旅游发展战略定位，并且，通过一系列的旅游产业运营活动将旅游发展战略定位变为旅游发展的动力和竞争力。不论是基于哪一种旅游发展战略定位策划方法，都应当是根据旅游业的实际情况和旅游市场发展的需求而做出的最恰当的旅游发展战略定位选择。

第三节　旅游发展战略目标策划

旅游发展战略目标是对旅游业战略经营活动预期取得的主要成果的期望值。战略目标的设定，同时也是旅游业宗旨的展开和具体化，是旅游业宗旨中确认的旅游业经营目的、社会使命的进一步阐明和界定，也是旅游业在既定的战略经营领域展开战略经营活动所要达到的水平的具体规定。[①]

旅游发展战略目标是旅游发展战略的核心，根据旅游发展战略目标确定旅游发展战略指标，围绕旅游发展战略目标，进行旅游资源开发策划、旅游产品策划、旅游市场营销策划等。

一、战略目标体系

由于旅游发展战略目标是旅游业发展使命的具体化，一方面旅游业有关各

---

① 主要参考赖伟民教授关于战略目标研究的理论框架。

个部门都需要有发展战略目标做统领；另一方面，旅游发展战略目标还区别于旅游企业的不同旅游发展战略。因此，旅游业的旅游发展战略目标是多元化的和多层次的，既包括战略策划总目标，又包括战略策划子目标；既包括经济目标，又包括非经济目标；既包括定性目标，又包括定量指标。旅游发展战略目标是一个旅游发展战略目标体系。旅游发展战略目标体系内容十分丰富，有学者将旅游发展战略目标体系的核心结构归纳为四大核心目标体系和纵横战略目标体系。

1.四大核心目标体系

从旅游发展战略目标的使命上，旅游发展战略目标体系由市场目标、创新目标、盈利目标和社会目标等四大核心目标构成。

（1）市场目标。旅游业在制定旅游发展战略目标时，最重要决策的依据是旅游业在旅游市场上的相对地位，旅游业所预期达到的旅游市场地位和最优的旅游市场份额。要实现旅游发展战略的市场目标，需要在旅游发展战略目标体系策划时，仔细分析游客、目标旅游市场、旅游产品、旅游服务、旅游销售渠道，形成在旅游发展战略目标体系下具体的旅游市场发展指标。

市场目标是旅游发展区域战略发展所预期达到的旅游市场竞争地位和最优的旅游市场份额。市场目标具体包括产品目标、渠道目标和沟通目标。产品目标为产品组合、产品线、产品销量和销售额等目标；渠道目标分为渠道层次的纵向渠道目标和同一渠道成员数量与质量的横向渠道目标；沟通目标为广告、营业推广等活动的预算和预算效果的目标。

（2）创新目标。在社会环境变化加剧、经济市场竞争激烈的21世纪，创新概念受到重视是必然的。将创新目标作为旅游发展战略目标体系的战略目标之一，可以在旅游产业发展中，获得生存和发展的生机和活力。在旅游业中，存在着制度创新、技术创新和管理创新等三种创新目标。

制度创新目标是对旅游业的旅游产业资源配置方式的改变与创新，从而使旅游业更好地适应不断变化的旅游产业环境和旅游市场要求。技术创新目标主要是在旅游产业发展中引入新科学理念和新技术。新科学理念包括环境保护理念、生态理念、低碳理念等，以加强旅游生态环境保护，推动低碳旅游发展，引领新的旅游消费生活理念；新技术包括新设备、新产品、新工艺、新程序、新方法等，推动旅游产业和旅游项目的创新，使旅游生活更具新颖性和时代性。制定技术创新目标将推动旅游业纵深发展。管理创新的主要目标就旅游经营思路、旅游组织结构、旅游管理风格和手段、旅游管理模式等多方面，设计一套科学的管理创新规则和程序，为旅游业不断发展提供动力。

为科学策划旅游创新发展战略目标，在进行旅游发展战略目标体系策划时，需要提出达到旅游发展战略目标所需的各项创新，同时，需要对制度创新、技术创新、管理创新等在旅游业的应用发展做出评价。

（3）盈利目标。盈利目标是旅游业的一个基本目标，旅游业必须通过旅游市场发展获得经济效益。将盈利目标作为旅游业生存和发展的必要条件，既是对旅游业经营成果的检验，也是旅游业发展竞争能力的测定，因为盈利目标就是整个旅游业积累旅游发展资金的目标。旅游发展盈利目标的拟定，取决于旅游业的旅游产业资源配置效率及利用效率，包括旅游资源、人力资源、资本资源的投入与产出目标。

旅游资源是旅游产业发展基础性的生产资源，旅游资源目标是在旅游资源保护前提下的投入目标，以特色旅游资源的投入，增加旅游市场盈利水平。

旅游人力资源目标在于通过提高在职人力资源素质和引入旅游人才，提高旅游业的旅游生产率，同时减少由于旅游人才流动造成旅游人力资源成本浪费。因此，旅游发展战略盈利目标中需要包括人力资源素质提高、建立良好人际关系等目标。

为实现旅游业旅游市场盈利目标，需要在资金的来源及运用方面制定目标，需要制定合理的旅游发展资本结构，并尽量减少在旅游业经营中的资本成本，需要通过资金和旅游资产的运作来获得旅游利润。

（4）社会目标。随着旅游业的深入发展，旅游业越来越多地认识到对旅游消费者及社会的责任。旅游发展战略目标中的社会目标，一方面，旅游业必须对所组织的旅游经营活动所造成的社会影响负责；另一方面，旅游业还必须承担解决社会问题的部分责任。

在旅游业的旅游发展战略中设置社会目标，在于树立旅游业良好的社会形象，既为旅游产品或旅游服务争得信誉，又帮助旅游业获得社会认同。旅游业的社会目标要反映旅游业对社会的贡献程度，如环境保护、节约能源、参与社会活动、支持社会福利事业和社区建设活动等。

2. 纵横战略目标体系

在由若干目标项目所组成的旅游发展战略目标体系中，需要从纵向和横向来考虑旅游发展战略目标层次和类型结构的合理性和科学性。

从纵向考虑，旅游发展战略目标体系的构成犹如一个树形图，处在树形图上端的是在旅游业使命和宗旨的基础上制定旅游发展战略总目标，为了保证旅游发展战略总目标的实现，必须将旅游发展战略总目标层层分解，形成层次战略目标，每一层次战略目标都围绕总战略目标，总战略目标指导层次战略目标，层次战略目标的实现就是保证总战略目标的实现。层次战略目标是职能性战略目标，是保证性战略目标。

在横向上，旅游发展战略目标体系大致可以分成两类，一是用来满足旅游业生存和发展的战略目标，这些目标又分解成旅游发展业绩目标和旅游发展能力目标。旅游发展业绩目标主要由旅游收益指标、旅游成长指标和旅游安全指标等三类定量指标体现。旅游发展能力目标主要包括旅游综合能力指标、旅游产品开发能力指标、旅游管理能力指标、旅游市场营销能力指标、人事组织能力指标和财务管理能力指标等定性和定量指标。二是用来满足与旅游业有利益关系的游客、企业职工、股东、所在旅游社区及其他社会群体等所要求的战略目标。

二、战略目标特点

旅游发展战略目标要求从一个宏观和长远的角度来把握旅游发展的进程，具有宏观性、长期性、相对稳定性、整体性、可分性、可接受性、可检验性、激励性等特点。

1. 宏观性

旅游发展战略目标是一种宏观目标，是对旅游业全局的一种总体设想，是从宏观角度对旅游业未来发展水平的一种理想设定，所提出的是旅游业整体发展的总任务和总要求，所规定的是旅游业整体发展的根本方向。

2. 长期性

旅游发展战略目标是关于未来旅游发展水平的设想，是着眼点于未来和长远的长期目标，是旅游业通过长期努力奋斗达到的目标。旅游发展战略目标所规定的是一种长期的发展方向，所提出的是一种长期的任务，不可一蹴而就，急于求成，需要经过相当长时间努力才能实现。

3. 相对稳定性

旅游发展战略目标是一种长期目标，在所规定的发展时间内应该相对稳定。旅游发展战略目标是总方向、总任务，要求相对不变。这样，旅游业的行动才会有一个明确的方向，才能树立实现旅游发展战略目标的坚定信念。当然，强调旅游发展战略目标的稳定性，并不排斥根据客观需要和情况的发展，对旅游发展战略目标所做的必要修正。

4. 整体性

古人认为"不谋全局者，不足谋一域"，"不谋一世者，不足谋一时"。科学的旅游发展战略目标，是整体结构性的发展战略目标，是现实利益与长远利益、局部利益与整体利益的综合反映。在实践上，科学的旅游发展战略目标，也体现出整体要求，不但对旅游业旅游发展的行动方向有宏观要求，在执行方案中要求有具体措施。

5. 可分性

旅游发展战略目标宏观性、整体性的特点，说明旅游发展战略目标是可分的。旅游发展战略目标作为总目标、总任务和总要求，可以分解成具体目标、具体任务和具体要求。旅游发展战略目标分解，在空间上，可以分解成若干方面的具体目标和具体任务；在时间上，可以把长期目标分解成近、中、远不同阶段的具体目标和具体任务；在内容上，可以把旅游发展战略目标分解成旅游发展指标，由旅游发展指标来体现和落实旅游发展战略目标。只有把旅游发展战略目标分解，才能使旅游发展战略目标具有可操作性。旅游发展战略目标只有可分，才有可能实现。

6. 可接受性

旅游发展战略目标的实施，主要是通过旅游业来实现，因此，旅游发展战略目标策划方案必须被旅游目的地和旅游企业所理解并符合他们的利益。但是，旅游目的地的不同利益集团和旅游企业中的不同利益群体，有着不同的甚至是相互冲突的旅游发展目标。因此，旅游目的地和旅游企业在策划旅游发展战略时，需要注意旅游发展战略目标的可接受性。一般而言，能反映旅游业使命的战略目标易于为旅游目的地不同利益集团和旅游企业不同利益群体所接受。另外，旅游发展战略目标表述必须明确，有实际的含义，不至于产生误解。易于被理解的旅游发展战略目标策划方案也就易于被接受。

7. 可检验性

为了对旅游业管理活动进行准确的衡量，旅游发展战略目标需要通过确定具体指标体现具体性和可检验性。旅游发展战略目标必须明确，需要具体地说明将在何时达到何种结果。旅游发展战略目标的指标化是使旅游发展战略目标具有可检验性。旅游发展战略目标不进行旅游发展指标转化，时间跨度越长、战略层次越高的旅游发展目标就越模糊。旅游发展战略目标的旅游指标化，需要用定性化的术语来表达，要求明确战略目标所规定的旅游指标有具体实现时间和详细旅游指标内涵说明。

8. 激励性

旅游发展战略目标的可接受性和可检验性，使旅游发展战略目标具有激励力量，特别是旅游业的旅游发展战略目标充分体现了旅游发展战略所有成员的共同利益。旅游发展战略大目标和利益集团、利益群体的小目标良好结合，就会极大地激发旅游业所有人员的工作热情和献身精神。

三、战略目标策划步骤

旅游发展战略目标策划是一项重要策划，一般来说，确定旅游发展战略目标需要经历调查研究、拟定目标、评价论证和目标决断四个具体步骤。

1. 调查研究

为确定旅游发展战略目标而进行的调查研究不同于其他类型的调查研究，侧重点是旅游发展与外部旅游发展环境的关系和对未来旅游发展研究和预测。在制定旅游发展战略目标之前，必须进行调查研究工作。调查研究既要全面进行，又要突出重点。对旅游业发展的历史与现状的调查研究自然是有用的，但是，对旅游发展战略目标决策来说，最关键的还是那些对旅游发展未来具有决定意义的外部旅游发展环境信息的调查研究。在调查研究工作完成之后，需要对调查资料进行整理研究，评估所面临的机会和威胁、长处与短处、自身与竞争者、市场与资源、需要与环境、现在与未来，分析他们之间的关系，为确定旅游发展战略目标奠定可靠的基础。

2. 拟定目标

经过调查资料细致的研究与评估分析之后，便可以拟定旅游发展战略目标。旅游发展战略目标拟定内容包括拟定目标方向和拟定目标水平。首先，在既定的旅游发展战略经营领域内，依据对外部旅游发展环境、发展需要和旅游资源等综合的考虑，确定旅游发展战略目标方向；其次，通过对现有旅游发展能力与旅游营销手段等条件的全面衡量，对沿着战略方向展开的旅游活动所要达到的旅游发展水平做出初步的设定，形成可供决策选择的旅游发展战略目标方案。

在确定旅游发展战略目标过程中，其一，注意旅游发展战略目标结构的合理性，排列出各个目标的综合次序；其二，在满足旅游发展战略总目标需要的前提下，要尽可能减少旅游战略目标个数。一是把类似的旅游目标合并成一个旅游目标，二是把从属旅游目标归于旅游总目标。同时，在拟定旅游发展战略目标的过程中，需要充分发挥参谋智囊人员的作用，根据实际需要与可能，尽可能多地提出多种旅游发展战略目标方案，以便对比择优。

3. 分析论证

旅游发展战略目标策划方案拟定出来之后，需要组织多方面的专家和有关人员对旅游发展战略目标策划方案进行正确性、可行性、完整性的分析和论证。

（1）正确性，即分析和论证旅游发展战略目标策划方案是否正确。要着重研究所策划拟定的战略目标是否符合旅游产业精神，是否符合旅游目的地和旅游企业的整体利益与发展需要，是否符合旅游发展外部环境及未来旅游发展的需要。

（2）可行性，即要分析和论证旅游发展战略目标策划方案所拟定的旅游发展战略目标是否可行。一是，按照旅游发展战略目标的要求，分析旅游业的实际能力，找出目标与现状的差距，然后分析用以消除这个差距的措施。如果所提出的措施，对消除目标与现状差距有保证，就说明旅游发展战略目标可行，反之就是不可行。二是，如果分析和论证外部旅游发展环境及未来旅游发展的变化对旅游业发展比较有利，旅游业也有办法找到更多的发展途径、能力和措施，那么就要考虑提高旅游发展战略目标的水平。

（3）完整性，即要分析和论证策划方案所拟定的旅游发展战略目标是否完整。一是，目标表述是否明确清晰。所谓表述明确清晰，是指旅游发展战略目标应当是单义的，只能有一种理解，而不能有多义解释；二是，多项旅游发展战略目标是否分出主次轻重，目标责任是否能够落实，实现目标条件是否清楚；三是，不同层次的旅游发展战略目标内容是否上下协调一致。如果不同层次的目标内容不能协调一致，完成其中一部分指标势必会牺牲另一部分指标，那么，旅游发展战略目标内容便无法完全实现。

在分析和论证旅游发展战略目标策划方案时，如果已经提出有多个旅游发展战略目标策划方案，那么，分析和论证就要在比较多个目标策划方案中进行。通过对比、权衡利弊，找出各个目标策划方案的优劣所在。分析和论证旅游发展战略目标策划方案的过程，也是旅游发展战略目标方案的完善过程。要通过分析论证，找出旅游发展战略目标方案的不足，并想方设法使之完善起来。如果通过分析论证发现拟定的旅游发展战略目标完全不正确或根本无法实现时，那就要重新拟定旅游发展战略目标，然后再重新分析和论证。

4. 目标确定

在经过调查研究、拟定目标、分析论证之后，就需要确定旅游发展战略目标方案。在确定旅游发展战略目标方案时，还需要进一步确认目标方向的正确程度、目标可望实现的程度、目标期望效益的大小。需要对确认的三个方面做综合考虑，要求所选定的旅游发展战略目标在三个方面的期望值都做到尽可能大。

旅游发展战略目标策划，从调查研究、拟定目标、分析论证，到目标确定的四个步骤是紧密联系的，前一步工作是后一步工作的基础，后一步的工作要依赖于前一步的工作，在进行后一步的工作时，如果发现前一步工作的不足，或者遇到新情况，就需要重新进行前一步或前几步的工作。

四、战略目标实施策划

实施旅游发展战略目标方案，就是为了实现旅游发展战略。旅游业在明晰了旅游发展战略目标后，就必须专注于如何将旅游发展战略目标方案落实，将旅游发展战略目标转化为旅游发展业绩。成功的旅游发展战略目标策划，并不能保证成功的旅游发展战略目标的实施。

旅游发展战略目标实施，是一个自上而下的动态管理过程。所谓"自上而下"，就是旅游发展战略目标在旅游业高层达成一致后，再向中下层传达，并在各项工作中得以分解、落实。所谓"动态"，就是在旅游发展战略目标实施过程中，常常需要在"分析——决策——执行——反馈——再分析——再决策——再执行"的不断循环中，实现旅游发展战略目标。旅游发展战略目标实施有四个相互联系的阶段。

1. 发动阶段

在旅游发展战略目标实施发动阶段，旅游产业的领导人要研究如何将旅游发展战略目标的理想变为旅游目的地和旅游企业全体人员的实际行动，调动全体人员实现旅游发展战略目标的积极性和主动性。对企业管理人员和员工进行培训是发动阶段的常用方式，利用培训向企业管理人员和员工灌输新的思想、新的观念，提出新的口号和新的概念，消除一些不利于旅游发展战略目标实施的旧观念和旧思想，逐步接受新的旅游发展战略。在开始实施一个新的旅游发展战略目标时，相当多的人会产生各种疑虑，而一个新战略目标往往要将人们引入一个全新的境界，如果旅游发展战略目标没有充分得到旅游目的地和旅游企业管理人员和员工的认识和理解，就不会得到拥护和支持。因此，在旅游发展战略目标的实施发动阶段，要向广大员工讲清楚旅游发展环境的变化给旅游业带来的机遇和挑战、旧战略存在的弊病和危机、新战略的优点和风险等，使员工能够认清形势，认识到实施旅游发展战略目标的必要性和迫切性，树立信心，打消疑虑，为实现旅游发展战略目标的美好前途而努力奋斗。在发动阶段，重要的是争取旅游发展战略目标执行人员的理解和支持。

2. 计划阶段

在旅游发展战略目标计划阶段，需要将旅游发展战略目标分解为若干战略目标实施阶段，每个战略目标实施阶段都有分阶段的目标，每个战略目标实施阶段都配套有相应的政策措施、部门策略以及相应的方针。每个战略目标实施阶段，需要定出分阶段目标的实施时间表，对各分阶段战略目标进行统筹规划、全面安排，并注意各个阶段战略目标之间的衔接。在战略目标实施的第一阶段需要注意新战略目标与旧战略目标的衔接，以减少阻力和摩擦。近期阶段的战略目标实施方针应该尽量详细，对于远期阶段的战略目标实施方针可以概括一些。每个战略目标实施阶段的计划，需要加强具体化和操作化，通过制订年度目标、部门策略、方针与沟通等措施，使战略目标实施最大限度地具体化，变成旅游业各个部门可以具体操作的业务。

3. 运作阶段

在旅游发展战略目标实施的运作阶段，具体要重视各级领导人员的素质和价值观念、旅游业的组织机构、旅游企业文化、旅游产业资源结构与分配、旅游发展信息沟通、战略目标实施控制及激励制度等六大工作。在运作阶段，通过做好六大工作，将旅游发展战略目标实施，真正进入到旅游业的日常管理和经营活动中去，成为常态化的工作内容。

4. 控制与评估阶段

在旅游发展战略目标实施的控制与评估阶段，要清楚认识到旅游发展战略目标实施是在不断变化的旅游发展环境中进行的，旅游业只有加强对战略目标执行过程的控制与评价，才能适应旅游发展环境的变化，完成旅游发展战略目标任务。在控制与评估阶段的主要工作，就是建立控制系统、监控绩效和评估偏差、控制及纠正偏差，保证旅游发展战略目标如期实现。

第四节　旅游发展战略层次策划

旅游发展战略策划是针对国家和区域层面的策划，从策划内容、程序、过程和方法上来说，两个层次策划基本相近，包括了发展目标、计划、措施、政策等。两个层次策划的不同在于，旅游发展国家战略策划强调总体与分区利益协调，目标描述宏观，而旅游发展区域战略策划，在目标和计划上更注重实现性与操作性。

一、旅游发展国家战略策划

旅游发展国家战略策划，因国家大小、地位、现状、资源条件等因素不同而有不同的关注点，通常国家战略策划由各个国家政府或大型的旅游策划组织完成。旅游发展国家战略策划的战略宏观表述，体现了国家发展旅游的大方向、大思路、大政策。

1. 国家级旅游资源认识

旅游资源是旅游业发展的前提，是旅游业的基础。国家旅游发展战略须以国家级旅游资源为基础。一般都认为，国家级旅游资源是指由国务院及中央、国家有关部门批准（同意、核定、命名）公布的自然界和人类社会中能对旅游者产生吸引力，可以为旅游业开发利用，并可产生经济效益、社会效益和环境效益的各种事物。国家级旅游资源是我国发展旅游业最为主要和珍贵的吸引物。截至 2013 年 12 月，我国先后有十三个部委批准公布了 8023 项国家级旅游资源，加上联合国教科文组织批准公布的世界级旅游资源项目，我国拥有的国家以上级的旅游资源达 8115 项。详见表 4—1。

表 4—1 世界级旅游资源、国家级旅游资源一览表

序号	旅游资源级别	旅游资源级类型	批准公布部门	首批时间	截止统计时间	数量	备注
1	世界级	世界文化与自然遗产	联合国教科文组织	1987年12月	2013年6月	文化遗产44处、自然遗产45处、文化与自然双遗产4处	1985年12月12日中国加入《保护世界文化和自然遗产公约》，从1986年开始向联合国教科文组织申报世界遗产项目。
2	世界级	世界地质公园	联合国教科文组织	1999年4月	2014年12月	29家	全球共有74家。
3	世界级	世界生物圈保护区	联合国教科文组织	1979年	2005年4月	28个	目前已经在97个国家建立了459个生物圈保护区。
	小计					92	
4	国家级	国家5A级景区	国家旅游局	2007年8月	2012年2月8日	130家	
5	国家级	国家4A级景区	国家旅游局	2007年8月	2012年12月	1121家	
6	国家级	国家旅游度假区	国务院	1992年10月4日	1992年10月4日	12个	
7	国家级	全国工农业旅游示范点	国家旅游局	2004年7月12日	2012年8月	539个	
8	国家级	国家地质公园	国土资源部	2001年3月16日	2013年4月22日	171个	
9	国家级	国家矿山公园	国土资源部	2005年9月	2013年9月	72家	
10	国家级	国家森林公园	国家林业局	1982年	2013年8月	813处	
11	国家级	国家水利风景区	水利部	2001年10月	2013年9月	588个	
12	国家级	国家"健康"型海水浴场	国家海洋局	2002年3月	2013年5月	16处	

序号	旅游资源级别	旅游资源级类型	批准公布部门	首批时间	截止统计时间	数量	备注
13	国家级	国家级自然保护区	国务院	1956 年 6 月 30 日	2013 年 12 月 25 日	407 处	
14	国家级	中国优秀旅游城市	国家旅游局	1998 年	2010 年	339 个	全国城市 664 个。
15	国家级	国家重点公园	建设部	2007 年 2 月	2013 年 5 月	63 个	
16	国家级	国家湿地公园	国家林业局	2005 年	2012 年 12 月	213 处	
17	国家级	国家历史文化名城	国务院	1982 年 2 月	2011 年 11 月	118 座	
18	国家级	国家历史文化名镇、村	国家建设部和国家文物局	2003 年 10 月 8 日	2011 年	名镇 44 个、名村 36 个	
19	国家级	全国重点文物保护单位	文化部、国家文物局	1961 年 3 月 4 日	2011 年	2352 处	
20	国家级	汉族地区佛道教全国重点寺观	国务院宗教事务局	1983 年 4 月	2014 年 5 月	佛教寺院 142 座、道教宫观 21 座	
21	国家级	全国红色旅游经典景区	国家发展和改革委员会、中共中央宣传部、国家旅游局等 13 个部门	2005 年 4 月	2011 年 5 月	249 个	
22	国家级	全国爱国主义教育示范基地	中宣部	1995 年 3 月	2009 年 5 月	353 个	
23	国家级	全国重点烈士纪念建筑物保护单位	国家民政部	1986 年 10 月	2009 年 3 月	1/4 处	
24	国家级	全国文明风景旅游区	中央文明办、建设部、国家旅游局	1998 年	2002 年 9 月	50 个	
	小计					8023	
	合计					8115	

※ 根据联合国教科文组织和国家部委批准公布的数字统计。

在《旅游资源分类、调查与评价（GB/T 18972—2003）》中的五级旅游资源或特品级旅游资源，可以归类于国家级旅游资源。

国家级旅游资源在我国旅游业发展中具有重要地位与作用。由于国家级旅游资源具有高品位的特征，是吸引外来游客的主要旅游资源，因此，国家级旅游资源数量与旅游人数、旅游收入呈正关系，所带来的收入在国家旅游业收入中占有相当大的比重，也是创汇的主要吸引物。从某种程度上来说，一个国家所拥有的世界级旅游资源和国家级旅游资源的数量，就代表了一个国家的旅游产业竞争力，代表着一个国家的旅游资源的品位与规模。

世界级旅游资源和国家级旅游资源知名度高、信誉好，在旅游者与潜在旅游者的心目中已成为一种旅游品牌，能直接影响旅游者的旅游决策，使旅游者向往已久并以造访该种旅游资源的旅游经历为荣。因此，世界级旅游资源和国家级旅游资源就是一个国家的旅游品牌和旅游想象。

2. 旅游业国家战略地位认识

随着社会经济的发展和科学技术的进步，旅游业得到了迅猛地发展。有研究认为，在20世纪90年代初，旅游业就超过石油工业和汽车工业，成为世界第一大产业。21世纪，进入了大众化和全球化旅游时代，旅游业更是前景广阔。据世界旅游组织统计，旅游业经济总量已占到全球GDP的10%以上，就业人数占全球就业总数的8%以上。世界旅游组织预测，到2020年全球将接待16亿入境旅游者，旅游消费将达到2万亿美元，旅游人次和消费年均增长率分别为4.4%和6.7%，远高于世界财富年均3%的增速。

旅游业对国家经济发展的作用已被世界各国所重视。美国、法国、西班牙等发达国家都把发展旅游业作为重要战略。在亚洲，日本提出"观光立国"战略，韩国提出了"全体国民观光职业化，全部国土观光资源化，观光设施国际标准化"的口号。在应对国际金融危机中，世界不少国家都把发展振兴旅游业，争取旅游客源，作为拉动经济增长的重要举措。面对世界旅游业迅猛发展的形势，发展旅游业已经不仅仅是地方发展经济的需要，已经成为国家发展战略，需要充分认识旅游业的国家战略地位。

改革开放以来，经过三十年改革开放的发展，我国的国民正在从贫困走向富裕，旅游日益成为国民的基本生活方式，成为国民经济的重要支柱产业，成为现代经济和社会发展的重要标志。我国旅游业快速发展，产业规模不断扩大，产业体系日趋完善。旅游业作为国家发展战略地位在于，其一，旅游业是现代服务业的核心，产业链长，产业关联度高，与旅游业相关的行业超过110个。旅游业每收入1元，可带动相关产业增加4.3元收入。其二，旅游业覆盖范围广，就业带动力强，就业机会多，综合效益好。旅游从业者每增加1人，可增加 5 个相关行业就业机会。据统计，进入 21 世纪，我国旅游业直接从业人数已有 1000 万人以上，间接从业人数达到 5000 万人。其三，旅游业是战略性产业，资源消耗低，旅游消费潜力大，在国民经济中占有越来越重要的地位。据统计，我国旅游增加值已占到 GDP 的 4% 以上，旅游业已经成为我国新的经济增长点。其四，旅游产业兼具劳动密集型和知识密集型产业于一体，是一项融合性强的复合性产业，对调整经济结构，转变发展方式，提高综合国力和国际竞争力，都具有重要意义。

旅游业不仅作为国民经济的综合性大产业发挥着重要的经济功能，而且具有多方面综合性的重要社会功能、文化功能、民生功能和外交功能。概括起来说，旅游是现代社会文明进步的重要表现，是民生的重要内容，是人民生活水平和生活质量的重要标志，是开展民间外交、弘扬中华文化、增强国家文化软实力和国际影响力的重要手段。

（1）旅游是社会文明进步的重要表现，作为建设社会精神文明的重要载体，充实和丰富旅游的文化之魄，建设社会主义精神文明。要在不断满足人们旅游消费需要的同时，进一步提高旅游消费的层次和品位，把旅游注入文化之魄，深入发掘和创新旅游的文化内涵，提高旅游产品的文化附加值，满足人们更高层次的精神文化需要，培育和创建社会精神文明。

（2）旅游是提高人民生活水平和生活质量的重要标志，是全面建设小康社会的重要内容。把旅游作为民生的重要内容，积极创造条件引导、鼓励和支持国民旅游，实施国民旅游休闲计划，建设现代文明生活方式，使旅游成为国民生活品质的重要体现。

（3）旅游是我国对外开放战略的重要组成部分，是我国民间外交的重要内容，加快发展国际旅游，进一步弘扬中华文化，增强我国文化软实力和国际影响力。积极发展入境旅游，鼓励发展出境旅游，通过旅游交流增进中国与世界各国人民之间的相互了解和友谊，学习和借鉴世界一切文明成果，建设一个更加开放的现代化中国。

旅游业在现代经济社会发展中所显现出的作用，越来越在国家发展战略中占有重要的地位和作用，必须从国家全局和国家战略的高度来认识旅游业，进一步转变旅游业发展思路，改革创新旅游业发展模式，研究制定和实施我国旅游业发展国家战略，推动我国旅游业快速、全面、健康、协调发展。

3. 旅游发展国家战略思路

在 21 世纪新的发展阶段，根据我国和国际旅游业发展的现状和未来趋势，我国需要实施旅游业发展国家战略。理清我国旅游发展国家战略思路，树立大旅游的发展理念，整合全国旅游资源，加快旅游产业化、市场化和国际化步伐，把旅游业发展成为我国综合性的大产业，成为新的经济增长点和消费增长点，构建具有中国特色的全方位、多层次的旅游发展新格局，建设世界旅游强国，推动我国经济社会全面协调和可持续发展。①

（1）树立大旅游发展理念，制定大旅游发展规划，建立大旅游发展机制，形成大旅游发展格局。现代旅游业的发展已经极大地突破了传统旅游业的范围，广泛涉及并交叉渗透到许多相关行业和产业。据统计，与旅游相关的行业超过110个，包括民航、铁路、公路、餐饮、住宿、商业、通信、会展、博览、娱乐、文化、体育等基本行业。随着众多新的旅游形态的出现，旅游又扩展到工业、农业、教育、医疗、科技、生态、环境、建筑、海洋等广泛领域。旅游业几乎涉及人类社会生产与生活的所有行业和领域，具有无穷无尽的发展空间，包括航天实物高科技领域，也开始有太空旅游的出现。大旅游发展理念，就是要把旅游业作为关系国民经济发展全局的一个综合性大产业，作为与各个行业和产业密切相关的一个产业集群来规划发展，以创新的思路研究和建立大旅游发展机制，形成国家大旅游发展格局。

（2）建立管理机构，制定战略规划，旅游立法。国际上，旅游业发达国家的成功经验，都是走国家战略发展之路，建立国家旅游战略管理机构、制定旅游战略规划和旅游立法。美国在商务部下设由各部门派员参加的领导机构，协调解决日常事务，定期召开峰会或年度旅游大会。2010年，制定了《旅游促进法》，设立旅游促进基金。2012年，奥巴马签署授权美国商务部旅游局制定《美国旅游业发展战略》。②法国旅游业海外促销中央机构为"法兰西之家"，制定税收优惠政策和旅游资助政策。西班牙中央政府中旅游最高机构是旅游者总会，实施旅游促进计划，每年投入15亿欧元用于推动旅游业发展。韩国国家旅游机构是韩国旅游发展局，提出"整个国土旅游资源化，全体国民旅游员工化，旅游设施国际标准化"的"三化"战略。1960年，制订了《观光事业振兴三年计划》，1961年制订了《观光事业振兴法》，1962年制订了《国际观光公社法》。1965年按照观光政策审议委员会的规定，成立了以国务总理为委员长的观光政策审议委员会，使旅游从一个部门的事业变成国家发展战略。

借鉴旅游业发达国家发展旅游的经验，我国需要成立国家旅游委员会，负责全国旅游发展统筹规划，对整个旅游业进行规范管理。2013年4月25日，我

---

① 刘应杰.实施旅游发展国家战略，把旅游业发展成为我国综合性的大产业 [N].中国旅游报，2009—12—14.

② 徐彦云.美国旅游业未来十年发展目标 [N].中国旅游报，2013—03—27（11）.

国公布了《旅游法》，对旅游者、旅游规划和促进、旅游经营、旅游服务合同、旅游安全、旅游监督管理、旅游纠纷处理、法律责任等进行规定，对全国旅游业服务进行整理，从法律上规范从业者行为，完善对游客的权益保护，提升旅游产业的战略地位。

（3）加快旅游产业化、市场化、国际化发展，把旅游业发展成为我国综合性的大产业，成为新的经济增长点和消费增长点。不断扩大旅游产业规模，加快完善旅游自身产业体系，发展旅游相关产业和交叉产业，延长旅游产业链，打造旅游产业集群，进一步培育和壮大旅游产业实力，引领和带动国民经济发展。建立和完善旅游市场体系，紧紧围绕旅游市场需求，创新和丰富旅游产品，更大程度地扩大旅游对外开放，把引进来与走出去相结合，加快与国际旅游市场接轨步伐，全面提高我国旅游业对外开放水平。

（4）构建全方位、多层次的旅游发展格局，建设世界旅游大国和旅游强国。促进国内旅游、入境旅游和出境旅游协调发展，形成三大旅游市场相互促进、共同发展的新格局。按照"增加供给，优化结构"的要求，发展创造更大规模、多层次、多元化的旅游产品，满足旅游市场需求。优化旅游区域发展布局，加快形成既具有地方特色，又统一规范有序的旅游区域发展新局面。

旅游业要肩负起大国旅游发展格局中的国家责任。我国是一个拥有13亿人口的发展中国家，发展旅游事业，必须强调发展旅游业的综合效益，重视发挥旅游业在提高地区经济发展水平、改善居民生活质量、就业、扶贫、环保等方面的作用，通过发展乡村旅游、民族旅游努力缩小城乡差距和改善地区发展不平衡的格局，提升旅游业的就业吸纳能力，突出旅游业在节能环保、减少资源消耗等方面的贡献，肩负起一个发展中大国应负的责任。①

4. 旅游发展国家战略定位

我国旅游发展国家战略定位策划，应将旅游业发展成为国民经济的重要支柱产业，第三产业的重点引领产业，资源消耗低、带动系数大、就业机会多、综合效益好的战略性产业，人民群众更加满意的现代服务业，即"四产业"战略定位。②

（1）国民经济的重要支柱产业。所谓支柱产业，就是对国民经济发展起重要支撑作用的产业。从旅游业在国民经济中所占比重、产业关联度和产业带动力等方面看，要把旅游业培育成为国民经济的战略性支柱产业。要按照国民经济

---

① 国务院.国务院关于加快发展旅游业的意见（国发〔2009〕41号）.

② 刘应杰.实施旅游发展国家战略，把旅游业发展成为我国综合性的大产业[N].中国旅游报，2009—12—14.

的重要支柱产业这一定位，来加快发展旅游业，进一步提高旅游业在国民经济中所占比重，对国民经济发展做出更大贡献。旅游消费是最终消费、综合性消费、可持续消费和多层次消费，旅游业在市场资源配置和提升内生性需求方面发挥的重要作用不容忽视。在当前以保增长、调结构、扩内需、促民生为基本诉求的经济社会发展环境下，高度重视和大力发展旅游业，把旅游业培育为国民经济的战略性支柱产业。①

（2）第三产业的重点引领产业。旅游业作为快速发展的现代服务业，由于其产业的综合性、交叉性和广泛渗透性，影响到许多相关产业发展，具有明显的引导和带动作用。旅游业在现代服务业中占据着突出重要的地位，特别是成为扩大消费的重要引擎。要高度重视旅游业在现代服务业中的引领和带动作用，通过加快发展旅游业，引领和带动其他相关服务业的大发展。要高度重视旅游消费在整个消费中的重要地位和作用，要像重视住房消费和汽车消费一样，把促进旅游消费作为扩大内需促进经济增长的重要举措，大力发展旅游消费，带动整个社会消费发展。

（3）资源消耗低、带动系数大、就业机会多、综合效益好的战略性产业。旅游业是一个"朝阳产业"、"无烟产业"和"绿色产业"。要通过加快发展旅游业，促进经济结构调整和发展方式转变，建设资源节约型和环境友好型社会，实现可持续发展。通过加快发展旅游业，带动一大批相关产业发展，创造更多的市场空间和就业机会，不断提高经济发展的质量和效益。

（4）旅游业要发展成为人民群众更加满意的现代服务业。旅游作为一项人类长存的生活方式和基本的权利，已经被越来越多的人群所接受。目前我们拥有17.12亿人次的国内旅游市场和4584万人次的出境旅游市场。旅游不仅是一项可以带来经济效益的产业，更是能够丰富人民生活、提升社会福祉的社会事业。发展旅游业就必须以人为本，以满足人民群众不曾停止的旅行需要和诉求为根本着力点。②

一个国家的旅游发展国家战略定位策划，应基于具体的国家经济、旅游资源、旅游业发展状况和对国际经济发展趋势判断，符合国家实际和国际发展趋势，一旦两者状况发生变化，旅游发展国家战略定位需将做相应的变化。

5. 旅游发展国家战略推进

我国旅游发展国家战略的推进，是一个渐进的发展过程。我国旅游产业战略性发展，起步于1979年，转型提升在21世纪。详见表4—2。

（1）战略起步和明确阶段。20世纪70年代到90年代是我国旅游发展国家

---

① ② 国务院. 国务院关于加快发展旅游业的意见（国发〔2009〕41号）.

战略的起步和明确阶段。从 20 世纪 70 年代开始，中央政府和许多地方政府设立专门的旅游管理机构，旅游产业才渐渐兴旺发展起来。1979 年 7 月，邓小平同志在视察黄山时明确指示，发展黄山旅游产业，"省里要有个规划"。这是国家领导人最先提出区域旅游发展的战略规划问题。同年，国家旅游局率先组织编制了国家级旅游产业发展规划《关于 1980 年至 1985 年旅游事业发展规划（草案）》，这是我国第一部正式的旅游产业发展规划文本。1981 年，国务院提出"走中国式的旅游道路"的口号，明确了中国旅游发展国家道路的选择。1984 年，国家旅游局在全国旅游局长会议上提出了"四个转变"的方针，即"从过去只搞旅游接待转变为开发建设旅游资源与接待并举，从过去只抓国际旅游转变为国际、国内旅游一起抓，从过去以国家投资为主建设旅游基础设施转变为国家、地方、部门、集体、个人一起上，自力更生与利用外资一起上"，为旅游产业的大发展注入了活力，客观上形成了对旅游发展战略规划的研究。

在 1985 年编制的国家"七五"计划中，独辟"旅游业的发展"一章，标志着我国旅游业从起步阶段进入正式发展阶段。1985 年底，国务院常务会议决定把旅游产业纳入我国国民经济和社会发展计划，确定了旅游产业在国民经济中的产业地位。1986 年初，国务院通过了国家旅游局编制的《1986 年至 2000 年旅游事业的发展规划》（旅游事业"七五计划"）。1986 年 1 月 21—28 日，国家旅游局在北京召开全国旅游工作会议，赵紫阳会见代表时指出："要把发展旅游列入各级的经济、社会发展计划，国家要列入计划，各地也要列入计划，要作为发展战略来考虑。"赵紫阳讲话更加明确了旅游产业在国民经济体系中的地位，为后来国家和地方制定旅游发展战略奠定了政策基础。至此，全国许多省份和部分旅游城市开始编制旅游产业发展战略规划。与此同时，由建设部门主管的风景名胜区开始规划，全国的风景名胜区开始建设。

1992—1995 年间，经由中华人民共和国国务院批准设立了武夷山等 12 个国家旅游度假区。作为旅游度假区在中国的第一次建设实践，中国国家旅游度假区在过去 18 年的发展中取得了令人瞩目的成就。12 个中国国家旅游度假区拥有一流资源，代表中国水平，体现国家级旅游度假区的中国特色，成为中国建设世界旅游强国的排头兵，中国度假旅游发展的最佳示范区及中国地区经济发展的增长点。

1999 年，国家质量技术监督局发布《旅游区（点）质量等级的划分与评定》国家标准。按照旅游资源品位、旅游交通、游览、旅游安全、卫生、通讯、旅游购物、综合管理、年旅游人数、旅游资源与环境保护等条件，将中国旅游区划分为一、二、三、四个等级。自此以后，许多国家级旅游资源积极投入创建国家等级旅游区（点）的活动，并取得了显著的成效。

1998 年，随着"红色摇篮，绿色家园"的旅游宣传促销口号在江西省率先提出，红色旅游便逐渐兴起而发展。2004 年初，江西、陕西、福建、河北、广东、北京和上海联合发表《七省市共同发展红色旅游郑州宣言》，决定就发展红色旅游进行区域协调，打造红色旅游精品链。2004 年底，中共中央办公厅、国务院办公厅联合印发《2004—2010 全国红色旅游发展规划纲要》，重点发展 12 个红色旅游区、30 条红色旅游精品线路、100 个红色旅游经典景区。2005 年 2 月，中宣部、国家发改委和国家旅游局联合召开全国发展红色旅游工作会议，对全国范围内深入持久地发展红色旅游进行了全面部署，从而使得红色旅游更加蓬勃发展，成为国家层面的旅游发展战略。

（2）战略提升与发展阶段。进入 21 世纪，我国旅游发展国家战略进入了提升与发展阶段。2001 年国务院召开了全国旅游业发展工作会议，发出《国务院关于加快旅游业发展的通知》（国发〔2001〕9 号），迈开了新世纪旅游发展战略提升的步伐。

2009 年，国务院召开常务会议，进一步研究国际金融危机背景下加快旅游业发展问题，颁布了《关于加快发展旅游业的意见》（国发〔2009〕41 号），明确提出"要把旅游业培育成国民经济的战略性支柱产业和人民群众更加满意的现代服务业"。这意味着，旅游业发展正在融入国家战略体系，已经被国家确定为战略性支柱产业。

2011 年 11 月国家林业局、国家旅游局联合发布《国家林业局、国家旅游局关于加快发展森林旅游的意见》，决定加强战略合作，共同把发展森林旅游上升为国家战略，拓展了国家旅游发展战略的内涵。

表 4—2　旅游发展国家战略推进年表

战略阶段	时间	事件	标志
战略起步和明确阶段	1979 年 7 月	邓小平同志在视察黄山时指示，发展黄山旅游产业"省里要有个规划"。	国家领导人最先提出区域旅游发展战略规划问题。
	1979 年	国家旅游局组织编制《关于 1980 年至 1985 年旅游事业发展规划（草案）》。	我国第一部正式旅游产业发展规划文本。
	1981 年	国务院提出"走中国式的旅游道路"的口号。	明确中国旅游发展国家道路的选择。

战略阶段	时间	事件	标志
战略起步和明确阶段	1984 年	国家旅游局提出旅游发展"四个转变"方针："从过去只搞旅游接待转变为开发建设旅游资源与接待并举，从过去只抓国际旅游转变为国际、国内旅游一起抓，从过去以国家投资为主建设旅游基础设施转变为国家、地方、部门、集体、个人一起上，自力更生与利用外资一起上。"	为旅游产业的大发展注入了活力，客观上形成了对旅游发展战略规划的研究。
	1985 年	国家"七五"计划中，设"旅游业的发展"一章。	标志着我国旅游业从起步阶段进入正式发展阶段。
	1985 年底	国务院常务会议决定把旅游产业纳入我国国民经济和社会发展计划。	确定了旅游产业在国民经济中的产业地位。
	1986 年初	国务院通过国家旅游局编制的《1986 年至 2000 年旅游事业的发展规划》(旅游事业"七五计划")。	进入规划发展阶段。
	1986 年 1 月	国家旅游局召开全国旅游工作会议，赵紫阳会见代表时指出："要把发展旅游列入各级的经济、社会发展计划，国家要列入计划，各地也要列入计划，要作为发展战略来考虑。"	明确了旅游产业在国民经济体系中的地位，为后来国家和地方制定旅游发展战略奠定了政策基础。
	1992—1995 年	国务院批准设立武夷山等 12 个国家旅游度假区。	旅游度假区在中国第一次建设实践。12 个中国国家旅游度假区拥有一流资源，代表中国水平，体现中国旅游度假区特色。
	1999 年	国家质量技术监督局发布《旅游区(点)质量等级的划分与评定》国家标准，将中国旅游区划分为一、二、三、四四个等级。	国家级旅游资源积极投入创建国家等级旅游区(点)，取得显著成效。
	1998 年	江西省率先提出"红色摇篮，绿色家园"的旅游宣传促销口号。	红色旅游成为国家旅游发展战略。
	2004 年初	江西、陕西、福建、河北、广东、北京和上海联合发表《七省市共同发展红色旅游郑州宣言》。	
	2004 年底	中共中央办公厅、国务院办公厅联合印发《2004—2010 全国红色旅游发展规划纲要》，重点发展 12 个红色旅游、30 条红色旅游精品线路、100 个红色旅游经典景区。	
	2005 年 2 月	中宣部、国家发改委和国家旅游局联合召开全国发展红色旅游工作会议，部署发展红色旅游。	

战略阶段	时间	事 件	标 志
战略提升与发展阶段	2001 年	国务院召开全国旅游业发展工作会议，出台《国务院关于加快旅游业发展的通知》（国发〔2001〕9号）。	迈开了新世纪旅游发展战略提升的步伐。
	2009 年	国务院召开常务会议，颁布《关于加快发展旅游业的意见》（国发〔2009〕41号），提出"要把旅游业培育成国民经济的战略性支柱产业和人民群众更加满意的现代服务业"。	旅游业发展正在融入国家战略体系，确定为战略性支柱产业。
	2011 年 11 月	国家林业局、国家旅游局联合发布《国家林业局、国家旅游局关于加快发展森林旅游的意见》，决定加强战略合作，共同把发展森林旅游上升为国家战略。	拓展了国家旅游发展战略的内涵。

2010 年，国家旅游局邵琪伟局长说，中国拥有的 2 万余家旅行社、2 万余家规模以上旅游景区、30 万家旅游住宿机构，还有超过 150 万家的乡村旅游接待设施、1700 多所旅游院校，共同组成了较为完整的旅游产业体系。旅游直接与间接就业总人数达 7600 余万人，约占全国就业总数的 9.6%。[①] 具备了实施旅游发展国家战略的产业条件。高速公路 6 万多公里，已经四通八达；民航航线里程 250 万公里，还在不断开通，河运、海运客船运输能力不断增强。基本具备旅游业发展所需要的便利交通。最重要的是，三十多年的改革开放，我国绝大多数居民已经过上小康日子，丰富生活、增加阅历是他们的迫切愿望。近年来我国居民出游人数不断攀升就是明证：2011 年国内出游人数 26.4 亿人次，比上年增长 13.2%；国内旅游收入 19306 亿元，增长 23.6%。另外，境外客源也十分丰富，入境游客逐年增加，2011 年达 13542 万人次，增长 1.2%。中国已经具备了实施旅游发展国家战略的产业、交通、市场等客观和主观条件。

6. 旅游发展国家战略举措

实施旅游发展国家战略，建设世界旅游强国，要从国家战略的高度统筹加以考虑和谋划。刘应杰先生对此提出了八点措施建议，颇具战略高度。

（1）研究制定旅游发展国家战略。旅游发展国家战略是一个立足于世界视角的战略，需要广泛研究国外旅游大国旅游业国家战略的思路和做法，作为国家制定旅游发展国家战略的借鉴。需要深入总结我国各地旅游业成功发展经验，

---

① 2010 年 5 月 26 日，国家旅游局局长邵琪伟在世界旅游旅行大会主题发言 [EB/OL]. 中国网，2010—05—26.

作为国家制定旅游发展国家战略的依据，形成一个具有国际性和前瞻性的旅游发展国家战略，指导国家旅游业的全面发展。

（2）实施国际旅游宣传推广计划。旅游发展国家战略的实施，需要宣传营销推动，需要研究制定《中国旅游宣传推广方案》，吸引更多国外游客来中国观光旅游。需要借每年 9 月 27 日的世界旅游日，设立中国旅游节。需要中央电视台设立旅游频道或旅游栏目，向国外广泛深入地推介中国旅游。需要以专业的中国旅游网，宣传和服务中外游客。

（3）广泛开展国民旅游休闲行动。旅游业是服务性产业，旅游发展国家战略的目的之一就是服务于国民旅游。我国 1995 年实行双休日制度，促进了旅游消费的发展。2000 年实行"五一"、"十一"长假制度，带来了"旅游黄金周"现象。实施旅游发展国家战略，需要进一步推动《国民旅游休闲纲要（2013 2020 年）》的落实，需要所有国家机关、企事业单位等根据国家规定，落实带薪休假制度，合理安排职工休假时间。需要所有企业，实行弹性休假制度，职工的午假可以在一年内灵活安排，错开集中休假时间，发展常年性旅游消费。需要高度重视旅游黄金周的作用，做好黄金周旅游工作，扩大消费效果。

（4）加快重大旅游基础设施建设。旅游基础设施是旅游业发展的硬件，实施旅游发展国家战略，需要把旅游基础设施建设作为投资的重要方面。加大对旅游基础设施建设，就可以加快旅游线路开发，改善和提升旅游景区、旅游交通、餐饮、住宿、购物的服务品质。

（5）开发适合大众化消费需求的旅游产品。大众旅游者是旅游市场的主体，也代表了未来旅游发展的趋向。旅游发展国家战略需要针对大众旅游者的消费特点，开发大众旅游者的休闲度假旅游、观光购物旅游、生态旅游、文化旅游、健康旅游等旅游产品，以及老年旅游、学生旅游、农民旅游等旅游产品，适应大众旅游者消费的多样化需求。

（6）加快形成旅游产业体系。旅游发展国家战略是一个旅游产业体系化战略，是一个适应旅游便利化、舒适化要求的战略，需要紧紧围绕旅游吃、住、行、游、购、娱六要素，进行旅游产业系统化发展，以丰富多彩、各具特色的餐饮、住宿、交通、游览、购物、娱乐等体系化旅游产业，满足城乡、国内外不同层次旅游消费者的多样化需求。

（7）全面提高旅游对外开放水平。加快发展国际旅游，促进旅游业对外开放，是旅游发展国家战略的目的之一。需要与更多国家签订双向旅游协议，相互提供旅游便利。需要积极组织国际旅游推介活动，针对国外客人需求和特点，开发和创造更多有吸引力的旅游产品，吸引国（境）外游客到国内旅游。同时，积极开展我国居民出国游活动，发展旅游配套服务产业，鼓励有条件的旅游企业走出去开拓国际旅游市场。

（8）完善旅游政策和旅游服务体系。实施旅游发展国家战略，需要制定鼓励旅游业发展的优惠政策措施，对旅游企业、旅行社实行税收优惠政策和信贷支持，扶持中小型旅游企业发展。鼓励社会投资建设旅游休闲度假设施和开发旅游产品，支持乡村旅游发展。为吸引城乡居民旅游消费，有必要采取更多的鼓励消费政策，如降低旅游景区门票价格，减免博物馆、纪念馆、公园等门票。加强旅游公共信息服务平台建设，发展旅游服务网络，方便旅游消费。规范旅游市场秩序，加强质量监督管理，全面提高旅游服务水平。[①]

旅游发展国家战略举措有时间和阶段的规定性，需要根据旅游发展国家战略实施的阶段状况，调整或改变措施，以保证旅游发展国家战略的实现。

二、旅游发展区域战略策划

相对国家层面的旅游发展国家战略，旅游发展区域战略策划是局部区域层面的策划，是更为具体和复杂的战略策划。旅游发展区域战略以旅游发展国家战略为指导，以区域旅游发展实际为依据，提出旅游发展区域战略。

区域旅游是一个复杂的系统，旅游生产者、旅游消费者及旅游环境，都在其中起着重要的作用。将旅游发展区域战略策划置于区域旅游产业发展的内外部环境系统中进行考察，测评区域旅游产业发展的经济、社会、生态环境。

旅游发展区域战略策划是区域旅游产业发展的根本性、全局性和总体性的设计和谋划。旅游发展区域战略策划，需要置身于区域旅游产业的发展的特定时间、地域、产业的背景之下，置身于国民经济发展的生产力布局、区域产业结构布局的整体框架之内，进行旅游产业发展战略思考。

1. 战略区位认识

旅游发展区域战略区位是一旅游地相对于其他旅游地的位置和空间关系，认识旅游发展区域战略区位，对于把握旅游地的开发方向、发展前途，有着至关重要的影响和决定性的作用。旅游发展区域战略区位认识包括资源区位、客源区位、交通区位和发展地区等认识。

（1）资源区位认识。旅游资源是诱发旅游动机和旅游行为的事和物的总和，对于区域旅游，是发展旅游业的凭借和依据。旅游发展区域战略策划需要认识旅游资源区位，注重特定区位上的旅游资源数量、存在形式、资源结构的分析。旅游资源的特殊性越大，旅游业未来发展的可能性越强。

---

① 刘应杰.实施旅游发展国家战略，把旅游业发展成为我国综合性的大产业 [N]. 中国旅游报，2009—12—14.

区域旅游发展方向和战略目标的制定、旅游产品的决策、开发措施的拟定主要是以区域旅游资源为导向。一个区域旅游业能否兴旺发达，甚至兴旺发达的程度，不仅取决于旅游资源的绝对价值，更取决于旅游资源的相对价值，即取决于区域在空间位置中与邻近区域旅游资源的组合结构。同一地区内，地位较低的风景区，一般难以发挥出应有的价值，倘若再与他处雷同，则更会"雪上加霜"。资源区位地位低是不少风景区难以有较大发展的根本原因。然而，如若资源区位地位低的风景区，资源具有特色，不为同一类别资源所遮蔽，则会产生叠加效应，形成对游客的特色引力。因此，游人多的地方也往往是资源结构的引力所致。无论是资源区位优良区，还是资源区位低下区，需要保持各地的资源特色和环境特色，保证旅游资源开发的区域衔接性，避免同质资源的重复开发，减少重叠项目的建设，实现区域范围内各个市、区（县）旅游资源的共享性与互利性。

（2）客源区位认识。主要客源地分布呈现出较强的区域集聚性和经济导向性。旅游品牌发展区往往成为主导客源地旅游流向的核心区。一些风景区游人的多少，有时并不主要取决于旅游资源的吸引力，而更多的是由于客源区位位置的吸引力，因为在休闲时间有限和支付能力有限的情况下，多数游人只能选择近地域游览。例如，在周末，北京、上海、西安、成都等大城市周边大大小小的风景区都"人满为患"，并不全是因为那儿的资源价值高，而是因为地近大城市，满足了千万城市居民的双休日休闲游览的需求。而地处西藏的布达拉宫，为地球第三级，又是世界遗产，而每年的游人却数量有限，其主要原因不是旅游资源缺乏吸引力，而是因为远离了客源市场。深圳、无锡造园人造主题景区的成功，最主要的原因是客源区位良好。深圳背靠以广州为主体的珠江三角洲和地域辽阔的祖国内陆，面向港澳台、东南亚及西方市场；无锡则有1300万人口的国际化大都市上海作为客源支柱，且又地处长江三角洲，有星罗棋布的中小城镇和众多的富裕农民。显而易见，区域旅游的经济效益，在一定的条件下，取决于客源区位。位置偏僻的区域旅游、远离客源区位的区域旅游，经济效益不佳是远离客源市场的缘故。

（3）交通区位认识。一个旅游地游人的多少，除了取决于旅游资源的优劣和客源市场的远近之外，还取决于交通线路的数量、等级和通畅程度。旅游交通区位不佳，交通不便，往往是不少风景优美区域旅游发展的制约因素。

有四种交通区位影响区域旅游发展。其一，广西、贵州、西藏、云南、新疆等"老、少、边、穷"地区的区域旅游，虽然有着优美的旅游环境和旅游资源，但却因位置偏僻，地形阻隔，交通线路不畅，旅游者难以进入，影响和制约了旅游发展。其二，如五台山、衡山、曲阜、华山、泰山，都为中外著名旅游胜地，但因无或少始发和终点列车，或没有机场，或离火车站距离远，游人进出困难或进去容易出来难，而使不少旅游者望而却步。其三，如本溪水洞，资源独特，为国家风景名胜区，但外省游人要去水洞，则要先到沈阳，转本溪至水洞，至少三次乘车两次中转，从而扫了很多人的游兴。其四，航线航班少的风光佳景地，或没有国际国内机场、乘机后再中转进入的旅游地，交通区位对旅游业的影响也是显而易见的。反之，北京、上海、广州、深圳、杭州、厦门、昆明、张家界等交通区位良好，有飞机直航（往返）、列车直达（往返）的旅游地，则吸引着众多的远方游人。显然，交通区位的改善是旅游发展区域战略的重要内容。

（4）发展区位认识。发展区位分为先发展区位和后发展区位。先发展区位是旅游业开发建设的时序上先行开发的旅游区域，因其先行开发，在市场上占有了"天时"，因"天时"而获得了"地力""人和"。处于后发展区位的旅游发展区域，因丧失了"大时"，面临着后发展的种种困难。

处于后发展区位的旅游发展区域要想后来居上，其一，必须创新体制与机制，优化投资环境。当年的深圳特区、海南省，吸引了大量人才和投资，形成发展大潮，人们看中的就是制度与体制的优势。国家发展要靠科技创新和体制创新，对于旅游后发展地区，制度与体制创新尤显重要。其二，与旅游发达的区域接轨，实现多元化投资体系，大规模吸收旅游发达区域的资金、技术和人才，实现跨越式发展。其三，与旅游发达的区域广泛合作，引进管理，借鉴经验，吸取旅游发展失败的教训，最大限度地减少探索成本和时间，实现后来居上。

2. 战略方向认识

战略方向是旅游业制定战略方案和战略决策的指导方向。在旅游开发与建设的策划中，针对限制因素，找出区域旅游战略发展方向，是至关重要的纲领性思路。正确选择和确定的战略方向是保障旅游业持续发展的基础，方向模糊，路线不对，必然延误发展时机，错过发展机遇。科学把握战略方向，必须从市场吸引力、旅游竞争力和企业家精神与抱负三方面进行战略方向认识。

（1）市场吸引力。认识市场吸引力是正确把握战略方向的一项重要基础。市场吸引力就是旅游资源和旅游产品对旅游业的价值。分析旅游资源和旅游产品是否有市场吸引力，就是判断是否有市场发展前景。认识市场吸引力，需要重点认识市场的规模、市场的增长率、增长空间和市场盈利性。其一，认识旅游市场的规模，需要明确在特定区域范围内，旅游市场规模的大小。一般而言，规模越大的旅游市场，存在越多的旅游发展机会。其二，认识旅游市场的增长率。旅游市场增长速度越快，存在的市场发展机会越多，旅游发展获得成功的可能性也越大。其三，认识旅游市场的可增长空间。旅游市场可增长空间的大小，将决定旅游市场未来发展规模的大小。其四，认识旅游市场的盈利性。不同旅游区域市场，市场的盈利性是不同的，有的旅游区域市场盈利比较高，有的旅游区域市场盈利比较低。旅游市场的盈利性将决定旅游业未来的发展前景。

（2）旅游竞争力。旅游业不仅要充分利用所拥有的旅游资源和旅游产品在市场上的竞争力，同时也要客观评价自身所具有的竞争力。旅游业所具有的竞争力，可以重点从旅游业绩和地位、资本能力、团队能力、品牌声誉、公共关系等方面进行认识。在旅游业绩和地位方面，需要分析旅游市场占有率、盈利情况等。在资本能力上，需要分析现有资本金和可筹集或动用的资金的规模。在团队能力方面，需要分析关键团队成员的忠诚度和积极性。在品牌声誉方面，需要分析旅游品牌的声誉和旅游品牌的影响力。在公共关系方面，需要分析在旅游发展过程中可拥有的公共关系的处理能力。

（3）企业家精神与抱负。企业家的精神与抱负对旅游业的战略方向选择具有重要的影响。一个谋求把旅游目的地做成世界著名旅游景区，把旅游企业规模做到百亿规模的企业家，是不会重视只有几个亿规模的旅游市场的。因此，在确定旅游业战略方向时，需要认识企业家及其团队的精神与抱负。

确定旅游业的战略方向，必须对市场吸引力、旅游竞争力和企业家精神与抱负进行有效和客观平衡。市场吸引力太小无法满足企业家的大抱负，市场吸引力大，而旅游竞争力弱，也无法实现旅游发展战略目标。

3. 战略目标认识

旅游发展区域战略目标是旅游业战略经营活动预期取得主要成果的期望值。战略目标的设定，同时也是旅游业宗旨的展开和具体化，也是战略经营活动所要达到水平的具体规定。近二十年，全国许多地方都把旅游业作为经济发展的重要支柱产业或优势产业，提出建设"旅游大省"、"旅游强省"的战略目标。区域旅游发展战略策划，需要认识战略目标的特性、构成、评价，制定一个科学合理、切实可行的战略目标。

（1）战略目标特性。旅游发展区域战略目标具有宏观性、长期性、稳定性、全面性、可分性、可接受性、可检验性等特性。

旅游发展区域战略目标是一种宏观目标，是从宏观角度对旅游发展区域旅游业发展的一种总体设想，是旅游发展区域整体发展的总任务和总要求，是旅游发展区域整体发展的根本方向。旅游发展区域战略目标是一种着眼于未来和长远的长期目标，规定了长期发展的方向，是一种长期任务，需要经过相当长的努力才能够实现的目标。战略目标的长期性就规定了在一定的时间内战略目标的总方向、总任务保持相对稳定。当然,强调战略目标的稳定性并不排斥根据客观需要和情况的发展而对战略目标做必要的修正。旅游发展区域战略目标着眼于全局统筹局部,着眼于长远利益兼顾现实利益,体现旅游发展战略的全面性要求。战略目标是总目标、总任务和总要求,需要分解成具体目标、具体任务和具体要求。在空间上,总目标可以分解成具体目标和具体任务;在时间上,可以把长期目标分解成多阶段的具体目标和具体任务。战略目标的可分性使战略目标成为可操作和可实现的目标。旅游发展区域战略目标需要通过人来实现,因此,战略目标必须符合旅游发展区域人们的利益,被他们理解和接受。一般而言,能反映旅游发展区域使命和功能的战略,就易于为旅游发展区域人们所理解和接受。旅游发展区域战略目标应该是具体和可以检验的。战略目标的定量化是战略目标具有可检验性的最有效的方法。需要采用定性化的术语来表达战略目标达到的程度,明确战略目标实现的时间。

(2)战略目标构成。旅游发展区域战略目标是多元化的目标系统,既包括经济目标,又包括非经济目标;既包括定性目标,又包括定量目标。具体由市场目标、创新目标、盈利目标、社会目标构成。

(3)战略目标评价。战略目标方案策划出来之后,需要组织多方面的专家和有关人员对所提出的战略目标策划方案进行评价和论证。战略目标评价需要注意三个方面,其一,评价拟定的战略目标是否符合旅游发展区域战略,是否符合企业的整体利益与发展需要,是否符合外部环境及未来发展的需要。其二,论证和评价战略目标的可行性。一是分析旅游发展区域实现战略目标的实际能力,说明战略目标的可行性。二是分析外部环境及其客观条件对实现战略目标的可行性。其三,评价战略目标是否明确,分析战略目标的内容是否协调一致和有无改善的余地。如果在战略目标评价论证时,有多个战略目标策划方案,评价论证就要在比较中进行。通过对比、权衡利弊,找出各个目标方案的优劣所在。比较评价需要注意目标方向的正确程度、可望实现的程度、期望效益的大小三个方面的权衡。对战略目标方案进行评价论证过程,也是战略目标方案的完善过程。要通过评价论证,找出目标方案的不足,进行修改完善。

4.战略策划重点

依据所策划的旅游区域范围的不同,旅游发展区域战略可以分为跨区域、省级、市级、县级和景区等五个层面旅游发展区域战略。旅游发展区域的层面不同,旅游发展区域战略策划的重点就不同。

(1)跨区域旅游发展战略策划。随着社会经济跨区域经济一体化的发展,我国形成了长三角、珠三角和环渤海三大都市经济圈。有研究预测,今后10年到20年,跨区域经济交流与合作将进一步加强,全国由南到北有望形成由珠江经济带、珠江—西江经济带、长江经济带、陇海—兰新经济带、京津—呼包银经济带和大东北经济区构成的"五带一区"的经济协作基本格局。跨区域经济合作推动了旅游产业区域合作时代的到来。从上世纪 90 年代初期的珠江三角洲地区的旅游互动开始，出现了长江三角洲、华北地区、北方十省市、沿黄河省市、环渤海地区等区域旅游合作。

旅游产业是一个关联性、带动性和综合性很强的产业，对跨区域旅游发展战略的策划，不可沿用传统产业的发展模式和战略，需要走包容性发展之路，以旅游产业集群作为旅游产业发展的新模式、新战略。旅游产业集群的形成以打破区域行政区划为前提，围绕旅游区的核心吸引物，以产品生产和价值增值为主线，对区域的自然旅游资源、人文旅游资源、客源市场、品牌形象、生态环境等，进行动态网状集成创新，系统划分旅游区，优化内部产品结构，重组旅游产品，避免产品雷同、产业同构带来的恶性竞争，减少旅游区各地之间的内耗，共同塑造独特、不易模仿的战略品牌，提高区域整体的旅游核心竞争力。

跨区域旅游发展战略需要区域政府之间的联动，以包容性展开政府间合作，遵循互利共赢、合作共生、横向协调为主体、纵向协调为补充的原则，实现区域旅游经济包容性发展。

（2）省区旅游发展战略策划。省级旅游发展战略策划相对于跨区域旅游发展战略策划要具体一些，相对于市县级旅游发展战略策划要宏观一些。省区旅游发展战略强调政府主导战略，以旅游产业发展领导小组统一协调解决全省文化旅游发展中的重大问题，包括强化旅游局的综合管理和协调职能，特别是公安、交通、文化、文物、宗教等部门要主动配合旅游部门，共同搞好旅游资源的综合利用和开发管理。强调旅游发展宏观结构布局，策划省区旅游品牌和精品线路，统筹基础设施配置，协调市区县旅游发展利益。因旅游业良好的发展前景、巨大的经济效益和极强的产业关联性得到各省区地方政府的关注，纷纷将旅游业确定为"主导产业"、"支柱产业"，都在旅游资源开发和旅游基础设施建设上进行了较多的政策和资金投入，形成了竞争激烈的旅游业博弈格局。

（3）市区旅游发展战略策划。市区旅游发展战略策划，强调旅游产业结构，抓住市区旅游发展的突出矛盾所在，关注旅游发展中的主要问题，强调旅游产业定位准确、旅游资源的整合开发、旅游发展的创新意识、特色旅游产品的营销、旅游竞争的策略、旅游市场的开拓、旅游体制的改革等问题。

（4）县区旅游发展战略策划。县区旅游发展战略策划，比市区旅游发展战略策划更具体，更注重可操作性，重视旅游资源的开发，注重旅游项目的布置与建设，强调市场营销与产品开发策略，注重龙头景区的带动和示范作用。组织旅游开发，组织旅游营销，组织酒店业、餐饮业、交通运输业、游船、娱乐、徒步旅游、登山探险、民间戏曲表演、导游等的发展与服务，提升县区旅游的对外形象，实施旅游环境保护，形成以旅游为核心的第三产业的综合实力。

（5）景区旅游发展战略策划。景区旅游发展战略策划，重点策划解决风景区发展中的主要矛盾、产品定位、营销目标、经营体制和形象定位，尤其是景区的可持续发展和新市场的开拓。以科学的旅游发展战略目标定位，以游客满意度为代表的发展质量，打造国内著名、世界知名的观光游览景区和休闲度假胜地。

区域旅游是国家旅游发展的基础，我国的旅游开放从区域旅游开始，我国的旅游发展战略研究也是以区域旅游分析为出发点。区域旅游发展的基本因素，如旅游资源、区位条件、经济背景，以及旅游产业内部的各种结构如风景资源结构、旅游行为结构、接待服务设施结构、旅游市场结构、旅游经济结构、旅游管理结构，及其各种对应变换关系，也是国家旅游发展的基本因素。

5. 旅游发展区域战略措施

旅游发展区域战略措施是实行具有全局意义的旅游发展区域战略的保障。所处旅游区域有别，选择的旅游发展战略措施就有区别。依照旅游发展规律，旅游资源、旅游品牌、景观、业态、节庆、市场、交通与信息、展会、旅游标准化等要素，都是区域战略措施的共性要点。就我国旅游发展的成功经验和区域旅游发展规律，有如下战略措施可以选择：

（1）整合优势旅游资源，打造特色旅游品牌。区域优势旅游资源是区域旅游的吸引力，构建以旅游观光型产品、休闲度假型产品、文化旅游型产品、生态旅游型产品、康疗养生型产品、民族风情型产品等为依托的特色旅游品牌。整合区域优势旅游资源，把握现代旅游业发展趋势，保持资源的原真性，打造具有区域旅游特色优势、市场不可替代的旅游品牌。

（2）发挥景观的多样性优势，发展新业态旅游。我国区域类型多元而丰富，山地、江河、平原、河谷、盆地等给旅游者以多样化的视觉享受，具有景观多样性的特点，因此，除了发展常规的观光旅游，发展露营、自行车、登山、徒步、钓鱼等现代户外游憩旅游之外，还可以充分发挥景观优势，积极推广国家风景道路、自行车道、度假村、户外露营地的建设，完善服务，为广大的自驾车旅游者、自行车旅游者等提供便利。另外要结合产业结构调整，发展以动漫产业为主体的创意旅游，以及会展商务旅游等与产业经济关系密切的旅游新业态。

（3）以节庆活动为媒介，拓展区域旅游市场。节庆活动具有区域旅游推介面广和影响深刻的作用。旅游发展区域需要积极打造旅游节庆活动，以有效的旅游市场营销力度和效益，拓展区域旅游市场。发挥节庆活动媒介效益，需要在尊重区域文化传统的基础上，大力发展具有区域乡土内涵的各类文化节庆活动和年轻一代旅游者感兴趣的登山节、汽车拉力赛、自行车拉力赛、极限运动比赛等现代节庆活动，扶持若干品牌性的旅游节庆活动，使品牌性的旅游节庆成为区域旅游的高端生产力。

（4）畅通交通与信息服务，提高旅游进入性。旅游交通与旅游信息服务是区域旅游发展的必要前提。旅游发展区域战略需要重点发展高速公路网和以动车组为主体的快速铁路交通，建设区域旅游网络化旅游交通，提高区域旅游的可进入性。需要进一步强化旅游信息、旅游交通标识、旅游车辆进入等方面的服务能力，便利自驾车者和普通散客。需要加强以旅游集散中心、旅游咨询服务中心和旅游信息服务为主体的旅游公共服务设施建设，加强区域旅游点对点旅游直通车和旅游线路对接等合作，在更大范围内整合区域旅游资源，形成区域旅游线路，推动区域旅游市场的互动。

（5）利用展会，提升旅游形象。重大的会展活动对国内外旅游者都具有较强的吸引力，区域旅游发展需要利用重大会展契机，加大自身的形象宣传。要制定会展期间区域旅游营销和形象宣传计划。除了举办以旅行社和媒体为目标的各种推介会外，更要加强对普通旅游者的宣传。在会展活动城市的出入口，竖立旅游宣传展示牌，宣传区域旅游特色，以逐步深入人心。此外，利用电视媒体，以及其他数字和平面媒体有计划地进行区域旅游广告宣传，提升区域旅游形象的认知度。

（6）加快旅游标准化建设，构建良好的旅游环境。旅游业是现代服务业的主体产业，也是服务贸易的重要组成部分，随着服务业标准化进程的加速，旅游标准正日益成为规范和指导旅游产业发展和提高旅游服务质量的重要手段。区域旅游发展需要进行旅游标准化的建设，以旅游标准化规范旅游企业经营。以旅游标准化培养国际旅游人才，提高旅游服务质量，提升区域旅游的国际竞争力。

旅游发展战略策划是一种开放式的旅游宏观策划，强调发展战略的宏观调控和旅游发展宏观趋势的把控。旅游发展战略策划需要思想立意的高度，需要思维空间的广度，需要透视事物的深度。旅游发展战略策划是智慧的提升，更是智慧的实践、智慧的发展。

第五章

旅游形象策划

　　形象就是实力和财富，形象因素日益成为区域发展的显性因素。旅游形象是人们对旅游目的地的特征、旅游资源特色的感知印象，以及游览观光后的独特感受和综合体验的总和。在现代，人们对旅游目的地的兴趣的浓厚与否并不由优质的旅游资源所决定，常常是知名度、美誉度、认可度起重要作用。旅游形象策划越来越为人们所重视。良好的旅游地形象是真正意义上的旅游核心竞争力。

第一节　旅游形象构建

　　人们旅游行为发生的一个重要因素就是人们对地域差异的好奇。不仅在旅游前期望目的地具有不同于居住地的、属于地方性的吸引力，而且在实地旅游时，也主要注意和感知那些目的地独有的地方性要素，正是这些地方性的景观和文化，使旅游地的形象凸显出来，被识别和认知。

一、旅游形象构成要素

　　旅游地类型和地方性文化分别构成旅游地形象认知内涵基础和形象要素。旅游形象要素是客观存在的旅游地类型和地方性文化，在经旅游者感知后，形成旅游形象。客观旅游形象要素以四种形式呈现出来，一是以物质形式呈现，包括山川河流，以及由此形成的自然景观；森林树木、花鸟鱼虫，以及由此形成的大地景观；民居、桥梁、高塔，以及由此形成的建筑景观。二是以文化形式呈现，包括传承千年的诗、词、歌、赋等文学作品，流传于民间的山歌、舞蹈、曲艺等文艺表演。三是以民俗形式呈现，包括农、林、牧、副、渔等各种生产劳作程序与形式，以及各种收获物产；衣、食、住、行、婚、姻、嫁、娶的内容与表现形式；年节、工艺、杂技的类型与表演形式。四是以接触交往的形式呈现，包括交易心态、待人态度等交往礼节。将旅游形象要素置于具体的地域，又呈现为地方性旅游形象。每一种旅游形象要素，都带有具体的地域特色。

旅游形象要素，由大自然天然造就，由千年历史传承形成。虽然旅游形象要素由大自然天然形成，来自千年历史传承，然而，旅游形象要素却是可以改变的，山川可以绿化美化，也可以自败江山；文化与历史可以创造，也可以改写；为人处世可以传承，也可以教化改变。正由于旅游形象要素的可变性，旅游形象才可以塑造，旅游形象策划才具有现实意义。

二、旅游形象构建类型

旅游目的地及其旅游活动、旅游产品、旅游服务、旅游设施、旅游商品等形象传递的形式和形成过程不同，就形成不同的旅游形象类型。学术界对旅游目的地形象类型有不同的界定，如分为内核形象、氛围形象和外溢形象；感官形象、意境形象和线路形象；原生形象、引致形象、复合形象；第一印象区形象、标志区形象、光环效应区形象、最后印象区形象，等等。

1. 内核形象、氛围形象和外溢形象

于飞、傅桦在《阴影区旅游地形象策划模式构建》一文中，将旅游地形象分为内核形象、氛围形象和外溢形象三个层次。内核形象为旅游地基本形象，是旅游地的核心定位和确立其他形象的根本依据，内核形象的确定基于正确的资源、市场以及替代性形象分析。氛围形象是旅游地给予旅游者的感受形象，是旅游者对旅游地形象最直接的体验，也是旅游者评价旅游地的直接依据。外溢形象是旅游地通过各种传播媒介渠道，向潜在旅游者发出的形象信息。外溢形象是旅游者接触有关旅游地的最初形象和是否到该旅游地开展旅游活动的决策依据。[①]

2. 感官形象、意境形象和线路形象

感官是人获取外界信息的重要器官。有学者从感官、意境和线路的角度对旅游形象构建进行分类，突出旅游者的感官对旅游目的地形象形成的重要性。

（1）感官形象。感官形象是游客通过感官所感受到的旅游目的地及其有关旅游信息所构建形成的旅游形象。感官形象又分为视觉形象、听觉形象、味觉形象、嗅觉形象。

视觉形象是由视觉识别获得的旅游形象。旅游视觉识别的旅游形象信息包

---

① 于飞，傅桦．阴影区旅游地形象策划模式构建 [J]．经济研究导刊，2007（第 12 期总第 19 期）．

括两部分，一是通过自然景观和建筑小品、特色雕塑、灯光装饰、色彩美学设计等手段营造的人工景观所获得的旅游形象信息；二是通过旅游地标识、标准字体、标准色、吉祥物、户外广告和旅游纪念品等要素所获得的旅游形象信息。听觉形象是由听觉识别获得的旅游形象。旅游听觉识别的旅游形象信息也包括两部分，一是来自大自然的鸟鸣声、流水声等声音形象信息；二是具有旅游目的地特色的语言、民歌、地方戏曲等声音形象信息。味觉形象是由味觉识别获得的旅游形象，如旅游目的地新奇的食品和美味佳肴所传达给游客的味觉形象信息。嗅觉形象是由嗅觉识别获得的旅游形象，如旅游目的地突出林木气息、花香、果香、清新空气等自然气息，所传达给游客的清新宜人的嗅觉形象信息。

（2）意境形象。意境形象是人们在感知的基础上通过情感、想象、理解等审美活动获得的旅游形象。具体体现是旅游者在旅游活动中获得精神和情感的愉悦和满足。意境形象以当地人文内涵为基础，聚合多种旅游形象要素，贯穿于吃、住、行、游、购、娱等整个旅游活动的始终，通过各种体现旅游地个性的特色景观设计，各种现代化手段营造，节庆、民俗等活动的开展，创造出独具魅力的情景交融旅游地意境，使游客从中获得不同的享受和愉悦，由此形成旅游目的地旅游的意境形象。

（3）线路形象。线路形象是旅游目的地将最能体现区域风格特色的精品旅游资源组合起来，根据文化内涵的相似性及资源的互补性原则，组建、串联成性格化的有统一风格的旅游线路，让游客在旅游线路的游览中体验形成对旅游目的地的形象。

3. 原生形象、引致形象、复合形象

从旅游形象在人们心目中形成的方式和途径，旅游形象可以分为原生形象、引致形象和复合形象。

（1）原生形象。原生形象是通过人们经历或教育，在人们心目中最早形成的旅游目的地的形象。原生形象常常是千年积淀，历经打磨，所形成的旅游区域形象。如"上有天堂，下有苏杭"、"桂林山水甲天下"、"泰山天下雄"、"黄山天下奇"、"华山天下险"、"峨眉天下秀"、"青城天下幽"、"海上花园"厦门、"春城"昆明、"花城"广州、"洞庭天下水，岳阳天下楼"等，由于我国古代文人学士写下留传千古名篇，在民间口碑相传，形成不可磨灭的记忆，积淀为美好的旅游形象。

（2）引致形象。引致形象是人们有意识地通过文学作品、绘画、摄影、歌曲，搜寻旅游刊物、报纸、电视节目及旅游机构的宣传手册等有关信息进行加工，从中提炼有用的旅游目的地信息而形成。引致形象是旅游目的地有意塑造的。如湘籍著名作家沈从文家乡凤凰县由沈从文优美的散文所展示的边城的绚

丽画卷，成为凤凰的旅游形象，旅游者慕名而来。又如1984年，著名画家陈逸飞回到有"中国第一水乡"美称的苏州周庄采风，创作了著名的油画《故乡的回忆——周庄双桥》，完美表达了千年古镇"小桥流水人家"的肌理和风采形象。油画被美国石油大王哈默购买收藏，并在他访华时赠送给邓小平。1985年，《双桥》图案被印在联合国首日封上，《双桥》成为周庄的标志旅游形象。从此，陈逸飞和《家乡的回忆——双桥》一举成名，水乡古镇周庄也走向了世界。此外，《太湖美》、《太阳岛上》、《请到天涯海角来》、《我想去桂林》风靡一时，一首歌曲成就了旅游目的地的旅游引致形象。

（3）复合形象。复合形象是人们对各种形象信息进行比较后，到旅游目的地进行旅游，通过自己的经历和结合以往的认识所形成的一个综合的形象。

4. 第一印象区形象、标志区形象、效应区形象、最后印象区形象

从旅游者进入旅游目的地所获得关于旅游目的地形象认识全过程分析，按时序区域，将所感受到的旅游形象分为第一印象区形象、标志区形象、光环效应区形象和最后印象区形象。

（1）第一印象区形象。第一印象区形象是旅游者最先到达旅游目的地的边界出入口、机场区、火车站区、港口、码头、高速公路收费站等第一区域所感受到的旅游目的地形象。游客在旅游地第一印象区所形成的旅游地形象，将会影响游客进入旅游地的旅游感受，以及离开旅游地后的旅游记忆。

（2）标志区形象。形象标志区是旅游目的地具有独特性风景的标志性景区。如北京的天安门所在区域、上海的东方明珠塔所在区域、武夷山的天游峰景区和玉女峰景区等。形象标志区是在旅游者心中早已形成和期盼到达的区域，旅游者在形象标志区所形成的印象，将印证旅游者心中的旅游地形象，意义十分重要。

（3）光环效应区形象。旅游目的地标志性景区之外的重点旅游景区，就是旅游形象光环效应区。旅游者在光环效应区所形成的旅游地形象，是旅游者对旅游目的地所形成的重要形象，与标志区形象组成旅游目的地的核心形象。

（4）最后印象区形象。最后印象区形象是旅游者离开旅游目的地时最后与目的地接触地点所形成的旅游地形象。旅游目的地最后印象区包括最后一个旅游观光景点、旅游购物商店、旅游酒店大堂、餐馆、旅游者离开目的地的边界区。

从旅游者角度分析界定旅游形象类型，学术界还有不同的见解，如地理形象（以自然景观为载体）、人文形象（以历史文脉为载体）、潜在形象、核心形象、边界形象等等。不同的旅游形象类型的确定，都是从旅游者在旅游目的地某一个方面所感悟到的旅游形象的总结，都值得加以重视。

三、旅游形象空间构建分析

旅游形象构建分析是旅游形象的结构研究，学者们较多是从地理地貌上所呈现出来的空间性来阐述旅游形象的构建规律，包括文化旅游形象构建、城市旅游形象构建等，都可以从地理空间上，找到有关旅游形象影响因素。

1. 空间构建程序与空间替代

以物化的载体考量，旅游目的地形象是以空间形式存在的，以空间形式进行展示，人们从空间去感知它、认识它，形成具体的心理印象。[①]

（1）空间构建程序。人们对旅游目的地的空间认知，首先是对旅游地所处位置的认知，然后才会进一步认知它是什么样的旅游目的地，有什么样的旅游资源，与其他旅游目的地相比有何特色，是否就是我心中理想的旅游目的地。因此，人们旅游目的地形象空间构建程序，位置认知是对目的地感知的第一内容和要求。只有了解了旅游目的地的位置，才能推动人们进一步认识具体的旅游地形象，进而实施旅行决策。

旅游者感知旅游地位置与地理空间基本属性有关。旅游者主要依据地理空间的等级层次，形成旅游地位置或空间尺度的认知。从认知过程来看，高等级的大尺度空间容易被人们认知和记忆，而众多小尺度、低级别的区域，不易为人认知和记忆。一般人能够比较轻易地说出或写出世界各大洲的名称，但难以写全各个国家的名称，更不可能知道所有城市的名称。也就是说，人们总是先对高等级的区域认知，然后才对低级别的区域认知，服从一个自上而下的程序。

（2）空间替代。正是人们对旅游目的地的空间认知自上而下的程序，产生了旅游目的地形象空间"替代"认知。如旅游者可能不知道深圳，但可能知道广东；可能不知道广东，但可能知道中国；可能不知道中国，但可能知道亚洲。在人们的旅游目的地形象空间构建中，会以了解的高级别的大区域形象，代替不太了解的低级别的小区域形象，即以广东的形象替代深圳的形象，以中国的形象替代广东的形象，以亚洲的形象替代中国的形象。

在人们的旅游目的地形象空间构建替代中，同等级的旅游目的地存在"相似替代"现象，即如果两个同等级层次的同尺度的旅游地在地理空间上相邻，或是旅游地类型的相似性，很容易被旅游者，尤其是远程旅游者所混淆并产生相同的认知形象，容易被认知为具有相似形象的旅游地。如在中国人普遍去欧洲各国旅游之前，大部分人会认为西欧各国如英国、法国、西班牙、德国、瑞士等国家的形象几乎没有什么差异，以已知目的地的形象来认知未知目的地的形

[①] 主要参考李蕾蕾研究成果。李蕾蕾. 旅游目的地形象的空间认知过程与规律 [J]. 地理科学，2000，12（第20卷第6期）.

象，产生"相似替代"现象。相似替代的原因不仅仅来自旅游地在地理位置上的接近，还在于认知要素上的相似，这些认知要素包括政治的、文化的、民族的、宗教的等等。地理位置的邻近和文化、政治、经济、民族和宗教等人文要素的相似性，容易被旅游者认知为同一的形象，产生熟悉旅游地形象认知替代同等级的旅游目的地。

"相似替代"规律还表现在旅游地形象认同前后的时间上。旅游地形象认同往往以知名在前为主，后来者往往被忽略。如武夷山的旅游地形象知名之后，就成了大武夷区域的形象，后来浦城县所宣传的"北武夷"、邵武市所打造的"南武夷"，就被忽略了。"相似替代"规律，就可能产生两个同等级旅游地之间的旅游市场竞争，人们在出游决策时，在两个形象相似的旅游目的地中，可能首先选择知名在前的旅游目的地。

旅游形象构建程序和替代规律，对于旅游地形象策划具有意义。在旅游者对目的地形象认知的空间过程中，首要的是对旅游地位置的认知。位置在某种程度上意味着形象，旅游者依据地域空间的等级层次规律自上而下进行认知，或按排序规律前后进行认知。地域空间的等级层次所构成的认知链是旅游者心中关于旅游地的一种形象阶梯，认知链上地域之间的上下级关系构成旅游地形象认知的地理文脉和背景形象，产生旅游地形象的认知。小区域、知名度较低和新建的旅游目的地，可以利用大区域、知名度高的旅游目的地，通过认知链在旅游者心中有效树立和传播旅游形象。

2. 空间尺度分析

我国的旅游目的地在地理空间上，呈现出省域、市域、县域、旅游区、旅游点等大中小不同尺度，不同空间尺度旅游目的地，在人们心中对旅游目的地形象构建，存在着不同的规律性。[①]依此而论，国家、省为大尺度或宏观尺度的旅游目的地，市、地区为中尺度或中观尺度的旅游目的地，县、景区为小尺度或微观尺度的旅游目的地。按空间尺度分析，还可以区别出点、线、面等旅游目的地形象。

（1）相同的感知结构。任何空间尺度的旅游形象的感知主体都是指旅游者、当地居民和策划师，感知客体都是旅游目的地，包括与旅游目的地有关的直接或间接的信息。因此，人们对旅游目的地所获得的感知结构是相同的，本质上都是人对抽象或具体、有形或无形物的感知。相同的感知结构就为不同旅游地形象策划采用相似的程序提供了可能。此外，人们对不同尺度旅游地的感知都

---

① 主要参考林兴良、文吉研究成果。林兴良，文吉.旅游地形象策划研究——以广东省台山市（县）为例 [J].人文地理，2003，6（第18卷第3期）.

遵循距离衰减规律，即随距离增加，人们所感知旅游地结构和形象就逐渐模糊。距离成为旅游地形象感知的关键，近距离可以产生旅游地形象感知替代，远距离可以产生旅游地形象模糊认同。

（2）不同的文脉基础。不同尺度的旅游地在自然、历史、文化、经济等多方面会表现出不同的文脉基础。文脉基础常常表现出旅游地人文形象。大尺度旅游地因规模大，内容较丰富，体现复杂性、多元化、整体形象鲜明的特征，而较小尺度的旅游地则往往体现单一性、简单化、以个体形象感知为特征。例如对于一个省，人们的感知形象往往会很丰富，会感知到多元文化、多样的旅游资源等，而谈起具体的旅游区或景点，人们一般会首先感知所处的位置及主要的旅游资源类型等。

（3）不同的认知效率。人们对不同尺度旅游地存在不同的认知效率，体现在两个方面，其一，认知度差异。大尺度的旅游地因为数量少，个性突出，传播的频率相对高，容易为旅游者所认知；而小尺度的旅游地共性多，级别低，传播的频率和力度相对较低，因而不易为旅游者识别。其二，识别内容差异。对大尺度旅游地的城市风貌、经济活力、环境水平等宏观因素感受较深，而对小尺度旅游地则对局部地段印象最深。

根据旅游目的地形象的空间尺度不同构建的规律，不同尺度旅游地的旅游形象策划的侧重点会有所不同。大尺度旅游地的旅游形象策划必然要考虑宏观整体，一定程度上弱化旅游的主导功能，强调设计核心形象理念，塑造整体的旅游形象，注重引导性；而小尺度旅游地的旅游形象策划，需要在宏观策划的指导下，重视旅游的主导功能。旅游形象策划需要多考虑形象视觉符号和形象宣传口号设计。

四、旅游形象构建距离分析

地理上的距离也是人们感知旅游地形象的客观距离。一般情形下，人们居住地到旅游目的地的距离，就是人们清晰认识旅游地形象的距离。科学构建旅游地形象，需要进行旅游形象构建距离分析。

1.构建距离修正

在旅游地形象的构建过程中，由于不同客源地的旅游者与被认知旅游目的地之间存在不同的距离和位置关系，使得来自不同地域的旅游者对同一个旅游地的理解和形象认知产生差异。一般来说，来自距目的地越遥远的旅游者，对目的地的认知水平越低，甚至发生认知扭曲；反之，人们对所居住的地方及其附近地域的认知水平较高、较全面。

旅游地形象认知的距离衰减规律。因为距离遥远，人们对它的理性认知水平就低，难以真实地感知目的地。然而，正是这感知的朦胧性大大地提高人们对距离遥远旅游地的想象空间，遥远的地方正是因其遥远而变得魅力无穷。于是，人们可能会高估未来的旅游机会，并不急于游览那些本地的、附近的，在外地人心中非常著名的景点，甚至对有关附近景点的旅游信息也不太理睬，最后可能一辈子都没有光临身边的、距离不远的景点，而是舍近求远，想往着越遥远的旅游目的地，这就是为什么越遥远的旅游目的地越吸引人的原因。

距离对于人们地域感知形象的构建是辩证的。在生活生存状态下，日常的生活购物，人们会以生活的方便性，舍远求近，距离对人的影响是负的、衰减的；但在远程旅行探索状态下，人们会以求知求异性，舍近求远，距离的影响是正的、递增的。距离对于人的感知形象的构建存在一个距离转折点，即最小感知距离。一般情形下，人们最小感知距离约在20—50公里距离，为10—30分钟的自驾车程。在此距离以内，是人们的生活生存状态可以轻松应对的。在此距离以内，人们以生活生存状态去认知环境，在此距离之外，人们从探索状态去认知环境。

2. 构建信息修正

由于旅游地的形象认知是以所提供或获得的信息为前提的，因此，有时候不论旅游地与客源地相距多么遥远，由于信息传播力度大，极大提高了知名度，就能比那些较近距离的旅游地更容易被认知，这就是信息传播对旅游形象构建中距离的修正意义。

信息传播可提高旅游目的地知名度，旅游信息直接被人们接受并转化为对该目的地的形象认知，进而"缩短"旅游地的空间距离，加强了认知的内涵，显示出信息传播的重要价值。[①]于是，由于信息传播清晰了远距离旅游地形象，在时间与费用条件具备的情况下，远距离旅游地的出行得到激励，人们会努力去践行和体验远方的旅游地。

五、旅游地形象构建分析

旅游地形象依托地理空间和心理空间进行构建。旅游地所处的地理位置形成旅游者感知旅游地形象的地理空间，旅游地处在旅游者心中的位置形成旅游者感知旅游地形象的心理空间。旅游地形象构建是旅游者对旅游地形象的地理空间形象和心理空间形象的整合。

---

① 主要参考李蕾蕾研究理论框架。李蕾蕾. 旅游目的地形象的空间认知过程与规律 [J]. 地理科学，2000，12（第20卷第6期）.

1. 形象类型构建

旅游者对旅游目的地形象的构建，不仅包括对其空间尺度大小和地理位置的认知，还包括对旅游目的地类型的认知。旅游目的地类型的认知，可以充实旅游者对目的地的认知内容。在旅游日益成为人们生活内容的社会时代，旅游者在心中将旅游目的地划分为城市、乡村、风景名胜区、森林公园、旅游度假区和主题公园等基本的旅游地类型，而且，对于每一类旅游地，旅游者都存在相对统一的形象认知和评价标准。

一般来说，旅游目的地类型按空间大小，可以分为大空间旅游地和小空间旅游地。城市、乡村、风景名胜区等属于大空间尺度的旅游地，大空间尺度的旅游地彼此间共性小、地方性显著，较易建立鲜明的旅游形象。森林公园、旅游度假区和主题公园等属于小空间尺度的旅游地，小空间尺度的旅游度假区和主题公园，在现代旅游者心中，则是差异小、共性显著的旅游地。相对大空间尺度的旅游地，小空间尺度的旅游地需要借助旅游形象塑造方案，建设鲜明、精确的旅游形象。如果没有鲜明、精确的旅游形象，旅游度假区和主题公园等小空间尺度的旅游地，一般不容易广泛地吸引游客。

旅游者对旅游目的地形象类型的构建，是对旅游目的地形象边界的区划。旅游目的地形象类型的构建，帮助了旅游者从宏观的角度把握旅游目的地性质。

2. 形象地方性构建

旅游目的地类型形象被认知的基础是目的地的地方性或地方特色，大空间尺度的旅游地的鲜明旅游形象，来自目的地的地方性或地方特色。目的地的地方性或地方特色是旅游目的地的基础性形象。旅游者对旅游目的地形象地方性的构建，就来自对目的地的地方性的感知。可以认为，地方性对大空间尺度的旅游地形象构建，具有旅游地形象的深层和定性意义。

大空间尺度旅游地与地方性是一个不可分的整体。旅游地形象地域差异的本质是地方性，来自地方的地理文脉，来自区域地理背景。只有达到一定空间尺度的地域因素，才能形成地方性。大空间尺度旅游地独特的自然环境和独特的人文意味，就发展为独特的旅游地形象的"地方性"。

对旅游地地方性或地方特色的感知，旅游地居民和旅游者是有区别的。作为旅游地居民对居住地居住空间的"形象"的感知评价，与旅游者对旅游地旅游空间"形象"的感知评价，也是不同的。人们对居住地因久居的缘故，熟悉的事物，熟悉的山川，习以为常或司空见惯的生活，造成"形象"感知的麻木性。而旅游者在旅游地的暂时观光与短暂的度假性居住停留，就会瞬间感知一种与其居住地生活居住空间的不同，瞬间感知旅游地有意义的东西，包括居民待客的态度与行为。这些东西对于旅游地居民来说是极其平常的，或是不以为然的，而恰恰是对旅游地居民来说是极其平常的东西，往往就是旅游者感到新奇，能让旅游者返回后留下深刻回忆的地方，就是旅游地形象独特和鲜明的地方性。

旅游地形象构成的"地方性"要素是目的地形象构建的基础要素，包括视觉的、具象的地理景观体系要素，还包括旅游地形象中抽象性的，属于社会人文感知的文化系统的要素。[①]为了使旅游者获得良好的旅游地形象地方性感知，需要保护地方性的地理景观体系要素，需要传承地方性的社会人文感知的文化系统的要素。对旅游地形象地方性构成要素的保护和传承，不仅决定了大空间旅游地鲜明旅游形象，也有助于小空间旅游地旅游形象的建立。

在旅游形象构建中，还要融合三类因素，其一，认知因素。认知因素是旅游者对目的地形象的理性认知，认知所形成的旅游形象构建的全面性，主要取决于旅游者自身知识结构及其对目的地信息的掌握程度，取决于对目的地形象相对客观的识辨。其二，情感因素。情感因素反映旅游者主体对目的地形象的喜好性质及程度，获得旅游者喜好程度高的旅游地形象，就会得到旅游者的推崇。其三，意欲因素。旅游者旅游形象构建中的意欲因素，融入了认知因素和情感因素，反映旅游者针对特定旅游形象产生的行为倾向。意欲因素程度可以分为强烈的到访意愿、值得考虑的到访意愿、无所谓或一般性的意愿、排斥或否定的到访意愿，也表现出旅游形象构建的程度区别。旅游形象的基本功能是通过宣传推广，催生、强化潜在旅游者做出现实的到访行为。一般性的，积极有效的旅游形象构建需要三类因素的正向支撑。[②③]

旅游地形象类型是商业传媒社会中，旅游者对无可穷尽的目的地所采取的简单化和类型化认知的结果。旅游者对旅游目的地形象的构建，从类型形象的感知与构建，到地方性形象的感知与构建，是旅游者对目的地旅游形象认知与定位的精确化过程，揭示了旅游者旅游目的地形象构建的逻辑规律。

六、旅游形象层次规律分析

在旅游者的心目中，旅游目的地形象的构建不仅分为类型，还分为层次，而且层次形象之间具有递进关系和转化关系。认识旅游地形象的递进关系和转化关系对旅游形象策划具有重要意义。

---

① 李蕾蕾. 旅游目的地形象的空间认知过程与规律 [J]. 地理科学，2000，12（第 20 卷第 6 期）.

② 周志红，肖玲. 论旅游地形象系统的层次性 [J]. 地理与地理信息科学，2003，1（第 19 卷第 1 期）.

③ 徐小波. 旅游形象策划的四条基本规律 [J]. 对外传播，2009，10.

1. 旅游地形象逐层递进规律

旅游地在人们心中所构建的旅游形象，在结构上是一个多元的多层次的形象系统。旅游形象的多层次的形象系统结构是由区域地理空间位置所规定的，一般而言，一个旅游目的地完整的形象系统至少应该包括地区形象、地段形象和地点形象三个层次等级。地区形象是旅游目的地的宏观形象，相对而言，地段形象是旅游目的地的中观形象，地点形象是旅游目的地的微观形象。在旅游目的地的三个层次等级中，地区形象是地段形象和地点形象的背景形象，地点形象是地区形象和地段形象的前景形象。

旅游地形象逐层递进规律就是旅游者认识旅游地形象的递进规律，这一递进规律表现为两个走向，其一，从宏观到微观，由外向里的递进规律。旅游者在脑海中形成关于某旅游目的地的形象时，总是把它先放在一个大区域空间范围内来考虑，然后再一级一级地生成旅游地的形象，依次为大洲的形象、国家的形象、省的形象、县的形象，然后建立旅游目的地的具体形象。后一级形象总是深深地打下了前一级形象的烙印，受前一级形象的影响。随着地域范围的逐渐缩小，旅游者脑海中的目的地形象就越具体、越清晰。其二，从微观到宏观，由内向外的递进规律。当旅游者到达旅游目的地后，具体的实地旅游体验，明确了所感知的旅游目的地所在的地理空间位置，这个位置构成了旅游者心中关于旅游地最初和最起点性的形象，形成为可描述的旅游地具体形象。随着地域空间尺度的不断扩大，旅游地形象由地点形象向地段形象和地区形象逐层递进，甚至放大了地点形象，淡化了地区形象和地段形象，产生地点形象对地区形象和地段形象的替代。

2. 旅游地形象层次转化规律

旅游目的地的地区形象、地段形象和地点形象三者之间的形象定性具有相对性，在一定的条件下可以相互转化。在旅游地形象的策划中，一个旅游目的地形象在未被广泛知晓的情形下，地点形象就窝在地区形象和地段形象里，很难被感知。而当地点形象不仅广泛被知晓，而且发展成了旅游品牌，地点形象就可能转化为地区形象和地段形象，就发生了旅游地形象层次的转化，发生旅游目的地的背景形象与前景形象的转化。

旅游目的地的背景形象与前景形象相互转化有两种情况，其一，区域背景形象清晰，而旅游点前景形象模糊，突出表现为旅游热点地区中的温冷景区的形象。如北京旅游形象中的北海公园、北京欢乐谷、北京海洋馆等景区旅游形象，在整个北京旅游背景形象中十分模糊；其二，景区前景形象突出，而地区背景形象暗淡，表现为知名度大的旅游景区形象十分突出。如安徽旅游形象中的黄山景区前景形象，福建旅游形象中的武夷山景区前景形象，湖南旅游形象中的张家界景区前景旅游形象。

由于景区前景形象和地区背景形象中的出色表现，在形象层次的相互转化的发展中，便出现了旅游形象替代，或高级别的区域形象替代低级别的地点形象，或著名景点形象替代区域形象和地段形象。高级别的区域形象替代低级别的地点形象，称"背景形象替代"。如不了解某景区的游客，在他了解到某景区位于某城市后，常常以城市的形象来替代某景区形象。另一种是著名景点形象替代地区形象和地段形象，称"前景形象替代"。清晰的地点形象一旦建立起来并得以稳固发展，就形成形象外溢作用，即游客一提起某地区，脑海里便会想起该地区的某个著名旅游景点，将该旅游景点形象扩展成为所在区域的旅游形象。例如，游客一提起北京，脑海里便会想起故宫、长城和天安门，因此，故宫、长城和天安门的地点形象已替代为北京形象。再如，到福建旅游，旅游者会想起武夷山和厦门，武夷山旅游和厦门旅游已经代表了福建旅游。

旅游形象构建是旅游目的地的形象在旅游者的心目中和脑海里形成的环节、过程和结果，涉及旅游形象要素、旅游形象构建类型、旅游形象空间构建、旅游地形象构建、旅游形象层次规律等诸多方面的研究，掌握这些方面相互联系和相互作用，可以帮助获得符合实际的旅游形象策划。

第二节　旅游形象策划

有学者研究认为，我国的旅游发展经历了 80 年代的资源导向阶段，90 年代初的市场和产品导向阶段，90 年代中后期的形象驱动阶段。旅游形象策划研究起源于规划学、经济学、公关学等不同学科，旅游形象策划实践深受企业形象设计 CIS 的影响，很大程度上借鉴和移植了 CIS 的模式和方法，具有重要实践意义特征。

尽管旅游形象通常难以迎合所有旅游者，但依据心理感知规律，形象策划与宣介仍具有一些共性目标，包括扩宽传播渠道、强化正面信息、迎合大众心理、突出独特性等。

一、旅游形象系统构成

旅游形象系统构成是旅游地在客观和主观上，所给游客感知到的旅游形象的层次结构。旅游地旅游形象系统由独有资源旅游形象、核心理念旅游形象、人文感受旅游形象、旅游品牌形象等四个形象层面构成。

1.独有资源旅游形象

旅游目的地的独有性资源旅游形象是传播和给予人们的第一性印象和基础

性印象。独有资源包括自然的山川河流和人文的历史、文学、艺术等。独有资源旅游形象正是因为其独有性资源，而首先为人们所认识。

2. 核心理念旅游形象

旅游目的地的核心理念旅游形象，是由人们根据旅游资源和旅游市场所策划提炼的旅游形象理念，通过 CI 策划的方式，以旅游口号、旅游标徽等形式表现出来。核心理念通过广告、网络、电视等媒体宣传，获得人们认知。

3. 人文感受旅游形象

旅游目的地的人文感受旅游形象是由旅游目的地政府和市民态度所形成的。旅游者造访旅游目的地，在人文环境中，接受和感知的是政府所显现的地域关怀和市民所给予的热情好客。旅游目的地的人文感受旅游形象，有时会远远超出从独有性资源、核心理念所获得的印象。

4. 旅游品牌形象

旅游品牌形象是由旅游目的地提供给旅游者的优质旅游产品和旅游服务所形成的优质印象。旅游品牌形象是旅游地的核心吸引力，旅游地旅游吸引物的坚实性，来源于旅游品牌所给予了游客的优质旅游体验和优质的旅游服务。换句话说，旅游目的地旅游形象的最后支撑，就是品牌形象，是旅游产品的高质量、优质的旅游服务和高水平的旅游管理。

旅游品牌形象具有客观性、同一性和稳定性特质。旅游品牌形象的客观性，是旅游品牌形象的诸多要素，如旅游产品质量、旅游服务质量、技术水平、公共关系、广告风格等都是客观可见的事实，可以通过过硬的旅游性产品质量，金子般的旅游服务质量承诺，十分周到的旅游服务，让更多的旅游者去了解认知，并接受旅游品牌形象。旅游品牌形象是客观存在的，是旅游形象的根本。旅游品牌形象的同一性，是同一旅游品牌在不同的旅游场合和不同的旅游中，都获得相同的旅游品牌感知、看法和印象。同一旅游品牌，不论在怎样的旅游人群中，都产生同一的感知印象，是旅游品牌形象的核心标准。旅游品牌形象的稳定性，是旅游品牌形象的品牌意识、形象信誉和声望日积月累建立起来的，旅游品牌形象一旦在公众心目中形成，就不会轻易改变。即使企业行为有变化，公众也不会马上改变对品牌的看法。甚至企业倒闭了，旅游品牌形象还可以继续存在。

旅游品牌形象的客观性、同一性和稳定性特质，是独有性资源旅游形象、人文感受旅游形象、核心理念旅游形象本质的综合体现。在旅游形象系统中，独有资源旅游形象、核心理念旅游形象、人文感受旅游形象、旅游品牌形象等四个形象层面的地位和作用略有区别。处在基础地位的是独有性资源旅游形象，处在重要地位的是人文感受旅游形象，处在核心地位的是旅游品牌旅游形象，处在辅助地位的是核心理念旅游形象。四层面旅游形象共处于一个旅游目的地旅游形象系统中，互动互助，共同维护和提升旅游目的地旅游形象。然而，不论哪一个层面旅游形象不佳，都会影响旅游目的地总体旅游形象。

二、旅游形象策划原则

旅游地形象策划，首先是前期的基础性工作，主要包括受众调查、地方性研究、形象替代性分析等基础性工作。其次是后期的实操工作，具体设计旅游地的形象系统，包括进行形象定位，确定核心理念、传播口号、促销途径和一系列相关的视觉符号设计。在旅游地形象策划中，需要遵循三项原则：

1. 资源特色和市场导向相结合

根据认知规律，旅游者对旅游目的地区域空间尺度旅游地形象的认知有区别，然而，不论是大尺度旅游目的地的整体形象认知，还是小尺度旅游目的地个体形象感知，主要是取决于旅游目的地的自然和人文资源的独特性，因此，有独特旅游吸引的资源应是确立核心形象的主要依据。在旅游产品竞争日益剧烈的当代，市场需求始终应作为旅游地形象的重要依据。市场分析包括国际市场分析、国内市场分析、竞争市场分析。在以旅游市场考虑旅游策划时，需要进行旅游市场分析。分析的内容有旅游经济发展速度、旅游经济总额占经济收入的比重、人均旅游消费额、总人数、总人次、总收入、停留天数、出游时间特点、出游次数。可以说，在旅游形象策划中，资源特色是定位的基础，产品市场需求是旅游地形象的导向，需要两者相结合。

2. 整体性和层次性相结合

旅游形象策划的整体性原则休现在两方面，一是，旅游形象策划的内容应构成一个完整的形象系统，一般应具有包括形象理念、旅游口号、形象视觉符号设计等内容；二是，不同类型旅游地之间应形成整体的形象，共同打造区域旅游业品牌，增强旅游形象感召力。

层次性原则是与整体性原则相对而言的，主要指旅游地内各个旅游形象是一种有差别的统一，有主体形象和辅助形象之分，具有等级层次性。在单靠一种旅游产品很难形成可观的市场规模的情况下，需要开发二类旅游资源予以补充，壮大地方旅游业的作用。

3. 易识别性和难替代性相结合

易识别性主要是体现旅游地的地方特色，提升旅游产品在游客心中的形象。易识别性从某种意义上说就是地方性。只有体现地方性的旅游产品才有更深刻的文化内涵，才容易被识别，给游客以更深的情感体验，树立良好的旅游形象。

难替代性也与地方性休戚相关，一般具有地方性的旅游产品往往就是难替代的旅游产品。但也有例外，特别是同一文化圈内的旅游地，可能会引起旅游形象替代的现象。在这种情况下，旅游地可以按照易识别性和难替代性相结合的原则，领先定位，赢得市场竞争的比较优势。

三、旅游形象定位策划

旅游形象定位就是要选择以鲜明的形象特征，在旅游消费者心中占据一个独特的、有价值的位置。旅游形象定位以旅游发展战略定位为基础，根据旅游发展战略定位进行旅游形象定位。旅游形象定位策划要做到唯一、第一和专一。"唯一"是人无我有，"第一"是要做天下第一，"专一"是不要随便改变形象。

1. 定位基本原则

旅游形象定位策划属于旅游发展战略策划，具有指导旅游发展的重要作用。旅游形象定位策划基本原则包括优势集中、观念领先、个性专有、多重定位、突出个性、市场导向、公众认同、现实可行等八项原则。

（1）优势集中原则。依据旅游形象优势集中定位原则，旅游区域或旅游城市，旅游业都具有多种旅游发展优势，需要将旅游产业优势进行集中，将旅游发展优势聚焦到一点上，形成主体优势，所有旅游产业资源都围绕主体优势向外扩散，形成强大的旅游形象影响力。

（2）观念领先原则。旅游形象定位的观念领先原则，就是策划思想要超前，要敢于放弃和突破传统观念，引入新观念，敢于思想。因为旅游市场的竞争首先是观念的竞争，将具有新观念、新思想的旅游形象定位进入旅游市场，将会赢得主动，赢得发展。

（3）个性专有原则。旅游形象定位的个性专有原则，就是在旅游市场细分的基础上，针对细分旅游市场的潜在旅游者策划个性专有的旅游形象定位，使旅游市场营销更具有针对性。如曾有学者给桂林市旅游形象定位为"山水风光甲天下"，突出"山水风光"旅游的个性专有。

（4）多重定位原则。旅游形象定位的多重定位原则，是在国家或省大尺度旅游目的地定位中，在一个核心或主体旅游形象定位之下，需要策划多个不同层面的旅游形象定位，以利于不同尺度的旅游目的地在旅游市场上，拥有不同的发展空间。如福建省旅游形象定位"福天福地福建游"，之下有福州定位"八闽古都、有福之州"，厦门为"海上花园，温馨厦门，有魅力，更有活力"，漳州定位"水仙花的故乡"，武夷山定位"东方伊甸园，纯真武夷山"等；浙江省旅游形象定位"诗画江南、山水浙江"，之下有杭州定位"东方休闲之都、爱情之都，天堂城市"，宁波定位"东方商埠、时尚水都"，温州定位"时尚之都、山水温州"，舟山定位"海天佛国、渔都港城"，义乌定位"小商品海洋、购物者天堂"等。

（5）突出个性原则。旅游形象定位的突出个性原则，要求在旅游形象定位策划时，进行充分的旅游资源和旅游市场调查，特别是对同一旅游区域和同质旅游资源区已有的旅游形象调查，力求做到与相近相似的旅游形象定位区别开来，策划出具有鲜明个性的旅游形象。如同是山水城市，杭州旅游形象定位"东方休闲之都、爱情之都，天堂城市"，强调了休闲与爱情（白蛇传传说）的城市文脉；苏州定位"天堂苏州、东方水城"，突出苏州丝绸、苏州园林和城中水溪的特色旅游资源；桂林定位"山水甲天下、魅力新桂林"，彰显了桂林自古享有的"山水甲天下"美誉，都体现出了旅游形象定位的鲜明个性。

（6）市场导向原则。旅游形象定位的市场导向原则，要求形象定位要能体现旅游市场发展的需求趋向，能引起公众的关注，在潜在的游客心目中形成良好的预期印象和市场价值，以影响旅游者出行的旅游目的地选择。如北京针对2008年奥运会旅游市场，将旅游形象定位为"东方古都，长城故乡，新北京，新奥运"。

（7）公众认同原则。旅游形象定位的公众认同原则，要求旅游形象定位能充分反映旅游目的地和旅游客源地公众的心理需求与价值取向，通过旅游形象所包涵的要素感知与信息传播，逐渐获得公众的认同与支持。公众不接受、不认同的旅游形象定位，缺少旅游市场生命力。

（8）现实可行原则。旅游形象定位的现实可行原则，要求旅游形象定位必须从旅游目的地实际出发，既符合或贴近旅游目的地现实，又不好高骛远、盲目攀比，是一个经过努力可以达到的旅游目的地形象。[①]

旅游形象定位要符合国情，符合旅游目的地实际，旅游形象定位语言要准确，旅游形象定位要充分体现个性，旅游形象定位需要群众参与和认可，旅游形象要重视视觉设计与推广。

2. 定位基本方法

旅游形象定位是个性化形象定位，具有特色鲜明的旅游地个性化形象，应主动避免与光环区的主导形象相冲突，采取避实就虚、弱处增强的策略。

（1）领先定位方法。领先定位方法适用于具有唯一性、独一无二或无法替代的旅游产品和旅游资源，如北京故宫、长城，西安兵马俑，登封少林寺，桂林山水，武夷山等，都是世界上绝无仅有的旅游产品和旅游资源，在中国和世界上都处于绝对的垄断地位。这些旅游产品和旅游资源，根据属性所建立的旅游形象，占据形象阶梯中第一的位置，具有领先的形象。凡不具备唯一性、独一

---

① 安士伟，杨建华，杨更生．旅游形象策划技巧 [J]．企业活力．2004，1.

无二或无法替代的旅游产品和旅游资源，需要依据市场属性，采用其他方法进行市场定位。

（2）比附定位方法。比附定位方法是通过比较同类旅游产品中最负盛名品牌，来确定自身市场地位形象的一种定位方法。也是一种"借光"定位方法，借用著名景区的市场影响来突出、抬高自己的旅游形象身价。比附定位实质是一种攀附名牌的形象定位策略。通过比附同行中的知名旅游品牌，建立一种与旅游名牌形象的内在联系，使自己的旅游形象迅速进入旅游消费者的心智，占领一个牢固的旅游形象位置，借旅游名牌形象之光而使自己的旅游形象生辉。如银川旅游形象定位为"塞上江南"，四川阿坝四姑娘山旅游形象定位为"东方阿尔卑斯"，苏州旅游形象定位为"东方威尼斯"，三亚旅游形象定位为"东方夏威夷"，小浪底水库旅游形象定位为"北方的千岛湖"。比附定位方法策略有利于旅游目的地在发展初期的迅速成长。

采用旅游形象比附定位方法时注意，不可与比附旅游对象空间距离太近，因为这种定位是吸引比附对象景区的远途的潜在顾客。另外，对于已出名的旅游景区（点）和具有独特风格的旅游景区（点），不能随便采用旅游形象比附定位方法。出了名的景区，市场已经赋予它特定的旅游形象位置，重要的是维护和保持旅游形象特色位置，比附定位会冲淡原有的旅游特色，动摇原先的旅游市场地位。对于新开发的旅游景区，如果能从与其他景区的比较中找到突出的、有特点的风格，也不要贸然采用比附定位，因为比附定位永远做不到市场第一。

（3）逆向定位方法。逆向定位方法是采取反向思维方式，宣传并强调定位对象是消费者心中第一位形象的对立面和相反面，同时开辟了一个新的易于接受的心理形象阶梯。逆向定位作为差异化营销策略的一种，成功的关键是既找到与众不同的切入点，但又能迎合消费者的观念。

采用逆向定位方法需要根据不同的对象有所区别。其一，概念逆向定位。概念逆向定位就是在旅游形象营销中，推出与旅游主流消费不同的概念。如武夷山在印象大红袍形象营销中，以"转着看演出"的概念逆向定位，打破人们的"看演出"的概念，最后也以全球首创360度旋转观众席，每5分钟内即可完成一次360度平稳旋转的观看视角体验，赢得了全世界唯一展示中国茶文化的大型山水实景演出的巨大成功。其二，目标人群逆向定位。目标人群逆向定位是对市场重新细分，将目标群体定位于竞争对手的不同的市场。如2012年，武夷山风景名胜区开发了景区慢游流游产品，将到武夷山风景名胜区旅游的旅游者区分出慢游流游者，以"慢游卡"方式推动武夷山慢旅游的发展。其三，心理逆向定位。心理逆向定位就是打破旅游者一般思维模式，以相反的内容和形式标新立异地塑造旅游形象。例如河南林州市林滤山风景区以"暑天山上看冰堆，冬天峡谷观桃花"的奇特景观旅游形象征服了市场。

当然，进行逆向定位时需要注意吻合旅游发展实际，因为逆向定位方法是要在消费者的头脑中找到已经存在的但尚未被竞争对手抢占的制高点，而不要试图去改变人的观念，去徒劳地创造位置，造成对旅游形象的影响。

（4）空隙定位方法。空隙定位方法，也称狭缝市场定位，就是要发现旅游市场结构中的旅游需求空隙，在旅游需求空隙中找到旅游形象创意定位，创造鲜明的旅游形象。

空隙定位方法适用于特色优势不明显的旅游景区，利用被其他旅游景区遗忘的旅游市场角落来塑造自己旅游产品的市场形象。比如河南辉县有名的电影村郭亮村，本来是一个普普通通的太行山村，自从著名导演谢晋在此拍过一次电影后，山村开始走旅游发展道路。他们以其独特的山势、洁净的山泉水、清新的空气、干净卫生的住房条件，用比市场低得多的价格（包食宿每天10—20元）去占领附近城市的休闲旅游市场和美术院校校外写生市场。

（5）重新定位方法。旅游地形象一旦确定就具有一定的稳定性，成为旅游地在一个较长时期传播旅游形象和进行营销反复使用的旅游形象。但是，旅游地形象定位并非一成不变，时代在变，旅游竞争环境在变，旅游消费者的消费心理和需求在变，旅游目的地也处在变化发展当中。因此，旅游目的地在一定的旅游发展阶段，通过认真调查研究旅游发展趋势和竞争环境、旅游消费心理和消费需求与旅游目的地的发展情况后，可对旅游形象定位作出相应的阶段性更新。

严格意义上来说，重新定位不能算是一种定位方法，只是一种转折发展所常采用的跟进方法。有两种情形需要采用旅游形象重新定位方法，一是旅游目的地在新的旅游发展阶段采用了新的旅游发展战略，需要按照新的旅游发展战略重新策划旅游形象；二是处于生命周期的衰落期中的景区景点，通常要采取旅游形象重新定位的方法，以新旅游形象替换旧旅游形象，从而在旅游市场上，占据一个有利的旅游者心灵位置。

在旅游形象定位策划中，有两类情况是常见的，一类是旅游资源优越区的旅游形象定位策划，一类是旅游资源非优区旅游形象定位策划。对于旅游资源优越区，由于旅游资源特色明显，品位较高，开发历史悠久，基础较好，知名度较高，在旅游者心目中已建立了较为清晰和稳固的旅游形象。旅游形象的定位策划，应侧重于巩固与提升原有形象，在形象空间竞争中占据优势地位。在旅游资源非优区，由于旅游资源数量和质量相对处于劣势，旅游形象的定位策划需要充分挖掘所在区域的背景形象特点，在强调区域共性的前提下突出自身个性，利用背景形象"借船出海"，收"水涨船高"之利，达到逐渐强化旅游形象的目的。①

　　旅游形象定位在遵循上述旅游定位的基本原则和定位方法之外，还须从三个方面把握旅游形象定位。其一，把握旅游资源、历史文化和消费群体。从旅游资源调查中，明确自然旅游资源特色；从历史文化渊源中，明确历史文化传承；从分析旅游市场中，明确目标消费群体。从三个"明确"的综合分析中，得到旅游品牌形象定位的基本判断。其二，剔去同质，保留个性。通过横向同区域和同类旅游产品比较，剔去在对旅游品牌形象定位判断环节中，与同区域和同类旅游产品有相似与相同的要素，得出旅游品牌形象个性定位认识。其三，调查分析，求证确定。带着经个性定位认识的旅游品牌形象，深入到旅游景区、酒店、旅行社，进行游客调查与行业调查求证，最后确定旅游品牌形象定位。

　　旅游形象定位后，可以采用画册手法进行细节描述，也可以采用画像手法进行具像描绘。亦可以采用流行的 CIS 的形象策划方式，进行旅游品牌形象的视觉形象识别系统的设计和行为形象系统的设计。旅游品牌形象的视觉形象识别系统，主要包括旅游口号、标准用字、标徽、色彩、造型等设计。行为形象系统设计，主要是旅游服务行为和管理服务行为的设计。

　　旅游形象表述的核心原则是真实性。表述的旅游形象价值要与旅游资源价值、旅游服务设施价值等相符。要求表述用词恰当，既避免平庸用词，又要避免夸大用词；要求宣传渲染恰当，避免将旅游品牌形象烘托成超现实的梦幻。策划确定的旅游形象，仍然是假设定位，真正的定位是通过旅游地努力，经过旅游者验证，在旅游者心中树立的旅游品牌形象。

四、旅游形象建设

　　旅游形象既是旅游标志、符号，又是旅游者的体验和感受。每个旅游品牌的背后都有产品质量和优质服务的支撑，但同时又超越产品质量和优质服务而独立存在。

　　旅游形象建设，需要旅游地以核心竞争力、先进的理念、优质的服务，以及经得起考验的信誉度等方面的长时间积淀和发展，需要旅游地以强大的旅游实力作为旅游形象的后盾。依靠炒作或仿造冒充，都难以实现旅游形象的发展。

　　构筑旅游形象品牌理念，是建设旅游形象的中心问题。用旅游形象品牌理念整合旅游形象因子，将旅游形象信息综合地表现出来，呈现在旅游者面前，引起目标旅游者注意，形成对旅游地清晰、明确的印象。

---

① 周志红，肖玲.论旅游地形象系统的层次性 [J]. 地理与地理信息科学，2003，1（第 19卷第 1 期）.

缺少旅游形象建设，就会导致旅游形象传播失真。旅游形象建设过程，是一个由浅入深、循序渐进、由近及远的推进过程。旅游形象建设，就是促进旅游形象在旅游者心目中，由模糊到清晰，由表象到具体，由质疑到确信，逐渐地建立起来。

旅游形象建设需要借鉴学习其他行业领先的品牌形象建设经验。譬如强势的运动品牌形象，很少从自己的技术特性出发提炼建设品牌形象，而是通过向消费者传递一种价值观来建立品牌形象。旅游形象也需要向旅游消费者传递一种旅游价值观，如休闲、度假、养生等旅游价值观念，在推广价值观念的同时，建立起旅游形象。

五、旅游形象评价

旅游形象带给旅游业发展的市场效率是不可置疑的。策划和塑造旅游形象，具有壮大旅游业和持续性发展旅游业的战略意义。

1. 正面旅游形象与负面旅游形象评价

旅游形象评价是旅游业发展形象战略的重要保证环节。从辩证观点而言，旅游形象是正面旅游形象与负面旅游形象的组合。正面旅游形象是主导，人们常言的"旅游形象"主要是指正面旅游形象，是游客选择旅游目的地的导向。负面旅游形象不被人们提及，但却客观存在，严重的负面旅游形象会诋毁整个旅游业。旅游形象评价作用之一，就是推进正面旅游形象，预防负面旅游形象。

2. 整体旅游形象与个体旅游形象评价

旅游形象评价可分为整体旅游形象评价与个体旅游形象评价。整体旅游形象评价就是对旅游形象系统的评价，从旅游形象的体验规律、认知规律（近距离认知、远距离认知、差异认知、同质认知）和替代规律（接近替代、相似替代）等方面，评价整体旅游形象，权衡旅游形象对旅游产业的影响度和价值。

个体旅游形象评价，就是展开对旅游形象要素评价。评价旅游形象要素主要包括旅游资源的新奇度和丰满度、旅游环境（山水、建筑、道路、花木、空气）的优美度和舒适度、人文感受的政府管理规范度和居民友好度、旅游服务的亲切度和满意度等，最终测出游客对各旅游形象个体的认可度和满意度。旅游形象被认可和满意，表明旅游市场地位已经确定。

3. 旅游形象评价指标体系

旅游形象给人们的感知是多元的和全方面的，科学的旅游形象评价是一个全面和系统的评价，旅游形象评价指标体系应是全面综合的体系。有学者研究提出了旅游区域形象评价基础指标体系，包括旅游资源、旅游设施、旅游环境、区域实力、旅游服务、旅游管理、区域人员、区域精神等八个方面和 40 个旅游形象评价指标，为进一步研究旅游形象评价指标体系提供了一个很好的框架。[①]

旅游形象评价指标体系，在选取的评价项目和评价因子上，需要考虑国家的评价指标要求，如旅游形象评价指标体系中的"旅游资源"项，需按照《旅游资源分类、调查与评价》(GB/T 18972—2003)的旅游资源评价指标，收入"资源要素价值"、"资源影响力"、"附加值"评价项目，并在"资源要素价值"项目细列"观赏游憩使用价值"、"历史文化科学艺术价值"、"珍稀奇特程度"、"规模、丰度与概率"、"完整性"等评价因子；在"资源影响力"项目中细列"知名度和影响力"、"适游期或使用范围"等评价因子；在"附加值"项目中细列"环境保护与环境安全"评价因子。其他，如"旅游设施"、"旅游环境"、"旅游服务"、"旅游管理"等项，都需要采用国家评价指标标准，以符合国家行业管理要求。

旅游形象评价有校正和引导旅游形象的建设与发展的作用，需要吸纳旅游心理学、旅游美学、旅游人类学等学科的研究成果，使旅游的发展更符合人的身心需求，符合人的审美与体验需求，提升旅游生活的情调。旅游形象评价是旅游者能直接感知的形象评价，是一种看得见体会得到的形象评价。基于以上思考，通过综合各项评价项目，选取评价因子，形成旅游形象评价指标体系。

旅游形象评价指标体系包括旅游资源、旅游设施、旅游环境、旅游服务、旅游安全等五个评价项目，17个评价分项目，47个评价因子，基本涉及旅游者构建旅游地形象的主要方面。详见表5—1。

表5—1　旅游形象评价指标体系

评价项目	评价分项目	评价因子	得分
旅游资源 （20分）	资源价值 （15分）	观赏游憩优美度（3分）	
		历史文化科学艺术价值（3分）	
		珍稀奇特程度（3分）	
		规模、丰度（3分）	
		景象组合完整性（3分）	
	资源影响力 （5分）	知名度和影响力（2.5分）	
		适游期或使用范围（2.5分）	

① 章锦河.旅游区域形象价值评价指标体系的初步研究[J].安徽师范大学学报（人文社会科学版），2001，2（第29卷第1期）.

评价项目	评价分项目	评价因子	得分
旅游设施 （20分）	交通设施 （6分）	交通设施完善度（2分）	
		车辆整洁度（2分）	
		停车场规模（2分）	
	服务设施 （6分）	游客中心功能完善度（2分）	
		接待设施满意度（2分）	
		购物场所整洁度（2分）	
	游览设施 （4分）	游步道舒适度（2分）	
		休憩节点完善度（2分）	
	住宿设施 （4分）	住宿设施舒适度（2分）	
		客房卫生满意度（2分）	
旅游环境 （20分）	环境绿化 （2分）	植被覆盖率（2分）	
	环境卫生 （4分）	公共厕所、垃圾箱、果皮箱等清洁度（2分）	
		废水、废气、废渣等有害物质排放度（2分）	
	景区容貌 （14分）	道路完好、清洁度（2分）	
		自然景物、人文景物完好度（2分）	
		建筑物协调度（2分）	
		游人游览、休息设施完好度（2分）	
		景点介绍说明牌、标志牌清晰美观度（2分）	
		景区河、湖等水面清洁度（2分）	
		景区工作人员端庄整洁度（2分）	
旅游服务 （20分）	服务态度（4分）	服务态度满意度（2分）	
		有无围追兜售、强买强卖现象（2分）	
	服务水平（4分）	智能服务满意度（2分）	
		服务程序满意度（2分）	
	服务质量 （10分）	有无特定人群特殊服务（2分）	
		投诉处理质量（2分）	
		道路通畅度（2分）	
		景区游览秩序（2分）	
		饭店服务满意度（2分）	
	服务标准 （2分）	旅游项目明码标价率（2分）	

评价项目	评价分项目	评价因子	得分
旅游安全 （20分）	环境安全 （8分）	环境适宜性（2分）	
		自然灾害发生率（2分）	
		紧急救援和紧急医疗救助率（2分）	
		社会打架斗殴发生率（2分）	
	住宿安全 （4分）	住宿安全满意度（2分）	
		住宿物品安全度（2分）	
	餐饮安全 （4分）	餐具、茶具消毒合格率（2分）	
		餐饮安全满意度（2分）	
	旅游设备安全 （4分）	交通、机电、娱乐等设备完好度（2分）	
		游览设施安全率（2分）	

旅游形象评价指标体系是一个可以实际应用的指标体系，根据评价项目赋值打分评价，得出旅游形象评价分值。以记分的方式，形成旅游形象等级划分。依据旅游形象所有项目评价总分，从高级到低级，将旅游形象分为五个等级。分别是得分值域 ≥ 90 分，为五级旅游形象；得分值域 ≥ 75—89 分，为四级旅游形象；得分值域 ≥ 60—74 分，为三级旅游形象；得分值域 ≥ 45—59 分，为二级旅游形象；得分值域 ≥ 30—44 分，为一级旅游形象。五级旅游形象为品牌旅游形象，四级、三级为优良旅游形象，二级、一级旅游形象则为需改进的旅游形象。

4.旅游形象评价方法

在旅游形象评价中，可以采用主观旅游形象评价和客观旅游形象评价两种方法。主观旅游形象评价方法，就是依据旅游形象评价机构所设计的《旅游形象评价指标体系表》进行，由专业旅游形象评价人员或邀请旅游者，根据自己在旅游地获得的主观印象，按《旅游形象评价指标体系表》的旅游形象评价指标进行打分评判。主观旅游形象评价方法的主观性表现为评价指标是预先由评价机构设计的，某些方面带有主观意识。而专业旅游形象评价人员或邀请旅游者的打分评判是客观的，具有测评价值。主观旅游形象评价方法具体测评出旅游形象在游客印象中的深浅度，最后以具体评判得分的高低，分出旅游形象的等级。

客观旅游形象评价方法，要求专业旅游形象评价人员或邀请旅游者，在不带任何预先设计的评价方案的前提下，深入到景区、酒店、旅行社，进行旅游形象评价信息搜集，广泛听取游客旅游形象评价信息反馈，在充分调查的基础上，进行旅游形象认可度和满意度分析，归纳形成旅游形象评价报告。

在旅游形象评价之后,需要对旅游形象进行维护、扶持和提升。旅游形象维护,就是要重视旅游形象的差异强化,增强旅游发展竞争能力,谨防旅游形象被替代。旅游形象扶持,就是对涉及旅游形象的旅游服务的硬件和软件进行经费和培训扶持,对有损旅游形象的设施设备进行维修和更新,使之达到良好水平。

对旅游服务软件的扶持,主要是对旅游管理人员和服务人员进行有关旅游管理和旅游服务的业务培训,提高旅游管理和旅游服务水平。旅游形象提升主要工作在两个方面,一是对已呈下降水平的旅游形象和老化的旅游形象,进行提升改造,修正有损旅游形象的方面;二是对现有的旅游形象水平进一步提升,需要有创新举措和内涵式发展,使旅游形象有新亮点。

第三节　城市旅游形象策划

城市旅游形象是一个综合概念,是城市旅游者在游览城市的过程中,通过城市环境观赏游览和市民素质、民俗民风、服务态度等接触体验所形成的城市的总体印象。城市旅游形象策划,对城市旅游建设和发展有重要意义。[①]

一、城市旅游形象构成

城市旅游形象构成要素,主要包括城市旅游的硬件形象和城市旅游的软件形象两大方面。

1. 硬件形象

硬件形象是城市旅游形象的物质形象,由城市内部的城市园林、城市建筑、绿地系统、街头小品、博物馆、纪念馆、旅游服务设施和购物设施,及其城市周边风景名胜区组成。

硬件形象是城市游览的主要对象,也是城市旅游形象形成的物质基础,是旅游城市间的区别。造型优美独特的城市建筑,不仅具有观赏功能,甚至会成为旅游的热点,给游客留下深刻的印象。如悉尼的悉尼歌剧院、上海外滩等,都成为城市旅游者的必游之地。城市精雕细琢、形态优美、寓意深刻的雕像与街头艺术小品都为城市游览活动增添了活力,点缀着城市面貌,渲染了城市气氛,帮助旅游者了解城市的历史和特色,形成城市的旅游形象,如纽约的"自由

---

① 主要参考金卫东研究成果。金卫东.城市旅游形象浅析[J].城市规划汇刊,1995,(第1期).

女神"像。城市绿地系统改善了城市旅游环境，丰富了城市色彩，分隔了城市旅游空间，增加了旅游观赏内容，起到旅游景观功能的作用。城市旅游形象硬件中的城市住宿条件、交通条件等旅游服务设施的完备程度，直接影响了城市旅游的舒适程度和旅游体验效果，进而影响城市的整体旅游形象。

2. 软件形象

软件形象是城市旅游形象的精神文化形象，由市民素质、民俗民风、城市管理与服务态度等要素构成，反映着城市的精神风貌。彬彬有礼的市民，处处洋溢着笑容的优质服务，都会给城市旅游者留下美好的城市印象。

城市的精神文化形象和城市物质形态印象经过城市旅游者的心理综合，共同形成了一个城市完整的旅游形象。硬件形象是城市旅游形象的外貌，软件形象是城市旅游形象的心灵，一个完整的城市旅游形象应是外表和心灵的统一。只有美丽的外表而没有美丽的心灵，就难以给人留下美好的印象。

二、城市旅游形象策划

城市旅游形象主要是通过形象硬件和形象软件等形象载体表现出来，在进行城市旅游形象策划时，把握城市性质，统筹城市各方面因素，协调各种形象载体，创造有魅力的城市个性旅游形象。

1. 把握城市性质

城市性质是城市间的区别，也是城市旅游形象策划的区别。旅游形象策划已经有了"海港城市"、"山水观光城市"、"休闲度假城市"、"生态旅游城市"、"历史文化名城"等等各种风格迥异的城市旅游形象模式，把握城市性质，就是要为确定城市旅游形象定下基调。把握城市性质，主要方法就是依据城市核心旅游资源。城市旅游资源都是多元的，唯有核心旅游资源可以确定旅游城市性质。例如北京，旅游资源种类繁多，但最能代表北京城市性质的核心旅游资源，就是历代封建王朝所遗留下来的历史文化资源。如长城、故宫、颐和园、十三陵和天坛等，反映北京作为古老东方大国历代封建王朝都城的泱泱气势，这就确定了北京历史文化古都的旅游形象。

2. 创造城市形象个性

创造城市旅游形象独特个性，避免"千城一面"，需要立足于城市的旅游资源，依据城市特色旅游资源。确定城市特色旅游资源是策划城市旅游形象个性的重要环节。城市旅游资源丰富多元，不仅包括自然风景旅游资源，还包括历史文化旅游资源、传统商贾文化旅游资源。创造城市旅游形象独特个性，需要寻找城市特色旅游资源，需要通过城市旅游资源类比的研究，确定区别于其他城市旅游资源的特色旅游资源。城市特色旅游资源，是旅游形象个性的基础，是城市旅游形象表现的主题内容，是城市旅游形象的独特个性所在。依据城市特色旅游资源所建立的鲜明独特的城市旅游形象，可以形成为城市旅游发展的动力、旅游吸引力和旅游市场竞争力。

3. 保持城市原真性

城市的历史文化街区及其风景名胜区和城市园林，是城市旅游形象的主要载体，是树立旅游形象最重要的物质基础。在进行城市旅游形象策划时，需要对这些城市旅游形象载体加强保护，因景而异，因地制宜，保持原真性。对自然风景名胜区，保护自然特色，规划建设的人工建筑要融于自然，美化自然，与自然浑然一体。对历史人文景观，保持本来面目，规划设计的设施应保持与历史人文景观的意境相和谐，形成人文景观整体。城市旅游形象需要城市原真性支撑，需要城市原真的自然与人文对城市旅游形象的烘托。

4. 策划城市第一印象区

城市的机场、车站、码头等出入口是旅游城市对外的窗口，也是城市旅游形象的第一印象区。城市旅游形象的第一印象区是城市给予旅游者最早的印象区，也是旅游者感知城市旅游形象的首始点。城市旅游形象策划，需要精心考虑机场、车站、码头等的选址，加强机场、车站、码头建筑美化和环境绿化，与城市整体的旅游形象相呼应，让游客一进入城市就能感受到旅游城市的古朴、现代、雄伟、秀丽的独特气氛，形成对旅游城市的好印象。

5. 营造城市景观走廊

城市道路是城市旅游形象的重要载体。旅游者从机场、车站、码头到旅游景区和旅游度假区，以及旅游者在往返各个旅游景点的途中，必然会观赏城市道路两侧的景致和沿街的市容市貌。因此，城市道路是城市旅游形象感知的重要节点，需要进行景观营造，使旅游城市道路具有双重作用，既是旅游城市各旅游景点的通道，又是旅游城市景观走廊。城市景观走廊营造，主要涉及道路两侧建筑单体和群体组合造型、建筑物后退和纵深、凸出和凹入等尺度设计。通过对旅游城市道路各种景观要素的有机组合，构成城市景观走廊特有的空间秩序，使城市道路具有游览观赏的价值。当然，城市景廊设计要考虑的问题是多方面的，要考虑为人的行为和城市社会活动提供便利，又要考虑如何体现人们对空间相对独立的美学欣赏，要考虑城市道路景观走廊与整体城市旅游形象的协调与和谐。

城市绿化是营造城市景观走廊的重要方面。城市绿化可以美化城市旅游环境，净化和调节旅游城市空气，会给城市旅游形象增添清新的感动。树木和草坪的覆盖率往往成为代表旅游城市绿化水平的重要指标。在旅游城市绿化策划中，可采取植树加草坪的综合方案，做到城中有树林，树林周边有草坪，绿树成林，绿草如茵，体现旅游城市对游客的关怀。

6. 完善城市旅游服务设施

旅游服务设施是城市旅游形象的感观形象。城市旅游服务设施策划需要关怀城市游客的多元需求，以中、低档为主，科学安排不同档次的酒店、餐馆、商店等旅游服务设施，给游客安排物美价廉的、愉快舒适的城市旅游的吃、住、行服务，打造旅游城市美好的印象。

城市旅游形象策划既要具有综合性特征，又要具有个性特征，涉及旅游城市的各个方面。城市旅游形象的观赏形态要素，静观以标志性的建筑为主，动观以道路、河流等城市景观走廊为主；动静结合的以风景名胜区、城市园林等为主，由多元的点、线、面等的不同组合形式和内容，构成城市生动而富有个性的旅游形象。在城市旅游形象策划中，只要立足于城市旅游资源，把握城市的性质，确定城市旅游形象所要表现的内涵，精心策划组合城市点、线、面形象，就可以获得所追求的城市旅游形象。

第四节　乡村旅游形象策划

随着国家经济的发展和城市化进程的推进，国民收入提高和闲暇时间的增加，以优美的田园风光为主的乡村旅游，愈来愈受到旅游者的青睐。

据统计，2012 年全国共有 8.5 万个村庄开展乡村旅游，全国乡村旅游经营户超过 170 万家，从业人员达 2600 万人，其中农家乐 150 万家。我国乡村旅游年接待游客 7.2 亿人次，年营业收入达 2160 亿元，形成了农家乐、休闲农庄、休闲农业园区、民俗村、新型社区等休闲农业模式，成为乡村壮大经济的支柱产业和民生产业。有发展就有市场，有市场就有竞争。要在竞争的乡村旅游发展中，增强旅游竞争力，需要策划和建设具有鲜明特色的乡村旅游形象。

一、乡村旅游形象要素

乡村旅游是指依托乡村乡野环境、自然风光、物产等自然旅游资源和乡村民居、乡村民俗风情、乡村文化、乡村饮食、乡村生活、乡村劳作活动和乡村劳作景观等人文旅游资源而开展的旅游活动。我国地缘辽阔，乡村自然地理环境不一，乡村产业不同，就构成了不同的乡村旅游形象。

乡村旅游形象分为村落旅游形象和村镇旅游形象。村落旅游是乡村旅游的主体，内容丰富，给旅游者的旅游形象感知形象要素，分为村落环境、村落生产、村落生活、村落文化、村落旅游服务等五个形象要素层。

村落环境形象要素，包括地理环境(山川河流、草原)、自然风光(湖光山色、静谧的树林、奇异的植物)、特色乡村景观、清新空气、乡村气候、乡村环境设施等主要村落环境形象要素，在乡村旅游形象策划中，都是旅游者对乡村旅游目的地形象最重视的部分。村落生产形象要素层，包括生产设施、农林渔牧生产、特产、乡村手工艺品制作、乡村主题生产体验活动、劳作方式、野生动植物、乡村景观因子等主要村落生产形象要素，在乡村旅游形象策划中，都是旅游者对乡村旅游目的地形象参与体验的部分。村落生活形象要素，包括特色民居、特色餐饮、传统饮食、传统服饰、生活设施等主要村落生活形象要素，在乡村旅游形象策划中，是旅游者体验乡村生活的主要方面。村落文化形象要素，包括乡村传统文化、乡村民俗风情、风俗习惯、乡村节庆活动、乡村夜间生活与娱乐活动、乡村戏曲、乡村音乐、乡村舞蹈、乡村古文物、古器具等主要村落文化形象要素，在乡村旅游形象策划中，是旅游者的乡村文化体验方面。村落旅游服务形象要素，主要是旅游基础设施和旅游服务设施。旅游基础设施包括道路、桥梁、交通。旅游服务设施包括住所、卫生间、指示牌、垃圾箱、乡村住宿与环境、住宿价格、餐饮价格、乡村购物环境、基础设施、医疗、卫生、治安条件等村落旅游服务形象要素，是乡村旅游发展的基本保障条件，也是乡村旅游形象的基本内容。

村镇旅游是乡村旅游的重要部分。村镇旅游在村落旅游氛围中，添加了城市街市的店铺文化，使村镇旅游相比村落旅游显得更为厚重。村镇旅游形象要素主要体现在村镇街市的传统店铺上，突出的是中药铺、磨刀铺、染坊等，以及糖画、泥人、剪纸等民间工艺的街市上现制现卖，体现了村镇区传统店铺有别于城市的商业特色，使游客感受到村镇传统商业气息。

在乡村旅游形象策划中，最初的分析就是乡村旅游形象要素，分析乡村旅游地所处的地理自然环境，即"地脉分析"，认识乡村旅游环境和乡村旅游资源形成的地质地理原因；分析乡村旅游地的文化历史，即"文脉分析"，掌握乡村旅游地文化和民俗形成的渊源和演变。

在乡村旅游形象策划中，需要就游客对乡村旅游形象要素感知进行测量。通过对旅游者感知价值因素分析，确定乡村旅游形象策划的重点要素。测量乡村旅游形象要素分为乡村特色、环境卫生、活动项目、旅游服务、旅游设施五个项目层，每个项目层中设立具体因子层，通过对游客进行问卷调查，对游客心目中的感知因素价值进行打分和权重比较，得出乡村旅游形象策划的重点。

我国的许多乡村旅游地，都是乡村原生文化保持较完好的地区，原生态的文化成为乡村旅游形象策划的灵魂所在。乡村独具特色的耕织渔牧，独具风情的民居、服饰、饮食、婚嫁、交往等民俗，包括乡村历史事件和军事遗址、古战场等，都对旅游者充满了吸引力。在旅游活动中，旅游者通过对乡村生活的参与，体会乡村文化，获得对乡村旅游地的形象感知和认同。

二、乡村旅游形象策划

乡村旅游形象的策划，就是乡村旅游定位的策划和乡村旅游发展的策划。乡村旅游在区域体系中，强调"一村一品"，强调特色。乡村旅游形象策划，就是将"一村一品"的乡村旅游形象具体化，使之容易被旅游者感知，被旅游者认可和接受。

1. 策划原则

乡村旅游形象的检验者是旅游者，乡村旅游形象策划需要吻合旅游者的乡村旅游需求趋向。在类型繁多的乡村旅游中，旅游者愈来愈青睐于具有原生文化而且美丽的乡村，要求在乡村旅游形象策划中，讲求文化原创性原则、生态美学原则和市场原则。

（1）文化原创性原则。文化原创性原则要求乡村旅游项目和旅游产品开发所依据的旅游资源，具有乡村地理、文化资源上的独特原生性和原创性特质，在景点布局、功能分区、旅游项目、游客服务品质等方面，不照抄照搬他处乡村旅游景点的做法，为本乡村游客所精心设计，体现出差异化创意。在文化原创性原则下，旅游者所获得的乡村旅游形象感知，就是在乡村的土壤里生长出来的。

（2）生态美学原则。生态美学原则要求在乡村旅游形象策划中，注重乡村自然环境生态美，注重农渔牧业资源的应用美，注重自然与人和谐美，使游客享受到视觉、听觉、触觉、嗅觉、味觉和心灵感觉的乡村盛宴。

乡村旅游形象策划需要符合生态美学的三个基本特征，其一，生命力特征，要求所策划的乡村旅游形象具有良好的生态循环再生能力；其二，和谐特征，要求策划的乡村旅游形象体现乡村建筑与自然互惠共生，相得益彰，浑然一体；其三，健康特征，要求在人工与自然和谐的前提下，创造出无污染、无危害，使人生理、心理得到满足的健康旅游环境。

（3）市场原则。市场原则是在市场经济环境下产业发展的基本原则。乡村旅游形象策划，必须面向目标市场，围绕该乡村旅游最突出、最有特色、最有代表性的方面进行策划，并将人的活动性和舒适性作为形象策划设计的出发点和归宿点，注重对游人舒适度和心理需求的把握，回应市场需求。

乡村旅游形象策划三原则的根本是乡村的自然，自然的乡村风貌，纯朴的乡村民俗，带有历史传承的乡村生产，恬静的乡村生活，这是乡村发展旅游的基础，也是乡村旅游的根本形象。

2.理念形象策划

乡村旅游理念形象是对乡村旅游资源开发策略、乡村旅游产品定位、乡村旅游发展方向和前景目标高度概括的形象，是乡村旅游发展的指引性形象，体现乡村旅游的经营哲学，能够激发乡村旅游发展活力，凝聚服务团体精神，推进乡村旅游管理和发展。乡村旅游理念形象是整个乡村旅游形象系统的基石，为乡村旅游意境形象、乡村旅游感官形象和乡村旅游服务形象策划定下了基调。

乡村旅游理念形象以乡村为根，特别是以乡村百姓为基础，突出农渔牧景象、乡村生活、乡村文化主题，体现乡村旅游文化、风俗以及生活形态。使旅游者感受到乡村旅游的自然、随和、淳朴的文化形象。

乡村旅游理念形象策划一般遵循四个基本原则，一是个性化原则，强调乡村旅游理念要体现乡村旅游的独特风格和鲜明个性，体现乡村旅游村落间的理念差别。二是文化性原则，强调乡村精神、乡村民俗、乡村特点，体现乡村文化区别。三是简洁性原则，强调理念概括简洁明了，富有识别性。四是多样化原则，强调乡村旅游理念表达方式多样化，在语言结构、表达方式的设计上，围绕理念传达、理念宣传的活动上，都要求策划丰富多彩。

乡村旅游理念形象策划，在充分理解乡村特性和发展的基础上，提出乡村旅游理念，如"观光乡村"、"休闲乡村"、"度假乡村"、"民俗乡村"、"文化乡村"等。在乡村旅游理念下，建设形成相应的乡村旅游类型，建立起旅游者的特定乡村旅游理念形象。例如，在观光乡村旅游理念下的乡村旅游，以优美的乡村绿色景观和独特的乡村生产过程作为旅游吸引物，吸引城市居民前往参观、参与、购物和游玩。在休闲乡村旅游理念下的乡村旅游，突出休闲度假主题，以乡村旅游资源为载体，以形式多样的参与性旅游活动，满足游客休闲娱乐、身心健康、自我发展的旅游需求。

再如，在乡村文化旅游理念下的乡村旅游，以乡村民俗、乡村民族风情以及传统民族文化为主题，将乡村观光旅游与文化旅游紧密结合，让旅游者在领略乡村风光的同时，在乡村田野山坡的山歌牧笛和乡间野趣中，感受丰富多彩的民俗风情，欣赏充满情趣的乡村文化艺术，体味几千年历史淀积下来的乡村文化。

乡村旅游理念形象还包含着乡村旅游管理者、乡村旅游经营者和乡村百姓的乡村旅游价值观和行为准则，激发情感力量，激励乡村旅游发展。

3.意境形象策划

乡村旅游地独特的人居环境、生产形态、生活风情和田园牧场、渔港风光，体现出一种回归自然、天人合一的意境形象。乡村意境是乡村在长期历史发展过程中，生产生活要素积累和沉淀，以及乡村自然景象中所表现出来的情调和境界。乡村旅游意境形象贯穿了整个乡村游览活动中，通过乡村鲜活新奇的文化氛围和乡村特质的景观，使得游客在游览过程中，情景交融，融入乡村，获得情景交融的乡村意境形象体验。

乡村旅游意境形象的策划，首先是乡村氛围形象的设计。乡村氛围形象是一种聚合多种旅游形象要素的有机整体，形成乡土气息浓郁的整体氛围，具有无比的意境和神韵。策划中，需要充分利用乡村传统民居建筑形式上的美感、空间感，保留"凤篱"式建筑、"干栏"式建筑、"石头王国"屯堡等民居建筑，从材料、结构、功能和风格等多方面融入形象识别元素。乡村氛围形象是旅游者形成对旅游地良好印象的最有效途径之一。要求乡村氛围形象构成要素的物质表现形式的空间组合和表意要符合旅游者的心理需求，体现出强烈的乡村个性化色彩，给予旅游者鲜明、生动的体会。

其次是乡村景观形象设计。乡村景观主要由乡村聚落、乡村建筑和乡村环境构成。乡村聚落是农家生产和生活的主要场所，形态、分布及建筑布局特点，反映了村民们的居住方式，是乡村景观中最具冲击力的视觉符号。乡村建筑是一种土生土长的乡村文化与精湛技艺相融合的结晶，人文之美在其中表现得淋漓尽致。乡村环境在外观上表现为"人—村落—环境"的有机结合。在选址上，乡村讲究自然，或背山面水，或择水而居，给人以"山川秀发，绿林阴翳"的景观意象。在乡村景观形象设计中，需要符合乡村自然地理环境背景，做足乡村的田园、牧场、渔港、劳作的山野情趣，让旅游者获得新鲜和亲切景观的感动。

乡村旅游意境形象中的村镇，特别是古镇的旅游意境形象策划，需要传承古镇文化气息，还原历史生活场景，恢复青石板路和历史上的中药铺、磨刀铺、染坊等，再现传统特色的木铺板和木花格门窗，将糖画、泥人、剪纸等民间工艺的现场制作表演引入古镇，再现古镇商业特色，让游客感受古镇的传统商业意境。

乡村旅游意境形象策划，需要营造乡村旅游大环境，特别是旅游者的乡村消费环境、乡村旅游的经营环境和乡村旅游管理的行政环境。

4. 感官形象策划

感官形象是人们通过眼、耳、鼻、口四大器官对外界感知形成的印象。乡村旅游感官形象策划，包括乡村旅游视觉形象、乡村旅游听觉形象、乡村旅游味觉形象和嗅觉形象的策划。

乡村旅游视觉形象是乡村旅游形象的面孔。旅游者通过乡村的田园、牧场、渔港、村容村貌、乡村旅游景点的观览，能够直观地了解和感知乡村旅游的整体形象和风貌。所以，乡村旅游视觉形象的策划，需要把多彩的田园、青青的牧场、金色的渔港和美丽的乡村呈现给旅游者，构建美好的乡村旅游视觉形象。

乡村旅游听觉形象包括乡村特色的方言、民歌、戏曲和乡村的鸟鸣声、流水声、风声、雨声、松涛等自然声音。乡村旅游听觉形象策划，通过减少噪音，挖掘整理乡村的民歌、民乐、民谣、酒歌，需要开发瀑布、溪流、鸟林，形成乡村旅游听觉形象系统。乡村旅游味觉形象策划，主要是借助乡村特色美食，强调乡村味道。同时，发展生态食品和生态佳肴，使之成为乡村旅游的吸引物，以乡村饮食文化构建乡村旅游味觉形象。乡村旅游嗅觉形象策划，搞好乡村环境卫生，广种花果，消除异味和臭味，突出林木气息、花香、果香、茶香、清新空气等乡土自然气息，营造清新宜人的嗅觉体会。

5. 风情形象策划

乡村旅游风情形象是乡村旅游形象中最突出的文化形象。乡村旅游风情形象是乡村在长期的社会历史发展中所积淀的独特的乡村地域文化、风俗习惯和生活方式。乡村旅游风情形象策划，应挖掘整理各具特色的乡村民俗风情，从乡村的吃、穿、住、行、娱等各方面演绎原汁原味的民俗风情。例如，青海省互助土族自治县将土族乡村旅游风情形象整理为轮子秋、安召舞、宴席曲、七彩的服饰、醇香青稞酒，以及独特的节日安召纳顿节，构建了具有土族民族特点的乡村旅游风情形象系统。

6. 旅游服务形象策划

旅游服务形象是在乡村旅游服务中体现出的乡村旅游形象。乡村旅游服务形象是乡村旅游发展中最具关键性的旅游形象，一旦乡村旅游服务欠佳，将毁掉整个乡村旅游形象。

乡村旅游服务形象策划，主要包括乡村旅游从业人员的素质要求和旅游服务行业标准要求。要塑造良好的乡村旅游服务形象，需要加强对乡村旅游从业人员的旅游培训，引进优秀的旅游专业人才，制订《乡村旅游服务质量标准》进行衡量和考核，按照《乡村旅游服务质量标准》树立旅游服务形象。

进入 21 世纪，我国各级政府开始关注乡村旅游服务质量标准。2006 年合肥市旅游局出台《合肥市乡村旅游示范点服务标准（试行）》，2007 年浙江省发布《乡村旅游点服务质量等级划分与评定》，2009 年河北省旅游局颁布《河北省乡村旅游服务质量标准》（DB13/T1009—2009），提出了乡村旅游服务标准的完整体系等等，为研究乡村旅游服务质量标准提供了一个很好的范本。

制定和实施乡村旅游服务质量标准发展，细致周到地安排游客乡村旅游生活，切实解决旅游者的困难和合理要求，提高乡村旅游服务质量，树立热情周到的乡村旅游服务形象。

三、乡村旅游形象建设

乡村旅游形象是旅游者对乡村旅游的总体认识和评价，是乡村旅游的无形价值。在我国乡村旅游的快速发展中，乡村旅游地形象建设正在发挥着越来越重要的作用。在其他条件都具备的情况下，乡村旅游形象建设主要在村容形象整合和文化形象提升两个方面。

1. 村容形象整合

人们对事物的认知都是遵循着一定的逻辑程序关系，总有从表及里、从高级别事物到低级别事物的过渡。乡村旅游地在被人们所认知时，总是被置于大的环境背景中进行识别。村容是旅游者对乡村感知的第一形象，在乡村旅游形象建设中，需要对村容进行整合。

村容形象整合，就是村落形象整合。乡村村落是一个以自然成分为主的人工生态系统，一个自我组织、自动调节的开发系统，一个有人参与的主动系统。因此，在对乡村村容进行整合时，要遵循生态规律，树立生态观念，用生态美学标准进行构思、加工、改造和评判。传统美学中，强调乡村建筑形式与功能的结合，注重体量、色彩、比例、尺度、材料和质感等视觉审美要素及空间给人的心理感受。其实，在自然界中，众多生命与其生存环境所表现出来的协同关系与和谐形式，本身就是一种自然的生态美。在村落形象整合中，坚持人与自然和谐，坚持自然与原貌和谐，做到不准推山、不准填塘、不准砍树；注意传承乡村建筑文化，保护、修复富有特色的古村落、古建筑群、古戏台，避免建筑风格、道路、服饰、饮食、生产工具，以及劳作方式等不协调、不统一，造成乡村形象错觉。

在村容形象整合中，需要辩证对待村落形象中的正面形象要素和负面形象要素。对待乡村村落某些愚昧、落后、与时代精神不符的形象要素，即便是具有独特性也应予以省略。对于代表了乡村村落健康、淳朴、生态等能够满足旅游者潜在心理预期的形象，如大片的野花山坡、幽静的小庭院、篱笆墙等充满乡土气息的形象符号，要予以适当的放大，加大宣传的力度，使其在旅游地形象体系中凸显出来，吸引更多的潜在旅游者。

恢复乡村村落的自然生态环境，再现乡村的鸟语花香和风声虫鸣，为过惯了都市生活的人们，建设一种现代化、商业化气息不那么浓重的乡村生活，回到相对简朴的生存环境和生活模式。以生态的生活理念的变化引发生活形式的转变，满足游客欣赏自然风光和休闲的需求，体现真正的乡村旅游休闲度假功能。

2. 文化形象提升

随着乡村旅游的深入，旅游者更注重乡村文化体验，要求在乡村旅游形象建设中，注重对文化的梳理，找到精神主线，满足游客对乡村传统风俗和文化的体验要求。乡村旅游经济根本上是注意力经济和吸引力经济。提升乡村旅游吸引力是乡村旅游形象建设的根本目的，也是乡村旅游文化形象提升的基本要求。

乡村旅游文化形象提升分两个方面，一是乡村传统文化的整理和提升，二是乡村文化的旅游创意提升。乡村传统文化的整理和提升内容，涉及乡村生产、生活、饮食起居、文化娱乐、婚姻嫁娶、信仰崇拜等诸多乡村文化。我国乡村传统文化资源极为丰富，民间工艺、民间音乐、民间美术、民间舞蹈、地方戏曲、神话传说、史诗民谣、传统建筑等数不胜数，经过历史的沉淀，已经扎根于农村的广阔土地，成为乡村旅游文化形象建设的精神血脉和延续基因。乡村旅游文化形象提升，需要将悠久的乡村历史、动人的乡村传说、瑰丽的乡村色彩和独特的乡村情趣，以及乡村风俗习惯、道德风尚，转化成乡村旅游产品，成为乡村旅游的重要组成部分。根据乡村文化特色，建设"民间绘画艺术村"、"民间剪纸艺术村"、"民间陶艺村"、"民间刺绣村"、"民间曲艺村"、"民间杂技村"、"茶村"等乡村旅游文化村落，提升乡村旅游的文化品位。

乡村旅游文化创意正成为一种新兴乡村旅游形式。乡村旅游文化创意特点，就是用文化艺术创意形式表达和提升乡村旅游资源的文化内涵。如农业田园的创意，将乡村田地的大地艺术化，营造富有造型的、具强震撼性的乡野景观。民居庭院的创意，通过挖掘乡土自然材料，以现代生态设计手法，表现民居庭院的原生态性。如台湾利用谷仓的造型，建造了具特色的谷仓小别墅；以青蛙文化，创意建造了"青蛙丫婆"民宿，在花草树林间，游客可以与台湾三分之二的蛙类相遇，一到晚上，热情的民宿主人就会带着游客们体验赏蛙的乐趣。①大的乡村旅游文化创意是建造乡村创意旅游综合体。乡村型创意旅游综合体是依托乡村景观风貌、民风民情，以实现农业旅游化为导向，对一个村或几个村进行土地集约化、景观化、生态化、科技化的开发利用，建造具有主题化、规模化、复合能、现代化、开放性的乡村旅游聚合空间形象，实现乡村旅游发展的更大价值。②

乡村旅游发展，呼唤策划和建设旅游形象，这是乡村形象在旅游经济发展时代的回归。我国的乡村本来就有形象，一种田园牧歌的形象，只是因为年代的久远，人们淡化了乡村形象；或者是历史的久远，人们厌倦而任其毁坏。我

---

① 汪平.用创意提升福建乡村旅游 [N].中国旅游报，2013—05—01（08 版）.

② 深圳市古兰景观设计有限公司.乡村型创意旅游综合体 [EB/OL].深圳市古兰景观设计有限公司网.

国的乡村，文化内涵深刻，给乡村旅游形象策划提供了宽阔的舞台，也将通过乡村旅游让人们重新感知乡村，品味乡村。

第五节　旅游形象传播策划

随着社会的进步和发展，品牌消费已经成为世界消费的趋向。有研究认为"品牌是世界上有价值的一个巨大的杠杆，它能撬动人类发展的车轮"。[①]旅游形象塑造与提升，目的是为了增强旅游形象对旅游者的吸引力，扩大旅游地旅游影响力，增强旅游地竞争力，促进旅游地区域经济的快速发展。

我国最初的旅游形象塑造与提升，是借助企业 CIS 视觉识别系统的传播方式进行，将旅游形象的内涵和旅游形象主题，转变为具有视觉冲击力的视觉符号传达给旅游消费者，达到传播、塑造与提升旅游形象的目的。进入到21世纪，旅游形象塑造已逐渐进入到整合传播阶段。旅游形象传播策划，包括整合传播工具、拟订旅游形象传播方案、节会活动传播、口碑传播和传播过程控制等环节。

一、整合传播工具

整合传播工具主要将广告、电视、互联网、报纸、广播等信息传播工具进行组合，为旅游形象传播服务。在旅游形象的传播中，根据旅游形象战略需要和旅游地财力，需要重点运用好广告、电视、互联网、报纸等传播工具，拟订好广告、电视、网络、报纸等媒体组合传播方案。

1. 广告

旅游形象广告宣传的直接目标就是为了提高旅游地知名度、认知度、认同度、美誉度与满意度。开展旅游形象广告宣传，不仅重塑和提升旅游形象，更重要的是增强旅游吸引力与辐射力，促进旅游业发展。旅游形象的塑造与提升，必须做好旅游形象广告策略策划，拟订出系统的、精准的广告传播策略，然后高效执行。

旅游形象广告的展示有户外广告、电视广告、报纸广告等多种方式。户外广告是旅游形象展示和传播的重要形式。美国著名规划师凯文·林奇把道路、节点、区域、边界、标志物，定位为景观形象的五大要素，共同组成旅游地的"可读性"和"可意象性"。在凯文·林奇所确定景观形象的五大要素地方，正是

[①]　王永记. 访中原旅游策划人——原群 [N]. 西部时报，2005—09—13（第 12 版）.

旅游户外广告的首选位置。旅游户外广告的第二地点是在第一印象区,即旅游地对外交通的火车站、机场、港口、码头、高速公路收费站、旅游风景名胜区等游客最容易形成旅游地印象的地方。第三是旅游地的光环效应区,即能使游客的印象产生放大作用的区域,包括旅游地中心商务区、历史古城区、游憩商务区等。城市旅游户外广告的设置,要依据城市布局和夜景整体效果等做好统一的宏观与微观规划,注意通过城市旅游户外广告"点"布局(风景点、城市重要节点)、"线"布局(城市干道)、"面"布局(城市夜景),形成富有特色的广告群景观和良好的城市夜景效果。

2. 电视

电视最突出的优势就是形声兼备,生动形象,受众广泛,选择电视做旅游形象广告最为合适,效果更好,可作为主打媒体。旅游形象电视广告具体投放方案,本市电视台可以采取连续性媒体策略,本省电视台与中央电视台可采用间歇式策略。对目标受众比较集中的大城市,可在当地城市有线电视台或卫视台投放,不一定选择覆盖全省各地区的省电视台。频道、栏目与时间的选择方案,需要在分析目标受众对电视媒体的具体接触情况、个人需求产生的时间特点、各频道与栏目的受众构成、有效到达率、成本等因素的调查分析后制定,提高投放的准确度与有效性。投放的内容以1分钟以内的城市形象广告片为主,几分钟的形象专题片为辅。

3. 互联网

互联网是发展最为迅猛的新兴媒体,传播对象面广,信息量大而灵活,表现手段丰富多彩,内容种类繁多,具有较强的互动性、趣味性与亲和力,传播时不受时空限制,受众可随时进入,发布的信息还可以及时更正、完善,而且它的受众群体大都是旅游形象宣传的主力对象。旅游地应在互联网上做好宣传网站与专题网页,系统宣传旅游信息,突出特色旅游,及时更新、完善网页旅游内容。此外,还需要在网易、新浪、搜狐、雅虎、中华网等门户网站的旅游类栏目里建立旅游专题宣传网页,同时建立大量的搜索引擎,以扩大浏览量,扩大影响。

4. 报纸

报纸是影响力非常大的新闻媒体,也是旅游形象宣传的主要阵地。不过,在报纸上的宣传应主要以旅游形象的新闻、软性报道及反映游客、外地投资者、专家政要名流的感受、印象、评价、游记等方面文章为主,根据需要可刊登少量的关于旅游形象宣传的系列广告及旅游地举办的大型经贸、文化等方面的活动广告。关于报纸的选择,应以报纸本身的影响力及涵盖目标受众的多少作为主要选择标准。如做旅游形象的广告宣传,应以晨报、晚报和旅游类报纸为主。

在旅游形象的传播中，还可以整合纸质、影像制品资源，制作不同档次、内容的旅游形象宣传画册、系列图书、VCD形象专题片、广告宣传展板或易拉宝，在举办的各种经贸文化活动、招商洽谈活动、展览会、重大节庆活动的现场分发给来宾；在各大宾馆大堂与客房、各旅行社、主要旅游景点摆放，供游客浏览、阅读；在全国各书店发行销售，或委托专门机构代为分发。

二、节会活动传播

为了使旅游形象尽快传播，每年可以组织开展一些有较大影响力的政治、经济、文化、体育等节会活动，提高旅游地的知名度、认知度、认同度、美誉度，提升旅游地旅游形象。开展旅游形象宣传，不仅要重视媒体宣传，更要注重活动宣传。旅游地举办的任何一项面向社会各阶层公众，尤其是有广大旅游地外来人员参加的政治、经济、文化、体育等大型活动，不仅可以吸引很多旅游地外来人员参加，让人们在活动中更好地了解、感受旅游地的发展变化，传播旅游形象，另外，还可吸引很多新闻媒体的关注，增加旅游地在媒体的曝光量，从而传播旅游形象。比如，1999年昆明举办的世界园艺博览会、2001年上海举办的APEC会议及2010年举办的世博会，2008年北京举办的奥运会，以及一年一度的广州广交会、大连的国际服装节、青岛的国际啤酒节、潍坊的国际风筝节等，都是有国际影响的节会活动，对在国内外传播旅游地形象产生了积极的作用。一些中小城市，比如江苏盱眙举办中国盱眙国际龙虾节、海南博鳌举办博鳌亚洲论坛，也大大提高了旅游地知名度，传播了旅游地旅游形象。

节会活动传播还可以整合利用旅游地特色节日、知名企业与名牌产品、名人、旅游景点等资源，扩大旅游地影响力，提升旅游形象。比如，青岛充分利用海尔、青啤、海信、双星、奥柯玛"五朵金花"，来宣传旅游形象；徐州也利用维维、徐工、红杉树与苏烟等知名品牌来传播徐州旅游形象。旅游地居住着很多社会名人，如作家、画家、舞蹈家、歌唱家、体育明星、艺术明星、知名学者和著名影星，名人本身就是重要的旅游形象传播资源，借助名人不仅可提高旅游地的文化品位，而且可极大地提高旅游地旅游形象。孔子对曲阜、周恩来对淮安、毛泽东对湘潭等等，都产生了无法估量的旅游形象传播效益。著名的旅游景点，也是旅游地的一张形象名片。很多人之所以知道桂林，是因为"桂林山水甲天下"。黄山市、武夷山市、张家界市等地，都是因为拥有世界闻名的旅游景点而名扬天下。

旅游形象策划是由认识旅游形象构建规律开始，到认识旅游形象构成，到旅游形象策划和旅游形象传播策划。旅游形象策划是一个认识旅游地旅游发展规律的策划。旅游形象传播策划的基础是对旅游地旅游形象的认识，从旅游地旅游形象建设需要出发，选择旅游形象传播方式和传播工具，拟定有效的旅游形象传播方案，可以把旅游形象打造成品牌形象。

三、口碑传播

口碑传播是旅游市场中最强大的控制力之一。心理学家指出，家庭与朋友的影响、消费者直接的使用经验、大众媒介和企业的市场营销活动共同构成影响消费者态度的四大因素。由于在影响消费者态度和行为中所起的重要作用，口碑被誉为"零号媒介"。口碑传播被视为当今世界最廉价的信息传播工具和高可信度的宣传媒介。

口碑传播在旅游形象传播中，是最具重要性的传播方式，甚至是最有价值的传播方式。因为，口碑传播是口口相传，是来自游客对旅游地亲身体验的经验传播，具有真实的说服力。旅游形象口碑传播主要是从旅游消费者满意结果的角度来进行，旅游消费者满意源自感知的旅游服务质量与旅游消费者预期的旅游服务质量之间的比较。

计算机和互联网的出现，给人际传播提供了新的方式。网络传播颠覆了传统的人际面对面的传播方式，构建借助互联网媒体进行交流沟通的网络口碑传播方式。人们正在习惯通过互联网来获取口碑传播信息。手机、电子邮件、微博、微信都是网络口碑营销的最典型方式，相比于传统的传播渠道，网络口碑传播更活跃，借助网络的力量，口碑传播的数量、广度和深度都在大规模增加。

旅游形象口碑传播分正面口碑传播和负面口碑传播。旅游消费者由满意的旅游服务质量，而由衷的旅游形象评价和感知传播为正面口碑传播。旅游形象正面口碑传播，在影响旅游消费者购买决策的同时，提高了旅游消费者对旅游产品及其服务的预期。然而，如果旅游消费者的旅游服务被忽视，旅游消费者预期的旅游服务质量无法实现，令旅游消费者大失所望，最终使正面的口碑传播变成了负面口碑的传播。为了促使旅游消费者持续满意的正面口碑传播，旅游地必须通过不断创新来提升旅游产品和旅游服务质量，以满足旅游者不断提高的旅游消费预期。

一个旅游形象的传播，单纯依靠传播方案和旅游产品体验去传递旅游价值观和形象概念，树立旅游形象是不够的，重要的是旅游地在旅游设施和旅游服务等方面的高质量，才能使旅游形象永驻旅游者心中。

四、传播过程控制

旅游产品的不可移动性，决定了旅游产品需要形象传播，使其为潜在旅游者所认知，产生旅游动机，最终实现出游计划。旅游研究表明，旅游形象是吸引旅游者最关键的因素之一，"旅游形象"使旅游者产生一种追求感，进而驱动旅游者前往。因此，如何有效传播旅游形象，是旅游地重要的发展问题。

传播过程控制是要求在不同时空的传播过程中，保持旅游地形象信息的一致性。系统拟订好旅游形象传播的信息策略，在不同媒体的宣传与各项营销推广活动中确保信息的一致性，不能偏离旅游形象定位与主题信息。在旅游形象传播中，所制定的一系列综合性互动性的传播方案，包括广告、公关、节庆活动、展销会、网络营销和在线互动节目等等传播方案，要求始终贯穿旅游形象观念。旅游形象传播方案必须大胆而富有创意，充分发挥想象力，而不是墨守成规。

对不同规模尺度的旅游地和不同远近距离的旅游地，旅游形象信息的高密度传播和渗透，都有利于提高旅游形象知名度，克服距离长短和空间大小的制约，特别对小尺度的旅游地或旅游区的旅游形象传播尤其具有实际意义。

旅游形象传播过程，是旅游形象的建设和发展过程，也就是提高和铸就过硬的旅游产品质量、旅游服务质量、技术水平的过程，同时也是旅游形象获得认同的过程。在旅游产业发展过程中，必须通过高质量的旅游服务和旅游管理，支持旅游形象的策划和传播。

旅游形象建设是旅游形象传播的基础。旅游形象传播是形成旅游知名度的前提。如何传播旅游形象，并使旅游形象得到认同，是旅游形象发挥领军和带动作用的关键。在激烈的旅游市场竞争中，旅游形象策划已成为旅游地占领旅游市场制高点的策划战略。通过旅游形象策划和传播，提升旅游形象竞争力。

第六章

旅游项目策划

旅游项目是旅游者所具体购买的旅游活动消费项目。旅游项目策划是通过一系列的市场调查、信息的收集与处理分析之后，以旅游资源为载体，以旅游活动为主题，策划出契合旅游者消费动机和旅游需求的旅游活动项目。

第一节　旅游项目策划范围、理念、原则、方法

旅游项目策划是在熟悉旅游资源和掌握旅游市场需求的基础上所进行的智力创造活动。要做好旅游项目策划，还需要熟悉和掌握旅游项目策划范围、理念、原则和方法，这是旅游项目策划的工作起点。

一、策划范围与环节

旅游项目策划范围与环节是对旅游项目策划的外延与节点，旅游项目策划范围是要熟悉旅游项目策划的内容宽度，旅游项目策划环节是要掌握旅游项目策划步骤的要求。

1. 策划范围

旅游项目是旅游业发展的基本要素。旅游是一个多元的活动，是一个从自然到文化，从文化到心灵的活动。旅游项目也相应是多元的，具有多向性、季节性、猎奇性和整体性。旅游项目策划就是对旅游活动的全面策划，是一个涉及广泛性旅游活动的策划。有学者将旅游所涉及的旅游项目策划范围归纳为八类：

（1）旅游观光游憩类：景区、公园、娱乐区、游乐区、主题公园、体育园区、康疗区、旅游商业区等；

（2）旅游接待服务类：宾馆、饭店、餐饮、会议、展览等；

（3）旅游营销类：旅游商务、旅游媒介广告等；

（4）旅游交通类：旅游公路客运、铁路客运、航运、水运等；

（5）环境保护和建设类：旅游园林、生态恢复、古建、艺术装饰等；

（6）旅游设施生产类：旅游车船交通工具生产、游乐设施生产、旅游工艺品加工、饭店用品生产等；

（7）旅游商业类：土特产品、旅游购物等；

（8）旅游咨询规划类：规划、策划、管理、投融资、景观设计等。

人们旅游活动内容丰富，说明旅游项目策划的综合性和复杂性，也说明了旅游项目策划的难度。在具体的旅游项目策划实践中，主要的和经常性旅游项目策划有六类，具体是旅游观赏游览项目、旅游休闲游乐项目、旅游娱乐项目、旅游纪念品及商业项目、旅游餐饮项目和旅游住宿项目。

2. 策划环节

旅游项目策划是一个科学策划，需要掌握旅游资源评价、旅游市场需求分析、旅游项目策划、旅游政策法规、旅游工程技术等旅游项目策划环节。每一个旅游项目策划环节都有不同的策划内容与要求。

（1）旅游资源评价

旅游项目策划的基础是资源，有所谓"靠山吃山，靠水吃水"。但是，资源不一定是有价值资源，有价值的资源不等于旅游价值，有旅游价值不等于有旅游市场价值。旅游资源价值必须通过旅游策划转化为旅游项目，才能实现市场价值。旅游项目策划的任务就是实现资源的旅游市场经济价值。

实现资源的旅游市场经济价值，资源评价是基础。所谓旅游资源评价，是从资源开发利用的角度，对构成旅游资源的各要素，如观赏游憩价值、文化价值、规模丰度、适宜开发方向及开发潜力等方面，按照国家标准《旅游资源分类、调查与评价》（GB/T18972—2003）的旅游资源分类体系，采用打分评价方法，对旅游资源单体进行评价，为旅游项目的策划利用提供科学依据。

旅游资源的评价之所以是旅游项目策划的基础，是因为旅游资源的评价可以保证对资源价值评估的科学性。可以避免策划者天马行空、不切实际地构想旅游项目，缺乏旅游资源支持，难以建设和实施。另外，对旅游资源的评价也不简单是套用《旅游资源分类、调查与评价》（GB/T18972—2003）打分评价方法的结果，还需要旅游规划专家研究和工作经验的帮助，以及学术研究成果的支撑，对旅游资源整体进行综合评价。

（2）旅游市场需求分析

最受市场欢迎的产品是最好的产品，旅游业也不例外。旅游项目策划要以旅游市场需求作为导向，换言之，就是要以旅游消费者为中心、以市场需求为出发点，来进行旅游项目的策划。要求在旅游项目策划时，需要对客源市场不同旅游者的兴趣、偏好、支付能力、价值取向等一系列影响市场需求的因素进行深入细致的旅游市场调查和旅游需求预测。

① 旅游市场调查。旅游项目策划是否成功，关键取决于能否满足旅游者的需求。旅游者需求的了解，需要通过旅游市场的问卷调查和走访调查，获得旅游者或潜在旅游者对旅游项目、旅游活动项目类型的需求信息，为旅游项目策划提供第一手材料和可靠信息。

② 旅游需求预测。在旅游市场调查的基础上，可以依据旅游市场调查数据进行旅游需求预测分析，预测旅游消费需求的变化，为旅游项目策划确定主题、项目内容和经济效益。在实践上，旅游需求预测的准确与否直接影响到旅游策划是否能够成功。然而，影响旅游需求的要素很多，而且充满着很多不确定性，例如旅游者或潜在旅游者个人旅游追求和旅游情趣的变动、社会经济形势的变化，以及旅游目的地的多样化等，使得预测在很大程度上变得十分困难和不可靠。因此，依据旅游市场调查数据进行的旅游需求预测分析十分重要，还需要旅游市场销售专家的经验辅助，各方面旅游市场评估的支持，力争准确把握旅游需求。

（3）旅游项目策划

旅游项目策划是灵魂。项目策划就是运用创造性思维，对旅游资源及各种旅游要素的优势和特点进行创造性的优化组合，从而为开发出具有吸引力的旅游项目提供思想和创意基础。

旅游项目策划是一个科学的、完整的、理性的体系，讲究程序，追求旅游市场效益。所以，科学、理性的旅游策划是旅游策划赖以存在的基础。但这可能使旅游策划显得过于理性而缺乏生命力，因为游客的感知在很大程度上是感性的，游客对旅游经历的体验也是感性的，游客心理活动的变化无常，游客的"触景生情"，都是情绪化很浓的感性行为。有鉴于此，若过分地强调旅游策划的理性和科学性，旅游策划的可行性可能会大受影响。所以，旅游项目策划要借助艺术对旅游项目进行美化，渲染旅游项目的内容，装饰旅游项目的环节，烘托旅游项目的环境，使旅游项目既注重理性，又突出感性。

（4）旅游政策法规保障

旅游政策法规是旅游发展的保障。从世界范围内看，尽管旅游对目的地的综合影响已广泛被研究和认识，但各国和各地区旅游的主导政策仍然是刺激旅游经济发展的重要因素。旅游业已经成为许多国家和地区的支柱产业。尤其是在发展中国家，旅游业往往被视作经济发展的突破口。为了实现这一目的，很多国家和地方都以政策法规的方式，扩大了在旅游基础设施、服务设施、旅游吸引物、交通、旅游信息和促销方面的投入。旅游项目策划需要熟悉和掌握国家和地方的旅游政策法规。

① 熟悉旅游政策法规，把握项目策划的方向。政府是旅游政策的制定者，都在谋求旅游经济的快速发展，出台了许多促进旅游发展的政策，在旅游项目策划中要加以充分运用。同时，由于对旅游负面效应的认识不断加深，国家和地方政府也出台了规范旅游项目发展的政策法规，在旅游项目策划中需要加以充分认识和遵守，避免与国家和地方的旅游政策法规的冲突。

② 掌握旅游政策法规，保障项目策划实施。旅游项目是多种多样的，项目不同，所涉及的利益主体、管理部门乃至政策法规都会有所不同。以景区为例，我国的景区体系分别归旅游、林业、建设、文物、环保、宗教、水利等多个政府部门管理，这就决定了旅游项目策划除了受到旅游相关法律规范的制约外，还受到其他有关法规的限制。法律规范都是强制性的，旅游策划的项目必须要在规定的范围内才会被允许实施。因此，掌握法律规范是项目策划实施的保障。

（5）旅游工程技术支撑

旅游工程技术是旅游项目的支撑，特别是旅游场景的旅游项目，需要借助声光电、网络、机械的旅游项目，都需要工程技术的帮助，才能实现旅游项目的策划。

① 熟悉规划设计的技术规范。旅游开发规划的技术规范需要借用相关分支学科的各种规划技术、工程技术和管理技术规范。旅游策划的项目不同，所使用的技术规范也不同。由于旅游项目策划所涉及的内容非常广泛，造成了旅游规划设计所要依据的技术规范和标准数量多、领域广。这就要求旅游项目策划者在进行项目策划时，要熟悉规划项目所涉及的技术规范内容。同时，需要建立包括不同领域专家和咨询专家所组成的旅游项目策划技术团队。

② 掌握工程技术的科学性。大多数的旅游策划项目最终要通过工程技术来实现。这些工程技术既包括有一般性的旅游基础设施和服务设施，如宾馆、游客中心、停车场和交通道路等，也包括其他一些工程建设，如观光电梯、索道、博物馆建筑、仿古街区等。无论是哪种旅游项目策划，其最终落实所需要的工程建设都必须以工程技术的科学性作为支撑。只有这样，旅游项目策划才能落到实处，才能被顺利执行。否则，再好的旅游项目策划也只是空中楼阁。

在旅游项目策划中，每个策划环节作用不同，都从不同方面保证旅游项目策划的科学性和可行性。概括地说，旅游市场需求是旅游项目策划的导向，旅游资源评价是旅游项目策划的基础，旅游项目策划是旅游项目策划的灵魂，旅游政策法规是旅游项目策划的保障，旅游工程技术是旅游项目策划的支撑。

二、策划理念与原则

旅游项目策划是从宏观思维到微观设计的策划过程。在宏观思维层面，理念是旅游项目策划的根本，决定着旅游项目策划的方向。在微观设计层面，原则是旅游项目策划的出发点。

1. 策划理念

旅游项目策划是一种智慧的活动，智慧活动要理念领先。综合实践经验和学术研究成果，旅游项目策划有四大理念。

（1）以人为本

旅游是人的旅游，就决定旅游项目策划必须以人为本。以人为本，就是以旅游者为本，从旅游者的情感、观赏、体验等需要出发，策划出能满足旅游者视觉、听觉、味觉、嗅觉、触觉需要的旅游项目，策划出能娱悦旅游者的旅游项目，策划出能刺激旅游者心灵与肉体，具有精神感召力的旅游项目。以人为本策划的旅游项目，具有互动体验、亲和吸引、情境感悟、个性娱乐的特点。

（2）以创意为灵魂

创意是旅游项目策划的灵魂，体现在旅游项目策划酝酿与深思熟虑之中，是旅游策划者集体智慧的结晶。没有创意的策划项目只能克隆出似曾相识的旅游项目，缺乏旅游吸引力和竞争力。

旅游项目策划过程是旅游创意的动态过程。旅游策划创意不是凭空臆想，根基在旅游市场，要把旅游市场作为出发点和落脚点，从旅游市场出发，再落脚到旅游市场，全面深入研究旅游的心理需求、文化需求、健康需求、休闲需求、环境需求等等，进而适应旅游需求，满足旅游需求。[①]

旅游创意是旅游项目策划的前提。旅游创意除了要求新颖性之外，还要求从人们的共识中掌握旅游项目特色，从旅游资源文化内涵中体现旅游项目特色，准确地体现所策划的项目特色，使旅游项目成为旅游资源文化内涵的载体。

（3）以文化为生命力

旅游项目策划需要文化赋予，需要文化提升，需要文化激活，需要文化为生命力。只有充分挖掘旅游项目文化内涵，才能彰显旅游项目特色文化，使特色文化成为旅游项目的核心卖点。成功策划的优秀旅游项目，都具有明显的地域特色和文化特征。

（4）以特色为竞争力

旅游者有寻求独特奇异的趋向，特色和差异就构成了旅游项目吸引力和竞

---

① 参见林挺. 旅游项目策划的误区及对策 [N]. 中国旅游报，2007—01—15（第 007 版景区·管理）.

争力的根本要素。旅游项目策划需要以差异化为基础展开创意联想，一旦达到独特性，就形成旅游吸引力。旅游项目具有了独特性，就有了旅游市场卖点。旅游项目策划应该拒绝平庸，以无穷智慧，推动想象力和创造力，在旅游悟性和超前意识引导下，展开激情创意，策划出以奇制胜的市场卖点和商业感召力。有所谓"化平淡为辉煌，化腐朽为神奇，语不惊人誓不休，景不震撼不出手"。

2. 策划原则

一个成功的旅游项目源于科学合理的旅游项目策划，科学的旅游项目策划又源于对旅游市场需求和区域旅游资源的充分认识和有效整合。"以旅游资源为基础，以市场为导向"的原则已被广泛认同和实践。在社会发展项目策划原则的研究中，有学者提出信息、需求、价值、智能放大、创新、造势六大原则，对旅游项目策划原则研究有借鉴意义。[①]

（1）信息原则

一个好的旅游项目策划，是从信息的收集、加工、整理、利用开始的，因此，信息原则是旅游项目策划的基础性原则，也是关键性的原则。获取信息是旅游项目策划的起点。由于不同区域、不同层面、不同环节的信息分布的密度是不均匀的，信息生成量的大小也不相同，因此，在收集原始信息时，范围要广，力求全面，防止信息的短缺与遗漏。同时，注意信息的真实性和可靠性。由于旅游市场变化多端，信息也是瞬息变化，信息加工要准确及时。任何活动本身都具有系统性与连续性，对旅游市场发展的各个阶段的信息进行连续收集，坚持保持信息的系统性及连续性，可以找到旅游市场内在变化的规律，从而在旅游项目策划中，把握旅游市场的实质，在未来变化的旅游市场中，具有适应性。

（2）需求原则

满足旅游者需求是旅游项目策划活动的前提条件和最终目的。要策划出满足旅游者需求的旅游项目，就必须了解旅游者需求，了解旅游资源，即所谓"知己"、"知彼"。"知己知彼、百战不殆"也是旅游项目策划的基础和关键，情况不明就不能拿出有针对性的旅游项目方案。作为一个策划者，要以合理的旅游项目策划方案满足投资委托方的需求，满足旅游市场的需要，满足旅游者的需要。只有满足了旅游需要，旅游项目策划才具有价值。"旅游需要"决定着旅游项目策划成败。

（3）价值原则

---

① 翟玉宝，雷进飞.经济社会大发展项目策划是关键——浅谈如何抓好重大项目策划 [J].
陕西综合经济，2009，2.

旅游价值是旅游项目立足旅游市场的基础。旅游项目策划要按照价值原则进行。旅游项目的旅游价值有大有小，优秀的旅游项目策划一定具有大价值，旅游项目策划要努力创造旅游市场的大价值，无价值的旅游项目策划，是一个无任何意义的策划。按价值原则所策划的旅游项目，在旅游项目实施时能创造价值。

（4）智能放大原则

旅游项目策划作为智能的具体体现形式，无论属于哪个范围和环节，都是人的一定心理活动的结果，离开了人的心理活动，就不可能有旅游项目策划的产生。旅游项目策划是旅游市场因素刺激下，形成智能对知识经验的创造性吸收，并随之发生的一系列思维活动。因此，旅游项目策划带有个体智能色彩的主观特征，是智能思维的成果，是观念理性的东西，集中地体现人心理现象的根本特征。旅游项目策划需要项目策划者从旅游资源与旅游市场中获得灵感，敞开心智，放飞想象力，开拓创新，策划出高人一筹的旅游项目。

（5）创新原则

旅游项目策划能否有创新突破，是旅游项目策划成败的关键。创新不仅是旅游项目策划的原则，而且还是旅游项目策划的重要特征。旅游项目策划要创新，首先，要求策划者的理论根基要深厚，具有社会学、心理学、管理学、营销学等渊博的知识，形成策划人所要求的文化沉淀，在这种文化沉淀中培养创新思维。其次，要求策划者要有创新性思维，用创新打破固有的思维模式，走向广阔的思维领域，摆脱单一的思维模式，走入立体的思维空间。

（6）造势原则

旅游项目要获得旅游市场，就要为人知晓，为人认可，打动消费者，实现旅游购买。按照旅游项目策划造势原理进行旅游项目策划时，需要有效利用一定的活动项目，比如文化节、博览会等声势浩大的节会活动，推广策划项目，使之为人知晓，形成知名度。各种途径的宣传，制造声势，为旅游项目发展做好外围环境品牌宣传。

衡量一个旅游项目策划成功的标准，是这个项目能否成功建设并取得预期的市场效益。在旅游项目的策划过程中，需要按照科学的原则指引，使旅游项目策划更能彰显特色，符合旅游市场需求规律，实现旅游发展效益。

三、策划构思方法

旅游项目策划构思方法，就是发现旅游项目，提出旅游项目，谋划旅游项目的方法。旅游项目策划者需要在熟悉旅游资源，掌握旅游项目策划原则的基础上，进行旅游项目策划构思。掌握科学的旅游项目策划构思方法，可以获得旅游项目策划的事倍功半的效果。

1. 体验构思

旅游者通过旅游获得的是一种体验、一种经历，这种体验和经历是在购买旅游项目的过程中获得的。所以，在旅游项目构思策划中，旅游项目体验内容与体验方式构思是核心。旅游项目体验内容基于旅游资源，需要在旅游资源的基础上，通过构思提高旅游资源的含金量，提高旅游项目的旅游吸引力。旅游项目的体验方式在于旅游方式和旅游工具的选择。旅游观光可以徒步观光，也可以坐轿观光，还可以乘车观光，但三者的旅游体验和经历是不同的，以徒步观光为最全面，坐轿次之，乘车第三。旅游项目的体验方式构思愈来愈受到人们的重视。

2. 优势组合构思

旅游项目策划的优势组合构思方法，是将不同的旅游产业优势资源重新进行联接组合的旅游项目策划构思方法。优势组合构思方法是旅游项目策划构思广泛使用的一种方法。如，1998年初秋，瑞士虹景公司所策划的歌剧艺术盛会，上演的是世界经典歌剧《图兰朵》[①]，由有"鬼才"之称的中国著名导演张艺谋担任导演，世界著名指挥家祖宾·梅塔担任指挥，意大利著名歌唱家演唱，在北京的故宫太庙隆重演出。这是将名剧、名导、名指挥家、名歌唱家、著名建筑等的优势资源组合，赢得了旅游市场的巨大反应，一时间世界各地的歌剧爱好者齐集北京，北京故宫周围的星级饭店纷纷爆满，参与接待的旅行社喜出望外，使深受东南亚金融危机影响的北京旅游业"火"了一把，启发了北京的旅游休闲业。

3. 文化形构思

在文化风情旅游资源中，大部分是一种无形的资源，不利于旅游者的直接感受、体验、留下印象，因此需要将无形文化通过物化和场景化等手段，实现无形文化的有形化转变。在旅游项目策划构思中，可以利用建筑、艺术文化符号、道具、容器、材料等辅助载体，采用放大、缩小、变异、嫁接、组合、卡通化等手法，固化文化特征，使无形的文化风情有形化和场景化。文化风情一般都是需要品味和体验，通过营造氛围、制造环境、设计场景等方式，使主体、客体或载体之间，在各种游乐设施中实现情与景互动，最终达到情景交融的境界，形成场景和情境空间的旅游体验氛围。

---

① 《Turandot（图兰朵）》是意大利著名作曲家贾科莫·普契尼根据童话剧改编的三幕歌剧。讲述了一个西方人想象中的中国传奇故事。图兰朵的故事始见于17世纪波斯无名氏的东方故事集《一千零一夜》。

4. 主题化与集约化构思

一般的文化旅游资源都存在分散性分布特征和同质性现象，一个文化资源在相邻的地方都有，或者是在每个地方只具有一个或几个侧面特色，缺少整体性。缺少整体性的文化旅游资源，在旅游项目策划构思中，可以根据文化旅游资源提山一个文化主题，按文化土题将义化旅游资源主题化与集约化。经过主题化与集约化的文化旅游，就会形成感染力和震撼力。

项目策划构思是具体旅游项目策划的胚胎，没有好的构思，就没有好的旅游项目。因此，旅游项目构思是旅游项目策划成败的关键。旅游项目策划构思方法仅是提供一种旅游项目策划构思的路径，所提出的各种旅游项目策划构思也仅是一种相对的策划经验，还需要在旅游项目策划实践中，进行探索和总结。

第二节　主题旅游项目策划

主题旅游项目，或简称主题旅游，是围绕某一专题构建旅游情境，组织旅游体验的旅游活动。主题旅游项目策划是进行专题旅游体验的策划。主题旅游项目策划是旅游发展进入到自觉阶段的产物，不仅仅是文化专题旅游需要策划，自然主题旅游也需要策划。主题旅游发展至今已初具规模，在市场开发和培养游客方面已经有了一定的经验，随着国家对主题旅游的重视，以及人们对新兴旅游形式的关注，主题旅游发展前景辉煌。

一、主题旅游演进

事物的变化演进规律，总是由低级向高级发展，由简单向复杂发展，由混沌向清晰发展。旅游发展亦然，最初人们对于旅游是茫然的，特别是闭关锁国多年的人们更是如此，旅游只是开开眼界，到外地走马观花地看一看，是一种简单的观光旅游，自然旅游如此，文化旅游也如此。处在这一阶段的旅游，没有主题可言。这一旅游阶段在我国大概有 10 年之久。

我国百姓当明确自己要到什么地方旅游，进行什么样的旅游，这就渐渐进入主题旅游阶段。我国旅游业关注主题旅游始于 20 世纪 80 年代中期和 90 年代初期。主题旅游发展在两个方面，一是主题旅游景区的建设，二是确定国家旅游年主题。主题旅游景区主要是台湾主题游乐园"小人国"和大陆深圳华侨城锦绣中华主题公园两个海峡两岸民俗文化主题旅游景区的建设和开业。1984 年 7 月 7 日，位于桃园县龙潭乡的台湾著名主题游乐园"小人国"建成开园。1989 年，深圳华侨城锦绣中华主题公园破土动工，1991 年深圳锦绣中华建成开园，标志着我国主题旅游开始起步。也许是旅游产业的推动，1992 年，我国政府接受世界确定旅游日做法，公布了 1992 年国家旅游主题和宣传口号，利用国家倡导旅游主题和宣传口号的方式，宣传和引导旅游业的发展。详见表 6—1。

表 6—1 1992—2014 年中国旅游主题及宣传口号

年份	旅游主题	宣传口号
1992	中国友好观光年	"游中国、交朋友"
1993	中国山水风光游	"锦绣河山遍中华，名山圣水任君游"
1994	中国文物古迹游	"五千年的风采，伴你中国之旅"； "游东方文物的圣殿：中国"
1995	中国民俗风情游	"中国：56 个民族的家"； "众多的民族，各异的风情"
1996	中国度假休闲游	"96 中国：崭新的度假天地"
1997	中国旅游年	"12 亿人喜迎 97 旅游年"； "游中国：全新的感觉"
1998	中国华夏城乡游	"现代城乡，多彩生活"
1999	中国生态环境游	"返璞归真，怡然自得"
2000	中国神州世纪游	"文明古国，世纪风采"
2001	中国体育健身游	"体育健身游，新世纪的选择"； "遍游山川，强健体魄"等
2002	中国民间艺术游	"民间艺术，华夏瑰宝"； "体验民间艺术，丰富旅游生活"等
2003	中国烹饪王国游	"游历中华胜境，品尝天堂美食"
2004	中国百姓生活游	"游览名山大川、名胜古迹，体验百姓生活、民风民俗"等
2005	中国旅游年	"2008 北京——中国欢迎你" "红色旅游"年
2006	中国乡村游	"新农村、新旅游、新体验、新风尚"
2007	中国和谐城乡游	"魅力乡村、活力城市、和谐中国"
2008	中国奥运旅游年	"北京奥运、相约中国"
2009	中国生态旅游年	"走进绿色旅游、感受生态文明"
2010	中国世博旅游年	"相约世博，精彩中国"
2011	中华文化游	"游中华，品文化"
2012	中国欢乐健康游	"旅游、欢乐、健康"； "欢乐旅游、尽享健康"； "欢乐中国游、健康伴你行"

年份	旅游主题	宣传口号
2013	中国海洋旅游年	美丽中国，海洋之旅 （1）"体验海洋，游览中国" （2）"海洋旅游，引领未来" （3）"海洋旅游，精彩无限"
2014	国内市场："美丽中国之旅——2014智慧旅游年" 境外市场："Beautiful China, 2014—Year of Smart Travel"（译文：美丽中国——2014智慧旅游年）	国内市场："美丽中国，智慧旅游"；"智慧旅游，让生活更精彩"；"新科技，旅游新体验" 境外市场："Beautiful China, easier to visit"（译文：畅游美丽中国）

※ 根据国家旅游局公布资料整理。

　　严格地说，主题年不是真正意义上的主题旅游产品，但通过主题年，提出一个旅游主题概念，引发一种旅游行为。从宏观角度看，有助于通过主题旅游的推动，挖掘旅游资源，整合旅游资源，理清旅游思路，响应主题旅游发展。

　　从旅游市场经济学的分析，主题旅游是旅游市场营销中市场细分应运而生的结果。旅游市场经济越来越发达，旅游市场的营销就愈来愈趋向市场细分化。市场细分酿就了旅游市场的发育成熟，推动旅游业逐步从大众化旅游走向主题旅游，主题旅游又转过来推动大众化旅游的发展。故而，在整个20世纪的末期，我国出现了一个主题旅游景区建设热潮。

　　当然，主题旅游景区的建设和国家确定旅游年主题，并不能充分说明我国旅游业就跨入了主题旅游发展阶段。能说明主题旅游性质的，是旅游者的旅游意识和旅游行为。只要旅游者的旅游意识和旅游行为还处在混沌不清晰意识和旅游行为状况之下，成熟的主题旅游发展阶段就没有到来。

　　总体上，中国仍然处在大众化旅游发展阶段，旅游市场发育尚不成熟。原因是主题旅游项目创新不足，没有足够创新能力的旅游地，在重复旅游市场上推销的旅游项目，或者在模仿旅游主题，使旅游市场趋于雷同，使细分市场重回一统市场。然而，事物发展的辩证规律就是如此，激烈的市场竞争，一直在推动主题旅游的特色发展。因为，旅游地的发展需要有特色旅游项目，需要特色的主题来延续旅游项目的生命。特色的旅游项目来自特色主题的选择和运用。具有特色的旅游主题，赋予旅游项目的特色，也就延续旅游的发展生命。

　　主题旅游的发展需求是客观存在的，存在于旅游市场的发展之中。蕴藏在旅游市场之中的旅游需求是多元的，来自潜在游客的多元性，多元的游客年龄、性别、职业、民族、生活习惯、文化水平、兴趣爱好、经济收入等。旅游市场多元差异的存在，就是潜在游客不同旅游需求心理和生理的差异，形成不同的旅游项目需求，呼唤相应的特色主题旅游问世。

多元社会文化，蕴涵多元旅游主题。我国是一个拥有五千年文明历史的国家，又处在多元文化和多种经济成分并存发展阶段，旅游资源丰富多彩，给主题旅游项目的开发提供了充足的源泉。经过 30 年的发展，我国的主题旅游正处于深化开发阶段，需要深化主题旅游的文化内涵，使主题旅游成为新时代旅游地的形象。

进入到 21 世纪的最初 10 年，不仅旅游产业讲主题，其他产业也在讲主题，如主题文化产业、主题商业、主题房地产、主题医院、主题产业园，社会经济发展进入到了主题时代。可以想见，按个性需求定制的主题旅游，将代表旅游发展的方向。

二、主题旅游项目类型

主题旅游的内涵是多元的，主题旅游项目的类型也是多种的，体现了自然、历史、文化、艺术、风俗、宗教、军事、物产等多种主题。从主题旅游的属性，可以将我国主题旅游分为自然主题旅游、文化主题旅游、军事主题旅游、行为主题旅游四大主题旅游项目类型。

1. 自然主题旅游类型

自然主题旅游类型以自然的山岳、沙漠、湖海、植物、花卉等旅游资源打造自然主题旅游项目。自然景观主题旅游项目以突出特征的自然景观为切入点，通过向人们展示独有的自然旅游资源，来完成旅游活动。自然主题旅游受到城市居民的偏爱，在城市中生活久了的人们，更渴望回归到大自然，与自然亲密接触，将注意力转移到自然景物当中去，通过沉浸在自然景观的欣赏和陶醉之中，释放压力，调节紧张的神经，获得对生活的满足感和幸福感。

自然主题旅游项目类型，可细分为山岳、沙漠、湖海、动物、植物、花卉等自然主题旅游项目。山岳主题旅游项目，如黄山、华山、庐山、武夷山等风景名胜区；沙漠主题旅游项目，如鄂尔多斯七星湖沙漠生态旅游区、内蒙古阿拉善沙漠国家地质公园、赤峰勃隆克沙漠旅游区、宁夏沙坡头旅游区等；湖海主题旅游景区，如浙江千岛湖、舟山旅游区、巴东神龙溪纤夫文化旅游区、青海果洛玛多黄河源旅游区等，加上延伸湖海概念的项目，如天津极地海洋世界、宁波海洋世界、宁夏沙湖观鸟游等；动物主题旅游项目，主要是动物园，如北京动物园、广州动物园、长沙生态动物园、上海动物园、重庆动物园、武汉动物园、深圳市野生动物园、哈尔滨东北虎动物园、福州大熊猫动物园等；植物主题旅游类型，如天津热带植物园、广州华南植物园、海南热带野生动植物园等。植物主题旅游项目中，花卉主题旅游项目最受旅游者欢迎。我国花卉旅游资源丰富，其中兰花、梅花、牡丹、菊花、月季、杜鹃、荷花、茶花、桂花、水仙等十大名花，享有盛名，深受人们喜爱。我国十大名花都开发建成了主题旅游景区和旅游项目。详见表6—2。

表6—2　我国十大名花主题旅游景区和旅游项目汇总

序号	主题景区典例	景区位置	景区状况
1	兰花世界	海南三亚	三亚兰花世界是全球规模最大的热带兰花主题公园，内有国内外各种兰花近3000种、200多万株，其中包括稀有珍奇野生兰花300多种。
2	南京梅花山梅园	江苏南京	始建于1929年，植梅面积1533余亩，有近400个品种的13000余株梅树，被称为"天下第一梅山"和"中国第一梅花山"，与上海淀山湖梅园、无锡梅园和武汉东湖磨山梅园并称为"中国四大梅园"，居四大梅园之首。
3	洛阳国家牡丹园	河南洛阳	洛阳国家牡丹园所在区域为隋朝西苑、唐朝神都园的旧址，是中国最早的牡丹种植区。明朝崇祯年间，洛阳名士李献廷在董氏西园故址建李氏花园，成为清朝、民国时期洛阳最大的牡丹园。新中国成立后，先后改名为郊区苗圃牡丹品种园、国家牡丹品种基因库。2003年3月，由国家林业局批准为"洛阳国家牡丹园"，成为全国唯一的国家级牡丹观赏区。园中的千年凤丹林，为宋朝董氏西园和明清李家花园的遗物，其中的一株"千年牡丹王"为隋朝西苑遗物，是洛阳牡丹的"活化石"。
4	开封菊花会	河南开封	开封人酷爱菊花，家家种花，店铺摆花，誉为"菊城"。1983年菊花被命名为开封市的"市花"，每年10月18日至11月18日为开封"菊花花会"。从2000年开始，河南省将中国开封菊花花会确定为省级节会，2013年升级为国家级花会。
5	中国茶花文化园	浙江金华	中国茶花文化园占地350多亩，融山水、园林、花卉、建筑、展览等于一体。景区内所有景点均用茶花的名字或诗句来命名。园中栽植数百个品种的茶花、茶梅和部分茶花物种2万多株。
6	百里杜鹃森林公园	贵州毕节	百里杜鹃森林公园面积达125.8平方公里，因百里杜鹃得名，是中国面积最大的原生杜鹃林，有"杜鹃王国"的美称。
7	十里荷花景区	浙江武义	十里荷花景区种植宣莲5000余亩，连绵十华里，有"十里荷花长廊"美称，武义因之被誉为"江南第一荷花之乡"。
8	月季公园	河北石家庄	月季公园占地面积约131亩，南北长400米，东西宽210米，是华北地区面积最大的月季主题公园。月季品种约500个27万余株，栽植乡土树种80多种。

序号	主题景区典例	景区位置	景区状况
9	桂花源风景区	湖北咸宁	桂花源风景区占地面积2.7平方公里，核心区域面积800亩，有全国最大的古桂群。其中，树龄50—100年的桂花树达2000余株，百年以上古桂花树有200余株。
10	水仙花公园	福建漳州	水仙花公园位于龙海九湖镇梅溪村、漳州市区西洋坪大桥南岸。公园沿着水仙花种植基地边沿，铺设1300米长的观光木栈道。

※ 根据网络资料汇集。

近年来，植物主题旅游衍生出酒庄主题旅游项目，如国内首个葡萄酒主题旅游景区山东蓬莱君顶酒庄，占地面积近13.7平方公里。酒庄三面环湖、四面被葡萄园环绕。酒庄有8000平方米的地下酒窖，汇集世界各大著名葡萄酒庄的名酒、葡萄酒相关的器皿、尊贵的酒庄美酒荟，建有专业的品酒室、东方长廊、葡萄酒文化长廊，是国家4A级旅游风景区，号称亚洲最大、最美的葡萄酒庄园。

自然主题旅游还可以自然生态文化形式进行发展，如兰州市以7600亩绿地，策划了仁寿山生态文化旅游景区，以自然生态为主题，打造"林中有园、园中有林"和山清水秀、花木葱郁的西北小江南。

2. 文化主题旅游类型

中国是个历史悠久的国家，璀璨的历史文化和人文景观在世界上首屈一指。我国丰富的历史文化为发展文化主题旅游和建设文化主题旅游景区，提供了基础。文化主题旅游文化底蕴深厚，吸引游客能力强，而且常常与旅游地具有特色文化的物质载体相结合，备受人们的喜欢。我国文化主题旅游项目可以分为历史文化主题类、民族文化主题类、民俗文化主题类、宗教文化主题类、地方文化主题类等五种。详见表6—3。

表6—3　我国文化主题旅游景区汇总

主题类别	经典景区
历史文化主题类	兴宾盘古文化生态旅游景区、诸城市大舜苑文化旅游景区、涿鹿县黄帝城文化旅游区、开封清明上河园、西安大唐芙蓉园、吉林乌喇古城历史主题公园、香妃故里文化旅游景区、荆州古城历史文化旅游、山东菏泽水浒文化旅游城
民族文化主题类	鄂尔多斯大秦直道文化旅游景区、徐州汉文化景区、银川中华回乡文化园、西双版纳傣族园景区、东光朝鲜民族文化旅游景区、敢壮山布洛陀文化旅游景区、武汉民族文化村

主题类别	经典景区
民俗文化主题类	深圳锦绣中华、深圳中国民俗文化村、三亚南山文化旅游景区、柳毅山民俗文化生态旅游景区、富阳东吴文化公园旅游景区、艾提尕尔民俗文化旅游风景区、汕头德华民俗文化公园、佛山故乡里民俗文化主题公园、福建永春中华武艺大观园、中国丝绸文化旅游景区、贵州仁怀中国酒文化城、汾酒文化旅游景区、汤显祖文化览胜公园、厦门博饼民俗园、杭州桐庐镇女儿村民俗文化园
宗教文化主题类	法门寺文化景区、五祖寺禅文化旅游景区、榆树观道教文化旅游景区、贵定阳宝山宗教文化旅游景区、荣县大佛文化旅游景区
地方文化主题类	天津古文化街旅游区、泰山温泉城文化旅游景区、汕头老埠文化旅游景点、长洲文化旅游风景区、东莞牙香街文化旅游景区、宁波帮文化旅游区、琅琊文化主题公园

※ 根据网络资料汇集。

我国文化主题旅游类型项目的突出特点，是一个景区或一个旅游活动依据的文化主题，往往是同一个文化类型，或是同一个文化体系，形成系统的文化展示，突出同一个主题文化系列的活动，给予旅游者强烈的主题文化旅游的全面系统的体验。

3. 爱情主题旅游类型

爱情主题旅游受到了越来越多人的追捧。情侣们希望凭借爱情主题旅游、凭借爱情故事表达白头到老、恩爱如一的美好愿望。游客体验爱情主题的热情高涨，使爱情主题旅游市场已初具规模。爱情主题旅游项目特点，以某个特定的爱情文化或爱情文化事件为主线，策划建成旅游景区和策划组织相关的旅游活动。因此，我国的爱情主题旅游项目可以分为景区类和活动类型。

爱情主题旅游项目主要是根据美丽的爱情传说故事进行策划。最具代表性的是宁波的梁祝文化公园和三亚的鹿回头公园。梁祝文化公园占地面积300亩，以东晋发生的梁山伯与祝英台的爱情故事主线，兴建"草桥结拜"、"三载同窗"、"十八相送"、"楼台会"、"化蝶团圆"等众多景点，采用江南古建筑亭、台、楼、阁、榭的布局，依托山水，取得山外有山、园外有园、移步换景的效果。梁祝文化公园开发了深度旅游项目，为新人拍摄"爱情电影"提供场地，以公园为背景，真实再现新人的爱情历程。鹿回头公园主景点是根据海南黎族美丽的爱情传说而建造的"鹿回头"雕塑，高15米，是海南全岛最高雕塑，并成为三亚市的城雕，三亚因此被称为"鹿城"。"鹿回头"雕塑构思独特，造型优美，一只神鹿回头凝望，两旁分别屹立着英俊的黎族猎手和美丽的鹿女。其他情爱文化景点还有"爱"字摩崖石刻、"永结同心"台、"连心锁"、"夫妻树"、"仙鹿树"、"海枯不烂石"、"月老"雕像、"爱心永恒"石刻等。每年天涯海角国际婚庆节期间，鹿回头公园都是情侣们必到的海誓山盟、情定终身之地。

爱情主题活动旅游主要以婚俗礼仪为主题。如武夷山"七夕文化风情节——中国情人节"、长沙"万人牵手爱情岛"两大爱情主题活动。2005年8月12日，依据九曲溪两岸流传着的玉女和大王美丽动人的爱情故事，在农历七月初七这天，武夷山广邀天下有情人相约武夷山，以7700对情侣的盛大规模，感受8月11—13日这次为期三天的浪漫之旅。三天时间里，他们参加情侣形象大使选拔赛、情侣情歌大赛，才艺双绝的情侣可以获得丰厚奖金。武夷山"七夕文化风情节——中国情人节"吸引来的7000多对情侣，平均每天让武夷山景区多收入1000万元，三天就是3000万。

2007年9月10日，长沙君山岛借柳毅传书的爱情故事，策划了"爱我就带我去君山——万人牵手爱情岛"活动，面向全国公开征集爱情心语和爱情使者，来自全国各地的爱情使者以爱情专机、爱情专列、爱情自驾等方式，在君山爱情岛推出万人相亲大会、明星情歌会、百对新人集体婚礼等互动活动，爱情文化景观与君山旅游景观遥相辉映、相得益彰。

爱情作为永恒的主题，具有极为广泛的顾客群体。无论是少年、青年、中年还是老年，也无论是何种民族、何种肤色，人们对于纯洁的爱情都有着永恒的追求。这就为爱情主题旅游的生存与发展提供了重要保证。另一方面，我们看到很多景区有着深厚的爱情主题文化内涵，有将其转化为旅游项目的内在条件，并且实践证明，很多景区已经通过发展爱情主题旅游获得了良好的经济效益和社会反响。我们有理由相信，随着爱情旅游市场的进一步发展与成熟，将会成为未来旅游业中的一朵美丽的奇葩！

4.军事主题旅游类型

军事旅游作为一种全新的主题旅游项目，有其自身的特点和广阔的发展空间。我国悠久灿烂的军事历史文化、波澜壮阔的人民革命战争与人民军队发展史，都是丰富多彩的军事旅游资源。

军事主题旅游项目涉及军事历史、军事武器装备、军事战役等内容，具有历史怀旧性、新奇性和冒险性等特点。我国军事主题旅游可以分为军事历史主题、军事防御工事主题、军事武器装备主题、军事战役主题、军事岛屿主题、军事体验主题等六种类型军事主题旅游项目。

（1）军事历史主题旅游类型

我国军事历史主题旅游类型的旅游项目，主要是军事历史博物馆。我国军事历史博物馆旅游项目以北京中国人民革命军事博物馆和青岛海军博物馆为代表。北京中国人民革命军事博物馆是中国第一座综合性军事历史类博物馆，

1958年10月2日奠基，1960年8月1日正式对外开放。是建国十周年首都十大建筑之一。占地面积约8万平方米，建筑面积约6万平方米，陈列面积约4.2万平方米。建成了较为完整的中国军事史陈列，主要展馆有古代战争馆、近代战争馆、土地革命战争馆、抗日战争馆、全国解放战争馆、抗美援朝战争馆、兵器馆等，共收藏中国古代、近代、现代军事历史文物13万余件，历史照片4.5万张，艺术作品4500件。年观众量约200万人次。

青岛海军博物馆，即海军博物馆，由海军创建，是我国大型专业性军事博物馆。占地4万多平方米，分室内展厅、武器装备展区、海上展舰区三大部分，是中国唯一一座全面反映中国海军发展的军事博物馆。1988年11月筹建，1989年10月1日正式向社会开放，1993年3月正式列编，1997年3月被山东省定为山东省国防教育基地。为3A级旅游景区，2005年3月被中宣部、国家发改委、国家旅游局等十三部委评定为全国首批百个红色旅游经典景区，2008年5月被国家文物局评定为一级博物馆。

（2）军事防御工事主题旅游类型

我国军事防御工事主题旅游主要是长城旅游。长城旅游分为攀登型旅游和综合型旅游。八达岭长城、齐长城主题旅游是长城攀登型旅游的代表。长城综合型旅游以河北省秦皇岛市山海关总兵府综合文化旅游景区为代表，也可以作为我国军事防御工事主题旅游的代表。

河北省秦皇岛市山海关总兵府综合文化旅游景区，以始建于明洪武十五年（1382年）的明代山海关总兵府军事堡垒为核心景区，以大型数字动态古文化体验广场、十二生肖太岁院、大悲院、孔庙、关帝庙等为附属景区，营造一个融儒、释、道、兵四大文化体系于一体的中国传统文化大观园，总占地面积92067平方米（138.1亩），总建筑面积33451.62平方米。景区立足于中华民族悠久的历史文化，以数字化高科技手段为突破口，以明代山海关古城为原型，将明代军事、经济、文化、教育、民俗等元素全方位导入大型互联网游戏《龙城帝国》，推出全球最大的数字动态版旅游互动景观《万里长城四季图》，将现实场景与数字高科技完美融合与统一，虚拟与现实紧密结合，以全球互联网为平台，首创世界领先的、以长城文化为主题的大型互动体验式网络旅游项目。

（3）军事武器装备主题旅游类型

依据旅游项目中涉及的军事武器装备种类，可以将我国军事武器装备主题旅游类型旅游项目，分为单一军事武器装备型旅游项目和综合军事武器装备型旅游项目。

单一军事武器装备型主题旅游项目以航母主题公园为特色。我国航母主题公园有两个，一是深圳明思克航母世界，二是天津滨海航母主题公园。

深圳明思克航母世界坐落在深圳市盐田区沙头角海滨，毗邻闻名遐迩的中英街，是中国乃至世界上第一座以航空母舰为主体的军事主题公园。深圳明思克航母世界以前苏联退役航空母舰"明思克"号为主体兴建而成，集旅游观光、科普教育于一体，按照"体验航母、亲近海洋、欢乐军港"的主题思想，打造了一个全新体验式的军事主题乐园。深圳航母世界公园由海上的明思克号航空母舰和陆上的明思克广场两部分组成。海上的航空母舰向公众开放近3万平方米的观光游览区域，航母上原有的武器系统、作战指挥系统、鱼雷发射舱、导弹发射系统以及官兵生活区等赫然在目。陆上的明思克广场由前广场、后广场和航母中心大厦构成，面积达8万多平方米。进入航母世界园区前广场，肃然整齐的仪仗队表演迎面而来，哨所分立通道两侧，和平广场上"铸剑为犁"的主体雕塑引人深思。后广场有炮兵阵地、坦克阵地、航空兵、地空导弹基地及战地剧场等项目，侧重于军事娱乐、兵器展示、表演和海滨休闲，海上的海战模拟惊心动魄。近2万平方米的航母中心大厦设计风格独特，兼具餐饮、购物、办公、休闲等多种功能。整个广场把浓郁的南国海滨风情和军事氛围有机地结合起来。

天津滨海航母主题公园，位于天津滨海新区汉沽八卦滩，地处滨海新区旅游区核心区域，为国家4A级景区，总规划面积22万平方米。天津滨海航母主题公园以建造于1970年的前苏联"基辅"级航母的首制舰"基辅"号航母为主体，分航母景观主轴、基辅航母核心、军事观光区、军事体验区，是集航母观光、武备展示、主题演出、会务会展、拓展训练、国防教育、娱乐休闲、影视拍摄八大板块为一体的大型军事主题公园。天津滨海航母主题公园最大限度保持原舰风貌，重现水兵工作与生活的场景，围绕军事主题开发参与性娱乐项目，舰上开放面积8万余平方米，设有作战指挥中心、情报舱、航母科技馆、舰船发展史、水兵倾斜舱、勇士走廊等几十个项目。舰下建设世博天津馆、码头广场、4D影院、航母野战营等特色项目。基辅号航母甲板及改造后的1600平方米航母机库可以承接、举办各种大型活动，曾成功举办CCTV模特大奖赛、葡萄节、《时间》专辑发布会。2010年，航母集团推出好莱坞大型实景海战表演剧"航母风暴"项目，是全球首个以真实航母为题材的大型实景海战表演。天津滨海航母主题公园建成了一个以航母为核心，以军事文化与海洋生态为骨架的超大型休闲娱乐景区。

类似用军舰改造建成的军事主题公园，还有三亚海上军事博物馆及南海军事主题公园。三亚市海上军事博物馆是四艘退役军舰：一艘导弹护卫舰，一艘导弹驱逐舰，一艘退役潜艇，一艘登陆艇。在艇内设立三个展室：第一，近代海战展室，讲解二次世界大战中的海上战例；第二，人民解放军抗日战争、解放战争纪念展室，讲述中国人民解放军为新中国的成立所做的贡献；第三，设立现代化国防教育知识展室，讲述现在国际上先进的军舰及海上军事知识，增强群众国防意识。第二期计划从国外购置一艘退役航母，让三亚市海上军事博物馆成为中国最大、世界一流的军事博物馆。

中国船政文化博物馆也是一个单一军事武器装备型主题旅游项目，位于福建省福州市马尾区，建筑面积 4100 平方米。该馆为中国首个以船政为主题的博物馆，由序厅、船政概览厅、船政教育厅、船政工业厅和海军根基厅、船政名人堂等展厅组成。

综合军事武器装备型主题旅游项目以广州黄埔军事主题园和吉林省白城市军事文化主题园为代表。黄埔军事主题园位于广州黄埔长洲岛，总规划面积达200 亩，分军械装备展览区和装备体验区两大部分，荟萃展示着中国陆、海、空三军现代军械装备实物，包括我国第一架完全独立拥有自主知识产权的"歼十"战斗机。在军械装备展览区，陈列了各式现代化军械装备，其中包括参加"八六海战"建立赫赫战功的 611 英雄艇及其他的退役军械，而最让人兴奋期待的莫过于亲眼目睹并近距离接触我国第一架完全独立拥有自主知识产权的"歼十"战斗机。在装备体验区，可搭乘 63 型水陆两栖坦克在起伏山地震撼驰骋，可在指挥口令下操控高炮对空射击，感受射天狼的豪迈情怀；可拿起仿真手榴弹定向投掷体验，爆炸声和烟雾效果仿佛置身战场。在"真人 CS 镭战"，可以体验上战场，玩一场真实野战。

白城军事文化主题园地处吉林省西部，北依大兴安岭，西连科尔沁草原，东接松嫩平原。上世纪 50 年代早期，白城市建成了中国最大常规兵器试验中心——白城兵器试验中心，同时也是中国对常规武器进行鉴定、定型试验的权威性机构。白城军事文化主题园依托原白城兵器试验中心建成，占地面积 3.5 平方公里，分为兵器博览馆、军事体验馆（场）、科技大楼、军事主题公园和全民国防教育军校等各类军事文化和旅游体验项目。

（4）军事战役主题旅游类型

我国军事战役主题旅游类型以温州洞头海霞军事主题公园和云南文山麻栗坡老山神炮军事主题公园为代表。

温州洞头海霞军事主题公园位于洞头本岛的东北端，占地面积 0.18 平方公里，由"海霞影棚"、"射击演练"、"华山险道"、"战地探雷"、"丛林战道"、"森林攀爬"、"国防知识画廊"、"军事器材展览室"等八大项目组成，公园内还陈列着退役的机枪、大炮、飞机。公园岗楼林立，碉堡成群，战壕纵横。设计了实弹射击、战地探雷、华山险道、丛林战道、生存训练等多项活动，让游人亲身领略军营生活。飞机是退役的米格—17 战斗机，允许游人登机参观，摄影留念。

温州洞头海霞军事主题公园已成为温州市爱国主义教育基地和洞头县著名的红色旅游线路。

云南文山麻栗坡老山神炮军事主题公园，位于麻栗坡老山。麻栗坡老山片区是中国 20 世纪最后一处现代战争遗址，炮兵第 4 师 5 团某连在收复老山和防御作战中，对敌 32 个目标实施 35 次打击，摧毁其工事 7 个、炮兵阵地 4 个，歼灭敌军一个加农炮营，为战斗的胜利做出了贡献，因此而命名为老山神炮。

老山神炮军事主题公园，占地约 10 亩，除保留老山战场遗址上的岗亭、炮阵地、防空洞等之外，还建有中国世界地雷博物馆、真人 CS 军事游戏场、中华神炮展览馆和"老山神炮"酒窖，形成集参观、休闲、游戏、住宿于一体的军旅生活体验公园。

（5）军事岛屿主题旅游类型

我国军事岛屿主题旅游项目，是昔日被列为军事禁区的珠海白沥岛。珠海白沥岛是我国第一个获得军方批准，以军事为主题的休闲旅游海岛。珠海白沥岛景区，除了海岛旅游的常规项目以外，景观重点放在军事题材上，包括军事装备展览、军史展、军事培训等内容。岛上布置的水陆两栖坦克、高炮、导弹发射架、深水炸弹、鱼雷等军事设备、武器，让游客大饱眼福。景区开设了从珠海横琴码头到白沥岛的专线，把旧营房改造成星级酒店，建成了特色的营房酒店。

（6）军事体验主题旅游类型

我国军事体验主题旅游项目类型，以北京铁血英雄主题乐园为代表。北京铁血英雄主题乐园，位于鸟巢东门北侧广场，占地近 2 万平方米。北京铁血英雄主题乐园为国内首家超现实军事主题乐园，分为军事科普区、体验区、挑战区、主题娱乐区和综合服务区等五大主题区，25 个主题体验项目。通过战争场景模拟、顶尖视频融合、尖端武器体验、战争角色扮演、虚拟现实再现等技术，使新奇、刺激和体验乐趣贯穿游园全过程。

近年来，以军事为主题的旅游项目越来越受人们的关注和喜爱，类如航空母舰、米格—17 战斗机等军事项目逐渐揭开神秘面纱，极大满足了人们对军事的好奇心和军事旅游体验的追求。

5. 行为主题旅游类型

行为主题旅游是以旅游者自助参与为主体的旅游项目类型。随着旅游业的深入发展，人们积攒了旅游的经历和经验，便愈来愈多地追求自然、个性、舒适、独立为主题的旅游项目。行为主题旅游项目主要有自助游、自驾游、徒步游三种形式。

（1）自助游

自助游即自助游旅行，自己设计路线，自己安排旅途中的一切，自由、主动、深刻、充满艰辛和诗意，利用现代文明带来的便捷，却又不受商业的蒙蔽和束缚的旅行。自助游是对自己负责的旅行方式，任何事情都要自己承担。

自助旅游使所有的花费都可依自己的喜好来支配，行程可弹性调整，又可深入了解当地民情风俗。自助旅游绝非玩得多、花得少的旅游方式，而是一种在同一地方花上较多的时间深入了解该地的特色，接触当地的人与事，看自己想看的东西，走自己想走的路。

自助旅游最大的特色就是旅游内容自主性强，每个人都有充分的时间来享受旅游中的趣味，即使是行程安排得恰当的半自助旅游，都可享受到自由自在的活动与旅游内容。旅游内容与行程大多由自助旅行者自行主导是自助旅游最大的特色，可以把钱花在自己最想花的地方。

计划性旅游是自助旅游另一特色。打从开始有自助旅游的理念起，自助旅游者就开始找寻资讯，衡量自己的时间与财力，根据自己的兴趣与想去的地方，制定行程计划。出发以后，每天需要张罗生活事宜以及安排参观活动。自助旅游就是自己计划的旅游。

自助游的方式被越来越多的年轻人所接受并热衷，开始出现各种各样的自助游方式，如自由行、互助游等。

自由行是一种新兴的旅游方式，在台湾俗称"机加酒"，即机票加酒店。以机票＋酒店＋签证为核心，由旅行社安排住宿与交通，但没有导游随行，饮食也由旅客自行安排。自由行的特点是，在住宿与交通之外，可以随意调整旅游时间安排，可以改变游览行程。由于没有购物和自费项目，游客的钱可以花在"刀刃"上。自由行分为完全自由行和准自由行。完全自由行是按照自己的计划到旅行社预订机票、酒店。如果觉得行程可能有变动，则选择可更改的机票，由于旅行社与航空公司、酒店的长期合作关系，价格会比个人单独预订要便宜。准自由行是跟着旅行团队一同登上飞机，到达目的地后，脱离大部队，自由行动，直到回程的那天，重新"收编"进团队，一起乘飞机回来；或者与其他自由行游客同一时间出发，返回相同目的地。由于机票是团队价格，这种套餐价格会更便宜。游客选择自由行，大多是为了获得灵活自由的行程，摆脱"零负团费"和"强迫购物"的烦恼。

互助游是一种分享交友式深度旅行方式，通过认证平台的交流和认知，之后通过异地旅行互动，交换旅行智慧完成深度旅行。互助旅游是网络催生的一种旅游模式，以自主、平等、互助为指导思想的一种交友旅游活动，是没有中间商的经济旅行。通俗地说，互助游就是交朋友去旅游，使网络上的人脉关系走向现实世界。互助旅游将成为当今人们主选的旅游模式之一，也是科技时代带给人们的现代社交观念与快乐生活的方式。

（2）自驾游

自驾游，即自己驾驶汽车旅游。2006年首届中国自驾游高峰论坛的定义："自驾游是有组织、有计划，以自驾车为主要交通手段的旅游形式。"根据不同的自驾游目的，可以分为观光自驾游和休闲自驾游。

自驾游属于自助旅游的一种类型，是有别于传统的集体参团旅游的一种新的旅游形态。自驾车旅游在选择对象、参与程序和体验自由等方面，具有自由化与个性化、灵活性与舒适性及选择性与季节性等内在特点和伸缩空间。自驾车旅游者一般来说都是城镇居民中的中高收入者，拥有较好的生活条件，绝大部分具有较高的受教育程度，拥有较强的旅游意识和旅游素养。自驾旅游者以中青年占主体，表现出2—7人的群体性出游特征。自驾车旅游者外出旅游主要在于追求一种自由化、个性化的旅游空间，观光与休闲度假是自驾车旅游的主要动机，其他动机还包括商务旅游、探亲访友、美食娱乐和探险摄影等等。自驾游组织形式，主要有自主组织的自驾车出游、旅行社组织的自驾车出游、汽车俱乐部或其他各种俱乐部组织的出游等形式。

我国自驾游的形成与发展是建立在经济飞速发展、交通状况持续改善、人民生活水平日益提高的基础上，是"自由、个性、探索、驾驭"理念的体现，已逐渐成为我国大中城市有一定消费能力和消费理念的中青年人群所热爱的旅游生活休闲方式。与国际自驾游发展的规律一样，我国自驾游不仅流行开自己的车去城市周边以及更远的地方旅游，也将兴起异地租车旅游，即飞机＋当地租车的自驾游方式。中国自驾游正蓬勃发展，渐渐成长为一个全新的旅游新经济。

（3）徒步游

徒步游是指旅游者以徒步为主要旅行方式的一种行为主题旅游。徒步旅游者具有明确的旅游意识，用行走的方式在走近自然景观和人文景观中，获得清新的旅游体验。

徒步旅游兴起需要经济发展和生活新观念为基础和条件。随着经济的发展与人们生活水平的提高，带来人们生活新理念和生活方式新观念，提升了体验型、休闲型旅游的需求。加上闲暇时间的增多，休闲、度假、疗养、健身、娱乐活动逐渐成为一种时尚，使徒步旅游作为一种崭新的旅游模式迅速受到广大旅行和徒步爱好者的青睐，形成了旅游市场的需求。在对生活品质、生命质量和精神生活的追求下，促使徒步旅游已不单单满足于徒步强身健体、游玩享乐的功能，而更加追求在徒步中欣赏自然美景、探奇求新、开拓视野、体验不同区域民族、古今中外的风俗的文化活动。

徒步游是休闲徒步运动与旅游的结合，越来越被广大市民所青睐，也将成为我国城市居民追求的健康理念引领下的生活方式。徒步旅游也将突破传统旅游与单纯户外运动的局限，具有巨大的旅游市场发展潜力。

徒步旅游的最大特点，就是在时间上可长可短，在空间上可以多向选择。按照徒步旅游线路所在地理环境，分为山野徒步游（田野徒步游、草原徒步游）、乡村徒步游（红杏之乡徒步游、长寿之乡徒步游）、城市徒步游（苏州徒步游、桂林徒步游）、山地公路徒步游（滇藏公路徒步游、青藏公路徒步游）、河岸徒步游（黄河徒步游、漓江徒步游、三峡徒步游）等。按照徒步旅游的资源吸引物，分为自然休闲徒步旅游（喀纳斯徒步游、青海湖徒步游、青海雪山徒步游、秦岭徒步游）、人文徒步旅游（如长城徒步游、湘桂古商道徒步游等）和综合徒步游（如中华文明徒步游、丝绸之路徒步游、茶马古道徒步游、徽杭古道徒步游等）。

徒步旅游是一种灵活自由、老少咸宜的旅游方式。旅游者边走、边я、边看，不受时间或季节限制，旅游行程可以弹性变化，从容不迫，自由自在。由于徒步旅游的高参与性和简单易行，旅游者不仅能从自然和人文景观中获得旅游体验，而且作为一种体育健身的方式，叮锻炼旅游者的意志和毅力，能有效地增强旅游者的体质，把锻炼身体与观光游览有机地结合起来。

随着中国经济的发展，各项基础设施及旅游接待设施的完善，信息、金融、通讯服务的便利，旅游者出游将能真正实现轻松自助。同时，人们生活水平不断提高，旅行经验越来越丰富，也更加追求自主性、个性化的旅游生活，使行为主题旅游市场具有巨大的发展空间。

主题旅游的类型划分是相对的，从不同的原则和角度，还可以形成不同的旅游类型。如按旅游六要素分类，可以分出主题酒店、主题餐饮、主题公园、主题商店、主题线路、主题剧场等主题旅游类型。各种主题类型的旅游俱乐部，如自驾车俱乐部、远足俱乐部、登山俱乐部等，开展的旅游业务都是主题旅游产品。

三、主题旅游项目策划

主题旅游项目策划，目的在于创造一批独特的有吸引力的主题旅游产品。激烈的市场竞争和市场高度细分化，需要策划主题旅游项目以响应旅游市场需求。

1. 确立主题

确立主题是主题旅游项目策划的核心。确立主题，就是寻找主题、发现主题和设计主题。

（1）塑造主题灵魂

主题旅游项目的本质和内涵主要是文化，文化是主题旅游项目的灵魂。只有塑造了主题旅游项目的文化灵魂，主题旅游项目才是一壶醇酒，耐人寻味。有了主题文化灵魂，就有了旅游市场生命力。

不同的主题旅游项目有不同的文化内涵，对不同文化内涵的了解和升华则形成了文化主题。注重旅游资源的文化挖掘，很容易提炼出多种多样的旅游主题。把旅游资源深刻的文化内涵和旅游形式很好地结合起来，所开发出来的主题旅游项目可望形成拳头产品。主题旅游项目的文化力使得旅游者在接触到主题旅游项目后，时时处处都会感觉到文化力的熏陶。

（2）从消费者立场出发确立主题

在主题旅游项目策划中，可供选择的主题丰富多彩，需要从消费者立场出发确立主题。一个主题在确立之前要针对目标市场调查分析消费者的所有需求，包括细微需求，确立理想的旅游主题。从消费者立场出发确立的主题，主题市场定位要准确，切不可贪大求全。市场定位越大，就越难以形成主题，难有稳定的客源群体。

（3）突出主题的生态性

确立主题，需要考虑主题旅游项目生态性，生态竞争是主题旅游项目策划的基础的竞争。在旅游项目主题的确立中，需要突出生态环境和特色文化的保护，将可持续发展的思想贯彻始终。生态主题旅游的生态要求，需要突出自然本色和有利于环保等鲜明特色。生态主题旅游将成为21世纪旅游业的发展方向。

（4）主题要有差异性

主题切忌重复和随大流，要有差异，要有特色。主题旅游本身就是差异性的创造。我国大量主题旅游项目，特别是主题公园，几乎都是"公园"与"游乐"的简单相加，主题内容重复，游乐项目雷同，文化内涵浅薄，无法对游人产生吸引力。

2. 主题内容设计

打造具备有吸引力的主题旅游项目，在最大限度利用旅游资源的同时，仍需要进行周密的旅游主题内容设计。从国内外成功的主题旅游项目实践看，以下几类内容设计具备长久的生命力。

（1）实景演出类主题旅游项目

绝好的剧本编剧、生动精彩的场景、扣人心弦的故事情节，都是实景演出类主题旅游项目成功的因素。在现实中展现神话传说、演绎伟大的历史故事，都可以吸引足量的游客来到旅游地。类似刘三姐、阿诗玛、白蛇传、大红袍等一系列脍炙人口的经典故事传说，在成功打造旅游形象的同时，也带活了一批实景演出类主题旅游项目。

（2）传统文化特色主题旅游项目

展现人类文明进程的各类主题旅游项目，也是未来具备成功条件的主题旅游项目。从中国传统文化特色来看，中国文学所运用的瑰丽文字，已经为现代人留下了丰富而壮美的故事想象空间，主题旅游项目策划，需要将传统文化意蕴与现代精神很好地进行内容和空间上的表达，创造巨大的旅游吸引力。让游客在感受历史的同时，也展开对现代生活的思考。放眼全世界，类似埃及金字塔、伊斯坦布尔神庙、柬埔寨吴哥窟、巴黎红磨坊等，这些极富民族文化特色的旅游项目，也是备受世界各地人民欢迎的主题旅游项目。

（3）纯自然、生态主题旅游项目

返璞归真，回归自然，已是很多休闲旅游爱好者的主要追求。真正的纯生态社区，通过各类成体系高科技技术应用，在开发过程中，成规模保留生物种群，还原生物世界变迁原貌，都是吸引休闲放松游客的主要亮点。

（4）科学类主题项目

科学幻想一直是世界上大多数人挥之不去的情结。能够展示未来科技发展趋势的旅游项目，包括天文、微电子、生物科学、纳米技术等一系列当前流行的科学技术，都将会是吸引游客的最好项目。因此，在世界范围内，类似航空、地球探险、海洋科技、生命科学的试验及场景展示，都是吸引旅游的热点项目。

3. 策划要点

在旅游市场进入体验经济的时代，正是打造超越市场的大型主题旅游项目的佳机。从国内外主题旅游项目的成功经验来看，以下几点至关重要。

（1）文化诠释，文化包装

不论是自然主题旅游项目，还是文化主题旅游项目，都需要用文化进行主题诠释，用故事、用情感意境等文化形式诠释自然旅游主题景观的人文内涵，用色彩、图案、历史、民俗、音乐等文化方法包装文化主题旅游项目，形成主题文化的氛围，研究游客在旅游过程中的兴奋点，形成文化性的高潮。主体文化的培育要贯穿始终。

文化诠释不是简单的文化包装，最终要将文化转化成旅游核心竞争力，培养顾客对主题旅游项目的忠诚度。文化诠释在于挖掘，在于提升，在于细节。要构思设计开发新主题旅游项目，就要详细地考虑到多方面的文化因素。一个成功的主题旅游项目应做到：目的地景观视觉上有主题文化冲击力，营造活动场景有主题文化感动力，目的地所承载主题文化元素有震撼力。

（2）把握生活，虚拟真实

从需求出发，主题旅游项目的策划，不必追求生活真实，但要达到虚拟真实，在开发的过程中把握好生活真实与虚拟真实的关系。生活真实和自然真实的延伸，就是自然体验与深化体验的结合。在提供主题旅游产品的过程中，通过创造条件、改善环境，使客人在自然体验的过程中达到一种深化体验，实现文化的转化和提升。

（3）突出特色，突出大众化

特色是主题旅游项目的灵魂，突出主题旅游项目特色的方法，要求在主题旅游项目策划中，挖掘和凝炼旅游目的地文化内涵，在形式和内容上突出地方特色和民族特色，突出展示主题旅游项目独特的个性色彩。无论何种性质或类型的主题旅游项目，若要产生广泛的影响，就必须找准与区域特色相符合或相融合的结合点，着眼独特的优势，塑造独树一帜的主题旅游形象。把主题旅游项目活动与当地的历史文化、民俗风情和自然风光结合起来，把特色与个性附着于一定的客观载体，张扬个性，突出主题旅游项目的民族特色、地域特色、文化特色和时代特色。

任何主题旅游项目，都是大众旅游活动。在主题旅游项目策划时，不仅要取悦外地游客，还要取悦本地居民，以大量的参与性项目，增强本地居民的兴趣，吸引本地居民积极参加，使主题旅游项目大众化。

要做到主题旅游项目大众化，策划时要求主题旅游项目具有真实性与严肃性。作为主题旅游项目，无论是民族的、民俗的，还是宗教的，都应当保持其真实性和严肃性，只有主题旅游项目具有真实性与严肃性，才能受到当地人和旅游者的认可和欢迎，才能植根于民众之中，才具有旅游吸引力，保持长久性发展。

（4）强调传统，兼顾时尚

在以文化风情见长的旅游度假项目中，地方文化往往已成为吸引游客的最大卖点。文化的外在表现可能是极具地方特色的建筑、丰富多彩的民间艺术活动和传承多年的传统节日等，但往往地区级特色文化的社会流行度不够，影响力不足。这就需要关注市场的时尚需求，提炼本地文化经典元素，给予古典文化以现代品位，合理演绎传统文化概念，有机地添加时尚旅游元素，将传统文化风情与时尚需求相结合，有针对性地打造大众主题旅游项目。

（5）做大项目，做精细节

主题游乐活动正越来越成为大型旅游项目的一个亮点。随着张艺谋的"印象丽江"、"印象刘三姐"、"印象西湖"等一系列大型实景山水旅游演出活动的出现，国内多数旅游景区及娱乐项目均效仿上演类似的大型实景旅游演出，成为一时流行的旅游主题演出项目。值得注意的是，大型实景旅游演出投入成本大，剧本编辑、内容模式和表演形式已被仿制，将进入发展的饱和期。

主题旅游项目的策划，需要突破已有的模式，寻求地方性大题材，进行大钩思、大展示；加大投入地方文化设施建设，在建筑、景观、小品、雕塑、广场、商业等细节，做精做细，打造持久的主题旅游项目。

（6）长期投资，持续创新

主题旅游的建设，必然是大规模长期投资，持久运营的过程。迪士尼乐园的成功运营来源于其源源不断的卡通形象的创造，米老鼠、唐老鸭、白雪公主、维尼熊、加勒比海盗等这一系列世界知名的卡通形象的塑造和内容场景的创新，为迪士尼乐园打造了一个卡通王国。因此，在长达数十年的主题旅游区的建设和运营时期内，应持续关注于对旅游、主题项目、酒店、商业、公共配套、教育、文化设施及衍生产品等各个构成要素的投资。

主题旅游项目策划得益于观览主体的深化。成功的主题旅游项目策划，围绕一个或几个主题所创造的系列旅游体验项目，以强烈的文化特色来吸引游客。故此，主题旅游项目策划的最基本特征就是文化创意领先。主题旅游项目不仅有观赏意趣，还需有文化启迪意义。

四、主题旅游发展

主题旅游项目的产生是意图从大众旅游市场的细分中获得发展，主题旅游的向前发展需要遵从初衷，坚持主题在旅游市场中的指向性，筛选出更多个性化需求的旅游主题，策划出更符合旅游发展需求的主题旅游项目。主题旅游发展需要从以下方面获得保证。

1. 思想正确

任何一个成功的主题旅游项目策划，都有清晰的思路，有正确思想的指引。主题旅游的发展，需要有正确思想的发展指导。主题旅游项目策划正确指导思想主要有文化传承思想、生态保护思想、大旅游思想、可持续发展思想等四大思想，按正确指导思想制定发展战略，设定发展方向，规划发展目标。

2. 构建框架

构建主题旅游框架，就是明确主题旅游发展的主体和构成，搭建主题旅游发展体系；明确主题旅游开发的核心是旅游主题文化，由主题文化策划出主题旅游项目，按主题旅游项目，配套旅游服务设施和基础设施，形成主题旅游产业格局。同时，以大旅游为指导思想，将大型主题旅游项目规划与城市规划结合在一起，将主题旅游产业建设与城市观光休闲功能建设结合在一起，与城市资源的利用和环境保护结合在一起，促进旅游城市大框架的形成。

3. 关注市场

在经济发展时代，市场是发展的原动力。主题旅游的开发和发展都需要关注旅游市场，关注旅游市场的变化和需求，使主题旅游项目符合旅游市场需求，用主题旅游项目满足旅游市场需求，以创新的主题旅游项目拓展旅游市场，保持主题旅游项目在旅游市场上的旺盛的活力和强大的竞争力。

4.持续创新

面对市场需求的多样化和市场竞争的白热化，主题旅游发展需要从始至终持续创新。用创新的理念看待主题旅游发展，用创新的方式体现旅游者求新、求奇、求特的心理需求，用创新的主题旅游项目满足顾客的需求和期望，用创新的科学技术引领主题旅游发展。

5.坚守特色

主题旅游发展的基础就是主题旅游项目的特色，是主题旅游项目与周边旅游的差异性。主题旅游发展需要坚守主题文化鲜明的个性魅力，以鲜明的主题旅游项目特色满足现代时尚旅游者的需求。坚守主题旅游特色，就是坚守市场生存的基础。

作为一种旅游项目，主题旅游项目在现代旅游业发展中的地位和作用无论如何都不可低估。主题旅游项目是人类智慧和创造能力在旅游活动领域中的结晶，丰富的形式使旅游资源的开发利用打破了区域地理限制，丰富和推动了旅游业的发展。

第三节　观光旅游项目策划

观光旅游是一种概要式的旅游，或者叫做"走马观花"式的旅游，旅游时间短，形式简单。然而，观光旅游却是人类旅游的基础，贯穿人类旅游的始终，即使到了休闲度假旅游时代，仍然缺不了观光旅游。观光旅游项目策划是基本的旅游项目策划。

一、观光旅游类型与特点

观光旅游是人类萌生旅游动机的第一选择，以欣赏游览为主要目的，对旅游目的地的自然旅游资源和人文旅游资源所进行的游览活动。

1.观光旅游类型

观光旅游以环境与知识为核心，以"观"为基本旅游方式，观光旅游的方式是"观"、"看"。观光旅游项目的基本要求就是要有"看点"，要求资源品位高，根据"看点"内容的不同，形成不同的观光旅游类型。

观光旅游类型，可以有两种分类，一是按照观光旅游内容的性质，分为自然旅游观光和人文旅游观光两大类型。自然旅游观光类型，包括山岳观光、海滨观光、江河观光、田园观光、草原观光、沙漠观光、海洋观光等；人文旅游观光类型，包括民俗观光、艺术观光、民居观光、农业观光、工业观光、都市观光、科技观光、修学观光、文物古迹观光、军事观光等。二是按照观光旅游内容的区别，分为自然观光、文化观光、城市观光、乡村观光等四大类型。

观光旅游的类型分析，是便于旅游研究的表述。观光旅游分类具有相对性，从不同的角度，或依据不同的原则，会形成不同的分类。

2. 观光旅游特点

观光旅游是每一个人旅游生活的开始，通过观光旅游积累旅游经历和经验，扩大旅游生活的纵深度和广度，使旅游生活丰富多彩。观光旅游具有如下特点。

（1）观光面广

观光旅游活动是人类旅游的基础活动，任何一种陌生的事物都有可能成为人们观光旅游的对象，不仅包括大自然的一草一木，还包括人类社会的一事一物，观光旅游资源的面十分广泛。只要有大自然，只要存在人类社会，就会有观光旅游资源。

（2）观光人众

观光旅游以游览具体事物为旅游活动的主要方式，面对游览的具体事物，能直接感受事物情形，直观、深刻，最容易被不同层次的人所接受，所以参加观光旅游的人员具有广泛性。由于观光旅游参与方式简单、适应性广，男女老幼、各种职业和各种身份的人都可参与，具有大众性。

（3）观光时短

观光旅游以游览为主，在一个观光地（景区景点）停留时间短。旅游停留时间短，属于"走马观花"性质。唐朝诗人孟郊《登科后》诗"春风得意马蹄疾，一日看尽长安花"，正好生动地描述了观光旅游时间短暂的特点。

（4）形式简单

观光旅游只是走一走，看一看，观光的内容、形式和所需设施都较简单。形式简单，旅游接待服务主要是解说，简单方便。是开展其他旅游项目的基础。

（5）美的享受

事物的美是观光旅游游览对象的前提条件，旅游者通过游览自然山水，鉴赏文物古迹，领略风土民情，获得了大自然造化的自然之美、艺术之美、社会之美，享受了现代化城市生活的情趣之美，获得了消遣娱乐和愉悦身心的美的享受。

（6）知识学习

追求未知是观光旅游的原动力，旅游者通过观光游览，认识了新的事物，开阔了眼界，增长了见识，陶冶了性情，获得了知识的学习，获得了观光旅游的满足感。

观光旅游活动形式简单，但特点多，始终具有无穷的魅力，成为所有旅游活动的基础。

二、自然观光旅游项目策划

自然观光旅游项目策划以自然风光为资源。自然风光由山地、水体、动植物以及自然气候等自然地理环境要素组成。自然风光是天然存在的，自然风光具有的旅游观赏价值在于所蕴藏的自然美。自然观光旅游项目的策划，就是发现大自然的美，创造条件让游客观赏大自然，维护生态环境，保护大自然。

1. 发现大自然的美

发现大自然的美是自然观光旅游项目策划的最重要和最基本的工作。在对自然景观景点资源的考察中，发现大自然的美，要做到"四多"和"四发现"，即亲临实地，多角度观察大自然（观赏风景的角度不同，会产生不同的观赏效果），多距离观察大自然（观赏全景要远距离，观赏局部要近距离），多时段观察大自然，多季节观察大自然；发现大自然的色彩，发现大自然的和谐，发现大自然的情趣，发现大自然的美丽。

在具体的自然观光旅游项目策划中，就是要观察沟谷、山场、水域、海岸、小岛、自然荒地等自然区域大自然的美，选择可供观赏的自然景观区或景点，选择可展示良好生态环境、奇特景观、优美容貌和最具科学价值的一面，确定自然观光旅游项目策划自然景观景点。

在自然观光旅游项目策划的自然景观景点确定之后，需要对自然景观景点进行命名。自然景观景点命名有四种方法，即以景观形象特征命名、以情景加艺术升华命名、以科学特征命名、以地方名加特征来命名。对自然景观景点命名，一般在现场考察时就开始，由各方面专家、地方人士、文化人、旅游者等共同参与，以实地考察的环境，提出初步的命名方案，到进行整个景区综合景名时进行调整。

2. 创造条件观赏大自然

在确定了自然景观之后，需要充分地展示给游客，需要为游客选择游赏位置，确定观赏点面积，确定自然景观展示方式，安排游览线与设施，创造条件，提供观赏大自然美景的完善设施和旅游环境。

（1）选择游赏位置。在确定了自然景观之后，必须选择合适的观赏地点。选择观赏自然景观位置，需要从观赏视距、观赏视域、观赏视角、观赏面积、观赏安全性以及可达性等多方面分析考虑。在保护原有自然景观的前提下，选择最佳的观赏自然景观位置。

（2）确定观赏点面积。自然观赏点的面积，需要根据总体规划估算的游客量和实际能提供的自然地形可能条件进行确定。由于不是所有的游客都会到达每一处观赏点，到达各点的游客数量和停留时间也不同，规划的面积也不一样。重点观赏点一般游客必到，停留时间相对较长，面积按高峰时的游客量计算确定。一般的观赏点停留时间短，可能只需5—7分钟，面积按日常平均客量计算确定。

由于自然地形条件的限制，在狭窄的地带，不可能提供计算面积，可适当缩小，考虑到观赏点能为游客提供留影需要，观赏点的最小面积不能小于50平方米。必要时可架设观赏平台。此外，中近景观的观赏点面积还要考虑合适的视距要求，为游客留出摄影的适当空间。

（3）确定自然景观展示方式。确定自然景观展示方式，就是搭建可进入的观景平台，为游客提供观赏大自然的环境。展示方式分宏观展示、中距离展示和近距离展示。宏观展示是针对规模宏大的自然景观，如山岳峰林地貌，可搭建登高平台，远观宏大的自然景观。中距离展示是针对奇特岩崖、峡谷、河湖类等自然景观，可安排游览线通过崖边、谷中或水边，以栈道的方式体验岩崖、峡谷和河湖。近距离展示是针对洞穴、古树、奇花异草、瀑布等微型景观，可以安排进入洞内，走近古树、奇花异草、瀑布，近距离观赏。

（4）安排游览线与设施。观赏自然景观线路选择的原则和方法，一是先选观赏点，再选择观赏线；二是尽量利用原有山间小路、开阔之地、缓坡之路，少穿林带、耕地；三是地形图上选线与实际考察复核相结合，两者不能缺一；四是安全原则，观赏线路必须避开泥石流、滑坡、危岩等危险地带。

进入自然景区后，规划游客进入观赏点的有步行、游览车、乘船、缆车、电梯等方式。其中，步行是优先考虑的最基本的方式，修建步行道系统是自然观光不可缺少的交通设施，包括跨越各种障碍的小型设施如跨越河、沟的各种小桥（木桥、石桥、索桥等），跨越浅水面、湿地的汀步、栈道和为保护地质遗迹或生态环境而架设的栈道等等。与游览车相配套的设施是景区次干道。自然景区中的交通工具（游览车、乘船、缆车、电梯等），以及为其修建的站点，都与自然观赏点一起是景观环境的组成部分，需要与自然景观相协调，起着"绿叶托红花"的作用。

3. 保护大自然生态环境

自然风光是自然观光旅游项目存在的资源基础，自然旅游景观的开发主要依赖于开发的目标区域内自然景观的数量以及品位高低。自然旅游景观依赖于大自然的大气圈、水圈、生物圈、土壤圈和岩石圈的生态环境，保护大自然生态环境，就是保护自然观光旅游的发展。

（1）保护大自然生态环境，保护秀美山川。依据《全国生态环境建设规划》

（1998年），打击人为破坏生态环境行为，保护和改善自然恢复能力，遏制生态环境恶化的趋势，实现秀美山川的宏伟目标。

（2）实施绿色工程，保护生态环境，防止土地荒漠化。保护江河源头，加强森林植被建设和防护林建设；严格实施生态脆弱区的禁采、禁伐、禁渔、禁猎，实施退耕还林、退耕还草、退耕还湖还海，封山育林，风沙区造林植草。防止土地荒漠化，防止发生洪涝、水土流失、泥石流、山崩、塌方、滑坡等破坏自然景观的灾害。

（3）善待自然生态资源，实行绿色经济。掠夺式发展模式是人类在发展经济过程中，追求超额回报对生态环境的破坏。生态环境的恢复需要比所得回报数倍乃至数十倍的付出，同时还得忍受数十年甚至上百年的生态灾难。必须改变传统的无偿占有、掠夺式的经济发展模式，实行绿色经济模式。

（4）提倡绿色消费，节约自然资源。绿色消费是人类在确保可持续发展的前提下提高生活水平的消费方式。绿色消费应尽快取代一味追求享乐的高消费而毫无节约地消耗自然资源的消费观。提倡适度消费，减少一次性消费，加强资源的重复利用，为子孙后代留下青山绿水，留下丰富的可供旅游观光永续利用的生态景观资源。

三、文化观光旅游项目策划

文化观光旅游是以文化为观光对象的旅游活动。文化具有民族性、艺术性、神秘性、多样性、互动性等特征，文化观光旅游能给人一种超然的文化感受。

文化观光旅游的内容十分广泛，可分为四个层面，其一，以文物、古迹、遗址、古建筑等为主体的历史文化层；其二，以现代文化、艺术、工艺、技术成果为主体的现代文化层；其三，以居民的民居、饮食、服饰、婚姻、年节、歌舞、宗教、祭祀、体育等为代表的民俗文化层；其四，以人际交往称谓、礼仪为表象的道德伦理文化层。文化观光旅游丰富多彩，别有情趣。文化观光旅游项目策划，在确定市场需求和文化旅游资源的前提下，需要揭示文化旅游资源的观光价值，赋予文化观光旅游功能，构建文化观光旅游模式，凸显文化环境和烘托文化情景，延伸文化旅游资源市场价值。

1. 揭示观光价值

揭示观光价值，就是揭示文化旅游资源的观光价值。一种文化要成为旅游项目，需要具有文化旅游观光价值。文化的旅游观光价值，就是文化所蕴含的历史价值、鉴赏价值、传承价值，这是文化的旅游生命力。在文化观光旅游项目策划中，可以通过文化修缮、历史文献记载、文化故事等方式，向游客展示。

2. 赋予旅游功能

赋予旅游功能，就是赋予文化旅游观光的功能。文化有自己原本的形式，在将文化进行观光旅游项目策划时，需要赋予旅游观光功能，选择文化旅游观光的角度，通过一定的方式突出文化的旅游观光内容，修建观光游步道，进行旅游观光线路的设计，让游客走近文化，品读文化。

3. 构建模式

构建模式，就是构建文化旅游观光模式。文化观光旅游资源的内容和形式多样，构建的文化旅游观光模式也有多样选择。文化旅游观光有文化遗址公园、文化博物馆、文化主题公园、文化景区、文化创意园、文化博览园等模式，需要根据文化观光旅游资源的内容和性质进行确定。确定的原则就是选择最佳的文化旅游观光展示模式。

4. 环境凸显，情景烘托

文化观光旅游项目策划，不是孤立的旅游项目策划，需要创造文化观光旅游的环境，与周边的景物相协调；利用建筑、艺术文化符号、道具、容器、材料等辅助载体，对旅游观光进行文化环境凸显和文化情景烘托，彰显文化的特征。

5. 主题化、集聚化

主题化、集聚化，就是对文化资源提炼主题，进行归拢集聚。一般的文化旅游资源都存在分散性特征和同质性现象，一个文化资源在相邻的地方都有，或者是在每个地方只具有一个或几个文化侧面，缺少整体性。因此，在文化观光旅游项目策划中，需要采取主题化、集聚化的方法，进行文化资源的聚合，通过旅游线路等手法，实现资源的优化配置和整合。

6. 原真与延伸

文化观光旅游涉及和延伸的领域十分广泛，演艺娱乐、民间工艺品生产销售、会议展览、文化节庆、建筑设计等，都在文化观光旅游范畴之内。文化观光旅游延伸的基础是文化的原真性，顺理成章延伸出文化旅游演出、文化旅游工艺品等文化旅游项目。

四、都市观光旅游项目策划

都市观光旅游是以都市城市自然风光、人文景观或社会风貌为观光游览目的的旅游活动。都市拥有百年商业历史的街区，拥有各类现代化的公园、文化馆、博物馆、体育馆、剧场、动物园等城市文化与休闲场所，赋存着丰富的都市观光旅游资源。都市所具有的综合性特点，也赋予了都市观光旅游的多维内涵。

都市观光旅游是都市旅游基础产品，也是都市旅游发展的重要方面。都市观光旅游项目策划，主要是明晰都市观光旅游类型、规划观光旅游设施、规划观光旅游线路。

1. 都市观光旅游类型

都市是一个多元的自然、文化、经济、社会综合体。都市观光旅游项目类型，基本分为都市自然风光旅游类型和人文景观观光旅游类型。详细可以分为12种类型。

（1）文化类，如博物馆、大剧院、文化中心、图书馆、体育馆、影剧院等；

（2）自然类，如城市景观河道、湖泊、城市森林、绿地、岛屿等；

（3）历史类，如历史遗迹、名人故居、古典园林、古文化遗址、革命纪念地等；

（4）科技类，高新技术开发区、科技馆、自然馆等；

（5）民俗类，如民俗观光园、民间收藏、民俗庙会、特色节庆等；

（6）宗教类，如寺院、道观、教堂以及有关佛事法会等；

（7）风貌类，城市新区、标志性建筑、特色街区等；

（8）教育类，特色大学、特色中学、特色小学、教育基地等；

（9）休闲类，城市休闲绿地公园、城市休闲广场、城市休闲花园、城市园林、特色酒店等；

（10）主题公园类，如城市主题公园、游乐城、水上乐园、特色公园等；

（11）工业类，大型现代企业、特色旅游工艺品生产企业、科技企业等；

（12）农业类，农业公园、休闲农场、观光农业园、教育农园、民宿农庄、现代农业园区、农业科学基地等。

都市观光旅游项目是都市已建设有的项目，一般不用为都市观光旅游再特意建设。都市观光旅游项目策划的用意，就是将这些项目纳入都市观光旅游游线系统，进行利用性开发。

2. 观光设施策划

都市观光旅游设施策划，就是将都市完备的基础设施与服务设施，纳入都市观光旅游系统，推动旅游配套设施建设融入都市经济社会发展规划，成为都市旅游的组成部分。

都市观光旅游设施策划，一是整合都市服务设施资源，形成完备的住宿、餐饮设施和服务功能系统，让游客住得舒服，吃得好；二是整合都市交通资源，连接都市观光景点，构建都市观光旅游的游客服务中心、观光游线、游客广场、停车场等都市观光旅游交通出行保障系统；三是整合都市环卫设施等资源，在历史名胜景点、风景区、步行街、市中心等主要的旅游观光区，建设清洁卫生的旅游厕所；四是整合都市信息系统资源，构建都市旅游观光信息系统，在旅游者住宿、交通、景点、市中心设施、游客聚集区等主要旅游场所，设立醒目的信息中心，提供多种语言版本的旅游目的地综合信息查询服务。

3. 观光线路策划

为突出城市观光亮点，方便城市观光自助旅游者，需要根据都市发展状况和城市观光旅游总体规划，开通特色城市观光车，运行一条或多条城市观光旅游线。

都市观光线路规划，需要考虑城市观光景点的分布、都市公交线网布局、城市观光旅游者的集散点，要求三方面的有机协调，既方便游客，又不影响都市居民的正常生活，并且形成线路特色。如2008年7月，北京公交集团与北京巴士传媒股份有限公司联合开通首批两条城市观光线。其中观光1路以古都风貌为特色，南起北京南站，北至北官厅，线路全长18.1公里，游客可乘车游览大坛、前门大栅栏、天安门、景山、故宫、什刹海、鼓楼、雍和宫等能够充分反映古都风貌的文化景观。观光2路以奥运场馆为特色，北起惠中里，南至北官厅，线路全长16.25公里，游客可乘车游览奥林匹克体育公园、鸟巢、水立方、国家体育馆、国家奥林匹克体育中心等主要奥运场馆和设施。

都市具有开展都市观光旅游的优良人工景观、完善的城市配套、丰富多彩的夜生活等良好基础，旅游者在观赏都市风貌、名胜古迹、民俗风情后，获得广泛性和多样性的都市体验。

五、农业观光旅游项目策划

农业观光是把观光旅游与农业相结合的旅游活动。农业观光旅游的兴起和发展，对我国改变农村二元结构，实施城乡一体化战略产生了积极的推动作用。农业观光旅游项目的形式和类型很多。按照农业观光旅游的功能，可以划分为观赏型农业观光旅游、品尝型农业观光旅游、购物型农业观光旅游、务农型农业观光旅游、娱乐型农业观光旅游、疗养型农业观光旅游、度假型农业观光旅游等七类。

进行农业观光旅游项目策划，需要现场踏勘，了解和收集气候、日照、水文、降雨量、土壤条件、地形地貌、环境污染、人口、劳动力、经济条件、交通条件、农业生物资源及重大农业产业项目等旅游资源，以及所在区域城乡建设总体规划、土地利用规划、新农村建设规划、农业规划等相关规划，进行综合分析利用。

农业观光旅游项目策划，主要是根据农业自身发展状况和特色，依托田园生态景观，挖掘农耕民俗文化，突出特色主题策划，进行休憩体验设计。

1. 依托田园生态景观

乡村田园生态旅游景观是现代城市居民闲暇生活向往和旅游消费的时尚，也是农业观光旅游赖以发展的旅游环境基础。在旅游策划时，一是选址要考虑以优美的农村生态旅游景观为衬托，与农业观光旅游项目相匹配；二是要以农业田园景观为基础，将花卉、蔬菜、水果等特色作物、高新农业技术和特色乡村文化作为旅游策划基本元素；三是对农村环境的落后面貌进行必要的村落旅游景观改造，保护农村生态旅游环境的原真性。

2. 挖掘农耕民俗文化

发展农业观光旅游，需要丰富的农业观光文化内涵。在旅游策划时，需要深入挖掘农村民俗文化和农耕文化资源，提升农业观光的文化品位，实现自然生态和人文生态的有机结合。具体可以将农村的传统民居、家具、传统作坊、器具、民间演艺、游戏、民间楹联、匾牌、民间歌赋、传说、名人胜地、古迹、农家土菜、农耕谚语、农具等各种乡村文化旅游资源，融入农业观光旅游景观策划之中。

3. 综合利用

在农业观光旅游内容策划中，可以将农村民俗、农业科技示范园、生态农业等作为基本观光类型，根据策划地的具体状况，衍生观光农场、观光果园、观光茶园、观光花圃等农业观光项目，满足不同游客的农业观光旅游需求。

4. 特色主题策划

特色是农业观光旅游项目的核心竞争力，主题是农业观光旅游项目的核心吸引力。在旅游策划时，要摸清可开发的农业观光旅游资源情况，分析周边区域观光农业旅游状况，巧将农业生产与农村文化进行特色营造。农村旅游资源具有地域性、季节性、景观性、生态性、知识性、文化性、传统性等特点，营造旅游特色时都可加以利用。同时，根据农业观光旅游资源特色，进行旅游主题策划。如在农业观光生态旅游区，可策划春有花、夏有荫、秋有果、冬有青的四时旅游活动美景，青山看不厌，流水趣无穷，流连忘还。

5. 休憩体验设计

农业观光旅游客源可分两类，一是在节假日，是城市近距离休憩放松的上班族；二是在上班时间，是退休人员及业务人员和会议人员。到农村进行农业观光，已不仅仅是旅游观光，而是一种休闲生活。因此，农村观光旅游项目策划的关键是如何处理好农业观光旅游中的"静"和"动"的关系，即观光旅游和农事活动的关系。"静"就是为人们提供优美田园空间和安详农家场所。"动"主要是策划安排乡村娱乐游憩或农事体验旅游活动，做到"动"的旅游项目寓于"静"的旅游景观之中。既要满足游客渴望回归自然、放松身心的基本旅游需求，又能满足游客农业科学文化的认知需要，延长农业观光旅游的游憩时间。

第四节　体验旅游项目策划

体验旅游，是游客通过参与和亲历旅游项目活动，从中获得身心感悟的旅游。相对观光旅游，体验旅游项目策划更侧重给游客带来一种异于自身的生活体验，例如为城市居民提供乡村生活体验，为现代游客提供红军年代的生活体验等等。

一、体验旅游特点

体验旅游是观光旅游深层次发展的旅游方式。体验旅游是一种需求，是旅游者出于身心感受的需求，追求在旅游活动中获得一种从未有过的体验，享受其中的快乐。旅游体验是现代旅游者的终极目标，强调以眼、耳、鼻、舌、身五种感官作为感受外界事物的体验工具，追求视觉、听觉、嗅觉、味觉、触觉等感官的综合体验。体验旅游具有追求个性、强调参与性、享受过程三大特点。

1. 追求个性

体验旅游的追求是旅游者个性旅游的追求。在体验旅游活动中，与常规旅游的不同就在于，旅游者以自己的个人喜好，追求旅游项目的个性化，追求旅游项目个性的内容、形式和环境，在实现个人喜好的个性化旅游活动中，收获快乐。如为喜欢摄影的游客，策划田园观光、古村落观光等旅游项目，就会使喜欢摄影的游客获得满意的旅游体验。

2. 强调参与性

旅游体验通过具有参与性的旅游活动才能获得，所以体验旅游者有参与活动的激情和冲动，通过参与旅游活动，在身临其境之中，感受旅游活动的细节，体会旅游活动的内涵和魅力，获得具体、直观和深刻的旅游体验。如果园观光改变为果园采摘，把观光农庄改变成农夫乐园等，将"看"转变为"动"，强调了旅游项目的参与性，也就强调了体验旅游的特点。

3. 享受过程

旅游体验是一个过程，是在旅游活动中产生的，享受过程就成了体验旅游的特点。体验旅游项目策划要求强调过程环节的设计，通过有趣的过程，让游客获得快乐的体验。如外国人包饺子活动，通过揉面、擀饺子皮、包饺子的过程，让外国人亲身体会到中国传统的饮食习俗，而不强调包出的饺子如何漂亮、好吃。传统手工艺作坊、陶艺吧、剪纸等都是很好的体验旅游项目，可以满足游客的过程参与，满足游客追求的过程享受。

体验旅游项目策划，需要增加差异性，避免同质化，需要让游客乐意参与；需要寻找和突出旅游项目的个性、参与性，由旅游项目的个性、参与性让旅游者获得体验，获得旅游快乐。

二、体验旅游类型

体验旅游，就是游客离开日常居住和工作的环境，通过参加体验旅游活动，接触不同文化和不同环境，通过一系列感官刺激，以心灵的感受，享受娱乐、学习、休闲与审美的快乐。依据旅游体验内容和目的，体验旅游项目可以分为情感体验、娱乐体验、学习体验、休闲体验、审美体验、生活体验、民族风情体验和生存体验等八种类型。

1. 情感体验型

情感需求是人类感情需求的重要组成部分。旅游体验中的情感体验主要是满足人们对于亲情、友情、爱情等情感的渴求，获得情感上的满足和心理上的认同。情感体验旅游的核心是对亲情情感的体验。亲情体验旅游是指有血缘关系成员参加的以情感沟通为目的旅游活动。亲情体验旅游的出现，是社会转型阶段出现的产物。情感体验旅游项目有三种，一是属于组织全家成员外出旅游，体验生活快乐的旅游模式的亲情体验旅游，如"亲情体验一日游"；二是专门为家庭成员之间举办的亲情晚会，有宴会、节目表演、娱乐互动等内容；三是专门针对留守儿童进行亲情体验的亲情儿童聚会，如"留守儿童亲情体验行"。

2. 娱乐体验型

娱乐是人追求快乐、缓解生存压力的一种天性。大众娱乐是构建美好生活的一个组成部分。娱乐体验旅游是游客通过参与旅游目的地所提供的娱乐活动而获得欢乐的旅游活动。旅游者通过参与旅游娱乐活动，松弛了在工作中造成的紧张神经，获得会心的微笑或开怀大笑，达到愉悦身心、放松自我的旅游体验目的。娱乐体验旅游项目，包括参与性的旅游歌舞晚会、篝火晚会、文化主题乐园、7D电影、过山车等。

3. 学习体验型

旅游具有辅助学习的功能，游客在旅游中，通过自然观光和人文景点参观，得到了新的见闻，增长了新的知识，学习融入旅游者旅游的全过程。学习体验旅游远超出旅游本身所具有的辅助学习功能，而是特意设计的参与性的学习体验旅游活动。如农夫园、陶艺吧、工艺坊、夏令营等，通过具体的参与体验旅游活动，学习有关知识。

4. 休闲体验型

休闲体验旅游是以参与旅游体验活动，让身心放松，释放工作压力，消除日常生活烦恼，远离复杂的人际交往、拥挤与喧闹的生活空间，获得积极的休息。例如到农家体验田园生活，可以使游客在淳朴的人际关系交往中放松自我；在走进田园中，体味陶渊明诗中"采菊东篱下，悠然见南山"的意境；在简单的农田劳作中，松弛紧绷的神经。

5. 审美体验型

对美的体验贯穿于旅游者的整个活动中。审美体验旅游强化了旅游的审美体验功能。例如，峡谷游，让游客走进高山峡谷之中，去体验峡谷的幽静、飞瀑、清溪、奇花、珍禽的声、色、形之美；古镇游、古村落游，让游客走进古镇，走进古村落，踏在石板路上，去审视青砖、白墙、红柱、飞檐、斗栱、翘角、木雕、彩绘之中国古建筑之美。令旅游者心情舒畅、精神愉悦，获得视觉上的美的体验。

6. 生活体验型

生活体验旅游是为旅游者提供了亲近旅游目的地居民，融入目的地生活的旅游体验活动。生活体验旅游反映了旅游者自我完善的需求，也反映了人们对另一种生活的好奇。2008年，哈尔滨市在南岗区红旗满族乡，推出"三分田"生活体验旅游项目。市民只需花一定费用，就可以在红旗满族乡一年内拥有三分田的耕种和管理权，拥有一块属于自己的蔬菜地，体验农村的田园生活，并可以享用自己耕种的纯天然、绿色蔬菜，体会收获的喜悦。当地可提供种子秧苗、专用有机肥、灌溉用水、种植技术、生产设备和日常看护等服务，有大青椒、豆角、大白菜、长茄等十余个品种待选，从种苗、栽种、除草到浇水、施肥等都有专人负责。土地上的瓜果蔬菜在认领的一年内都归市民所有，可以随时去采摘果实。

7. 民族风情体验型

我国有56个民族，民族风情体验旅游资源丰富。民族风情体验旅游就是让旅游者在少数民族当地浓郁的氛围中，真切地感受他们的生活，体验他们生活的每一个细节，了解他们对于自然和生活的不同看法，满足旅游者的好奇、轻松和欢乐的需求。旅游经营者在提供民族风情体验旅游的同时，必须处理好舞台表演与真实性之间的关系，让旅游者体验到原汁原味的民族风情。

8. 生存体验型

人类在自然面前经历了由强烈战胜欲望到和谐共处思想的转变，大自然未知的秘密和人类对自身生存能力、生命的挑战和自我实现的需求等，使得生存型旅游体验应运而生。生存体验旅游活动主要针对需要刺激和具有冒险精神的人们设计的。在旅游者志愿参加的情况下，帮助旅游者真正认识自身和生命的价值。如海南大洲岛热带海岛生存体验游、怀柔生存岛拓展生存体验、北京生存岛体验等。

在八种类型的体验旅游中，有相互渗透的方面，如在审美体验型旅游活动中，会获得休闲体验，反之，在休闲体验型旅游活动中，会获得审美体验。娱乐体验旅游和审美体验旅游的策划是体验旅游项目策划的重要方面。

三、体验旅游项目策划

体验旅游项目策划，旅游者是中心，需要从旅游者角度出发，围绕如何参与体验，展开深入策划。

1. 从体验入手，全方位设计

体验是体验旅游项目的核心和主题，体验旅游项目策划需要从体验入手，设计体验的内容和体验的方式，通过"可参与、可互动、可感受、可享受、可欣赏、可回味"的全方位的体验设计，使体验旅游项目印象深刻，回味深长。

2. 突出创造性，突出差异性

旅游者对体验旅游的需求是不断变化的，寻求差异、新鲜感和刺激感是旅游者追求旅游体验的直接目的，因而，在体验旅游项目策划中，要始终突出创造性，突出差异性。策划体验旅游项目，需要每隔一段时间有新的体验旅游项目创造，需要创造的范围，甚至小到装饰、布局布景，做到了常换常新，形成旅游体验的差异性。

3. 突出主题，突出挑战

体验旅游项目策划，要突出体验主题，追求体验旅游主题的新颖、奇特，挖掘旅游地特色和体验旅游项目特色，结合旅游地资源条件，设计独特的体验旅游项目，满足游客求新求异的需求心理，给游客新的体验。体验旅游项目策划，要始终以体验主题为主线连接游览、购物、娱乐、美食的各个环节，让游客全方位获得旅游体验。

体验旅游项目策划，要具有适度的挑战性，才能激发游客参与的欲望和决心，最大限度发挥自己的潜能，享受与日常生活不同的体验，如极限运动的蹦极、漂流、滑翔、探险等具有挑战性的极限运动，让游客不断挑战自我，在追求超越心理障碍时获得舒畅感，在突破极限中感受胜利的快乐。

4. 强调真实性，强调丰富性

体验旅游是真实的旅游，体验旅游项目策划，需要强调真实性策划，通过环境、建筑艺术、服装道具、文化语言等各方面，营造体验旅游真实性的文化氛围，塑造和突出体验旅游主题，让游客获得身临其境的体验。体验旅游项目策划，需要多样性，丰富体验类型，增加体验的深度。以体验旅游项目的多样性吸引游客，以体验旅游项目的丰富性，保持体验旅游的持续发展。一般来说，体验旅游项目越丰富，对旅游者的吸引力越大。

体验旅游项目还可以从表层体验、中度体验和深度体验进行策划。体验旅游的发展，需要获得旅游体验的表层、中度和深度的全面发展，以追求丰富的旅游体验为目标，策划丰富的旅游体验项目，满足大众体验旅游的需求。

第五节　度假旅游项目策划

度假旅游是一种深层次的旅游，是以环境优美的地方为目的地，通过运动、娱乐、交友、放松、疗养等方式来实现休息、放松的度假目的的旅游活动。在我国，随着人民生活水平的提高和带薪休假制度的执行，以休闲、度假、娱乐为主要目的的度假旅游正在兴起，逐步成为人们的一种生活方式。我国旅游产业结构也随之由单一的观光型向度假型的战略转变。度假旅游项目策划是为旅游者安排度假生活的策划，需要了解度假旅游的类型和度假旅游特点。

一、度假旅游类型

度假旅游类型分析涉及度假旅游地、度假旅游内容和度假旅游方式。按度假旅游地点，通常将度假旅游分为海滨度假旅游、湖滨度假旅游、海岛度假旅游、森林度假旅游、山地度假旅游、草原度假旅游、城市度假旅游、乡村度假旅游等。与此相关系的是旅游度假区度假。我国旅游度假区分为国家旅游度假区、省旅游度假区和市县旅游度假区三个等级。按度假旅游的内容，可将度假旅游分为温泉度假旅游、滑雪度假旅游、高尔夫球旅游等类型。按度假旅游方式，可将度假旅游分为休闲度假旅游、体育度假旅游、野营度假旅游等类型。如果进行综合性分类，度假旅游可以归纳为海滨度假旅游、湖滨度假旅游、海岛度假旅游、森林度假旅游、山地度假旅游、草原度假旅游、城市度假旅游、乡村度假旅游、度假区度假旅游、休闲度假旅游、运动度假旅游、野营度假旅游等12种类型。

1. 海滨度假旅游类型

海滨度假旅游是依托海滨旅游资源发展起来的度假旅游。海滨旅游资源具有发展度假旅游两个方面优势，一是漫长的海岸线，海天一色、风光壮丽，既有乱石穿空、惊涛拍岸的海蚀地貌景观，又有细沙绵绵、波澜不惊的海滨浴场，各色滨海风光令人流连忘返；二是海滨气候，适宜的空气、温度、湿度，具有消除疲劳、促进健康等功效。海滨旅游资源的优势，也就是海滨度假旅游的优势。

我国海滨度假旅游又可分为海滨旅游城市和海滨旅游度假区。三亚、北海、珠海、厦门、上海、青岛、秦皇岛、威海、烟台、大连等是我国十大海滨旅游度假城市，镶嵌在美丽的南海、黄海、东海、渤海的海岸线上。我国海滨旅游度假区，有著名的天津海滨旅游度假区、深圳金沙湾海滨旅游度假区、连云港连岛海滨旅游度假区、宁波松兰山海滨旅游度假区、威海大乳山海滨旅游度假区、上海滨海旅游度假区、大连海滨旅游度假区。我国海滨旅游度假最常见的项目有海滨浴场、海滨公园、水上游乐中心、水上运动场、水上飞机、海上快艇俱乐部、海上网球、沙滩排球、赶海拾贝、沙滩帐篷、品食海鲜等，适应着不同的海滨旅游度假需求。

随着我国旅游业的发展和成熟，海滨度假旅游呈现了大众化、多元化、生态化、休闲化的发展趋势。在大众旅游不断发展的情形之下，海滨度假旅游已经越来越受到更多旅游者的青睐，为更多中层消费者所接受，出现家庭化、中档化等特点。我国海滨度假旅游多元化趋势，体现为观光、休闲与度假、养生、娱乐、疗养等功能的有机结合，由传统的阳光、沙滩、海水等单一度假旅游项目，逐步扩展出高尔夫、滑水、摩托艇、海底观光等项目，形成滨海、海面、空中、海底立体式的海滨度假旅游系列。同时，旅游者愈来愈追求滨海良好生态和休闲环境，推动着海滨度假旅游的生态化和休闲化发展。

2.湖滨度假旅游类型

滨湖度假旅游是依赖于湖景资源进行的度假旅游活动。滨湖度假旅游项目多建在滨湖资源优势突出的城郊区域，提供各类娱乐、运动、度假、养生等度假旅游活动。

滨湖度假旅游类型的典例是苏州太湖国家旅游度假区和千岛湖。苏州太湖国家旅游度假区是国务院首批批准建立的 12 个国家级旅游度假区之一，占地面积 173 平方公里，太湖水面 854 平方公里。拥有 2 个主要景区、1 个国家森林公园、1 个国家现代农业示范园区、1 个国家地质公园、2 个省级历史文化名镇、4个省级文保单位、36 个旅游景点，山水湖泊、园林宅第和文物古迹互相渗透，秀山丽水，举目如画，受到度假旅游者的青睐。

千岛湖位于浙江淳安境内（部分位于安徽歙县），湖泊面积 567.40 平方公里，有 1078 个岛屿，是世界上岛屿最多的湖，与加拿大渥太华西南 200 多公里的金斯顿千岛湖、湖北黄石阳新仙岛湖并称为"世界三大千岛湖"。千岛湖风景区由两江（富春江、新安江）一湖（千岛湖）组成。千岛湖山水天下秀，优美的自然风光和良好的生态环境，使千岛湖成为世界度假旅游的热点。

3.海岛度假旅游类型

海岛度假旅游是利用海中岛屿及周围水域开展度假旅游活动。我国的海岛度假旅游正处起步阶段，海南、广西、福建、浙江等地的小海岛正在逐渐开发度假旅游。典型的度假旅游海岛有三亚蜈支洲岛、广西涠洲岛、温州大门岛、霞浦大嵛山岛。

三亚蜈支洲岛面积1.48平方公里，有"中国第一潜水基地"美誉，有洁白的沙滩，可以开展水上活动，可以驾驶沙滩摩托，在洁白的沙滩上高歌飞驰。涠洲岛是广西最大的海岛，也是我国最大的死火山岛。火山熔岩景观资源丰富，法国天主教堂历史遗迹保留完好，适合开展海上垂钓、潜水探奇度假活动。温州大门岛面积近29平方公里，因岛形两山对峙如门，故称"大门岛"。岛东南面的观音礁沙滩是洞头海岛第二大沙滩，是开展游泳和沙滩运动度假的好地方。霞浦大嵛山岛面积21.22平方公里，有丰富的花岗岩、优质矿泉、草场、湖泊，可以开展草场骑马、天湖边露营度假活动。

海岛度假旅游以海岛为资源，海岛保护是发展海岛度假旅游的基础，需要保护海岛珊瑚礁、沙滩、海蚀崖、红树林，保护岛上古村落、古建筑、教堂，保持海岛自然景观。

4. 森林度假旅游类型

森林度假旅游是以森林、水系、山体、山乡等相关资源为核心载体的度假旅游活动。目前我国森林旅游度假的项目有森林度假村、森林人家、自驾车营地等。

我国森林度假资源丰富，但森林旅游度假开发尚处在初级阶段，存在一些误区。其一，盲目借鉴国外开发模式，大范围、高密度地进行旅游地产项目建设，将自然生态资源强行改造成为人造景观，造成资源极大浪费；其二，不能把握度假产品本质，过多依赖观光产品和文化产品，忽视度假产品休闲要素和环境要素的建设；其三，软件体系建设不足。森林度假项目的核心卖点休闲性和游乐性，不仅需要道路交通的硬件建设，更需要个性化服务、森林游憩方式设计、游线组织、户外活动空间营造、景观生态环境提升、节点化服务以及安保系统等软件体系的建设。可以说，森林度假旅游在我国的开发还没有形成有效的模式和可以借鉴的成熟品牌，一方面市场购买尚不能提供足够的支撑力，整体度假休闲环境不够成熟；另一方面也说明森林度假的开发，不能按照"快速盈利"的模式来操作。

5. 山地度假旅游类型

山地度假旅游是利用山地自然旅游资源所开展的度假旅游活动。山地度假旅游是山地观光旅游发展的产物，是山地旅游的新型、高端方式。山地度假旅游，山地选择为海拔1000—3500米的中低山山地环境。在这一高度的地貌形态中，山地和丘陵较多地保持着自然的本来面目，高山峡谷、平湖深涧、飞流瀑布，景观资源具有丰富性、多层次性、时间性，度假旅游价值高。

我国山地度假历史悠久，在古代，寺庙养生与养心，名人隐居，文人游山。从19世纪到21世纪，在山地建避暑山庄，形成避暑胜地，如江西九江庐山、安徽黄山、湖北九宫山、河南信阳鸡公山与浙江湖州莫干山等，建设华丽的别墅，拓展了避暑度假活动。20世纪60—80年代建设的干休所与工人疗养院，都是山地度假资源的开发。在旅游时代，山地度假旅游已成为现代都市人追求的旅游生活方式。山地度假旅游，既可以避开喧嚣城市环境的影响，又可以在优美的山地自然环境中，获得健身休闲。

6. 草原度假旅游类型

草原度假旅游是利用草原和蒙古包开展的度假旅游活动。我国的草原度假旅游主要有草原度假村和草原度假旅游区，草原度假村是我国草原度假旅游的主要形式。

我国草原度假村以中都原始草原度假村、锡日塔拉草原度假村、太子湖草原度假村为著名。中都原始草原度假村位于河北张北坝上草原的核心区域，距北京250公里，俗称"京西第一草原"，是接待档次最高的草原旅游度假村。度假村拥有中国最豪华蒙古包餐厅和集餐饮与演艺功能于一体的世界最大蒙古包（直径60米）、103个蒙古包住宿群和30栋集装箱别墅，能同时容纳2000人住宿、3000多人就餐。有赛马场、游乐场、射击场等多种休闲娱乐设施。可以看草原，听牧笛，吃烤羊，品佳酿，点篝火，看歌舞，享受草原度假的快乐。锡日塔拉草原度假村位于锡盟锡林浩特东南15公里处，是内蒙古锡林郭勒大草原的典型地段，建有王爷包、中型蒙古包、微型蒙古包共14顶，可接待160游人。有露天舞场、篝火台。可以品尝蒙古手扒肉、烤全羊，欣赏蒙古歌舞，坐勒勒车，骑马等。太子湖草原度假村位于河北省张北县，占地面积3500平方米，湖区水面800亩，是集自然风光、历史文化与现代文明、娱乐、观赏为一体的草原度假村。蓝天、碧水、绿树、特色建筑以及零星点缀的牧群构成了太子湖草原度假村独特的坝上草原游牧风情，可以坐在游船上荡游太子湖，可以垂钓、游泳、骑马、骑骆驼、品奶茶、喝美酒、吃羊肉、看蒙族歌舞，别有情趣。

相对草原度假村，草原度假旅游区的草原规模要更大，度假旅游资源更多元。呼和诺尔草原旅游度假区是草原度假旅游区的著名代表。呼和诺尔草原旅游度假区位于著名的内蒙古呼伦贝尔大草原，是内蒙古最具草原特色的生态旅游开发区，也是目前我国少有的未受污染的天然草牧场，在国内草原旅游资源中具有垄断性和独特性。呼和诺尔草原旅游度假区以草原自然生态景观为主，集河流、湖泊、冰雪、湿地等多种类型景观群落为一体，具有独特的草原风光和浓郁的少数民族风情。度假旅游活动项目丰富多彩，游客可以穿上蒙古袍，骑着骏马奔驰；也可以骑着双峰驼漫步或乘坐原始的勒勒车漫游。还可划着小船在呼和诺尔湖中垂钓，或背着猎枪到附近的林中草地狩猎。随着旅游的发展，草原旅游度假，是人们回归自然的好去处。

7. 城市度假旅游类型

城市度假旅游是以城市为度假旅游地的度假旅游活动。城市成为度假旅游向往的目的地，在于城市所具有的历史、文化、山水、购物。于是，历史文化名城，如北京、西安，成为人们历史文化度假旅游城市；靠海的城市，如大连、青岛、烟台、威海、三亚、北海、厦门，成为人们海滨度假旅游城市；山水城市，如杭州、桂林，成为人们山水度假旅游城市；购物的城市，如香港，成为人们购物度假旅游城市。城市的基础设施和服务设施支持了人们城市度假旅游的实现。

城市度假旅游的游客有两部分，一部分是外城市的人，一部分是本城市的市民。城市高速地发展，使城市的人们渴望闲暇，渴望回归自然。然而，渴望闲云野趣，却又离不开忙碌的都市。这种两难的窘迫，造就了一种契机——城市度假。不用离开城市便能体验到世外桃源般的返璞归真，在自己的城市里，就可获得休闲度假，不用为繁琐的行程而纠结，更不用为陌生的环境而不安。城市度假旅游两个趋向，一是向往城市里的湖泊，在湖泊里荡舟，在湖岸边赏景，在湖水里浮水，享受清凉的假期。二是前往城市度假村。城市度假村是城市酒店的新业态，利用拥有更安静的环境，更美的景观，更丰富的娱乐设施（剧院、运动中心，或游船），有如城市社区居民的后花园，可以随时前来散步或小住。城市度假村满足了城市人渴望放假，又不想离开城市的度假旅游需求。城市度假村概念正逐渐被消费者所认识与接受。

8. 乡村度假旅游类型

我国是一个农业大国，农耕文明是中华大地上最主要景观之一。乡村旅游资源的综合性特点，决定了乡村不仅可以开展田园观光、村落观光旅游，也适宜开展复合性度假旅游。

我国乡村度假旅游主要的基础和载体是乡村乐。30年乡村乐的发展历史，成功地把第一产业和第三产业融合起来，让乡村的生活设施和生产设施，变成了旅游服务设施，在给农民带来增收的同时，又满足了都市人乡村度假旅游需求。依托乡村乐发展起来的乡村度假旅游，丰富了乡村旅游的体验。在乡村度假，春天可以欣赏到桃梨梅花绽放，万千油菜花飘香的美景；夏天可以观万亩莲花，闻阵阵荷香，品农家饭菜；秋天可以亲自摘取柑橘、梨子、石榴等水果，感受硕果累累带来的喜悦；冬天可以在高科技农业观光生产基地，摘草莓、品雪桃。让游客在"尝乡村饮食、住乡村屋舍、听乡村故事、体农艺耕作、品乡村习俗"中，享受乡村度假旅游情趣。

在推进社会主义新农村和美丽乡村建设中，通过发展乡村度假旅游，将旅游业与农、林、牧、渔业有机结合，实现旅游业向传统乡村产业的延伸，拓展乡村经济的附加价值，推进新农村经济发展。

9. 旅游度假区旅游类型

1992 年，我国为进一步扩大对外开放，开发利用中国丰富的旅游资源，促进旅游业由观光型向观光度假型转变，加快旅游事业发展，决定在条件成熟的地方试办国家旅游度假区。同年，国务院批复同意建立包括江苏太湖、上海横沙岛在内的 11 处国家旅游度假区。1993 年，国务院批复同意将"江苏太湖国家旅游度假区"下设的"苏州胥口度假中心"和"无锡马山度假中心"分别更名为"苏州太湖国家旅游度假区"和"无锡太湖国家旅游度假区"。1995 年，国务院又批复同意建立"上海佘山国家旅游度假区"，以取代"上海横沙岛国家旅游度假区"，至此全国 12 处国家旅游度假区基本成形，并延续至今。此后，各省市也批准建设了省市级旅游度假区。

我国建度假区的历史很早，早期的旅游度假较典型的为皇家园林与私家园林式的旅游度假区，如河北承德的避暑山庄、北京的颐和园等为皇家园林度假区，苏州、无锡等地的私家园林为私家园林度假区，但私家园林度假的主体仍然是帝王将相、皇亲国戚和社会名流。

旅游度假区是指符合国际度假旅游要求、接待海内外旅游者为主的综合性旅游区，旅游度假资源丰富，有明确的地域界限，集中配套基础设施和旅游设施，交通便捷，具有较好的客源基础，是我国度假旅游发展的主体。

10. 休闲度假旅游类型

休闲度假旅游是利用假日外出以休闲为主要目的和内容的，进行令精神和身体放松的旅游活动。随着中国经济不断的持续发展，人们的旅游观念也发生了重大改变，越来越多的人已经厌倦了走马观花式的观光旅游，开始爱上了休闲度假旅游。

我国休闲度假旅游，以有旅游经验的人群为主，以家庭式自助游为主要休闲度假旅游形式，多以自驾车出行。休闲度假旅游内容丰富多彩，多以主题文化为活动选择对象，如观光休闲度假旅游、疗养休闲度假旅游、避暑休闲度假旅游等。休闲度假旅游追求到达目的地交通的低时间成本和快捷性，体现出消费大众化、追求个性化、产品多元化、需求层次化（高端、中端、低端）的特点。

我国休闲度假旅游尚处在发展的初期阶段，据统计，休闲度假占整个旅游的比重仅为 20% 左右，远低于旅游发达国家 50% 左右的比重。

11. 体育度假旅游类型

体育度假旅游是以体育运动达到度假目的的旅游活动。体育运动项目很多，与度假旅游有关的体育活动，可以用"休闲体育"的名称来与"竞技体育"相区分。国际上常见的休闲体育有七类，详见表 6—4。

表 6—4　休闲体育项目一览表

类型	类别	项目
与水有关运动	船艇运动	帆船、游艇、小划艇、橡皮舟、竹筏漂流、独木舟、水上摩托
	水中运动	游泳、潜水、滑水、冲浪、垂钓、水上快艇、水上自行车、划船、水上飞机
	人造水上乐园	水滑梯、跳台、人工冲浪、水中跑道等
球类运动	高尔夫球	高尔夫球练习场；9 洞、18 洞或 36 洞高尔夫球场
	网球	室内网球场、红土球场、硬地球场、练习场等
	其他	台球、乒乓球、壁球、门球
射击运动	射击场	普通射击场、飞靶射击场
	射箭	国际标准射箭场、中国传统射箭场、弩箭、射圃
	飞镖	国际流行飞镖、中国传统飞镖（暗器）
	狩猎	目前我国的野生动物除了老鼠，都在受保护之列；只能考虑将人工驯养的比如兔子之类的动物进行野化训练，然后作为猎物
冬季运动	滑雪	初级滑雪练习场、高山滑雪场、高级滑雪道
	滑冰	室内滑冰场、室外滑冰场
	其他	冰雕、旱冰场、滑草等
自行车运动	自行车休闲	绿道观光自行车
	山地自行车	山地自行车越野
沙滩运动	沙滩球赛	沙滩排球、沙滩足球
	沙滩雕塑	沙雕
	沙滩径赛	沙滩跑步
其他运动	健身	器械健身俱乐部、健身、健美
	攀登	攀岩、登山
	棋类	象棋、围棋
	空中	滑翔伞、风筝、航模
	格斗	斗牛、角斗士、摔跤
	舞蹈	呼啦圈、交谊舞
	军事	特种兵训练

不管是什么休闲体育项目，都要有一定的技术要求，需要给度假旅游者配备体育运动教练，提供训练服务。我国的体育度假旅游项目，主要有水上运动度假中心、滑雪度假旅游区、高尔夫度假俱乐部。水上运动度假中心如按照国际赛联标准要求设计建设的陕西杨凌水上运动中心，是国内一流的水上运动中心，先后举办了第四届全国城市运动会赛艇比赛和2000年全国赛艇青年锦标赛、中韩赛艇对抗赛、洲赛艇锦标赛等重大竞赛活动。配套建有贵宾室、宿舍楼、餐厅、新闻发布中心、健身房、淋浴室、会议室等，是水上运动理想的比赛场地，也是人们进行水上运动度假的好场所。滑雪度假旅游区，如吉林北大壶滑雪度假区，成功举办过国际雪联自由式滑雪世界杯、第六届亚洲冬季运动会等赛事，配套建有桥山北大壶度假酒店（5星级）、北大壶亚运村酒店（4星级）、北美时光度假公寓等，使滑雪度假旅游区成为集竞赛训练、旅游观光、旅游度假于一体的国际滑雪度假区。高尔夫俱乐部也是如此，国际标准的高尔夫球场，都配套了高尔大酒店，成为高尔夫度假旅游场所。

12. 露营度假旅游类型

露营度假旅游是度假旅游的新形式，以露营为主要住宿形式的度假旅游。露营度假旅游，既能强健体魄、磨炼意志，又能使参与者体验到人与自然亲近的种种乐趣。

露营度假旅游的主要特点是以露营地为度假旅游的驿站，露营方式有帐篷和木屋等方式，多以帐篷露营为主。度假旅游营地有两种类型，一是设在主题度假旅游区的度假旅游营地，如运动营地、家庭玩水营地、摄影营地、登山营地、教育培训营地、娱乐营地、休闲营地、拓展营地、体验营地等；二是按营地装备的度假旅游营地，如帐篷营地、自行车营地、汽车营地、非露天高端营地等。不同类型的度假旅游营地，有不同的度假旅游服务功能。如帐篷营地主要为背包族、徒步旅游者途中休息过夜，帐篷旅游者自带或在服务中心租用帐篷，提供野炊、休闲体育等活动服务。自行车营地为自行车旅游者休憩中转站，采用帐篷露营，帐篷旅游者自带或在服务中心租用，提供自行车租用服务。汽车营地为自驾车游客过夜休憩，采用帐篷露营或房车过夜，提供汽车维修服务。非露天高端营地为各类游客提供在固定建筑上过夜休憩。

我国露营度假旅游尚处于起步阶段，露营地依托所处景区和附近景区经营，规模小，数量少，服务简单，不能满足露营度假旅游需求。专业旅游营地建设主要分布在北京、长三角、珠三角三大经济区域。随着自驾车旅游的发展，为旅游营地发展带来巨大空间，需要形成布局合理、类型完备的旅游营地体系。

度假旅游类型十分丰富，而且还在不断地涌现新的度假旅游形式。度假旅游类型的分析是相对而言的，因为不同度假旅游类型之间的度假旅游内容互有渗透。有些度假旅游类型还在发展中，特点还不明显，有待归纳总结。

二、度假旅游特点

度假旅游是旅游业发展到一定阶段的产物。度假旅游已经从以求取知识和猎奇为出行目的的旅游活动，上升为以放松身心为主的旅游活动。度假旅游追求社会体验，追求身心愉悦，体现出了家庭出游、旅游时间长、休闲性突出、追求生态环境、重游率高、服务质量高等六个主要特点。

1. 家庭出游

有统计资料说明，在双休日和节假期间，各种类型的旅游度假游客中，家庭游客占了很大的比重。家庭式出游逐渐成为度假旅游的重要方式，也将逐步成为旅游发展的一个主导方式。家庭出游是度假旅游的突出特点，得益于人们家庭经济收入的提高和家庭汽车化的普及。家庭出游式度假旅游，符合我国重亲情、重团聚的国民文化心理，符合强调家庭和睦的中国传统民俗文化。

2. 旅游时间长

由于度假旅游追求社会体验，因此，社会体验深度旅游所需要的时间基本在四天以上。度假旅游者往往会选择一个旅游地为度假据点放下行囊，然后向周边的乡村、古镇、景区、景点，进行观光、运动、走访、考察等社会体验活动，过着以慢节奏为特征的生活方式。

3. 休闲性突出

休闲是在一种不带任何工作任务和不负任何责任的状态下，通过观光、娱乐等旅游活动，得到身心的放松。或者说，休闲就是把人从劳动状态与负有责任的活动中分离出来。休闲的意义就在于消除体力的疲劳和获得精神上的慰藉。度假旅游符合了休闲这一特征。度假旅游者的目的之一就是为了休闲。通过度假旅游，饱览大自然的无限风光，品读民间民俗、文化、艺术，享受无限休闲乐趣，得到放松身心的快慰。随着休闲时代的到来，休闲体验已成为度假旅游者消费需求的一大特征。

4. 追求生态环境

度假旅游需要良好的自然环境，有了良好的自然环境，度假旅游才有情趣。特别在生态环境保护意识逐步增强情形下，就形成了人们度假旅游对生态环境的追求。度假旅游者希望摆脱生活污染的环境和回归自然，在一个空气清新、气候良好、污染较少的度假地度过一段难忘的假期。因此，追求生态环境就成了度假旅游者进行度假旅游的主要动机和度假旅游活动的目的。

5. 重游率高

度假旅游不同于观光旅游，只满足"到此一游"，而是认准了一个自然风光优美的旅游度假地，甚至一个价格适中的度假酒店，就会重复选择，重复到来。重游是度假旅游的一个特点。

6. 服务质量高

由于度假旅游者要长期停留在一个地方，对旅游地住宿、餐饮、服务设施和基本设施要求一般都比观光游客高，所以酒店经营者对度假旅游者更要体现出无微不至的关怀和提供热情周到的服务。另外，当地居民对度假旅游者的态度也有很大的影响，一个社区人民的服务质量和待客之道直接影响度假旅游者对旅游地的满意度和重游率。

三、度假旅游项目策划

度假旅游项目策划是一种度假生活的策划，需要具有度假生活的情调。度假旅游项目策划，要求做好策划定位、科学选址、项目创新、彰显特色和创造条件。

1. 策划定位

度假旅游项目策划定位是进行度假旅游项目方向的定位，策划定位的准确与否，决定着度假旅游项目的生存和发展。度假旅游项目策划定位，需要从资源的角度，通过对度假区域的景观、气候、空气质量、水质等方面的科学评估，确定是否适合开发度假旅游；从项目的角度，通过对市场需求、客源结构等方面的调查，确定开发度假旅游的发展潜力；从评估周边相似资源、度假项目优劣的角度，确定如何开发独具特色的度假旅游。经过多方论证，最终决定度假旅游项目的发展定位。

2. 科学选址

度假旅游项目选择建在何处，即项目选址，事关区域经济、交通条件、资源条件诸多问题，需要进行具体考量。

（1）区域经济水平。区域经济发展水平直接影响和决定度假旅游项目开发投资基础。度假旅游项目一般选址在经济发达的区域，如长三角、珠三角等城市周边区域。经济发达城市居民对度假旅游的需求，是度假旅游项目开发的市场基础。

（2）交通条件。交通是联结旅游客源地与旅游目的地之间的通道，发展程度决定旅游度假项目的通达性与可进入性。交通条件可通过区域综合运输网密度，旅游度假项目所在地区与国际、国内主要客源市场的通达条件，以及与邻近旅游地区联通状况三个指标来进行分析。一般情况下，度假旅游项目所在城市需要满足铁路、公路、高铁、航空的可直达性，尤其是满足自驾游的公路体系状况。

（3）资源条件。度假旅游所需要的旅游资源，包括了自然资源和人文资源的全部内容，需要秀丽的自然风光、宜人的气候、民俗的情趣、文化的魅力，度假旅游需要集观光、娱乐、健身、科普等为一体。其一，气候适宜、风景秀丽。度假旅游项目要求空气清新、环境偏静、风光秀丽，能让度假人群从视觉、心灵都得到享受。气候条件直接影响客源，影响度假旅游淡旺季长短，影响旅游度假项目的经济效益。度假旅游多为户外活动，舒适的气候成为项目选址的首要考虑因素。其二，独特的人文风情。文化作为休闲度假项目的开发已经渐成趋势，成为人们追捧的主流开发模式，独特的人文旅游资源可以吸引特定类型的细分市场。

3. 项目创新

度假旅游是综合性的旅游项目，要根据不同特色的度假旅游资源，遵从注重体验、注重生态环境的创新方向，以协调性、差异性、真实性为创新原则，进行度假旅游项目的主题创新、功能创新和形态创新。

（1）主题创新。主题是度假旅游项目的灵魂。任何一个度假旅游项目，在前期策划时都有主题定位，后期的开发必将围绕这个主题进行。度假旅游项目主题的创新，需要根据区域环境挖掘与提炼，例如项目所在区域内现有度假旅游项目的定位都缺乏文化，那么突出文化性则可以作为项目主题定位的备选方案。主题的创新还要坚持特色，坚持与相邻度假旅游区项目主题的区别。

（2）功能创新。度假旅游项目按功能，可分为基础、提高、发展三个层次。基础层次为观光度假旅游，提高层次为娱乐度假旅游，发展层次为休闲度假旅游。其中，娱乐度假旅游和休闲度假旅游是新世纪度假旅游的发展方向，需要从文化感染力和形式吸引力来进行度假旅游项目的功能创新，达到文化感染人、形式吸引人。

（3）形态创新。度假旅游项目形态的创新，就是从现有主流的度假旅游项目形态中开发新的项目，形成差异化市场竞争。特别是与周边度假旅游区的度假旅游项目形态相比有创新突破，避免同质化竞争。

度假旅游项目创新是一种综合性创新，除了主题创新、功能创新和形态创新之外，还要注意度假旅游内容和度假旅游服务的创新，通过多元创新，彰显特色，增强生命力和竞争力。

4. 彰显特色

特色是度假旅游项目的生命力和竞争力，特色愈突出，度假旅游项目的生命力和竞争力就愈强。彰显度假旅游项目特色，需要从区域度假旅游资源出发，以独特的区域自然风光和区域文化风情，打造度假旅游项目的特色；需要从"人"出发，"以人为本"，研究度假旅游者的需求特点，按照假旅游者的需求策划度假旅游项目；需要从生态环境出发，突出度假旅游环境的自然野趣和保健功能，因生态环境，策划度假旅游项目，形成独特的情调；需要从度假旅游项目出发，创造具有区域特色的度假旅游文化和度假旅游精品。

度假旅游项目创新的目的，就是维护度假旅游者的核心利益，使度假旅游在追求身心放松的同时，获得一段不同寻常的度假生活和人生阅历。

5. 创造条件

度假旅游是放松身心的休闲和娱乐的旅游，因为在度假旅游目的地停留时间较长，对气候、环境、基础设施、服务设施和旅游服务等方面条件都有较高的要求。度假旅游项目策划就是要创造这些条件。例如，一个理想度假项目，原始森林或园艺环境是核心吸引结构的第一要素，创造森林度假旅游的条件，可以从考核整体生态环境入手，包括森林覆盖率、动植物数量、负离子含量、水矿资源等，从保护的角度，最大化地利用自然地形条件进行建设，给游客提供体验自然、回归真我的机会。又如，旅游度假酒店除了满足度假旅游者在酒店休息与睡眠的舒适性要求之外，还需要创造休闲花园、娱乐项目、开放到很晚的自助早晚餐等方面的条件，满足度假旅游者身心放松和生活享受。此外，还需要在整个度假旅游目的地创造一个治安良好、居民友善、社会和谐的度假旅游环境。

度假旅游项目策划是一个因地制宜的旅游策划，所策划的度假旅游项目必须符合本土性原则。度假旅游项目具有了本土特性，就具有了生存力、竞争力、发展力和影响力。

第六节　旅游综合体策划

旅游综合体是旅游业与城镇发展相结合的经济模式，是我国旅游业蓬勃发展与国家城镇化发展战略推进下的产物，既促进旅游业新一轮发展，又探讨了我国城镇化发展的路径。

一、基本概念

"旅游综合体"的模式和基本概念，来自"城市综合体"。城市遵循从单一功能向综合功能的发展规律，当城市发展到一定阶段，单一的城市功能不能适应城市发展需求时，城市就会按需要延伸功能，拓展城市功能，向综合性城市发展。于是，在人群集聚的城市中心区，逐渐出现了多元价值的建筑，聚合了商业零售、商务办公、酒店餐饮、综合娱乐、公寓住宅等业态，拓展了城市功能，形成为土地集约化、建筑一体化、功能集中化、业态聚集化的城市综合体。城市综合体是城市发展与城市功能高度聚集的产物。

我国的旅游综合体，不是在城市综合体建设中的简单融入游憩要素形成的，而是基于发展旅游产业目的进行发展的。旅游景区在配置旅游基础设施和服务设施的过程中，由于引进了旅游地产发展模式，出现了"城"的格局。如在规划和建设锦绣中华、世界之窗两个主题公园的过程中，形成了具有城市生活服务功能的深圳华侨城。可以认为，深圳华侨城是我国最早的旅游综合体，或者说是我国旅游综合体的雏形。

我国的旅游综合体的发展，逐渐与国家城镇化发展战略相融合。在这个融合过程中，发展旅游产业是目的，于是，在旅游综合体选址中，重视旅游资源品质和旅游环境，通过进行土地综合开发，形成包括旅游观光、旅游休闲、商业购物、养生度假、康疗运动、文化娱乐等为一体的，具有城镇功能的旅游综合体。可以认为，旅游综合体是一个以旅游产业为主体的经济产业聚集区，聚集了旅游观光、旅游休闲、商业购物、养生度假、康疗运动、文化娱乐区等城镇经济业态，形成为服务品质较高的旅游休闲区。

作为聚集综合旅游功能的特定空间，旅游综合体是一个具有一定空间规模的休闲度假旅游目的地，旅游服务要素的高效聚集与整合，较高旅游服务质量，满足了游客"吃、住、行、游、购、娱、体、学、疗、养"等旅游需求；作为一个旅游产业聚集区，旅游综合体围绕旅游服务核心功能，构筑产业空间布局，形成区域内互动和完备的产业链，激发了旅游消费市场，打造了一个新型的旅游经济系统；作为一种综合的产业形态，旅游综合体与旅游产业集群、旅游地产、旅游区等多种旅游经济类型密切相关，是多种旅游经济类型功能的综合，具有多种旅游经济类型的集聚能量。

我国旅游综合体的出现和发展，体现了旅游产业巨大的聚合力。旅游综合体不仅是一种重要的经济形态，更是一种适应旅游和社会发展的未来模式。

二、主要特征

旅游综合体是在旅游项目投资的激情下悄然兴起的，是追求投资市场经济效益回报的智慧结晶，是旅游景区发展和旅游地产联动的结果。旅游综合体适应了旅游产业发展的趋向，体现了社会发展的需要，具有综合性和城镇化特征。

1. 综合性特征

旅游综合体出现，除经济投资的因素之外，还是从单一观光旅游到综合休闲度假的旅游消费模式升级，从单一开发到综合开发的景区发展模式升级，从传统住宅地产到旅游综合地产的地产开发模式升级。其综合特征包括以下五个方面：

（1）综合性开发

进行综合性开发，既是旅游综合体开发的方法，也是旅游综合体的主要特征。综合性开发的根本方法是以旅游休闲为导向，进行土地综合利用，实现了两个突破。其一，突破了纯旅游的策划，将旅游服务产业与文化、教育、会议会展、养生养老、医疗、体育、农业、房地产等进行全面融合，形成旅游产业主导下的旅游产业聚集。其二，是将旅游发展与城镇化建设相结合，促进了旅游业与城镇建设全面融合，形成旅游城镇模式。

（2）综合性功能

作为旅游综合体，自然旅游休闲是主导功能，基于旅游休闲的旅游产业综合发展的构架，融合了观光、游乐、休闲、运动、会议、度假、体验、居住等多种旅游功能。旅游综合体的综合性功能配置，区别于传统旅游景区所强调的单一主体功能特色，实现了商务、文化、娱乐、休闲等多种功能于一体的完整消费供应体系。旅游综合体的综合性功能特征，还通过市政设施、服务管理设施的配套，引入了政府工作受理功能，提高了旅游综合体一站式服务的水平。

（3）综合性产业

旅游综合体以旅游引导的区域经济综合开发，实现了旅游产业从单个旅游项目到综合性产业的综合发展。旅游综合体的综合性产业，包括旅游地产、旅游商业、旅游会展、文化创意、体育旅游等在内的旅游产业的综合发展架构。

旅游地产是旅游综合体综合性产业的核心。旅游地产产品，既包括度假酒店地产、休闲商业地产（商街）、休闲住宅地产，也包括其他特色主题地产如创意地产。旅游地产是旅游综合体开发的核心板块和赢利的核心所在。

旅游综合体的综合性开发模式，是中国经济转型升级的导向，综合性开发的魅力，吸纳了数万亿资金的投入，迅捷形成了主题公园综合体、高尔夫社区、超级娱乐综合体、超大休闲商业综合体、养生社区、度假社区、养老社区、文化小镇、房车小镇、生态商务新城、会展新城、运动新城等新经济，成为既快速回报，又长期收益的良性发展的综合性产业。

（4）综合性目标

旅游综合体有多种类型，如"休闲综合体"、"度假综合体"、"休闲商业综合体"、"创意文化综合体"、"温泉养生综合体"、"康疗运动综合体"、"高尔夫度假综合体"、"休闲农业综合体"、"旅游小镇"等。每一种旅游综合体类型都有发展的目标，如发展成为城市特色功能区、旅游休闲新地标、城市文化新名片等。在旅游综合体内，还包括商业综合体、养生社区、度假社区、养老社区、文化小镇、房车小镇、生态商务新城、会展新城等功能或二层旅游综合体，各自也都有发展目标。作为旅游综合体，需要综合各层面的发展的目标，制定综合性目标，以发展目标统领各部分的发展。

（5）综合性保障

旅游综合体作为旅游发展的升级模式，体现了超越一般旅游区、景区的高品质服务，保障了旅游综合体的良好运营。旅游综合体对旅游高品质服务的保障，是旅游综合性保障。高品质服务来源于从游客最基本需求角度出发，服务管理从多方面体现"以人为本"的理念，让游客充分感受到家一般的便捷和舒适。

旅游综合体的出现，已远远超越"就旅游服务来评价旅游发展"的方式。旅游综合体引领了旅游业综合性发展的方向。

2. 城镇化特征

在市场发展的调控下，依据旅游产业的业态差异、区域资源整合差异、目标市场差异等原则，我国所涌现的温泉旅游综合体、高尔夫旅游综合体、文化旅游综合体、休闲古镇、滑雪小镇等新经济模式，既不是传统的旅游景区，又不是纯粹的住宅社区，也不是建制型城镇，更不是新型农村社区的旅游综合体，实现了旅游产业聚集、旅游人口聚集和相关配套设施的发展，逐渐融入国家城镇化发展战略，形成了旅游综合体的城镇化特征。

（1）以旅游吸引核，形成人口聚集

旅游综合体是内在旅游发展机理带动的经济聚集区。对于拥有资源的区域，生态资源及低成本土地资源，都具有引导形成旅游综合体的条件。但要打造旅游综合体最重要的，需要创造旅游吸引核，这是带来城市消费力的根本动力。

旅游综合体的旅游吸引核是乡村田园的魅力。乡村田园在引入旅游综合体后，不仅直接带动本地块土地综合开发，更进一步辐射带动周边土地的价值提升，形成田园城市化发展集聚，包括旅游产业的聚集、非农业人口的聚集、市政配套和公共设施的聚集、公共服务与政府管理配置聚集，体现了旅游综合体的城镇化价值。

（2）以旅游休闲为核心，带动区域城镇化

旅游综合体的开发，实现地方旅游资源价值的市场化利用，符合政府对区域综合发展的政绩诉求，不仅吸引社会投资，将城市的消费力带到乡村，还有效带动周边乡村的就业，形成对本地农民的就地城镇化效应，推动区域社会的城镇化发展。

旅游综合体新型城镇化形态，是新型的旅游化城镇聚落，以旅游休闲为核心，将观光旅游、会议展览、运动康体、养生养老、文化创意、休闲商业、歌舞娱乐和旅游地产等相关产业充分整合在一起，超越一般的旅游景区与住宅社区，引发设施配套要求和服务管理要求，推动城镇化公共设施配套及相应服务管理的完善，实现了区域城镇化发展。

（3）以城乡连接，打造休闲旅游平台

旅游综合体以休闲化消费的聚集为核心动力。乡村拥有的优异环境、独特文化与丰富资源，具备构建旅游休闲与文化体验及度假居住的平台条件，城市拥有极强的旅游休闲消费力、文化体验消费力及度假居住消费力，旅游综合体是有效连接乡村和城市的最佳桥梁。

旅游综合体通过旅游休闲发展，打造形成休闲消费聚集区和休闲旅游平台。打造休闲旅游平台，主要是基础设施与公共配套的配置，既包括道路、给水、排水、污水处理、电力、电信、供热、照明、垃圾处理、综合管网等基础设施的配置，也包括绿地、金融、商业、医疗、文化、教育、体育、信息、邮政、安全等城镇公共配套的配置。唯有如此，旅游综合体才是一个真正的可休闲旅游的胜地。

三、发展架构

从规划和建设休闲旅游目的地出发，旅游综合体形成了包括适当的空间尺度、旅游吸引核、休闲旅游聚集区、旅游产业延伸环的发展基本架构。

1. 适当的空间尺度

旅游综合体强调自然环境美誉度，以自然环境作为旅游综合体发展休闲旅游的基础。旅游综合体适当的空间尺度的大小，取决于自然环境区域可利用土地资源的大小。换句话说，可利用土地资源的大小，决定了旅游综合体的规模大小，同时也影响着产业经济的配比结构。

根据国内外旅游综合体发展的一般规律，旅游综合体占地面积应大于1平方公里，旅游服务要素之间的服务半径在15—20分钟步行圈内。空间尺度过小难以保证旅游要素在综合体内完整配备，而尺度过大则违背了旅游服务设施高效集成布局和土地集约利用的初衷，也就失去了综合体的意义。

2. 旅游吸引核

旅游吸引核是引爆旅游综合体旅游热潮的核心旅游资源。旅游综合体发展以多元旅游资源为旅游吸引核。旅游综合体的旅游吸引核依据市场需要确定，可以是生态环境，也可以是创新整合开发旅游项目，如观光景区、主题公园、赛马场、赛车场、影视城、特色街区、温泉养生中心、高尔夫球场、特色酒店、主题博物馆等。旅游吸引核吸引了旅游人流，提升旅游综合体的价值，是旅游综合体发展的关键。

3. 休闲旅游聚集区

休闲旅游聚集区是旅游综合体的核心区，为满足旅游者休闲需求而创造的综合休闲产品体系。在旅游综合体的旅游休闲构架下，休闲旅游聚集区需要吸纳各种业态的休闲游憩旅游项目，以满足旅游者休闲生活的多元需求。如主题酒店、特色商街、主题演艺、高尔夫球场、水上游乐项目、滑雪场、马球场、温泉 SPA 等。旅游综合体休闲旅游聚集区需要得到银行、医疗中心、文化馆、商场等城镇化功能的支撑，形成产业配套，服务于休闲旅游聚集区。

4. 旅游产业延伸环

旅游产业延伸环是旅游综合体带动区域综合发展的主要形式。以吸引核、休闲聚集区、居住社区为主体，同时在周边区域形成产业延伸，如观光休闲农业、旅游工艺品厂、土特产种植园、家庭民宿、郊野运动基地等等，延伸了旅游综合体产业发展巨大空间，丰富了旅游业态。

随着旅游综合体的发展，旅游者将从城市居住走向郊区居住，将迎来新的"旅居"生活方式。旅游综合体加快了旅游产业的转型升级，促进多产业的融合。

四、开发策划

旅游综合体开发策划是一个旅游项目策划，也是一个社会组织架构策划，需要综合旅游市场需求和社会发展功能需求。

1. 坚持三项原则

旅游综合体的开发策划是在建设美丽乡村，实施城镇发展战略和推进休闲度假的时代背景下进行的，需要从具体区域资源实际出发，坚守不占耕地、优化生态环境和凸显现文化三项原则。

（1）不占耕地

旅游综合体是以旅游休闲为导向进行土地综合开发而形成的，需要以一定的土地资源基础，作为基础设施、旅游服务设施和配套产业的建设用地。旅游综合体的基础设施和旅游服务设施的建设，主要利用荒坡、丘陵、林地等非耕地区域进行。需要坚守不占用良田耕地，让耕地留给子孙耕种，这是实现农业现代化、保障粮食安全的重要前提。

（2）优化生态环境

良好的生态环境是旅游发展的重要依托。旅游综合体的开发，必须依据旅游休闲度假的需求，不仅要维护、保持区域的生态环境，还要对区域生态环境进行优化，使得区域的整体环境因为旅游综合体的开发而大幅提升。

（3）凸显文化

文化是旅游综合体发展的根本，也是最具魅力、最具价值的宝贵财富，特别是契合旅游综合体旅游的个性文化、地方民俗及特色文化，为旅游综合体奠定了无可替代的绝佳基础。旅游综合体策划需要深入理解策划区域的乡村文化、历史文化、民俗文化、民族文化，通过旅游项目的策划，凸显旅游综合体文化，使文化成为旅游综合体的重要特征和形象。

2. 做好三方面区别

在旅游综合体策划中，会遇到新型城镇化、旅游产业集群、旅游区等社会组织类型和旅游经济类型，需要进行区别。

(1) 旅游综合体与新型城镇化区别

城镇化是乡村人口向城镇集中的过程。城镇一个最大的特点是具有聚集功能和规模效益。新型城镇化不是简单的城市人口比例增加和规模扩张，而是强调在产业支撑、人居环境、社会保障、生活方式等方面实现由"乡"到"城"的转变，实现城乡统筹和可持续发展，最终实现"人的无差别发展"。在城镇化的过程中，有工业化带动、高科技带动、服务产业带动、农业现代化带动等多种途径。在服务产业带动发展模式中，旅游引导的新型城镇化和其他城镇化不一样。旅游引导的城镇化是依托于村落，或依托于小城镇，以发展旅游为前提，游客聚集为基础，游客消费为支撑延伸出来的一种城镇化。由于游客聚集形成了消费聚集，促使旅游区农民工转化成旅游服务人员，或者是农业兼旅游服务业、农业兼旅游加工业人员等多重产业身份的转型，形成了产业依托的城镇化基础，加上旅游服务设施的需求和消费的集中化，旅游配套基础设施及社会体系的完善等等，最后完成了就地城镇化的过程。

旅游综合体是基于我国休闲经济快速发展的大背景，以旅游休闲为基础导向，以相关产业为支撑，以休闲地产、商业配套为延伸的区域经济社会综合模式。旅游综合体具有城镇化特征，也可以看成是由旅游引导的城镇化模式，但有区别的是，旅游综合体不依托于村落，也不依托小城镇，不是乡村的就地城镇化的过程，而是介于城市与农村之间的产业经济综合体，是一种非建制城镇化模式。

(2) 旅游综合体与旅游产业集群区别

旅游产业集群是以旅游产业为动力，由游客聚集引导消费聚集，由消费聚集形成产业聚集，由旅游带动旅游活动相关的上下游产业组成的产业体系与产业群体的聚集。旅游产业集群由旅游核心产业、旅游相关产业和旅游支持产业三部分构成。旅游产业集群主要以旅游目的地的吸引物为核心，表现出一种产业关系系统，包括旅游吸引物系统、游程系统、接待配套系统、管理系统、服务系统、销售系统等，形成聚集和集群化发展。由于目的地吸引核心的不同，旅游目的地系统集群呈现出城市核心型、景区主体型、区域复合型、产业聚集型等不同形式和特点的旅游产业集群。

旅游综合体与旅游产业集群的区别在两个方面，其一，旅游产业集群是通过集中旅游企业形成规模经济的方式，来提高区域旅游凝聚力，形成旅游产业核心竞争力和持续优势。而旅游综合体则是通过旅游企业与企业之间、企业提供的产品与产品间有机链接，形成范围经济；通过复合高效的产业关系，寻求特定区域旅游发展的最佳途径。其二，旅游产业集群基本上是在市场需求因素及历史偶发因素的驱动下自发形成的。在业态空间布局及产业链接关系上，具有天然的功能的局限性。大规模聚集与旅游企业的产业集群正负效益并存，具有相同经营特点的企业，可能因过度竞争而放弃合作，而且整个产业集群因缺乏协作，竞争耗损过大，而存在崩溃的可能。而旅游综合体在开始策划时，就依据城市规划进行开发，在招商时已统筹考虑了区域内多条旅游产业链上不同产业、不同部门间的动态链接，避免了同业态旅游企业过度竞争的问题。旅游综合体内反映的是旅游产业链间关联企业的竞争关系及产业链内企业相互依存、相互助益的链体依存关系，区域内企业间的竞争是在合作基础上的竞争。

（3）旅游综合体与旅游区区别

旅游区是以旅游为主体职能的旅游核心功能区，是社会经济、历史文化和自然环境统一的旅游地域，是提供旅游服务设施的独立单位。旅游区由县级以上行政管理部门批准设立，有明确的范围和统一管理机构，具有参观、游览、度假、娱乐、求知等功能。一般将旅游资源相对集中，与邻区有显著地域差异，在区内政治、经济、文化联系密切的地区，整合为一个旅游区。

旅游综合体是旅游区的重要组成部分，旅游区包括若干旅游综合体。旅游综合体已成为旅游区良好发展的必要元素和核心组成要件。旅游综合体也可以存在于旅游区以外的资源优越区位，可以独立聚集游客，提供综合优质的旅游服务，独立运行发展。

3. 抓住五个策划重点

旅游综合体是一个以旅游休闲为主体的旅游项目，同时具有城镇化特征，旅游策划的重点与其他旅游项目策划有所不同，需要重点注意旅游功能复合性、业态配比合理性、空间形态连续性、交通系统便利性、运营一体前瞻性等五方面策划。

（1）旅游功能复合性

旅游综合体的综合性体现就是旅游功能的复合性。在旅游策划中，旅游综合体的复合性，可以通过旅游功能分区、旅游多功能设计、旅游功能组合等方法加以实现。旅游综合体的旅游功能分区是对旅游综合体的主要功能和辅助功能的细分。主要功能是按照旅游综合体地理空间结构所进行的旅游功能分区，因为不同的地理空间结构，往往具有不同的旅游功能。一般来说，通过整合地理空间结构，就可以得到具体的旅游综合体旅游功能分区。辅助功能是旅游综合体二层旅游功能或次旅游功能，是主要功能的分解，也是主要功能的落实。旅游综合体旅游功能的复合性之一，就体现为主要功能和辅助功能的功能叠加。

旅游综合体的旅游多功能设计，实际是旅游综合体旅游服务的设计。根据资源和区位，设计多个旅游服务项目，就可以实现旅游多功能。一个旅游综合体内，必须具备三个至五个及以上的系列旅游服务项目，体现旅游综合体的旅游多功能。在功能之间可以以一个功能为主，其他功能配合，也可以不分主次平行展开。如以景区、主题公园、影视城、主题博物馆等旅游服务项目体现旅游观光功能；以赛马、赛车、高尔夫、滑雪等旅游服务项目体现体育旅游休闲功能；以特色街区、主题演艺、温泉、水上游乐项目、特色酒店等体现旅游休闲度假功能。

旅游综合体的旅游功能组合，需要从数量、空间位置和时间三个方面统筹规划、有机搭配，实现旅游综合体整体功能效益最大化。

（2）业态配比合理性

旅游综合体规划，要根据旅游市场需求，科学确定业种和业态的配比，使旅游服务要素均衡分布，发挥旅游综合体的规模效应、范围效益和成本优势。旅游综合体一般具有观光、休闲、度假、养生、商务、会议、展览等常规业态，如何科学确定业种和业态的配比，需要根据旅游综合体区位和旅游吸引物进行权衡确定。在进行行业种和业态配比时，需兼顾旅游消费需要时间的可变性，统筹考虑白天与夜晚、平日与周末、平日与节假日等不同时段的消费需求，拉长旅游综合体的服务时间，增加游客接待总量。

（3）空间形态连续性

旅游综合体占地面积大、建筑体量大、聚合功能多、涉及范围广，在规划开发中需要注意基础设施、服务设施、旅游项目等规划布局，需要在宏观上把握发展方向，从区域发展、区域配置、区域价值提升等多个角度考虑开发的可行性和发展策略。需要根据市场调查和预定，确定旅游综合体旅游服务功能的空间和规模。在空间上不仅要保持服务功能的连续性，还要协调各服务功能在空中、地面和地下等不同层次的互动性，形成旅游服务风格的统一性。

（4）交通系统便利性

旅游交通便利程度是衡量旅游业发展程度的重要标志。旅游综合体规划，不仅要理顺"大交通"，衔接城市主要交通系统，使旅游综合体具有高可达性，还要注重休闲旅游方式，建设贯通旅游综合体内有特色的"小交通"，通过便利和多种交通方式，链接各旅游服务项目，支持综合体内客流与物流的集中与疏散。

（5）运营一体前瞻性

传统旅游区运营存在服务配套设施滞后于市场发展需求，产业要素分配不合理，服务设施多家企业经营，缺乏协调机制等问题。要规避这些问题，旅游综合体的规划需具有前瞻性，需要通过翔实的市场分析，合理安排综合体内旅游要素的类型和聚集规模，统筹考虑旅游综合体的市场定位、设计、开发、管理与运营等步骤，达到运营一体化。

4. 实现两大目标

旅游综合体建设的目标是为了发展旅游产业，提高区域经济发展总量。旅游综合体要实现成为区域经济增长极和可持续发展两大发展目标。

（1）区域经济增长极

区域经济增长极是具有推动性的主导产业和创新行业及其关联产业，在地理空间上集聚而形成的经济中心。区域经济增长极对周围区域产生辐射作用，带动周围区域经济发展。旅游综合体需要建设发展成为具有带动周围区域经济发展作用的区域经济增长极。

旅游综合体规模体量大，拥有最具吸引力的休闲游憩空间，加上旅游综合体旅游功能的复合性，可以发展成为区域经济的核心区，通过交通道路的经济联动，形成点轴发展效益，对周围区域产生辐射作用，带动周围区域经济发展。

成功的旅游综合体规划建设要致力于对区域经济的带动，不仅要创造更多就业岗位，还要争取成为区域经济增长极，在旅游发展和城镇化发展的过程中，成为区域经济的推动力。

（2）可持续发展

旅游综合体旅游策划的难点是确保旅游综合体的可持续发展，可持续地发挥区域经济增长极的作用。要确保旅游综合体的可持续发展，需要在土地利用和旅游产品方面进行可持续规划。

在土地利用上，实行综合开发利用，进行多功能、多业态的集聚，以旅游发展提升土地价值，促进产业发展；遵循旅游综合体与河流、人文景点、自然山水等灵动空间的自然变化，理顺空间，分时利用，功能转换，构成可持续发展利用的土地生态系统。在旅游产品策划上，预留升级空间。加强市场的调查，融合观光、休闲、会议、度假、体验的综合旅游休闲产品，积极促进旅游产品间的交互作用，围绕休闲度假功能进行配套，形成休闲度假的全方位产品链条，提供多元化休闲产品，构建旅游产品有机成长的空间。

旅游综合体的发展，推动着我国旅游消费模式从单一观光旅游到综合休闲度假转变，景区从单一项目开发向综合旅游开发，为人们提供更高品质的休闲度假空间，引领中国旅游产业发展新趋向。

第七章

旅游产品策划

旅游产品是由旅游目的地提供的旅游消费产品，包括旅游项目、旅游基础设施与旅游服务。旅游产品策划是旅游业发展的基本策划，没有旅游产品策划，旅游业发展无从谈起。

第一节　旅游产品策划内容与要求

自然资源、文化资源、经济市场、道路交通，都是旅游产品策划凭借的旅游资源基础和旅游发展环境条件。只有将诸多要素整合成为旅游产品，才能建立一个区域的旅游产业构架。经过旅游产品策划，提出旅游投资规模要求，进行旅游产品配套，预测旅游市场目标，建立与旅游产品开发相结合的旅游公共设施，从而进入到旅游产业发展。

一、旅游产品与旅游产品策划

旅游产品是构建旅游产业最基本的元素，直接决定和影响旅游产业的发展。旅游产品所具有的旅游产业能量取决于旅游产品策划的水平和质量。

1. 产品与旅游产品

旅游产品是旅游业者通过开发、利用旅游资源提供给旅游者的旅游吸引物与服务的组合。简而言之，旅游产品是直接出售给旅游者的旅游项目。旅游项目的组合就形成旅游产品。在普通经济学理论看来，产品是指在工厂加工、制作，用于销售的物品。一经运出工厂，进入商店销售市场，就称作商品。而在旅游市场上，直接销售的是旅游产品。销售的旅游商品是旅游目的地的旅游纪念品、工艺品和土特产品。

旅游产品与一般经济学所说产品或商品的区别在于，旅游产品的生产和消费是一体的，旅游产品在生产的时候，同时也是旅游者消费产品的时候，旅游产品生产完毕，旅游者对产品的消费也同时结束。如观看一场歌舞演出，演艺人员的表演就是旅游产品的生产，旅游者观赏歌舞就是在消费旅游产品，歌舞演出结束，旅游者的旅游产品消费也就结束。因此，旅游者在先前购买的不是直接的旅游产品，而是旅游产品的概念，所购买的旅游产品是一条由若干旅游项目组合的旅游线路，需要前往旅游目的地参与旅游产品的生产与消费。

产品包括有形的物品和无形的服务、组织、观念及其组合。旅游产品也一样，由旅游活动项目和旅游服务项目组成，旅游者在购买旅游产品时，就包括了旅游服务。旅游服务包括住宿服务、餐饮服务、交通服务、娱乐服务、参观游览服务、购物服务、医疗服务、翻译导游服务等旅游相关的各种服务。

产品研究者认为，产品整体概念有核心产品、形式产品、期望产品、延伸产品、潜在产品五个基本层次。核心产品是向顾客提供的产品基本效用或利益，即产品使用价值，为解决顾客问题提供的基本服务。形式产品是核心产品借以实现的外观形式，即品质、式样、特征、商标及包装。期望产品是购买者在购买产品时所期望得到的与产品密切相关的一整套属性和条件。延伸产品是顾客购买形式产品和期望产品时，所附带获得的各种利益总和，包括产品说明书、保证、安装、维修、送货、技术培训等。潜在产品是指现有产品包括所有附加产品在内的，可能发展成为未来最终产品的潜在状态产品。潜在产品指出现有产品可能的演变趋势和前景。一个完整和高质量的旅游产品，在整体概念上也必须具有产品五个基本层次属性，包涵核心产品、形式产品、期望产品、延伸产品、潜在产品。需要权衡作为主体核心产品所提供给旅游者的利益与价值，讲究形式产品外观的美学设计，让旅游者得到意想的期望产品和延伸产品，打造成为未来的潜在产品。

2. 旅游产品类型

旅游产品具有多元属性，便衍生出多种旅游产品分类。有按旅游产品功能分类，将旅游产品分为观光旅游产品、度假旅游产品、文化旅游产品、商务旅游产品、娱乐旅游产品、生态旅游产品等六种类型；或按旅游产品组成要素分类，将旅游产品分为餐饮产品、住宿产品、交通产品、游览产品、购物产品、娱乐旅游产品等六种类型；按旅游产品形态分类，将旅游产品分为核心旅游产品、组合旅游产品、精品旅游产品等三种类型；或按旅游产品组成状况分类，将旅游产品分为整体旅游产品和单项旅游产品；按旅游产品形态分类，将旅游产品分为团体包价旅游、散客包价旅游、半包价旅游、小包价旅游、零包价旅游、组合旅游、单项服务；或按旅游距离，将旅游产品分为近程旅游产品、远程旅游产品、国内旅游产品、国际旅游产品等四种类型。如此等等，旅游产品分类是旅游产品策划的基础。

3. 旅游产品策划

旅游产品策划就是将旅游资源和旅游服务转变成旅游产品的重要环节。自然资源、文化资源、市场、交通，都是旅游产品策划的旅游资源基础和旅游产品要素。只有将这些旅游要素整合成为产品，才能建立一个区域的旅游产品体系。旅游产品策划就是研究如何对自然资源、文化资源、市场、交通等等要素进行整合与创造，形成适销对路的旅游产品。

旅游产品策划是旅游规划的重要环节，是在对旅游区旅游资源、客源市场、基础支撑条件和总体定位等进行通盘考虑后，提炼吸引物主题，丰富内涵和外延，进行包装和设计，最终形成具有市场吸引力的旅游产品。衡量一个成功的旅游产品策划，要求定位准确，凸显核心吸引力，游玩方式适应游客需求，经济投入产出合理。在同样的资源与市场要素的条件下，通过旅游产品策划，可以产生多种结果。例如，对山水资源的旅游产品策划，可以策划为度假村、高尔夫球场，还可以策划成山水主题公园等等。

旅游产品策划对于旅游业发展的意义重大。旅游产品策划是旅游产品开发的先导，成功的旅游产品策划，有助于旅游资源的深度开发，丰富旅游产品数量，突出旅游产品的特色，提升旅游产品的品位，创造旅游需求，提高旅游竞争力。通过旅游产品策划，预测旅游市场发展趋势，明确投资规模要求，配套与旅游产品开发相适应的基础设施，形成旅游产业。

二、旅游产品策划内容

旅游产品策划内容十分丰富，包括旅游产品定位、游玩方式设计、旅游功能分区、旅游空间布局、旅游景观、旅游交通与游步道、旅游配套设施、旅游环境保护、旅游商业模式、旅游形象、市场营销、旅游投融资、旅游服务，以及旅游市场适应能力等策划。诸多的旅游产品策划内容，可以归纳为旅游产品的宏观策划和微观策划。

1. 宏观策划

从宏观层面，旅游产品策划内容包括两部分，一是先天旅游产品策划，即"天造一半"的自然景观旅游产品和历史文化旅游产品的策划。由于先天旅游产品的"天造地设"特性，对先天的旅游产品策划，关键在于进行吸引游客的卖点包装和旅游方式策划。二是后天旅游产品策划，即"人造一半"的主题文化旅游产品、旅游设施产品和旅游服务产品的策划。由于后天旅游产品是根据旅游市场需要的旅游产品策划，策划的重点在于根据历史文化和自然环境，进行概念延伸和创意，创造性打造"人无我有"的旅游产品。

2. 微观策划

在微观层面，旅游产品策划内容包括三方面，其一，旅游产品本体策划，有旅游产品项目策划、旅游产品定位策划、游憩方式策划、旅游景观策划、旅游产品整合策划等；其二，辅助性旅游产品策划，有旅游功能分区策划、旅游空间布局策划、旅游交通与游步道策划、旅游设施与配套策划、旅游环境保护策划等；其三，拓展性旅游产品策划，有旅游产品盈利模式策划、旅游产品核心吸引力策划、旅游产品投入产出策划、旅游产品营销策划、旅游产品融资策划等。

随着旅游业的发展，旅游产品策划内容会有变动和增减，在进行旅游策划时要注意旅游产品策划内容的变化。

三、旅游产品策划原则

策划原则是旅游产品策划思维的出发点，也是旅游产品策划的思考方向。不同的旅游产品策划原则，决定着不同的策划思维方向，也就决定所策划旅游产品的吸引力、生命力和竞争力。旅游产品策划有六项基本原则。

1. 独创性原则

旅游产品是否具有市场吸引力和竞争力，关键在于是否具有与众不同的独特性。尤其是在旅游资源差别不大，没有垄断性旅游资源的情况下，旅游产品的策划更要求巧妙构思，大胆创意。例如，我国宗教旅游景点在开发建设中多注重恢复或重建庙宇，但大多流于一般。而海南 1999 年开始兴建 108 米高的海上观音圣像则打破了俗套，将观音设计为东、西、北三面像，北面像手持经箧，象征智慧；东面像手持莲花，象征和平；西面像手持佛珠，象征慈悲。无论从海上、陆上或哪个角度，都能与圣像形成对视交流。南山海上观音圣像堪称当代佛像作品的代表，在同类景点中树立了独特的产品形象。

2. 市场导向性原则

好的策划必须要有市场，否则它永远是个空中楼阁。市场导向性的关键就在于紧跟市场走向，让所策划的旅游产品能在市场上立足，引起市场关注，形成市场消费，领导市场发展。以市场为导向，就是紧紧地依靠市场，大量收集和仔细分析市场资料，密切关注旅游者的需求变化和竞争对手的发展态势，以独创的方式让旅游产品现身市场，生根发芽、枝繁叶茂。在葡萄牙里斯本召开的"海洋和新的旅游区域部长会议"上，世界旅游组织在预测 21 世纪旅游的趋势时认为，21 世纪支配市场的旅游产品，包括自然与生态旅游产品、游轮、水上运动、地球极点旅游、沙漠和热带雨林等项目，其中生态旅游的优势最大，旅游中增加了自然的成分，又为保护环境提供了经济动力。

3. 需求性原则

需求性原则是从人本主义出发，追求旅游产品策划以人为本，遵循人体生理与心理的规律，满足人类在旅游产品体验中的审美、增知、交流、康体、休闲及生活方式的需求。从旅游者个体而言，人们总是从审美、增知、休闲、康体、交流等某种需求，或几种需求结合出发，开始旅游生涯。当旅游多年，积累丰富的阅历和旅游经验以后，就逐级开始寻求不同于以往的体验式旅游，不愿意跟随大众化的旅游。再随着旅游理念的升华，就会追求旅游作为一种生活方式，一种定时、不定时的，与工作、日常生活同样重要的生活方式，一种自我实现中不可缺少的生存方式。旅游产品策划需要根据不同旅游生涯阶段的要求，策划出相应的旅游产品，满足人们的旅游需求。

4. 整合性原则

整合就是把分散的资源通过链接聚成合力，化零星为完整，以整合形成优势，达到放大资源效能的作用。在旅游产品策划中，往往所面对的资源是分散的，或是规模不大，不足以引起市场关注。依据旅游产品策划整合性原则，需要进行资源整合，或通过修游步道，将分散的资源串联起来，新形成旅游线；或者放弃部分次要资源，扩大主体资源的面积，扩大主体资源的视觉空间和联想空间。经过串联和扩大整合的资源，就可以满足旅游产品的吸引力要求。

5. 参与性原则

近年来，随着人们生活质量的提高，旅游方式发生了很大的变化，旅游已不再满足于纯粹的观光，而是更加注重个性化、参与性、娱乐性和享受性。旅游目的地经营者因此别出心裁地开发参与性的旅游活动项目，激发旅游者的好奇心，满足旅游者亲身体验的参与需求。参与性旅游产品的策划，要求参与的环境轻松愉快，参与的方式简单易行，参与的设施安全无险，参与的结果赏心悦目，能吸引游客参与，能提高游客兴致，能得到游客喜爱。

6. 延伸性原则

延伸性是指所策划的旅游产品具有魅力、吸引力和影响力，能在时空上扩大发展和延伸发展，成为旅游品牌。例如，1998年10月上海旅游节推出的"玫瑰婚典"，此后每年举办2届或3届，至2014年共举办35届，报名参加这一富有文化内涵和浪漫情调婚礼的人数遍及江浙沪的上海、南京、无锡、苏州、宁波、绍兴等城市。玫瑰婚典将文化、历史、音乐、时尚——融合到婚礼中，已经成为上海旅游节著名的品牌产品。再如，桂林愚自乐园，自1997年开始，连续16年举办了11届国际雕塑创作营活动，总计邀请了来自47个国家和地区的200多位雕塑家，创作了200多件各具风格特色的室外雕塑作品，创造出一个独具魅力的艺术风景区。旅游产品具有延伸力，就具有发展潜力，就是好的旅游产品策划。

四、旅游产品策划要求

旅游产品是富含文化底蕴的高尚精神产品。旅游产品策划要求重视旅游资源与旅游市场，重视旅游产品的生命力，重视游客旅游方式，重视旅游产品的人文关怀，重视旅游产品的体系构建。

1. 辩证利用资源与市场条件

旅游资源与旅游市场结合是旅游产品策划的出发点，依据旅游资源与旅游市场，策划旅游产品的定位与模式；依据旅游资源与旅游市场，进行旅游产品的调整与改造。例如，海南依据博鳌论坛会议旅游资源及其游客市场，策划了琼海旅游战略；景德镇依据瓷艺民间工艺旅游资源及其游客市场，策划了瓷艺旅游产品。在创新的原则下，针对同样的资源与市场条件，可以创新多样的旅游产品形态。比如旅游度假村，可以创新有温泉旅游度假村、民俗旅游度假村、海岛旅游度假村、高尔夫旅游度假村、乡村田园度假村等多种形态。同时，在旅游产品策划中，还需要注意的一种现象就是，旅游资源再好，却不一定能转化为旅游产品；旅游资源的价值再大，开发为旅游产品后，却不一定能得到市场的追捧；有科学价值的旅游资源并不一定等同于有旅游市场价值。可见，在旅游产品策划中，要辩证利用资源与市场条件，要有效地有针对性地利用旅游资源，拓展旅游市场，引导旅游发展。

2. 着力旅游产品生命力策划

旅游产品策划是旅游产品生命力的策划，旅游产品生命力决定旅游产品生命周期，也决定一个旅游目的地和旅游企业的生命周期。旅游产品生命力体现为适应旅游市场的能力。旅游产品策划需要熟悉旅游市场，通过对市场需求调查，确定有市场价值的旅游资源转化为旅游产品，以市场需求确定旅游产品表现形式。策划的旅游产品表现形式必须亲近游客，便于游客购买，使游客感受到旅游产品的独特魅力，获得与众不同的特殊经历。当游客旅游需求口味发生变化时，旅游产品策划需要灵活进行调整，以吻合旅游市场的走向。

3. 重视游客旅游方式

旅游产品策划不仅仅是策划旅游产品的旅游吸引物力，还需要策划旅游产品在游程时间内全面满足游客旅游生活的综合需求，满足游客在游憩过程的审美与快乐需要。基于这一要求，旅游产品策划要重视游客的旅游方式。有研究将游客旅游方式通俗为"玩法"，认为"玩法"策划是旅游产品策划创意的最大难点和最核心点。旅游产品策划就是创意出满足旅游者需要的"玩法"。有了"玩法"，就可以清楚分析出旅游产品的吸引力大小，吸引什么样的游客，满足什么样的旅游需求。

游客旅游方式分为游玩方式、游憩方式、游赏方式或观赏方式。游玩方式不同于游憩方式，"游"包含外出、行走等出游概念，也包含登山观光概念。"玩"包括各种各样的玩乐，休闲也主要是以玩乐为特征的休闲。游憩方式包含了休憩的含义，包括以休闲为核心的娱乐、康体、疗养、休息等休憩。游赏方式主要是以观光为特征的游览观赏。要求旅游产品策划重视游客的旅游方式，就是要求旅游产品策划满足旅游者内涵丰富的"玩法"需要，使旅游产品具有广泛或集中的游客消费群体。旅游产品有了游客消费群体，就有了旅游市场。

4. 重视人体工程策划

旅游活动是一种新生活的体验的活动。在旅游产品策划中，要贯彻以人为本的理念，从人体工程设计出发，从人的情境体验出发，策划出有人文关怀的旅游产品。以人与自然相适应为基础，在不破坏自然的前提下，安排最适于人体的观赏及游乐方式；以最适合于人体步行、站立及观赏为原则，设计景点游步道、扶栏、座椅；在整景区、景点，利用人文要素，策划最佳风景观赏角度，形成审美意境，产生情景交融、情境互动的效果；以人为本，把纯自然的过程，转化为人的参与过程，让游客在参与中，体验乐趣，产生新的生活经历与经验，获得全新的旅游感受。

5. 形成产品体系

旅游产品体系是指旅游区内全部既相互联系，又各自独立的旅游产品和旅游产品群共同构成的整体。独立旅游产品指在游玩方式、管理条件等方面具备相对完整性的，可以独立经营的单元旅游产品。旅游产品群指由几个旅游吸引力中心单元旅游产品及其配套旅游产品共同构成的，在地域上紧密结合，在经营上形成最佳规模的旅游产品群市场。在旅游产品体系中，独立旅游产品往往是旅游区域的旅游核心产品。归纳旅游产品体系构架中的独立产品旅游市场目标，可以整合出区域旅游总体发展目标。按一般规律而言，由独立产品所体现的核心旅游产品形象，可以替代成为区域旅游形象，凸显区域旅游的独特性。旅游产品体系中的旅游产品群，具有集聚的综合吸引力，获得增大的旅游市场效益。

基于形成的旅游产品体系，可以策划制定区域旅游发展战略。在区域旅游发展战略中，从区域旅游出发，依托旅游核心产品和旅游产品群的吸引力，可以构建形成旅游产业生产力布局。在营销中，以独立的旅游产品为主，以旅游产品群为辅，形成旅游营销战略。

第二节　旅游产品策划的资源利用

一切旅游产品策划，都应该是对策划区域资源的整合和利用。旅游产品策划的功能，就是将旅游资源转化为旅游产品，就是发现、挖掘旅游资源的独特性，善于对各类资源要素进行巧妙的整合，把握资源要素与产品要素之间的逻辑联系，结合旅游市场、交通、城镇、社会经济与环境等因素，策划出能打动游者的心灵，拥有市场的旅游产品。[①]

一、整合旅游资源

自然资源不等于旅游资源，旅游资源需要整合，整合后的旅游资源能最大限度地体现自然资源的整体效益。整合区域旅游资源是一项系统工程，既需要考虑旅游资源本身的特点，又需要考虑市场需求、资金投入、产业效益等因素。旅游资源具有广泛多样性、区域独特性、群体组合性、季节变异性、价值不确定性、观赏性、永续性和不可再生性。需要通过对旅游资源的整合，策划形成一个全新的旅游产品，深刻理解和准确表达基于人性优势的旅游资源特征，吸引社会关注，引发市场响应。

1. 原赋旅游资源整合

原赋旅游资源是旅游目的地的质量等级较高的旅游资源。以原赋旅游资源为基础的旅游产品策划，有生态环境、景观或人文环境作为依托，能与自然生态环境与人文环境浑然一体。依托原赋旅游资源的旅游产品策划，重要的是根据旅游市场需求，进行旅游资源要素的有机整合，将原赋旅游资源与其他旅游资源叠加，丰富产品结构，形成新的有特色和吸引力的旅游产品。

2. 半原赋旅游资源整合

半原赋旅游资源是旅游目的地质量等级不高的旅游资源。以半原赋旅游资源为依托，进行旅游产品策划，需要依托风景区的影响力和优良的生态环境，整合其他旅游资源，形成新的旅游产品。高科技观光农业产业园区等旅游产品属于这一类旅游产品策划。高科技观光农业产业园区，是将半原赋的农业资源与农业高新技术、旅游交通、住宿和餐饮等资源进行整合，赋予农业产业园以高科技内涵和旅游服务功能，成为农业观光旅游的新亮点。

---

① 杨振之，陈谨.旅游产品策划的理论与实证研究 [J].四川师范大学学报(社会科学版)，2006，7(第33卷第4期).

3. 非原赋旅游资源整合

非原赋旅游资源是指旅游产品策划所依据的旅游资源不属于旅游目的地拥有的资源。旅游产品策划采用非原赋旅游资源，全凭对旅游市场需求的把握，按推断的市场主题组合各种相关的旅游资源，形成创新的旅游产品。典型的代表是人造主题公园，如深圳世界之窗、锦绣中华等。主题公园的旅游资源要素整合，主要是按主题对原赋旅游资源进行仿制，对原赋旅游资源仿制本身并无多大价值，关键是整合出了一个巨大的旅游产品平台，通过表演、观光、参与娱乐活动和现代科技的包装，给游客一个主题文化体验。当然，感受现代商品化的旅游产品，与原始野味的旅游产品是不同的。由整合非原赋旅游资源所策划的主题公园类的旅游产品，往往选址在大都市近郊。

4. 旅游资源内部结构重组

旅游产品策划是在全面认识旅游资源内部构成的基础上，以旅游资源本我特色为中心，紧紧围绕特色这一爆发点，进行旅游资源内部结构协调与重组，延伸旅游资源特色，以恰当的方式使特色得以释放。旅游资源内部结构重组得合理与否将直接影响到旅游产品的旅游市场认可度与生命力。

5. 旅游资源环境整合

在旅游产品策划中，可以寻找适合旅游产品发展的旅游资源空间景观环境。禀赋一般的旅游资源，可以在景观环境优越的条件下，充分发挥环境威力，获得旅游市场效益。如高科技观光农业产业区，较多选择建在优美的农业景观环境之中，通过将高新技术与优美农业环境有机整合，形成具有明显资源特色的农业观光旅游产品，使旅游得到发展。随着生活理念的变化，优美的环境越来越受人们青睐，有所谓"区位有价，景观无价"。景观环境会提升旅游产品价值。

6. 其他旅游资源整合

在旅游产品策划中，根据旅游市场需要，可考虑进行其他旅游资源整合。其一"借力"。在竞争力不强、开发较晚的情况下，可附着于优势旅游产品体系之中，与优势旅游产品形成完整的旅游线路或整体旅游形象。其二"合并"。在与周边旅游资源价值与旅游市场吸引力相当的情况下，在旅游产品策划时，可以将两项旅游资源合并为一个整体，统一进行旅游产品策划。其三"吸纳"。如果旅游产品策划依据的旅游资源具有很强的实力或比其他旅游资源更强的竞争力，可以采用"吸纳"的方式，形成统一的旅游产品体系。

整合旅游资源的价值就在于增强旅游资源对游客的吸引力，需要在旅游产品策划的资源整合中，重新认识旅游资源的价值，增强旅游资源的吸引力，做大旅游资源的价值。其一，创造性整合资源。创造性必须符合社会发展规律。创造性的整合资源必须能够为个人、企业或社会带来价值。其二，规模性整合资源。旅游资源整合就要突破资源的小范围局限，形成规模效应。不加整合的旅游资源，会因为小范围的局限，造成竞争力不足，吸引力不大。其三，竞争性整合资源。整合旅游资源必须以增强区域旅游竞争力为中心，通过对区域相关资源进行整合，形成统一功能的整体，实现区域旅游资源市场价值和综合效益最大化。

二、把握市场导向与资源本质特色

区域旅游发展的目标与战略，是由旅游资源与市场共同决定的，把握市场导向与资源本质特色十分重要。

1. 市场导向与旅游资源本质特色兼得

旅游策划一定要强调以旅游资源为基础，策划的核心内容是根据旅游资源的特性和旅游资源的特色，在逻辑上合理地延伸。以旅游资源为中心的旅游策划，能较好地体现区域旅游特色，是长效旅游发展策划。旅游产品策划的旅游市场导向原则，强调旅游市场需求为最先出发点，不是有什么旅游资源便开发什么，而是市场需要什么便开发什么。市场导向首先是"导"资源，将资源的筛选、加工，吻合市场需求的方向，让旅游资源与旅游市场对接。资源有了市场的引导，就可使资源充分转化为经济效益。但是，如果过多强调旅游市场导向而忽略旅游资源特色的把握，就会变成"无病呻吟"，旅游产品就会变成无根之木，就会缺乏可持续发展的基础。因此，在旅游产品策划中，需要辩证地看待旅游市场和旅游资源，力争做到旅游市场机遇与旅游资源魅力兼得。

2. 把握旅游资源本质特色

旅游资源的本质特色是旅游资源所具有的历史、艺术、文化、科学的根本价值和核心品质，区别于旅游资源的非根本价值和非核心品质，决定着旅游资源的级别，是旅游形象定位的基础，也是旅游产品策划的基础。在旅游产品策划中，若不能把握旅游资源的本质特色，而是发现非本质特色，旅游策划就会偏离方向。离开旅游资源本质特色进行的旅游策划，一时炒作可能在短期内带来大量客源，但生命力有限，生命周期不长。

旅游产品策划把握旅游资源本质特色，可以获得良好的旅游市场效益。如旅游主题公园就是把握旅游资源本质特色的旅游产品策划案例。旅游主题公园策划所依据的旅游资源，不是原赋的自然、人文旅游资源，而是对原赋旅游资源本质进行的仿制和整合，虽然不具备原旅游资源历史价值，但仍具备原旅游资源的艺术价值、科学价值和文化价值，经历艺术的再创造过程而获得旅游市场效益。同时，对原赋旅游资源本质仿制和整合的水平也能体现主题公园的品质和特色。

旅游产品策划把握旅游资源本质特色，要合理释放旅游资源本质特色。旅游资源所表现出来的美感度、观赏性、参与性，释放出来的本质特色往往决定旅游资源吸引力的大小。有的旅游资源价值很大，但难以转化为旅游产品，即使开发成旅游产品，也难于获得旅游市场认同。如某项旅游资源如某地质剖面、某一漏斗群或者某一文化的价值很大，但却迟迟不能策划转化为旅游产品，为旅游市场所接受，即使转化成旅游产品了，也只能为很小一部分旅游市场所接受，如科考科普市场。重要的原因是在旅游产品策划中，采用合适的旅游方式将旅游资源本源的本质特色充分释放和外溢。因此，并不是所有级别高、价值大的旅游资源在转化为旅游产品时，都获得良好的旅游市场效益，需要旅游产品策划，在把握旅游资源本质特色时，要合理释放旅游资质特色，这是旅游产品策划成功的一个关键。

三、把握旅游资源要素

在旅游产品策划中，敏锐地把握能转化为旅游产品的旅游资源要素，既需要非凡的眼光和胆略，又需要长期的经验积累，特别需要对市场需求的准确了解。

1. 挖掘资源独特要素

旅游产品策划过程就是不断发现旅游资源价值，挖掘有特色旅游资源的过程。旅游策划的最高境界就是"化腐朽为神奇"，别人认为腐朽的东西，你却发现了神奇之处，你的旅游产品策划就是神来之笔。

要做到旅游产品策划有新发现，需要了解、熟识旅游资源，对旅游资源进行科学的、恰当的评价，发现挖掘旅游资源的独特要素，判断在同类旅游资源中的地位、特色和价值，判断策划开发为旅游产品后的旅游市场价值和旅游吸引力。例如，成都市龙泉驿区的洛带古镇，作为古镇，无法与周庄、同里相比，而且，街上的三大会馆也有点破烂不堪。但在杨振之先生进场编制旅游规划时，发现了古镇所蕴涵的客家文化要素后，就使这个镇的一切破损的建筑有了客家文化背景（如语言、民俗、民居等）的依托，就大大增加了可开发性。通过对客家文化的深入发掘，将"火龙节"、"水龙节"、"客家菜"、"客家婚俗"等转变成了旅游产品。随之又将三大会馆修葺一新，街道铺成了青石板路，恢复古镇面貌。经过旅游策划与建设，败落的洛带镇已成为世界客家人群体中关注的焦点，成为客家文化内陆形态的代表，2005 年 10 月，世界客属恳亲大会在洛带镇举办，洛带镇成了世界客家人关注的古镇。

在原有旅游产品特色逐渐失去市场吸引力的情况下，旅游产品策划需要对旅游资源特色要素进行再认识，挖掘旅游资源适应旅游市场特色的一面，寻找合理的旅游市场爆发点与释放途径。

2. 发现资源新要素

旅游产品策划的过程就是不断发现和挖掘有价值、有特色的旅游资源新要素的过程，使潜在旅游资源新要素变为现实可开发利用的旅游资源。要求在了解、熟悉旅游资源的基础上，对旅游资源新要素进行科学的评价，判断在同类旅游资源中的地位和特色。

3. 拓展资源功能

随着旅游者的日渐成熟，功能单一的旅游产品已无法满足旅游者多样化的旅游需求，旅游产品策划需要拓展旅游资源功能，创新旅游产品。如青岛啤酒集团利用参观啤酒生产园区的工业旅游产品，年接待人数达 10 万余人次，旅游收入 130 万元。为满足旅游者对青岛啤酒的深入了解，2003 年，青岛啤酒集团投资 5000 万元，参照国际啤酒博物馆的设计理念，建成了世界一流的青岛啤酒博物馆，集青岛啤酒文化、参观生产线、啤酒生产介绍、酒吧、游客参与为一体，全方位拓展了青岛啤酒工业旅游资源功能，进一步推动了青啤旅游业的发展。[1]

4. 把握资源要素与产品要素的逻辑联系

旅游产品策划必须以旅游资源为基础，旅游资源的整合需要把握适度的原则，策划的旅游产品应是旅游资源特色在逻辑上的必然延伸。策划的旅游产品与旅游资源之间必须有内在的必然联系，才具有生命力。如我国先后有三个景区策划了高空横渡踩钢丝旅游产品。2001 年 10 月 25 日，湖南衡山景区在南天门游览最高峰海拔高度 1290 米的祝融峰上，策划了"钢丝王子"阿迪力踩钢丝横渡旅游产品，使踩钢丝旅游产品轰动一时。其实，在上世纪 70 年代末，浙江雁荡山灵岩景区就活跃着一支农民空中飞渡表演队，开始了类似的绳索高空飞渡表演。此外，在上个世纪 80 年代中后期，四川窦团山景区也策划了"中华一绝"走钢丝旅游产品。

高空横渡踩钢丝旅游产品策划的主要目的是通过这一旅游产品的惊险性，增加市场对景区的关注效应，带来旅游收入的增长。在这三个景区所策划的踩钢丝旅游产品中，湖南衡山景区"钢丝王子"阿迪力的踩钢丝旅游产品，纯粹是借高空踩钢丝的惊险赢得市场效益，阿迪力踩钢丝与衡山景区缺乏内在逻辑关系。而浙江雁荡山灵岩景区的空中走钢丝表演和四川窦团山景区的高空踩钢丝产品则有深厚历史渊源的内在逻辑关系。浙江雁荡山灵岩景区的飞渡在当地俗称"滑绳"，是由雁荡山农民采摘草药衍生而来，逐渐成了雁荡山的特色旅游项

---

[1] 史延廷，张补宏．青岛借原有资源打造旅游新品牌 [N]．中国旅游报，2003—04—04．

目，与龙湫飞瀑、灵峰夜景齐名，并称为"雁荡三绝"。四川窦团山景区的走钢丝则是从旅游资源自身生发出的旅游产品。唐宋明清以来，在呈品字形的壁立千仞的山峰上，建有窦真殿、东岳殿、鲁班殿三个道观，山上道士每天进香，都以走钢绳的形式从一个殿到另一个殿，钢绳成了连接三殿的唯一通道。钢绳将险峻的自然景观和文化连为一体，具有丰富的文化内涵。走钢丝就成了历代道士的看家本领，使这一技术代代相传。因而策划作为旅游产品推出，便具有很大的市场魅力。

旅游产品是对旅游资源特色的展现，在策划利用旅游资源时，对旅游资源价值的认识与评价非常重要。旅游资源的评价是一项科学的评估工作，既不能将其价值评价过高，也不能评价过低。评价过高，则可能策划出来的旅游产品缺乏生命力，导致孤芳自赏，难以获得市场认同；评价过低，策划开发出来的旅游产品不能展示出旅游资源的魅力。

第三节　旅游产品定位与发展策划

策划是连接资源和产品间的重要纽带，是旅游资源转化为旅游产品不可或缺的环节。在实践中，高质量的旅游资源并不一定就自然成为具有市场吸引力的旅游产品，成为能够产生较好旅游效益的游资产品，而看似一般的旅游资源并非就不能成为知名旅游产品。这就需要认识旅游产品的定位、方向、形象、符号等关键环节策划，做好旅游产品关键环节的策划。

一、旅游产品定位策划

旅游产品定位就是找到在旅游市场空间上旅游产品能赢得最具竞争优势的位置，在旅游市场上找到一个最合适的旅游产品的"点"。就是孙子兵法所讲的"善战者，胜于易胜之地"。旅游产品定位策划就是寻找到旅游产品在旅游市场上的"易胜"位置。具体通过对旅游产品所处旅游宏观环境、旅游市场条件、竞争对手、同类旅游产品、旅游发展趋势进行综合分析，结合专家意见，确定旅游产品最能体现旅游特色与核心能力的定位。旅游产品定位策划包括主题定位、目标定位、市场定位、功能定位、发展定位、游憩方式定位、商业模式定位等七大定位策划。以下主要讨论旅游产品的主题定位策划、目标定位策划、市场定位策划和功能定位策划。

1. 主题定位策划

旅游产品的主题是旅游产品的主要吸引力所在。旅游产品策划首先要寻找到旅游产品清晰独特、引人入胜的旅游市场发展主题，然后按照所确定的旅游产品主题定位进行旅游产品整合打造。

旅游产品主题定位的依据是旅游资源。旅游资源内涵丰富多元，一项旅游资源可以有多个主题定位。如一个蕴涵浓郁民俗文化的民族村，民居、民族服饰、民族饮食、民族节庆、民族艺术等都可能成为旅游产品的主题。一个旅游名胜区，也可以有多个主题，如观光度假型景区、观光探险景区、康体娱乐景区、文化科考景区、度假休闲景区等。

旅游产品的主题定位可以有多个视角的策划，可以根据产品现状分析确定，可以根据旅游产业发展需要研究定位，也可以根据经营者及旅游规划确定。但最终衡量旅游产品主题定位的正确性是旅游市场，得到市场认可的主题就是有生命力的主题，没有得到市场认可的主题就是失败的主题。

旅游产品主题定位不是永远不变，而是随着市场的变化而变化，可能由一种主题变为另一种主题，由一种主题变为两种主题或三种主题乃至多种主题，也可能由多种主题减少为一种主题。旅游产品的主题定位变化动因，来自旅游市场需求的变化、旅游产品生命周期的变化、供给竞争的变化等众多方面。同时，旅游产品的主题具有层次性，存在着主次之分，旅游产品的主题定位策划需要明晰旅游产品主题的主次地位关系，突出主要的主题，兼顾次要的主题。

旅游产品主题具有空间限定性、时间动态性、主题中心性、吸引物突出性、类型多样性等五个基本特点。空间限定性指的是旅游产品的主题定位分析，限定在旅游产品范围内，不能超出这一范围。正是这一限定使旅游产品具有了众多的特征。时间动态性说明，随着时间的变化，旅游产品的空间范围可能会发生变化，旅游产品的主题定位也可能随之发生变化。主题中心性是旅游产品结构的划分以主题为中心展开，围绕主题定位将产品划分为主题部分、扩展部分、延伸部分和配置部分。吸引物突出性表明，旅游产品的主题定位都是以旅游产品的特色和主要特性来确定的，而这些特色和特性又是以吸引物来表达，因此，吸引物便成为主题定位的重要内涵，旅游产品的主题定位实际上也是围绕着旅游吸引物进行分析和确定的。可见，旅游吸引物在旅游产品主题定位中具有突出地位。类型多样性是说明旅游产品的主题定位类型多样，有一个主题，也有两个主题和三个主题。

旅游产品主题的定位需要突出旅游产品的主要特色，理清旅游资源的内在联系。在区域旅游产品主题的定位中，需要发掘区域旅游资源的内在联系，形成统一的旅游主题，促进旅游资源整体的开发和旅游产业整体发展。

2. 目标定位策划

旅游产品目标定位策划，就是合理评估旅游产品独特吸引力水平，推测在旅游市场上可能获得的发展空间，合理定出可以达到发展实现的旅游市场发展的定性与定量目标。

随着旅游业的发展，我国旅游产品发展出现了两种趋势，一是大众旅游产品，二是高端旅游产品。旅游产品目标定位便有大众旅游产品和高端旅游产品两个方向。不同的旅游产品目标定位，聚集不同的游客。大众旅游产品聚大众客群，单体消费能力一般，但总体规模大；高端旅游产品聚高效客群，总体规模相对较小，但单体消费能力强。旅游产品目标定位策划的目的，就是明确旅游产品所吸引聚集的客户群体市场。

大众旅游产品是旅游产业的基本产品，也是世界旅游业的主流产品。大众旅游产品面向大众消费人群，提供低成本和低标准的常规模式的旅游产品。大众旅游产品策划以"到此一游"为基本服务理念定位。大众旅游产品策划的目标是把旅游业当做一项纯粹的经济产业来进行，强调资源利用的最大化，实现经济利益的最大化。大众旅游产品策划模式是以旅游项目为主导，基本没有客户细分。

高端旅游产品相对大众旅游产品而言，是大众旅游的精品，是旅游发展到一定阶段的必然产物。随着大众旅游的发展成熟，高端旅游必将成为旅游经验丰富、注重精神享受的旅游者的选择。高端旅游产品具有高端化、消费理性化、专题化和专业化、品牌化等特点。由于高端旅游产品主要面向的是高端市场，旅游消费者拥有较高的消费能力，对产品的品质、服务质量等要求较高，因而高端旅游产品的价格较一般旅游产品昂贵。高端旅游产品并非仅仅是高价、奢侈旅游产品，而是具有特色的旅游产品。如徒步探奇寻幽之旅、背包探秘之旅等，尽管价位不高，但由于产品的特色和独具的品位，也属于高端旅游产品。消费的理性化是指高端消费者不等同于高档消费者，而是理性的有品位消费者。客人会根据自己财力、爱好、需求、承受力，有针对性地选择旅游产品。高端旅游的消费者，一般都有比较高的文化品位，往往有不同于大众旅游消费者的特别需求，体现出高端消费者的文化特质。高端旅游产品的发展趋向于专题化和专业化发展，对旅游产品品质要求高，特别是对设施设备、服务质量、时间、娱乐等方面的要求，需要有较高专业化技术人才来设计。尤其是一些高端的专项旅游产品，设计人员还要精通专项活动的相关专业知识。旅游产品的高端化需要旅游目的地不仅要打造出高端旅游产品，还要树立高端旅游服务的形象，创造高端旅游产品品牌。

随着经济发展的增长，高端旅游需求向体验性、时尚型、变化性、创新性方面发展。高端旅游产品目标定位策划，需要遵循以客户价值体验为导向的产品设计原则，对高端旅游者进行深入的市场调研，了解他们的兴趣所在，进行有针对性的旅游产品策划，建立主题性、个性化与标准化相结合的文明探索、自然发现、美食购物、建筑名胜、风光摄影、健康运动、度假休闲、高尔夫等高端旅游产品体系，满足高端旅游者的个性需求。

3. 市场定位策划

旅游产品市场定位策划，就是按照旅游产品的主题指向，根据旅游市场的竞争状况、自身优势、细分市场规模、销售潜力、需求特点等具体情况，根据消费者对旅游产品的了解、重视、偏好程度，将旅游产品包装成具有鲜明个性、与众不同的、给人印象深刻的旅游产品，在市场上找到一个有利的、合适的位置。

按照传统方式，旅游产品市场分为基础市场、主体市场、机会市场。旅游产品定位策划的原理在于，一项旅游产品可以从多个方面提供和展现对旅游者的价值。因为，旅游产品不可能尽善尽美，需要通过市场定位策划，利用旅游产品的优势，在旅游者所看重的价值方面优于竞争产品，赢得较好的市场效益。

旅游产品市场定位策划具体有三个步骤，其一，识别旅游产品竞争的现实优势和潜在优势。通过市场调研，分析旅游产品及竞争者所销售的产品，明确自身产品的差异，找到旅游产品的优势所在。其二，准确选择竞争优势。旅游产品的竞争优势要与目标市场的需求欲望相配合，进行旅游产品竞争优势评估，准确选定旅游产品的主要优势。其三，确定市场定位。在选定旅游产品优势的基础上，综合旅游产品的特色、价格、消费者等因素，确定旅游产品的市场定位。然后，准确地向市场传递旅游产品的市场定位信息，把旅游产品的优势展现给目标消费者，吸引消费者购买。

在旅游产品市场定位策划中，有多种策划方法可以选用。其一，产品特色定位法，即根据旅游产品的特点，或是根据目标顾客所看重的某种利益进行定位。比如，对于一家旅游酒店，建筑风格、坐落位置、服务项目、房间装饰等，都可能成为该酒店的特点，都能为顾客提供价值享受，都可以成为旅游酒店的市场定位选择。其二，价格质量定位法。根据旅游产品的档次，将产品的价格作为反映其质量的标识进行定位。如高档酒店的市场定位就是保证顾客可以在酒店得到周到的、高等级的服务。其三，产品用途定位法。根据旅游产品的用途进行定位，尤其是根据旅游产品的某种特别用途进行定位。如一个饭店拥有足够的会展场地和健全的会议设施，则可以围绕这些场地设施定位为会展酒店。其四，产品类型定位法。根据旅游产品的类型进行定位，是旅游企业通过变换自己产品类别的归属进行定位。如有些度假饭店在不改变酒店属性的情况下，定位为温泉疗养中心，调整了目标市场范围。其五，旅游者定位法。根据旅游者的不同类型来进行旅游产品市场定位。如度假村、休闲农庄、农家乐等，都属于这一类旅游产品的市场定位。

旅游产品的市场定位策划的依据在旅游市场，旅游产品策划必须时刻关注市场变化，及时调整旅游产品的市场定位。

4. 功能定位策划

旅游产品服务于旅游产业主要是通过功能来实现。旅游产品的功能是多元的，旅游产品功能的定位策划，需从旅游资源、旅游者需求、旅游趋势、旅游系统关联等方面策划旅游产品的功能。

以旅游资源进行功能定位。旅游资源是旅游产品的根，旅游资源决定旅游产品，也决定旅游产品的功能。一座历史古镇，旅游产品功能就可以定为古镇风情游。一派郁郁葱葱的农田，旅游产品功能可以定为农业观光游。

以旅游者需求进行功能定位。食、住、行、游、购、娱的旅游六要素，是旅游者的旅游需求。其中，食、住、行、游四要素是基本需求，购、娱两要素，是旅游者的非基本需求。旅游产品必须为旅游活动的每一项要素提供必须的功能服务，否则旅游活动便无法正常进行下去。旅游活动的食、住、行、游、购、娱"六要素"之间彼此关联互动，相互依赖，互为依存，旅游产品功能定位策划需要形成一个完整的旅游产品功能体系。

以旅游趋势进行功能定位。随着人们收入水平、文化素质、经验与经历的丰富和生活质量的提高，人们对旅游提出了新的要求。当前，世界旅游市场的需求主体是单身贵族、上班族、小家庭、退休者，这些旅游者在出行之前往往制定详细、成熟的休闲游憩计划，对旅游产品需求更趋专业化，部分富有的年轻旅游者流动性大，热衷于追求诸如娱乐健身、野外探险、自驾旅游等独特的旅游经历。在观念上，旅游已经不再是过去传统意义上的纯粹的"游山玩水"、看风景，而是集游览观光、休闲度假、商务会展、购物娱乐、节庆活动等多种活动于一体的综合性活动。旅游需求趋势的变化，必然对旅游产品的功能定功策划提出新的要求。如追踪旅游休闲要求变化趋向，策划构建具有综合休闲功能结构的乡村俱乐部、休闲农庄等旅游产品。

以旅游系统关联进行功能定位。作为一个系统，旅游产品的功能结构主要由旅游吸引力、服务系统、交通运输系统和旅游信息提供四部分组成。旅游产品的功能结构系统具有关联性，相互依存、相互影响。因此，作为旅游目的地的旅游产品需要具备旅游吸引力功能、旅游服务功能、旅游交通功能和旅游信息服务功能，而且需要形成旅游产品的功能结构系统。

旅游产品功能定位策划是旅游服务策划，要求进行功能定位时，深刻认识和把握旅游业，把握旅游市场需求，把握旅游区域之间旅游产品的相互依存、相互影响的关系，提高旅游产品的旅游服务水平。

二、旅游方式策划

旅游方式策划就是旅游产品游玩方式的策划。旅游产品游玩方式包括游憩方式、游赏方式、观赏方式等类型。旅游方式的选择受到社会科学技术发展、消费水平、旅游喜好等多方面条件的影响和制约，表现出多元化的特点。目前，我国旅游产品有团队旅游、单项委托旅游、自助游、自驾游、自由行、高铁游、团购游、汽车露营游、邮轮旅行、慢旅行、特种旅行等多种旅游方式。详见表7—1。

表7—1　旅游产品旅游方式汇总

名称	定义与模式描述	优点与特色	不足与提醒
团队旅游	团队旅游，也称随团旅游，是最常见的旅游方式。在游客按选择旅游线缴纳给旅行社的费用之后，导游和车辆成为雇佣对象，所有的吃、住、行、娱、购等都由旅行社安排和负责。	团队旅游最大的好处是省钱省心。团队旅游在费用方面一般比自助旅游要节省，因其在机票、酒店、用车及吃饭、门票等方面均属集体消费，而且有熟悉情况的地接社接待，费用几乎可压至最低。另外，旅行社设计的游览行程一般较为科学合理，选择景点以最具有代表性或精华部分为基础，适当增减次要景点，基本上能满足大多游客的要求。	浏览项目、路线限制过多，游客缺乏活动自由；跟着导游像赶场一样匆匆逛完景点，对景点只能走马观花，处处赶时间，无法尽兴；安排购物时间比较长，基本上是一半时间在路上，一半时间在购物；大家一块活动，时间上受到限制，有时还得等人，难以满足个性化的要求。
单项委托旅游	单项委托旅游就是把旅游活动中的某些事项委托给旅行社，其他事项自理。如委托旅行社预定机票和饭店，其他的如旅游行程、线路都由自己安排。	较之自助旅游的好处是到一个陌生的地方，不再用为解决交通和住宿问题操心，较之团队旅行的好处是可以自主安排行程，不用跟在导游的小旗下转悠。	游览不能享受团队旅游的优惠价格。
自助游	自助游，或称自助旅行，就是吃、住、行、游、购、娱，所有事情全由游客自己搞定。	自助游最大的好处就是自由，旅游时间、景点、路线、消费等都由游客自己选择。自助旅游虽然有一点麻烦，但游客吃、住、行、游全凭自己做主，自由自在，特别是在一些风光迷人或文化厚实的地方，可以有足够时间去体会和流连。	旅游的所有事情全由游人自己搞定，比较辛苦；在旅游旺季，订住宿和购买机票、车票可能会遇到麻烦；旅游目的地的陌生、不熟悉，不能预知行程的安排，常常导致等待、搭错车等情况；费用有时会增加，常会有预算外支出；机票、酒店房价等也不能拿到更大的折扣。

名称	定义与模式描述	优点与特色	不足与提醒
自驾游	自驾游就是自己驾车辆出外旅游。自驾车旅行最好有多位持驾照的朋友同行，便于途中交替开车、减少旅途隐患、增加旅途乐趣。自驾车游分自备车和租车两种形式。一般是游客先到旅行社咨询情况，问清路线、里程、时间安排及价格之后，自己开车去旅行。	自由，旅游行程自己控制。	自驾车旅行不适合长时间、长距离旅行，因为长途跋涉会使驾驶者过于疲劳，增加不安全因素，也容易迷路。
自由行	自由行是一种新兴的旅游方式，在台湾俗称"机加酒"，即机票加酒店。与团体旅游相同的是，由旅行社安排住宿与交通，但自由行没有导游随行，饮食也由旅客自行安排。自由行也分为两种，一种是完全自由行，或称组团自由行，就是指由旅行社代订车票、安排住宿、办理相关手续等，到达旅游景点后游客的旅游行程走法、线路安排、吃喝及购物娱乐全由旅游者自己控制，去哪玩、怎么玩全凭自己做主。另一种是"准自由行"，跟着旅行团队一同登上飞机，到目的地后，脱离大部队，自由行动，直到回程的那天，重新"收编"进团队，一起乘飞机回来。或者与其他自由行游客同一时间出发和返回相同目的地。	自由行产品以机票＋酒店＋签证为核心，提供很大的自由性，旅游者可根据时间、兴趣和经济情况选择希望游览的景点、入住的酒店以及出行的日期。在价格上，一般要高于旅行社的团队产品，但要比完全自己出行的价格优惠。自由行最大的特色是自由轻松，把出门最累人最难办的车票、住宿、手续等问题交给旅行社来办，而消费的景点、娱乐、购物等完全自己掌握。既可以降低旅游支出，节省更多的时间，又能有足够时间去体会自由快乐的游玩。由于旅行社与航空公司、酒店的长期合作关系，价格会比个人单独预订要便宜。	
高铁游	乘高铁旅游。	乘高铁旅游，便捷、时尚、高速度，节省了时间，改变了游客的出游方式，符合科学时代特征。	
团购游	团购游就是有相同旅游目标的人自己组团，以团体消费优势采购旅游产品。旅游"团购"的核心是"团"，团员可能是亲朋好友，也可能是互不相识的人，大家追求价格优惠和情趣相投。目前，团购网上的旅游团购主要以短线游为主，组团社基本上是一些中小规模的国内旅行社。	旅游团购不仅可以节省旅游开支，而且可以最大限度地满足自己旅游的愿望。团购旅游产品，是团购网与旅行社或景区合作的产物。	面对形形色色的旅游团购，消费者应选择有资质、有口碑的正规团购网站；团购旅游产品时，不能仅仅考虑价格是否低廉，应首先考虑组团社是否具有资质，产品价格是否合理，避免被低价而忽略产品质量。

名称	定义与模式描述	优点与特色	不足与提醒
汽车露营游	汽车露营游并不等同于自驾游，汽车露营游旅游产品强调露营地配套和良好环境。汽车露营地要求有一定面积，有自然风光和安全保障，有可供人们自备汽车、帐篷使用的露营地设施，或有可供租借的帐篷、小木屋、移动别墅等设施，配有运动娱乐活动服务的设施设备。汽车露营地按功能装备，可分为停靠式汽车露营地与常规式汽车露营地。停靠式汽车露营地仅具有提供自驾汽车停靠和小型超市，营地设施较为简单。常规式汽车露营地规模大，可供数百辆汽车停靠，具备汽车露营、帐篷露营、运动休闲、商店餐厅洗浴、小木屋别墅等功能区。根据所处地理位置，常规式汽车露营地可分为山地型营地、海岛型营地、湖畔型营地、海滨型营地、森林型营地、乡村型营地。	自由，旅游行程自己控制。	
邮轮旅行	邮轮旅行就是乘邮轮进行海上和海岸旅游。	乘邮轮旅游的好处，就在于省去舟车劳顿之苦，不需天天换旅馆，提着沉重的行李到处跑。既能畅游大海、轻松地欣赏各地风光，又可以尽情享受邮轮上所提供的各项设施，是"养尊处优"的贵族之旅。	
慢旅行	慢旅行就是放慢旅游速度的旅游方式。旅游者在旅游时，慢慢游、细细品，静静思、深深感，以慢游求快乐。慢旅行，除了行进速度的缓慢以外，还包括对一个地域长期深入的了解，而非快速地、潦草地观光。	慢旅行的特点是"慢"，但不等于简易旅行。如城市慢旅行，到街巷里的百年老店去品味当地人日常生活中的美感意识。不搭电车、巴士，用脚踏车或步行穿梭在大街小巷。慢节奏的悠闲消遣成为一种奢侈，一种连富豪也望而兴叹的奢侈。	

名称	定义与模式描述	优点与特色	不足与提醒
特种旅行	特种旅行是一种深度旅行，利用特殊设备所进行的特种旅游方式。徒步、狩猎、骑马、登山、滑雪、攀岩、潜水、探洞、漂流、科学考察、军事训练、骑山地车、摩托车、汽车越野、房车旅行之类以及热气球等等，都可以成为特种旅游方式。应运而生，如户外俱乐部、拓展俱乐部、汽车俱乐部等是为特种旅行方式服务的机构，开发了中国人徒步或骑行环球旅行、自驾跨越欧亚大陆、去南极探险、攀登世界七大高峰、在东非大草原追逐迁徙的动物等多种方式的特种旅行。	特种旅行特点：强调精神和体魄的因素，在运动中感知外部世界，发挥自身潜力、施展才干，使旅游者在体验、欣赏自然风光和人文风情的同时，享受自身潜能和才干在探险中得到体现的欣喜愉悦。	

其他旅行方式，还有骑自行车旅游、徒走背包旅游、野营、探险考察旅行等等。旅游者选择自助旅游、团队旅游，还是单项委托旅游，取决于游客的经济能力、性格爱好、健康状况、旅游目的地特点、游客对旅游目的地的了解程度，以及其他的因素。

旅游产品策划，最具应用性的就是游玩方式策划，即旅游的"玩法"策划。旅游产品策划的难点和核心点，就是玩法。策划旅游"玩法"，就是策划人们向往的新的生活体验。旅游产品有了玩法，就有了吸引力。旅游产品的旅游方式策划，就是如何将旅游资源转化成一种玩的方式。

三、旅游产品发展策划

旅游产品的发展是旅游产品发展方向的选择。旅游产品朝着怎样的方向发展，需要分析和把握旅游产品与社会经济发展的关系，与旅游业发展状况、人们的旅游经验、人们的生活观念的关系。

社会经济发展大势与旅游产业转型决定旅游产品的发展方向。我国社会经济由计划经济向市场经济的发展，便开始了我国现代旅游产业，入境旅游和国内旅游都是观光旅游产品。"十一五"时期是我国产业结构调整、构建和谐社会的重要时期，由于旅游业具有在增加就业、促进农村发展、缩小地区差距、节约资源等多方面的优势，获得了良好的发展机遇，观光旅游产品行业进入黄金发展期。自 2008 年以来，我国的国民经济继续保持了平稳增长的势头。经济发展促进旅游业繁荣。经济发展推动旅游消费的升级，在观光旅游产品中出现了休闲度假旅游的趋向。这种旅游产品转向的趋势，随着旅游休闲的观念逐渐深入人心，国民旅游经验的不断丰富，进一步推动观光旅游向度假旅游转变，同时带动旅游产品由价格竞争向品质竞争转变，带动旅游产业由景区开发向旅游目的地建设的转变，带动旅游产业从旅游要素构建向旅游产业链建设的转变。

进行旅游产品发展策划，需要在旅游资源与旅游市场分析论证的基础上，熟悉旅游产品的变动趋向。作为一种生活体验活动，旅游产品主要分为观光旅游和休闲旅游两大类型。在观光旅游类型下，可以分出自然观光旅游、文化观光旅游、城市观光旅游、乡村观光旅游等层次观光旅游类型。同样，在休闲旅游类型下，可以分出度假休闲旅游、城市休闲旅游、乡村休闲旅游、生态休闲旅游、文化休闲旅游、娱乐休闲旅游、运动休闲旅游、保健休闲旅游、养生休闲旅游等层次休闲旅游类型。在不同社会经济条件下，不同类型的旅游产品有不同的发展地位。在旅游产业的初始阶段，观光旅游产品是主体旅游产品。到了旅游产业的发展时代，观光旅游产品是大众旅游产品，也是休闲旅游产品的背景产品。因为，观光旅游产品所拥有的优美景色是休闲旅游产品所必须具备的。由此可以认为，观光旅游产品是旅游产业的永恒产品。休闲旅游产品是社会经济发展到一定阶段，旅游产业进入到成熟期的产物。经济发展促进旅游业繁荣，推动旅游消费升级，休闲旅游便成为人们旅游消费的取向。

随着旅游产品不断创新拓展，逐步开发出工业旅游产品、现代农业旅游产品、森林旅游产品、生态旅游产品、创意旅游产品。在乡村旅游的引导下，发展了乡村民间文化艺术观光、自然休闲农业、创意农庄、乡村民俗体验等乡村旅游产品，创建"一乡一景"、"一家一特"的乡村旅游品牌。在旅游装备制造业的科技创新推动下，科考基地、房车营地、游轮公司、高山滑雪场、高尔夫俱乐部、汽车俱乐部、汽车旅馆、旅游宿营地等新兴业态不断涌现。在旅游新业态的推动下，促进了生态旅游、康体旅游、温泉度假、滑雪旅游、高尔夫旅游、自驾车旅游、房车旅游、游船旅游、游轮旅游等旅游产品的发展。在旅游网络技术的支持下，出现了智慧旅游和家庭旅馆、乡村客栈、青年旅馆的连锁经营。通过传统文化资源的发掘，拓展了文化娱乐演出旅游产品的发展空间。在经济发达地区，高端旅游产品占了所有产品的三分之一。

旅游产品发展策划，就是通过对旅游产品与旅游市场的分析评价，掌握旅游产品的变动趋向，确定旅游产品发展的轻重缓急、先后时序，提出旅游产品发展的纲领与方针。

第四节　旅游商业模式策划

旅游商业模式是旅游产品进入市场经济领域的模式，是实现市场经济效益的模式。旅游商业模式是旅游产品所必须的，缺少商业模式，就不属于经济范畴。旅游商业模式直接源于商业模式，商业模式提供了旅游商业模式思路与框架。

一、商业模式

商业模式也是一种企业创造利润的思维方式，就是企业的赚钱模式，企业赚钱的途径和方式。企业不同，赚钱的途径和方式也不同。例如，饮料公司通过卖饮料来赚钱，快递公司通过送快递来赚钱，网络公司通过点击率来赚钱，通信公司通过收话费赚钱，超市通过平台和仓储来赚钱等等。只要有赚钱的地方，就有商业模式存在。

1. 商业模式基本内容

商业模式是一种经济思维，也是一种经济实践，需要思想，更需要能付诸实施的方案。了解商业模式，需要了解商业模式基本内容。

（1）主要要素。商业模式是一个由多要素构成的系统，主要由客户价值主张、盈利模式、关键资源和关键流程四个密切相关的要素构成。客户价值主张是能为客户带来价值的主张。一个成功的商业模式，第一步就是要制定一个有力的客户价值主张。如同修高速公路必须要有收费口一样，不然，高速公路就是一项公益事业。盈利模式就是如何从为客户创造价值的过程中获得利润。成功的商业模式的第二步就是制定盈利模式，也就是为公司创造价值的详细计划。没有建立盈利模式，商业模式就不成功。关键资源是企业内部如何汇聚资源来为客户提供价值，要找到一个特别独自擅长的能力和独享的资源，为客户创造价值。商业模式是一个完整的产品、服务和信息流体系，包括每一个参与者和其在其中起到的作用，以及每一个参与者的潜在利益和相应的收益来源和方式。在分析商业模式流程中，需要关注企业在市场中与用户、供应商、其他合作者的关系，尤其是彼此间的物流、信息流和资金流。

任何商业模式都可用参与者、关系与流向（包括资金流、产品流与信息流）三个要素来表示。商业模式应该回答向顾客提供什么样的价值，向哪些顾客提供价值，怎样为所提供的价值定价，由谁收费；在提供价值时，采用什么样的战略，怎样提供价值，以及怎样通过提供价值维持竞争优势等一系列的问题。

回答这些问题，首先必须很好地了解企业所处的产业环境、产业主要的价值因素、客户的价值取向、企业将价值传送给客户所需要的活动、企业自身的资源特点，以及如何更好地利用这些资源等。

（2）基本层面。商业模式可分成三个层面，第一个层面是商业模式主体，主要是各种商业活动参与者以及他们扮演的角色；第二个层面是商业模式客体，主要是各种商业活动参与者的潜在利益；第三个层面是商业模式的中间产物，主要是各种商业活动参与者潜在利益的来源。商业模式是关于商业活动参与者之间的价值交换，揭示了商业运作的实质。商业模式是对一个公司供应链上各个要素之间关系与角色的描述，包括公司本身、公司顾客、联盟者和供应商四者之间的相互关系。从他们之间的关系描述中，辨认主要产品、信息与资金的流向和参与者能够获得的主要利益。

商业模式还可分出战略目标、收入来源、关键成功因素、核心竞争力四个基本层面，不同基本层面的交互组合就构成了各类商业模式。

（3）共同点。商业模式的共同点主要归纳有客户价值、范围、定价、收入来源、关联活动、实现能力、持久性等方面。在商业模式的共同点中，客户价值，主要解决企业是否能够向顾客提供独特的或者比竞争者成本低的产品和服务的问题；范围，主要解决企业需要向哪些顾客提供价值以及哪些产品、服务可以包含这些价值的问题；价格，解决企业怎样为提供的价值定价问题；收入来源，解决企业收入从哪里来，哪些人何时为企业提供的价值付款问题；关联活动，解决企业应该在什么时候进行哪些关联活动来提供价值，以及这些活动是如何相关的问题；实现能力，需要解决公司需要什么样的组织结构、运行机制、人力资源配置协调的问题，需要解决企业拥有什么能力，有哪些能力缺口需要填补，企业如何填补这些能力缺口，这些能力中是否有一些独特的难于模仿的因素，使企业提供的价值与其他公司不同，这些能力的来源是什么；持久性，解决企业如何保持优势能力不被其他公司模仿，如何实现企业持续盈利，如何保持竞争的优势。

2. 商业模式分类

商业模式是一个非常宽泛的概念，跟商业模式相关的说法有运营模式、盈利模式、B2B 模式、B2C 模式、"鼠标加水泥"模式、广告收益模式等等。商业模式是一种简化的商业逻辑，把商品与市场串联起来，可以把商业模式分为运营性商业模式和策略性商业模式两大基本类型。

运营性商业模式。运营性商业模式创造企业的核心优势、能力、关系和知识，主要内容包含产业价值链定位和盈利模式设计。产业价值链定位是要明确企业处于什么样的产业链条中，在这个链条中处于何种地位，可以通过结合自身资源条件和发展战略分析找到这个定位。盈利模式设计要明确企业从哪里获得收入，获得收入的形式和种类，明确收入比例在产业链中的分配比例，企业是否对这种分配有话语权。

策略性商业模式。策略性商业模式是运营性商业模式的扩展和利用，涉及企业生产经营的业务模式、渠道模式和组织模式。业务模式是企业向客户提供包括品牌、产品等在内的价值和利益。渠道模式是企业向客户传递业务和价值的渠道，包括渠道倍增、渠道集中和压缩等。组织模式是企业建立的管理控制模型，比如建立面向客户的组织结构，通过企业信息系统构建数字化组织等。

商业模式是项目开发与经营的商业灵魂。其内容非常丰富，包括了收入模式、经营模式、营销模式、管理模式、投资分期、资本构架、融资模式等等。

二、商业模式创新

商业模式创新就是企业以新的有效的方式赚钱。创新的商业模式，既可能在构成要素方面不同于已有商业模式，也可能在要素间关系或者动力机制方面不同于已有商业模式。

1. 商业模式创新的构成条件

商业模式构成要素的具体形态、相互间关系及作用机制的组合几乎是无限的，因此，企业商业模式创新也具有无限性。按照规律，商业模式创新需要具备四个"能"的构成条件。

其一，能提出独特的价值主张。如华为商业模式始终以客户需求为导向，以满足客户需求作为独特的价值主张。2007 年，华为的全球 20 个重点国家的客户满意度调查结果，客户化的定制能力指标超过爱立信，意味着华为不是简单的量产化企业，更是一家定制化量产的企业。当时的电信产业是小众化时代，华为的价值主张通过迎合细分群体所需的独特组合来创造价值，清楚地回答了企业的客户价值，以帮助客户解决难题，满足哪些客户需求，提供给系列的产品和服务。又如，2011 年，海尔基于互联网时代企业生存环境的变化，探索构建"人单合一双赢"全新的商业模式。模式中的"人"是员工，"单"不是狭义的订单，而是为用户创造的价值，每个员工和他为用户创造的价值是"合一"的，不可分的；"双赢"是指员工可以在为用户创造价值的同时分享成果。这个独特的价值主张将平台上所有人员组成利益共同体，企业研发、生产、销售等被割裂的部门在人单合一模式下实现互相协同，原有的原材料供应商从博弈关系转变为海尔利益攸关方，双方共享平台资源；部分消费者直接参与产品设计环节，与生产者融合在一起，使海尔产品研发与消费者实现零距离。2007 年到 2012

年的六年间，海尔依靠商业模式创新，增长率达到了 35%，最低年份没有低过20%，最高年份达到 70%。

其二，能提供全新的产品服务，开创新的产业领域。如长虹认为，家庭互联网将会带来产品结构、产品形态以及应用场景、商业模式方面的变化，创造了多终端的协同价值和大数据的商业模式。依托整套家庭互联网技术解决方案，2013 年，长虹向市场提供了智能电视、智能空调、智能冰箱等全套互连、互通、互控的产品。家庭互联网将实现多终端的连接、交互与协同。长虹公司新闻发言人刘海中认为，经历了传统互联网以电脑为中心，及移动互联网以手机为中心的互联网前两个阶段后，在家庭互联网时代，连接的不单是电视，而是电视、冰箱、空调、手机等整套家电互连、互通、互控的解决方案，家电产品之间可以信息共享。随着长虹家庭互联网技术成熟及整套产品落地，云计算、大数据这些新兴业务将成为公司新的增长领域。[①]

其三，能具有多个要素明显不同于其他企业。如海尔依照产品、渠道、品牌、服务等方面，建立了价格价值体系，以超价值性能补偿消费者，以提高品牌形象、优质的售后服务价值等来提高总顾客价值，以提高顾客让渡价值来提高顾客满意度。海尔以不同于其他企业的产品性能和服务，扩大了市场，证明了商业模式创新的有效性。

其四，能在成本、盈利能力、独特竞争优势等方面有良好的业绩表现。如华为从 2000 年进入欧洲，在欧洲已经建立了 26 家子公司或者代表处，拥有超过 1300 名员工，业绩年年翻番。2005 年实现了 2 亿美元的销售额，2006 年完成 6 亿美元，2012 年总收入达到 2202 亿人民币，盈利 254 亿元。又如海尔集团，2010 年，实现全球营业额 1357 亿元人民币，同比增长 9%，其中海尔品牌出口和海外销售额 55 亿美元，占总营业额的 26%，全年实现利润 62 亿元人民币，利润增幅是收入增幅的 8 倍。据悉，海尔以 855 亿元的品牌价值，连续 9 年蝉联中国市场最有价值品牌榜首。欧睿国际的数据显示，海尔大型白色家电以 6.1% 的全球市场占有率再次蝉联全球第一。良好的业绩是商业模式创新成功的证明。

2. 商业模式创新特点

企业传统创新是把一种新的生产要素和生产条件的"新结合"引入生产体系，获得新原料来源，采用新的产业组织形态，推出新的生产方法，开发出新产品，开辟新市场。相对于传统的创新类型，商业模式创新有三个明显的特点。

其一，考虑客户需求，满足客户需求。商业模式的第一要素，就是为客户

---

① 田立民，黄世瑾. 长虹与 IBM 探索大数据商业模式 [N]. 上海证券报，2013—08—07.

创造价值。商业模式创新视角要求更为外向和开放，更注重从客户的角度，来思考设计企业的行为，来实现企业经济利益。因此，商业模式创新的出发点，是如何从根本上为客户创造增加价值，逻辑思考的起点是客户的需求，根据客户需求考虑技术应用和创新，有效满足客户需求。

其二，系统创新，根本创新。商业模式创新是系统和根本的创新，不是单一因素的变化，是一种集成创新。商业模式创新常常涉及已有商业模式多个要素的大变化，往往伴随产品、工艺、组织、服务的创新，需要企业做战略调整。如开发出新产品，或者新的生产工艺，不仅是技术创新，还体现为服务内容、方式及组织形态等多方面的服务创新变化，需要做系统的创新，甚至做根本性的战略创新。商业模式创新由于更为系统和具根本性，涉及多个要素的同时变化，也更难被竞争者模仿，给企业带来战略性的竞争优势。

其三，提供新产品，开创新领域。商业模式创新的目的，就是为市场提供全新的产品，为顾客提供优质服务，开创一个全新的可盈利产业领域。传统的创新形态，能够给企业带来成本降低，效率提高，即便提供已有的产品或服务，也能给企业带来盈利。然而，传统创新容易被其他企业在较短时期模仿。商业模式创新，不仅表现为企业效率提高、成本降低，由于提供的新产品开创一个全新的产业领域，就开创一个企业盈利市场，能给企业带来持久的盈利能力与更大的竞争优势，成为新产业的引领者。如海尔出口到美国市场时发现，在美国，160立升以下的市场需求量不大，像GE、惠而浦这样的国际型大公司都没有投入多少精力去开发市场。海尔在其深入市场调研中发现由于美国的家庭人口正在变少，小型冰箱日益受到欢迎；同时，小冰箱更受到独身者和留学生的尊崇，消费客户群的消费方式正在悄悄逆转。海尔抓住了市场商机，集中研究生产160立升以下小型冰箱，当海尔推出了一款专为学生设计的电脑桌冰箱上市后，很快风靡美国大学校园，并迅速占到美国市场50%的份额。

3. 商业模式创新方法

商业模式创新就是对企业基本经营方法进行变革。就方法而言，商业模式创新有改变收入模式、改变企业模式、改变产业模式和改变技术模式四种方法。

其一，改变收入模式。改变收入模式就是改变一个企业的用户价值定义和相应的利润分配模型。商业模式创新需要企业从更宏观的层面重新定义用户需求，深刻理解用户购买你的产品需要完成的任务和要实现的目标。其实，用户要完成一项任务，需要的不仅是产品，而是一个解决方案。一旦确认了用户购买产品的解决方案，也就确定了新的用户价值定义，并可依此进行商业模式创新。

其二，改变企业模式。改变企业模式就是改变一个企业在产业链的位置和充当的角色，也就是改变"造"和"买"的搭配，一部分由自身创造，其他由合作者提供。一般而言，企业的这种变化是通过垂直整合策略，或出售或外包来实现。如2009年，海尔提出从制造业向制造服务业转型，在研发设计、生产制造、营销服务完整的家电制造产业链中，逐渐淡出生产制造业务，外包给台湾专业代工企业，而自己专做营销和服务，实现发展战略转型。海尔最大的资产是品牌，大量的客户和营销网络资源及品牌影响力已经为其转型制造服务业提供了可能性。而世界级的台湾代工企业，拥有规模效益，采购规模大，成本低，但他们没有海尔的营销网络和客户等终端资源，两者结合就形成了新型的现代企业模式。

其三，改变产业模式。改变产业模式是最激进的商业模式创新，要求一个企业重新定义产业，进入创造一个新产业，或者退出一个产业。进入新的产业通常有两种方式，一是并购，二是自建。一般来说，被并购的企业都有比较多的遗留问题，要解决遗留问题要投入较大的精力和资源，而且会影响企业的运营效率。自建就是自建生产基地，相对并购省时省力。如创维从决定建冰洗厂到投产，只用了3个多月时间。如果是并购，谈判都不止3个月，还不包括工人安置问题。退出一个产业，如海尔将业务分为核心业务和非核心业务。冰箱和洗衣机等白电产品是海尔集团的核心业务，而小家电、电脑、电视、家居、药业等是非核心业务。海尔集团的战略是逐步剥离处置非核心和不赚钱的业务。2007年，海尔集团退出了微波炉业务；2008年7月，海尔集团以3825万元出让海尔药业51%股权给中国生物制药有限公司旗下的正大永福。海尔药业与正大永福合资，海尔占小股，让对方占大股，第一步放弃了对药业的控股权，剩余的股份，再慢慢转让，直到彻底退出。海尔药业从海尔产业中撤离，为海尔其他产业的退出提供了可借鉴的范本。

其四，改变技术模式。每一次技术升级，都会带来产业变革。技术创新往往是商业模式创新的最主要驱动力。企业可以通过引进激进型技术来主导自身的商业模式创新。如创维以改变技术驱动商业模式设计为技术领先一步，产品领先半步。创维有强大的技术储备，在市场没有成熟之前，就将领先很多的产品放在研究院的储藏室里，推向市场的都是技术领先半步的产品。改变技术的商业模式创新，要求企业能把握市场的趋势和潮流，走在产品升级或技术升级的前面，技术推出之后，一定要成为市场的标准或引领者。又如，长虹对大数据的应用。长虹的大数据应用主要分为两大部分，一是建立基于云计算设施、软件系统之上的云平台，对长虹智能终端产生的大量用户原始信息及行业已有的大数据等进行收集、传递、存储、处理、分析、整合，再以友好的界面为用户提供一系列应用软件（如APP），构建长虹与用户之间的畅通联系。同时，云平台再通过与长虹内部业务平台的沟通与联系，使大数据支持长虹发展具有海量用户的新产品及换代产品，也支持长虹精准推送智能服务等。二是通过整合大数据的信息和应用，以增值服务、收费、数据分析结果、技术咨询等方式进行长虹对大数据的价值变现，实现大数据的商业化和商品化。大数据应用的重要影响，使长虹能以全新的视角发现新的商业机会和重塑"终端 + 数据 + 内容 + 服务"商业模式，未来将给长虹带来丰厚的利益回馈。[①]

商业模式创新方法是相对的，商业模式创新方法的选用，需要企业对自身的经营方式、用户需求、产业特征及宏观技术环境具有深刻的理解和洞察力，才是成功进行商业模式创新的保障。

4. 商业模式创新维度

在商业模式的价值体系中，企业可以通过改变价值主张、目标客户、分销渠道、顾客关系、关键活动、关键资源、伙伴承诺、收入流和成本结构等因素来激发商业模式创新。也就是说，企业经营的每一个环节的创新都有可能成为一个成功的商业模式。一般商业模式创新可以从战略定位创新、资源能力创新、商业生态环境创新、混合商业模式创新四个维度进行。

（1）战略定位创新。战略定位创新主要是围绕企业的价值主张、目标客户及顾客关系方面的创新，具体指企业选择什么样的顾客、为顾客提供什么样的产品或服务、希望与顾客建立什么样的关系、产品和服务能向顾客提供什么样的价值等方面的创新。在激烈的市场竞争中，没有哪一种产品或服务能够满足所有的消费者，战略定位创新可以帮助企业发现有效的市场机会，提高企业的竞争力。

在战略定位创新中，企业首先要明白自己的目标客户是谁，其次是如何让企业提供的产品或服务，更大程度上满足目标客户需求。在确定前两者的基础上，分析选择合适的客户关系，使企业的价值主张更好地满足目标客户。王老吉创新性地将产品定位于"饮料 + 药饮"的市场空隙，为顾客提供可以"防上火"的饮料，正是在产品口味上的战略定位，最终使王老吉成为"中国饮料第一罐"。

（2）资源能力创新。资源能力创新是企业对其所拥有的资源进行整合和运用能力的创新，主要是围绕企业关键活动所建立和运转的商业模式所需要的关键资源的开发和配置、成本及收入方面的创新。所谓关键活动是指影响核心竞争力的企业行为；关键资源指能为企业创造价值的资源，主要指那些其他企业不能够代替的物质资产、无形资产、人力资本等。

在确定了企业的目标客户、价值主张及顾客关系之后，企业可以进一步进

---

① 乐嘉春，田立民. 大数据成长虹创新商业模式的关键 [N]. 上海证券报，2014—05—07.

行资源能力的创新。战略定位是企业进行资源能力创新的基础。资源能力创新在两个方面相互影响。一方面，企业要分析在价值链条上所拥有或希望拥有哪些别人不能代替的关键能力，根据这些能力进行资源的开发与配置；另一方面，针对企业拥有的关键资源如专利权，制定相关的活动。需要分析对关键能力和关键资源的创新引起的收入与成本变化。

（3）商业生态环境创新。商业生态环境创新是指企业将其周围的环境看作一个整体，打造出一个可持续发展的共赢的商业环境。商业生态环境创新主要围绕企业的合作伙伴进行创新，包括供应商、经销商及其他市场中介，在必要的情况下，还包括其竞争对手。市场是千变万化的，顾客的需求也在不断变化，单个企业无法完全完成这一任务，企业需要联盟，需要合作来达到共赢。企业战略定位及内部资源能力都是企业建立商业生态环境的基础。没有良好战略定位及内部资源能力，企业将失去挑选优秀外部合作者的机会以及与他们议价的筹码。可持续发展的共赢的商业环境将为企业未来发展及运营能力提供保证。

（4）混合商业模式创新。混合商业模式创新是一种战略定位创新、资源能力创新和商业生态环境创新相互结合的方式。企业商业模式创新一般都是混合式的，因为企业商业模式的战略定位、内部资源、外部资源环境等构成要素是相互依赖、相互作用的，每一部分的创新都会引起另一部分相应的变化。而且，由战略定位创新、资源能力创新和商业能力创新相结合，甚至同时进行的创新方式，都会为企业经营业绩带来巨大的改善。

商业模式创新，既可以是四个维度中某一维度的创新，也可以是其中两点甚至三点相结合的创新。有效的商业模式能够导致卓越的超值价值，商业模式创新将成为企业家追求超值价值的有效工具。商业模式创新的本质是创造全新的业务，或者在现有的业务中加入更多的战略多样性，战略多样性会得到消费者的高度评价。

三、旅游商业模式

商业模式的理念和框架引入旅游产业，形成了旅游商业模式，推动着旅游产业经济走向成熟。经过三十余年的探索与发展，我国旅游业逐渐在在线旅游商业模式、两岸旅游商业模式、旅游景区商业模式、旅游地产商业模式、旅游保险商业模式、旅游集散中心商业模式等商业模式类型上形成了特色。

1. 在线旅游商业模式

在互联网时代，人们很自然地想到了将旅游和互联网结合起来，形成了在线旅游商业模式。我国在线旅游服务萌生于 20 世纪末，1999 年兴起的全球互联网投资高潮催生了中国第一批旅游网站，新型的在线旅游公司与传统的旅游分销商的结合为行业带来了崭新的生机。从 2005 年开始，伴随新的网络旅游网站的发展，旅游搜索引擎、网络旅游超市、网络旅游商旅服务等新的模式都在积极探索。2007 年，随着民航机票 100% 无纸化的电子客票普及，推动了在线旅游服务业的进一步发展，出现了机票、酒店、旅游、租车、高球、签证等各类航旅产品区域批发商，传统旅行产品代理渠道也逐步在向互联网分销渠道发展，诞生新一代的旅行产品互联网分销代理商。在线旅游服务成为服务于供应商、分销商、中间商的平台。在线旅游商业模式是"网站＋呼叫中心"或"垂直搜索＋交易平台＋呼叫中心"，就是利用现代技术加传统服务业，形成的现代旅游服务。在线旅游服务的盈利模式有多种：

其一，代理商模式。代理商模式是常见的在线旅游服务的盈利模式，在用户和产品供应商中担当代理商的角色，提供酒店、机票、度假等预订服务，收取佣金。代理商模式单笔交易营收较低，但稳定。代表网站有携程、遨游网、去哪儿、酷讯、途牛网等。如创立于 2006 年 10 月的途牛网，用半年时间建立了一个国内最全面的景点库和"路线图"、"拼盘"产品，致力于打造国内"驴友"交换的一个公共社区。随着集合的人群越来越多，国内有众多旅行社将这些旅游线路集中分类管理，游客通过拜访途牛网，咨询感兴致的旅游线路，最后在途牛网完成预订。当游客与旅行社签署合同时，途牛网可以获得旅行社反馈的 3%—7% 的佣金。2007 年途牛网就取得了超过百万元的盈利。

其二，媒体化商业模式，通过内容分享，使社交分享等聚集大量的目标人群流量，在聚集效应下通过广告展示、内容植入等方式，形成旅游服务企业品牌，广告收入是其主要盈利模式。如蚂蜂窝、穷游网、面包旅游等都采用媒体化商业模式。

其三，用户出价模式。首创于美国，目前我国还没有。在线旅游服务商和酒店、机票、租车以及目的地服务商合作，以固定的配额和价格获取相关产品，同时，在线旅游服务商拥有相应的自主定价权，向用户收费，以此获得产品差价。这个模式单笔交易营收通常比较高。

其四，电商模式。电商模式是旅游产品在线商城化，目前我国大部分资源还掌握在传统旅行社的手中。随着电子商务的发展，传统旅行社开始注重在线化，如港中旅旗下的芒果网，通过把线下旅游产品在线化销售，实现线上和线下双渠道销售。电商模式的盈利方式比较稳定，但因旅游产品的价格透明度较高，盈利空间普遍较小。

其五，集成模式。集成在线旅游市场各种商业化模式的部分特点，通过综合优化，实现盈利。如世界邦旅行网，通过定位自助游和国外游，以一站式出境自助游服务为基本出发点，利用自身电商平台集成国外各地优质旅游服务供应商，达成实现分享有价值的旅游资讯内容，并通过全程代订，以全权代理模式实现集成商业化操作。

在线旅游商业模式具有普遍撒网派卡促销的低成本、反传统的前台现付、便捷的免费电话预订等特点，可以联盟全国各类旅行社产品直接和间接资源供应商，形成超大型旅游线路网上卖场，使得旅游产品丰富度及折扣优惠度无处不在。在线旅游商业模式市场规模巨大，前景广阔。

2. 两岸旅游商业模式

2011年5月25日，上海旅游局与台湾长荣航空在加拿大多伦多举办的"一趟旅程、漫游台湾、体验上海"的旅游说明会上，提出了一个旅游资源共享、客源延伸、两岸直航、便利旅游的两岸旅游商业模式。上海旅游局和台湾长荣航空公司锁定北美为合力拓展的首要客源市场，通过产品整合，使上海和台北再次成为北美市场关注的热点，并且通过客源的相互延伸，增加彼此之间的北美客源访问量。

上海旅游局与台湾长荣航空合作是一种异业联盟商业模式。上海正努力打造集观光旅游、时尚购物、商务会展、文化娱乐和休闲度假为一体的世界著名旅游城市，上海旅游业的硬件和软件都在逐步完善。长荣航空每周有45个航班由北美纽约、洛杉矶、旧金山、西雅图，及温哥华、多伦多六大城市飞往台湾，再衔接长荣与立荣航空飞往大陆16个城市，每周77个航班的飞航网络，是北美旅客赴台旅游、前往大陆的最佳选择。台湾、上海及长江三角地区旅游资源各有特色，路线安排合力互补，两地每年都接待数十万的美国客人。二者联盟，由长荣航空提供航班、票价等空运服务，由上海旅游局配合做宣传，安排与当地旅游运输业者合作，推动无缝旅游，让公共运输路线与长荣航空班次密切配合，甚至将上海与台湾的景区票、酒店都连接在一起，形成一条龙服务。

上海旅游局与台湾长荣航空合作商业模式，带给游客省时省钱便利的优点，也给参与旅游服务的两岸旅行社、客运公司、酒店及购物商店等旅游业者获得合理的利润，有益于维持优质的旅游环境和旅游品质，促进两岸观光市场正向发展，建立两岸良好的旅游声誉。

3. 旅游景区商业模式

旅游景区是多类型的，因此，旅游景区商业模式也是多元的，可以区分为门票商业模式、旅游综合收益商业模式、产业联动商业模式、旅游资源整合商业模式、产业和资本运作相融商业模式、混合商业模式等六种商业模式。

（1）门票商业模式。门票商业模式就是简单的门票经济，利用天然的资源进行简单的改造，建一个大门收取参观资源费用。这是目前国内观光型景点的主流模式。门票商业模式是否成功依赖于资源的品位。门票商业模式投资小，但如果资源品位不高，也难以形成有效的资金的循环。张家界的天门山、黄龙洞就是门票商业模式的典型案例。

（2）旅游综合收益商业模式。旅游综合收益模式摆脱了单一的门票经济，而是强调餐饮、购物和住宿等多种形式收益。单一的门票经济难以适应现阶段发展的需求，收益非常有限。一般情况下，一个景区的门票占到总收入的40%是合理的，完全依赖门票经济难以获得可持续发展。如四川碧峰峡旅游综合收益商业模式运作很成功，除了门票外，还有酒店、餐饮和购物等多种收益。

（3）产业联动商业模式。产业联动商业模式是以旅游平台资源开发相关的产业，从而获得收益。产业联动商业模式典型案例是农业旅游，利用农业田园风光发展旅游，除了获得旅游收益外，还有农副产品的收益。内蒙古的牧业旅游也是产业联动商业模式的典型，投资商不仅发展了旅游，还发展奶牛养殖业，形成互动，获得综合收益。

（4）旅游资源整合商业模式。旅游资源整合商业模式是一些距离中心城市较近景点开发的通行模式。就是由一个投资商控制资源，做好基础设施，然后对各种项目进行招商，联合许多小投资商一起参与经营。在广东，旅游资源整合商业模式运行较为成功，如中山泉林山庄，投资商基本不做具体项目，景区内部的100多个项目都是由众多的中小投资商建立。

（5）产业和资本运作相融商业模式。产业和资本运作相融商业模式就是在景区开发到一定程度后，通过引进战略投资者获得收益。这种模式在广东的漂流行业比较盛行，在广东投资一个漂流往往只需要100多万元，如果运作得当，那么两年时间一般可以收回投资，随着资源的升值，进行高价出售。

（6）混合商业模式。混合商业模式适合一些非常大型的景区，从前期的资金募集到退出采用多种运作模式，就是前几种商业模式的综合运用。

商业模式对于景区十分重要，景区需要寻找到符合景区发展实际的商业模式。旅游景区商业模式策划可以从四方面进行。

其一，精细分析资源。商业模式不能凭空而造，需要精细分析资源。资源包括景区的风光资源和投资商自身的资源。一般说来，如果景区风光资源本身品位很高，简单建设可以吸引客人，这样的景区适合采用门票经济模式。如果景区风光资源一般，但距离都市较近，适合开发度假地产和酒店，可采用建设、经营和退出的商业模式，先投资再退出。

其二，精确把握市场需求。旅游项目往往具有羊群效应，一个新的旅游项目的推出，如果能适应某个消费群，往往会形成一个热点。所以，精确把握客源市场的消费需求，将消费需求与资源进行紧密结合，找到合理的商业模式。如果一个资金雄厚的投资公司寻找市场相对成熟的景区，可以采用收购的商业模式，改善基础设施，扩大品牌宣传，做大客源市场。如果资金有限，可以选用入股的商业模式。

其三，提升资源品位。处于经济发达腹地的区域，一般没有太好的资源。如城市的近郊，距离城市客源近，有较好的旅游市场需求，但一般性的旅游资源，难以与市场需求对接，不能产生很好的经济效益。在此种状况之下，可以通过改造资源，提升资源品位，对接旅游市场需求。例如，广东番禺的百万葵园主题公园，占地面积26万平方米，原来只是一块普通的湿地，资源品位不高，于是通过种植一百万株向日葵，成为目前全国第一家向日葵主题景区，为广州国际花园城市大增光彩，获得了消费者青睐，除了门票收入外，还通过发掘主题餐饮等获得综合收入。

其四，创新市场需求。一个景区的市场需求往往受到本身资源的限制，需要突破资源的局限，创新市场需求。如温泉，属于季节性旅游资源，在夏天温泉基本处于闲置状态，而广东台山市富都飘雪温泉景区创造性开发了飘雪温泉，通过人工造雪，营造了看漫天雪花飘舞的温泉环境，泡在温泉水中，如临梦境。吸引了游客，创新了市场需求。

4. 旅游地产商业模式

在旅游产业良好发展的背景下，旅游地产项目在全国很多区域都呈蓬勃发展态势，越来越多的房地产开发企业、非房地产开发企业都进入到了旅游地产的投资和开发热潮中，形成旅游地产商业模式。旅游地产商业模式是一种产业联动模式，是投资商在开发旅游的同时要求政府给予一定的土地作补偿，旅游和地产同时开发，通过地产的收益来弥补旅游的投资。然而，旅游地产是一个投资回收周期长，需要具备较高产业运营能力的行业。旅游地产商业模式的核心是提供什么样的地产产品，需要做五方面的考虑。

（1）景观竞争力。景观不再是配套，而是地产产品竞争力的重要组成部分。在景观设计中，水以及和水相关的元素是至关重要的基础。有山有水，符合中国人深层次审美情趣，而且，有了水，就可以叠加很多元素，比如游艇、帆船等水上运动，以及水幕电影、水秀、水上乐园等。此外，一些类似都市田园元素也十分重要。

（2）设计创新。在旅游地产产品的设计中，需要根据不同消费者的需求，在度假物业的户型、面积，尤其是内在的动线等设计上，需要创新，以创新提升地产价值。

（3）产品性价比。旅游地产产品要考虑性价比。旅游地产产品性价比有两个重要的方面，一是总价控制，二是附加价值。总价控制和附加价值都是体现性价比的很好指标。随着旅游地产产品的目标市场开始越来越多地针对中产群体，他们渴望改善生活质量，但对于价格，尤其是那些可替代性产品的消费，价格是一个非常重要的因素，需要对总价加以控制和提供更多的附加价值。

（4）多要素结合。旅游地产产品要突破单一的居住功能，需要与休闲、度假、养生、文化、娱乐、演艺等多种要素相结合。

（5）产城融合。旅游地产的产城融合，就是城市商业、教育、文化等配套设施建设，引入城市功能，让人们进得来、留下来。

旅游地产商业模式策划，需要组合资源，需要针对性规划旅游产品，做好做大旅游产品，以品牌旅游产品稳定和提升旅游地产价值；需要创新旅游地产销售渠道，做成旅游地产品牌。

5. 旅游保险商业模式

旅游保险商业模式是由解决旅游活动中出现的欺诈问题而产生的旅游商业模式。旅游保险商业模式的特点是以保险为载体，与保险公司、银行、旅行社等企业进行合作，在保证旅游者获得优质旅游服务的前提下，获得游客的消费分成。

杭州华旅网络科技有限公司首创旅游保险商业模式，产品简称旅付通。旅付通商业模式依托全国旅行社迅速获得产品与客源，在平安保险总部、银联、交行等多家金融机构的支持下，再为这些产品与客源提供先旅游后付款、先消费后付款的支付方式，使全国旅行社销售了产品，获得游客的消费分成，又帮助游客获得方便、实惠、安全的旅游服务。旅行社满意，游客也满意。

旅付通商业模式的核心是先旅游后付款。游客通过旅付通预订各旅行社旅游线路，在完成预订后，按照旅付通引导进入旅付通合作伙伴——中国银联的网站，输入卡号、密码，将旅游费冻结在自己的银行卡里，让旅行社先垫款接待旅游。在旅游结束后，游客被冻结的资金自动进入旅付通保证金账户，游客在旅游结束后的 7 个工作日内登陆账号对旅行社进行评价并通知旅付通付款，旅行社才能收到游客的旅游款项。如果出现争议，游客可以通知旅付通把无争议的部分款项支付给旅行社，有争议的部分，旅行社会主动与游客沟通解决，实在无法协调解决的，由旅付通协助游客按照旅游法解决争议，最后按照解决后的付款方案给游客退款或者给旅行社付款。

旅付通与平安养老险总公司的合作，为全国旅行社提供绑定游客终身消费的旅游意外险，旅行社通过旅付通网站为游客购买旅游意外险品种，获得未来旅游消费利润；旅付通与中国银联、上海银行合作，为游客提供了冻结资金的先旅游后付款模式，每项产品明确标准，明码标价，让旅行社必须认真履行合同，为游客提供安全、品质、规范、放心的旅游服务，让游客安心旅游，享受旅游。

6.旅游集散中心商业模式

旅游集散中心是集旅游、销售、服务、展示、咨询、洽谈、商务为一体的旅游消费综合场所，是城市旅游出行的中心枢纽。旅游集散中心一般以庞大的车队为基础，通过客车把游客送往区域内各大旅游目的地。旅游集散中心需要拥有高效快捷便利的售票网络，游客可通过电话、网络、柜台、邮寄等多种方式购买到景点门票和车票合而为一的旅游票，也可在各旅行社代理点购到票。

旅游集散中心一般下设运营开发部、策划推广部、资源保障部、计划财务部和综合办公室等职能部室。旅游集散中心作为新兴旅游业态，服务于散客游市场。旅游集散中心既是一项以完善旅游服务功能为目的的城市基础设施，也是一项以旅游交通为主要功能的旅游服务业。

我国的旅游集散中心，一般多是由城市交通部门的大型企业与旅游企业合作，共同出资经营。旅游集散中心主要有政府主导型和企业主导型两种商业模式。政府主导型商业模式是现在各地旅游集散中心的主流发展模式，主要的特征是由各地政府组织，旅游局协调管理，企业经营运作，通过旅游车辆运营获得收益。上海市旅游集散中心和南京旅游集散中心属于此种商业模式类型。企业主导型商业模式是由旅游企业和个人出资建设，组建合资公司，介入散客旅游市场，通过区域联合、资源共享等手段，提供旅游往返车票、景点门票、住宿及用餐、导游服务等获得收益。苏州旅游集散中心和深圳旅游集散中心属于企业主导型商业模式类型。

随着旅游产业的成熟，旅游集散中心商业模式将引导和促进旅行社、旅游交通企业等相关企业的联合互动，共同开拓客源市场，共享旅游信息。旅游集散中心通过资源共享、信息互通、优势互补、客源互流，结成战略联盟，共同推动区域旅游发展。如海口、深圳、广州、上海、杭州、湖州、舟山、南京、镇江、扬州、无锡、苏州、南通、常州长三角地区的旅游集散中心按照"资源共享、线路共建、市场开拓、信息互通、双方互利、多方共赢"的原则，建立旅游战略联盟，做大了旅游市场。

四、旅游商业模式创新

作为战略性产业定位的旅游业，已经不仅仅是指传统的旅游景点、现代化的主题公园、吃住行游购娱旅游产业链的不同业态，还包括旅游地产、旅游金融、旅游农业等跨产业的业态，以及不同旅游产品和产品要素的边际化融合衍生的业态，是一个综合性旅游产业。旅游商业模式是旅游产业的生存模式，旅游产业的无限性，给了旅游商业模式无限的创新空间。如有学者总结出一个创新的"旅游+X"的商业模式，有中青旅的"旅游+古镇文化+在线旅游+酒店+

会展"的旅游商业模式，华侨城的"旅游 + 地产 + 文化"旅游商业模式，宋城股份"旅游 + 演艺"的旅游商业模式，中国国旅"旅游 + 免税品"的旅游商业模式。在商业模式上都有不同程度的创新，值得关注与分析研究。可以认为，商业模式创新是中国旅游企业进一步发展的关键。

对旅游业来说，好的商业模式设计的秘诀，就是要能创造更大的商业模式价值。交易价值越大，交易成本越低，商业模式的价值就越大。为达到这一目标，需要改进"满足顾客需求的方式"。旅游产业发展的根基是游客，所以，旅游商业模式的创新，根本出发点是为游客创造价值，针对散客和团队、自驾游与团队游等等各种不同类型游客的多样化出游需求，提供系统的、差异化的解决方案，为整个交易活动创造更大的价值。另一方面需要考虑，将各个利益相关者放在企业内部，还是外部，以降低交易成本为出发点。最终，旅游商业模式以拥有的资源能力和实力，分享市场经济效益。

旅游商业模式创新的核心是提高运营能力。运营能力是旅游企业的核心竞争力。运营能力除了表现为产品本身外，管理和服务更能体现公司的品牌与竞争力。如山东鲁信投资集团投资运营的青岛海底世界主题公园项目，以"持续改进"的工作观念融入到员工的日常服务工作中，以游客为中心的服务理念内化到了员工的内心深处，打造了专业化的安全管理团队，为游客提供特色鲜明的旅游体验和体贴入微的休闲出游解决方案。2006 年被评为"全国优质投资项目"，成为省市两级服务名牌，是国内首家通过英国标准协会（BSI）四标整合管理体系认证，特别是通过了 CMSAS86:2000 投诉管理体系认证的旅游企业，开创了国内旅游景区进行四标整合管理体系认证的先河。据了解，CMSAS86:2000 投诉管理体系颠覆了传统观念，把投诉作为改进企业产品和服务的有效途径，以积极主动的态度、系统化的流程对游客投诉进行响应和处理，得到了市场的高度认可。

判断一种商业模式能不能成为一种主流的商业模式，主要看它的社会成本和社会效益，如果两者都有优势，它一定会成为未来的主流。旅游商业模式创新，需要适应社会发展形势，顺应旅游服务需求，整合相关资源，向游客提供额外的服务价值，使得游客能用更低的价格获得同样的利益，或者用同样的价格获得更多的利益。旅游商业模式需要创造属于品牌自身的竞争优势，构筑品牌的核心竞争力，保证利润来源不受侵犯。

旅游业的发展与旅游产品的成功策划是相对应的。旅游产品策划是各种要素的整合过程，也是利用各种旅游资源要素进行旅游产业发展的策划过程，挖掘旅游产品最大吸引力因素对应旅游市场需求，从而实现旅游产业的发展。

第八章

旅游市场营销策划

旅游市场营销策划是一种以市场利益为目标的商业行为，谋求在市场上更有效地实现产品的销售，获得最佳的旅游产品经济利益。旅游市场营销策划就是深入地了解与把握旅游产品、市场的关系和营销资源，深刻全面地分析内外环境要素，准确进行旅游市场定位，进行营销资源与营销市场的有效配置与衔接，引导游客对旅游产品的审美和消费，实现旅游市场营销目标。

有研究认为，旅游市场营销策划包括品牌形象策划、目标市场策划、营销渠道策划、价格体系策划、地面推广策划、空中推广策划、新闻炒作策划和网络策划等整合营销策划。从整个旅游市场营销策划体系而言，除了这八方面旅游市场营销策划的具体技术层面内容之外，还应包括宏观的市场营销战略的策划。

旅游市场营销策划的目的，就是追求通过制造新闻、发动舆论、凸展形象、渲染气氛等方式，建立、维系旅游市场联系，塑造良好的旅游形象和旅游品牌，赢得最佳经济效益和社会效益。

第一节　旅游市场营销策划原则与方法

一、旅游市场营销策划原则

旅游市场营销策划是针对旅游市场的策划，在讨论旅游市场营销策划原则之前，需要进行旅游市场与旅游产品分析。

1. 旅游市场与旅游产品分析

要进行旅游市场营销策划，就要对旅游市场和旅游产品进行分析。旅游市场分析主要包括三个方面，其一，旅游市场背景分析，需要分析所要进入旅游市场营销的市场背景情况，如国家的旅游市场管理政策、旅游市场变化发展的趋势、人们旅游消费观念与旅游消费需求、旅游消费水平提高等；其二，同类旅游产品市场状况分析，需要分析同类旅游产品在市场中的占有率，进行同类旅游产品的比较分析，明确旅游市场优势，找到旅游市场的空间；其三，旅游市场竞争状况分析，需要分析与主要竞争对手在国内市场与国际市场上的竞争态势，准确进行旅游市场定位。

对计划进入旅游市场营销的旅游产品分析，具体要分析旅游产品的优势和不利因素，其一，旅游产品的个性内涵分析，包括对旅游产品新奇度、观赏度、可娱度，以及规模、数量和旅游服务设施等分析，发现旅游产品在现有旅游市场上的独特性；其二，旅游产品的外延分析，主要是分析旅游产品在旅游市场上，所能提供给旅游中介商再度开发的旅游市场空间价值，以得到旅游中介商的认同。

2. 旅游市场营销策划原则

在营销策划原则的研究中，有学者总结提出营销策划目标性、计划性、系统性、创新性、可行性、灵活性、科学性等七大原则，[①]具有营销策划的普遍性，对思考旅游市场营销策划原则提供了思路。

（1）目标性原则。旅游市场营销策划是一个积极有为的商业行为，制定具体旅游市场发展目标，强调通过奋力的探索，把不可能的变成可能的，把理想变成现实，实现具体目标。旅游市场目标在整个旅游市场营销策划活动中起着核心统领作用。

旅游市场营销策划活动中的目标性原则，要求每一次旅游市场营销策划都必须制定具体的市场营销目标，作为每一次旅游市场营销策划活动的纲领。所有的分项旅游市场策划都以完成旅游市场营销目标作为任务。每一次阶段性旅游市场营销具体目标，需要与旅游产业或旅游企业整体旅游市场营销战略目标相一致，形成完整的系统的旅游市场营销目标体系。

（2）计划性原则。旅游市场营销是一个整体营销，整体营销通过旅游市场营销计划来实现。计划是旅游市场营销策划的重要原则。依据旅游市场营销的计划性原则，旅游市场营销需要有一个整体安排。在旅游市场营销策划的计划原则之下，所有的构想都只有列入计划，才能有机会发挥具体效用。在计划安排的过程中，旅游策划者需要深入了解与把握进入市场营销的旅游产品，全面地分析内外旅游市场营销环境的各种要素，使制定的旅游市场营销计划切实可行。

计划性原则与旅游市场营销策划的可行性原则密切关联。旅游市场营销策划者所有海阔天空的无穷创意，一旦进入旅游市场营销计划安排阶段，就受到

---

① 蔡丹红.论营销策划的七大原则 [J]. 黑龙江财专学报，2000，3.

全面的可行性检验，不合理，或合理不合法，或未来可行、现在不可行等等许多问题，都会通过计划安排暴露出来。因此，可以认为计划原则，就是旅游市场营销策划者检验方案的可行性关卡。

（3）系统性原则。系统性是旅游市场营销策划的一个必然原则。一是要求旅游市场营销策划案本身的系统化；二是要求旅游市场营销策划的具体目标必须与企业整体的营销战略目标相一致，形成一个完整的系统。在系统性原则下，旅游市场营销策划方案的旅游产业资源配置方式必须与旅游产品的特点相一致。旅游市场营销策划的系统性还表现在旅游目的地和旅游企业的人力、财力、物力与信息流通力等诸方面。每一个方面都受到历史条件的制约，都有一定的优势和劣势，旅游市场营销策划在配置旅游产业资源时，应扬长避短，发挥优势，使旅游市场营销策划取得真正意义上的成功。

（4）创新性原则。创新是旅游市场营销策划的本质。创新性原则是旅游市场营销策划要获得突破的第一原则。旅游市场营销策划是一项由此及彼的工作，由眼前已知推知未知的方案策划，需要旅游市场营销策划人掌握尽可能多的材料，全面客观地因循旅游市场营销的逻辑发展规律去推知未来，需要旅游市场营销策划者的创新意识与创新能力，补充因条件有限而未知的旅游市场营销环节。

（5）可行性原则。旅游市场营销策划方案必须合乎旅游企业的经济实力、人员操作素质水平和旅游市场发展水平，找到在现有的旅游产品、旅游市场资源和旅游企业资源状况下实现的最佳途径。如果旅游市场营销策划缺乏可行性，即使是十分有独特创意的旅游市场营销方案，有令人十分憧憬的预知效果策划，也只能是纸上谈兵。

（6）灵活性原则。旅游市场营销策划的灵活性原则，要求在旅游市场营销策划过程中，需要注意整体旅游市场营销策划方案的可调节性与方案具体细节策划上的灵活性。在灵活性原则下，需要对旅游市场营销方案中的关键环节，以及对备有风险项目提出多种应对办法供选择，对旅游市场营销策划整体方案也需要提供几个备选方案供选择。同时，在旅游市场营销方案实施过程中，应不断地审核营销环境的变化，调整方案的进程或手段，保证旅游市场营销方案的实现水平。旅游市场营销策划的灵活性是由旅游市场营销活动所面临的旅游市场环境的复杂性、多变性所决定的。

（7）科学性原则。旅游市场营销策划的科学性原则，要求旅游市场营销策划必须遵循事物因果联系的法则，尽可能使旅游市场营销策划的主观认识与客观的旅游市场状况相一致。旅游市场营销策划是一个主观见之于客观的活动，需要旅游市场营销策划者在错综复杂的营销环境中找出对预定旅游市场营销目标起决定作用的环节，找出与之相联系的要素和决定性要素。

旅游市场营销策划是一个具体旅游产业运作与发展中的策划，旅游市场营销策划中的七个原则是基本的原则，在具体旅游市场营销策划的实践中需要不断进行丰富和发展，确保旅游市场营销策划方案的客观性和有效性。

二、旅游市场营销策划方法

旅游市场营销策划是主观思维推测未来旅游市场营销方案的策划活动，有规律可循，有方法的讲究。前人在旅游市场营销策划实践中，总结了九大策划方法。

1. 专题调查策划法

专题调查策划法是进行旅游市场营销策划的基本方法。旅游市场营销策划方案的确定需要建立在对旅游产品和旅游市场调查的基础之上。随着旅游市场竞争的加剧和旅游市场的细分，需要通过细化的专题调查，获得充分的旅游市场营销策划项目相关信息，并加以分析、比较，再加上行业信息的补充，确定旅游市场营销策划项目的运作方向、切入点、营销进程、节奏、实施步骤及所要达到的旅游市场营销策划目标，并由此决定相关旅游市场营销资源的整合，以保证旅游市场营销策划方案的实现。

2. 直觉反应策划法

所谓的直觉反应策划法，就是旅游市场营销策划项目在明确旅游市场营销策划项目主要内容、方式之后，旅游市场营销策划人凭"直觉反应"判断此事的可行性，确定可以干或不可以干。

3. 换位思考策划法

换位思考策划法是在进行旅游市场营销策划项目策划方案构思时，不仅要从旅游目的地、旅游企业的角度考虑问题，更重要的是从旅游受众的角度考虑问题，使所形成的策划方案得到旅游者的认同，才能最终切合旅游市场实际。

4. 逆向思考策划法

逆向思考策划法就是在进行旅游市场营销项目策划问题思考和策划方案制定时，沿着人们通常思维习惯的反方向展开思维并最后形成方案。旅游市场营销策划逆向思维方法的贯彻落实，可以形成充满灵气与智慧火花的市场营销策划方案，甚至可以收到意想不到的社会效益和经济效益。

5. 头脑风暴策划法

头脑风暴策划法是一种激励创造性思维讨论问题的策划方法。头脑风暴策划法的核心是高度自由的联想，要求在会议上，鼓励与会者毫无顾忌地提各种想法，彼此激励，相互诱发，引起联想，激励创造性设想的连锁反应，产生众多的创造性设想。在旅游市场营销策划时，引入头脑风暴法，可以激发策划者之间的灵感，获得更多更新的旅游市场营销策划创意。

6. 组合信息策划法

组合信息策划法就是在旅游市场营销项目策划过程中，需要不断地将搜集到的旅游产业信息和旅游市场信息，进行定期或不定期地组合整理分析，从而获得旅游市场营销策划心得。旅游产业信息和旅游市场信息的价值，在孤立和无联系的状态下，信息也仅仅是消息，价值不大，而一旦把有关的信息组合到一起，孤立的信息就变成联系的信息，就会产生关联的价值。

7. 潜意识思考策划法

潜意识思考策划法，或者称暂缓思考法，就是在旅游市场营销项目策划过程中，在对某些关键点上始终没有得到好的思考时，就暂时将策划工作停下来，松弛一下紧张的精神，做一些与策划无关的事，让思维得到休息，用潜意识来思考旅游市场营销项目策划。当猛然间得到灵感时，再回到旅游市场营销项目策划工作上来。

8. 观察策划法

观察策划法是旅游市场营销调查方法的一种。观察策划法，就是在旅游市场营销项目策划过程中，要求深入对旅游市场营销策划涉及的旅游资源、旅游服务设施和旅游产品进行观察，在仔细地观察中，进一步理解策划对象，获得直接感受，形成旅游市场营销策划思路和想法。

9. 征询意见策划法

征询意见策划法就是在旅游市场营销项目策划过程中，广泛征询各方面的意见，作为旅游市场营销项目策划的参考和论证的依据。策划征询意见分为策划前征询、策划中征询和策划后征询，运用各种征求意见的方法获得全面的更多的旅游市场营销策划信息，拓宽策划思路，提高旅游市场营销策划方案水平与质量。

三、旅游市场营销媒介运用

进行旅游市场营销的重要工作内容之一，就是利用电影、电视、广播、网络、报刊、通俗文学和音乐等信息传播媒介形式，扩大旅游产品的市场知名度。在旅游市场营销项目策划过程中，要合理有效运用电影、电视、广播、网络、报刊、通俗文学和音乐等媒介，获取最大的旅游市场营销效益。在一般情况下，旅游市场营销媒介运用，包括媒介选择与组合、媒介目标、媒介位置与版面、媒介频率、媒介预算分配等内容。

1. 媒介选择与组合

任何旅游产品的目标消费人群都有一定的媒介接触习惯，旅游产品的传播要通过适当的媒介发布，才能有效地传递给旅游诉求对象。因此，在旅游市场营销项目策划过程中，需要做好媒介的评估与选择。需要考虑选择能够到达潜在游客的媒介，选择交流效果大的媒介，选择能用低成本达到预期目标的媒介。此外，还需要考虑媒介物对目标旅游消费者的针对性，考虑媒介物自身的传播特性和频繁程度与成本。经过周密推敲和反复权衡，选择和确定最合适传播旅游信息的媒介，选择和确定主体媒介和辅助媒介，制定媒介组合使用方案。

2. 媒介目标

在旅游市场营销媒介选择运用中，媒介目标包括旅游市场营销地域和人均媒介必须到达的范围、媒介接触范围和频繁程度、媒介接触目标旅游消费对象的数量和次数、在限定时间内媒介到达目标旅游对象的百分率等四个方面。旅游市场营销的媒介目标，尽可能保持一个合理的关系，即不能将媒介费用片面集中于达到高接触范围的接触者，也不能片面强调频繁程度致使接触者较少。

3. 媒介位置与版面

在旅游市场营销媒介运用中，对电台、电视台媒介，需要选择最好的传播时机；对报刊媒介，需要选择最佳的日期和合适的版面等。

4. 媒介频率

在旅游市场营销媒介运用中，对媒介频率的把握，掌握三个基本点，一是可将一年的旅游市场营销媒介频率分为重点期和保持期，对不同传播媒介每周或每月使用的次数安排等；二是对旅游市场低关心度的旅游产品，追求最大的旅游区域覆盖面；三是对旅游市场高关心度的旅游产品，追求最多的接触频次。

5. 媒介预算分配

在旅游市场营销媒介运用中，需要进行媒介费用的预算分配。媒介预算分配，一是把媒介预算分配到地区；二是按金额和总数的百分比，把预算分配到具体传播媒介；三是把媒介预算分配到月度、季度、年度。

旅游市场营销媒介运用方式，可以是预约订购，也可以利用举办特色节庆活动或专题旅游活动吸引传媒对旅游经营机构或旅游目的地的关注，以新闻的形式得到报道宣传。

第二节　旅游市场营销策略策划

旅游市场营销策略是对旅游市场营销的整体策略，从整个旅游市场营销战略高度出发，依托核心旅游产品的吸引力，以核心旅游产品营销为主，建立旅游产业发展带动模式，实现旅游产业发展战略发展目标。

一、旅游市场营销整体战略策划

为了实现旅游目的地战略发展目标和旅游企业的市场经营目标，必须在旅游营销策划上进行整体战略策划。旅游市场营销整体战略策划主要包括销售目标策略、形象包装策略、营销重点策略、零售网点战略等四方面策略策划。

1. 销售目标策略

在旅游市场营销策划中，必须确定旅游市场销售目标，形成包括旅游市场销售的近期目标与远期目标、阶段性目标与整体性目标、旅游目的地目标与旅游企业目标等目标体系的旅游市场销售目标策略。以旅游市场销售目标策略统领旅游市场营销策划，达到有步骤有目的的旅游市场营销整体发展战略。

2. 形象包装策略

旅游目的地形象、旅游企业形象和旅游品牌形象，愈来愈在旅游市场营销中产生巨大的作用，在旅游市场营销的整体策略中，需要制定具体的旅游形象包装策略。旅游形象包装策略需要确定旅游形象包装的基调，明确是现代的还是古典的，是高雅的还是大众的，是旅游观光的还是旅游休闲的；确定旅游形象包装的象征物、文字、图形；确定旅游形象包装的标准色；确定旅游形象包装的旅游形象宣传口号等，以利于在旅游市场营销中生动有效地传播旅游目的地、旅游企业和旅游品牌的营销信息。

3. 营销重点策略

不论是旅游目的地，还是旅游企业，在旅游市场营销整体战略上都需要明确旅游营销重点，有旅游市场营销重点策略。旅游市场营销重点就是核心旅游资源和核心旅游产品，因为核心旅游资源和核心旅游产品，可以在旅游市场营销中具有巨大旅游市场竞争力和旅游市场影响力，容易占领领旅游市场，扩大旅游市场占有率，从而带动旅游业整体发展。

4. 零售网点战略

旅游市场营销应是一个走出去的旅游营销，是一个长远持久的旅游营销，需要在轰轰烈烈的旅游市场营销活动之后，有一个能延缓的旅游市场营销发展的策划，需要有一个分布在目标旅游客源市场的旅游零售网点战略。旅游市场营销整体策略中的旅游零售网点，应主要由旅行社去建立与经营，是一个在旅游市场机制鼓励下的管理发展模式。在旅游市场机制前提下，旅游目的地政府辅助以鼓励发展政策，使之能发挥在旅游市场营销整体战略中的持续发展作用。

旅游市场营销整体战略策划是一个系统营销策划，四方面策略的策划互有联系。在旅游市场营销整体战略策划中，销售目标策略策划是旅游市场营销的宏观控制性策划，形象包装策略策划是旅游市场营销的基础性策划，营销重点策略策划是旅游市场营销的主体策划，零售网点战略策划是旅游市场营销的保障性策划，各有不同的意义和作用。

二、客源市场营销策略

客源市场是旅游市场营销策划中要重点研究的对象，要使旅游市场营销策划有针对性，需要根据不同的目标旅游客源市场，采用相应的市场营销策划策略。总结客源市场营销策略，主要有以下四种类型：[①]

1. 无差异性市场营销策略

无差别市场营销策略指在旅游目的地、旅游景区、旅游产品、旅游项目的营销策划中，不细分客源市场，而是将多种类型的客源市场都看作为一个无差异性市场整体，采取无差异性市场策略进行营销。

2. 微差异性市场营销策略

旅游市场营销策划中，对旅游客源市场进行细分，分出一般旅游客源市场和目标旅游客源市场，对一般旅游客源市场和目标旅游客源市场分别采用微差异性旅游市场营销策略，在旅游市场营销整体战略上略有差异。旅游市场营销策略差异主要在于，一般旅游客源市场营销策略更宏观，目标旅游客源市场则具有对选定目标旅游客源市场营销策略的针对性。

3. 选择性市场营销策略

旅游市场营销策划中，将客源市场划分为若干细分市场，但旅游市场营销策划不针对所有的细分市场，而是只选择其中一部分细分市场作为旅游市场营销的目标，所采用的就是选择性市场营销策略。选择性市场营销策略针对某一细分市场，采取相应的营销策略，在细分市场营销"适销对路"的旅游产品。

4. 单一性市场营销策略

旅游市场营销策划中，针对某一季节性旅游市场，如五一长假旅游市场，或某一特殊的旅游群体市场，如老年旅游市场等特定客源市场，可以采用单一性旅游市场营销策略。单一性旅游市场营销策略优点是指向明确、市场集中，缺点是属于短暂的季节性旅游市场营销，属于单向性旅游市场营销，旅游市场期短，旅游产品单一，虽有特色但不能形成旅游组合优势，具有一定的旅游市场风险。

随着旅游产业市场的成熟，旅游市场营销策划更需要关注有区别的旅游市场营销策划策略，通过旅游市场营销策划策略的区别，以提高旅游市场营销策

---

① 杨振之，甘露. 旅游项目的形象定位与目标市场定位 [N]. 中国旅游报，2008—12—04.

划的针对性，提高旅游市场营销效益。

三、旅游产品营销策略

旅游市场营销策划的中心是销售旅游产品，提高旅游产品的市场占有率。在市场导向下，只有在旅游市场上能吸引旅游者，能销售出去的旅游产品，才是好的旅游产品。旅游市场营销是旅游产品销售的一个重要手段，是将旅游产品和旅游市场联接起来的纽带。面对激烈的旅游市场竞争，只有通过多元化的旅游营销手段，才能最大限度地增加旅游效益。旅游产品营销策略主要包括旅游产品策略、旅游价格策略、旅游促销策略。

1. 旅游产品策略

旅游产品策略的核心，就是要以旅游项目的独特性和新颖性来转化成为旅游产品的独特性和新颖性，铸造旅游产品在旅游市场上的竞争力。旅游产品的策略，就是以旅游产品的独特性和新颖性来拓宽旅游市场，以独特性和新颖性的旅游产品"出奇制胜"。

2. 旅游价格策略

旅游价格是影响人们出游决策的重要因素。因此，旅游产品的价格策略，需要评估旅游产品的价格指数是否符合旅游客源地消费者的消费心理与消费需求，根据旅游市场需求和旅游市场竞争状况，制定合理的有竞争力的旅游价格。旅游价格策略的作用，注意掌握阶段性做法，在旅游业发展初期，利用旅游产品价格启动旅游市场；在旅游业发展期，利用旅游产品价格推动和拓展旅游市场；在旅游业发展旺期，利用旅游产品价格协调旅游市场，利用旅游价格杠杆来调控旅游目的地在旅游淡旺季的游客量。强调旅游产品价格策略的意义在于，建立起较为完善的价格管理体系，成功地运用价格手段调控市场，保障旅游景区客源和收益的稳定增长，保证旅游业的持续发展。

随着旅游业成熟，旅游价格策略视角不能仅仅停留在景区门票涨降的调控上，需要从整个区域旅游发展来考虑旅游价格策略。2002年，杭州市西湖环湖南线景区实行免费开放，成为全国园林景区门票制度改革的创举。微观上，杭州旅游似乎损失了环湖七大公园和博物馆的门票，加上管理维护费每年约6000万元。然而，因为免票带来的旅游人气猛增，使得环湖的服务设施身价倍增，带来的环湖商业网点、服务设施每年的租金就达到5500万元，已经基本可以补贴西湖风景区管委会的门票损失。宏观上，门票连着交通、餐饮、娱乐等旅游综合产业的发展，免票后带来了游客的激增，拉动了消费的增长，对杭州城市经济产生了巨大的拉动力。从2001年到2004年，杭州旅游收入增加了100亿元，实践证明，西湖旅游免票不仅带来了社会效益，更带来了经济效益。同时，免票西湖旅游给杭州的旅游业的营销宣传已经远非其他城市可比。[①]可见,在旅游价格策略上,无论从经济效益上,还是从社会效益上,涨价降价都不是旅游景点唯一的选择,需要大旅游、大市场的战略。

3. 旅游促销策略

旅游促销实质是一种旅游信息沟通活动,营销者将旅游目的地的旅游信息传递给潜在消费者,说服或吸引消费者购买旅游产品。旅游促销的目的是旅游产品启动旅游市场、拓展旅游市场、发展旅游市场。旅游促销策略有基本策略和组合策略。

(1)基本策略。旅游促销的基本策略可分为旅游推式策略和旅游拉式策略。旅游推式策略是组织运用人员推销的方式,把旅游产品和服务推向市场,即从旅游景点推向旅游中间商,再由旅游中间商推给旅游消费者。旅游推式策略也称人员推销策略,促销重点是中间商。旅游拉式策略是利用媒体推销方式把旅游信息传递给旅游消费者,使消费者对旅游产品和服务产生需求,促使旅游消费者主动向旅行社、旅游中间商、旅游景点靠近。旅游拉式策略也称非人员旅游推销策略,旅游促销重点是旅游消费者。

(2)组合策略。旅游促销组合策略是主张组合运用广告宣传、人员推销、公关、营业推广等多种促销方式,展开综合、系统、全面的促销活动,互相配合,协调一致,最大限度地发挥整体效果,实现旅游促销目标。实施旅游促销组合策略,需要确定目标受众,制定促销目标,确定促销费用,选择促销组合和控制促销活动。

旅游产品促销策略的关键就是寻找适时的旅游市场机会,选择合适的旅游客源地,选择合理的旅游促销方式,获取最佳的旅游市场促销效果。

四、旅游品牌营销策略

旅游品牌是品质优异的旅游产品,具有稳定的消费群体,对非品牌产品和潜在竞争者具有相对市场供给垄断优势。21世纪是品牌经营的世纪,随着旅游市场营销的不断发展,打造旅游品牌,展开旅游品牌营销已成为旅游目的地重要营销策略。

在旅游品牌处于不同的市场地位和不同市场阶段,旅游品牌营销策略的选择是有区别的。一般规律,处在市场跟随者阶段,更多的是需要用旅游产品销量带动旅游品牌销售;处在市场挑战者阶段,则是让旅游品牌的效果看得见;处在市场领导者阶段,是需要用旅游品牌销售带动旅游产品销量。旅游品牌营

---

① 谭小芳.算算旅游景区门票的一笔账[EB/OL].交广传媒旅游策划营销机构,2009—05—07.

销策略的关键是旅游品牌处在市场挑战者阶段的策略。这一阶段旅游品牌营销，面临市场领导者和市场追随者激烈的市场竞争环境，需要的策略就是利用优势，让品牌的效果看得见，有效对抗市场领导者的强势品牌和优势资源，有力迎击市场追随者的进逼。让旅游品牌效果在市场上看得见，有六个有效途径。

1. 树立旅游品牌威望

树立旅游品牌威望就是树立旅游品牌在市场上的名望，这种名望是旅游产品的高质量、强大的创新能力、卓越的外观设计、优秀的顾客服务，必须体现旅游目的地最具优势的特点。树立旅游品牌威望的具体工作成效，就是有效地推动旅游品牌销量的增长，打破笼罩在市场领导者身上的光环，给旅游品牌带来名望，争得市场主动权，让市场在短期内直接感受到旅游品牌效果。旅游品牌销量增长，自然就在旅游市场上树立旅游品牌威望，使旅游品牌的作用得到体现。

2. 树立旅游品牌驱动性

旅游品牌驱动性就是旅游产品能促使旅游消费者作出购买决策的品性。树立品牌驱动性需要体现顾客购买决策的参考因素及与使用经验相关的因素。旅游品牌驱动性也是聚人气的特性，树立品牌驱动性，可以在人气上遏制旅游竞争对手。如武夷山风景名胜区以少有的双世遗产地的品牌，树立了旺盛的品牌驱动性，不仅聚集了福建旅游的强大人气，也使周边的山岳风光旅游产品失掉魅力。所以，通过树立旅游品牌驱动性能争取更大市场主动权，能有效提升销量，让旅游品牌的效果更明显。

3. 旅游品牌审计

旅游品牌审计是对旅游品牌的旅游消费环境、旅游产业目标、旅游战略、旅游产品健康程度，以及旅游品牌推广等进行全面、系统的检查，主要目的是发现存在问题、捕捉发展机会，为增加品牌资产以及提升旅游品牌业绩提供行动建议。旅游品牌审计可以是全方位的，也可以就旅游品牌某一方面进行专题审计，为旅游品牌营销决策提供背景、思路以及佐证。通过旅游品牌审计，可以估算出投入品牌的资源究竟产生多少回报，这些回报对旅游目的地短期业绩带来什么影响，再对比其他方面的投资回报以及竞争对手的相关数据，评估旅游品牌的真正作用和贡献率。对于处于旅游市场挑战者地位的旅游品牌，进行旅游品牌审计的意义更大，不仅使旅游品牌品牌效果看得见，还能找出和市场领导者品牌的差距，以及与市场追随者相比较的优势，得到积极的发展对策。

4. 旅游品牌延伸

旅游品牌延伸是在增加很少销售费用的情况下，让新旅游产品搭上旅游品牌便车，直接体现旅游品牌的力量，成为旅游产业的增长战略。旅游品牌延伸是旅游品牌营销的重要战略。从市场发展而论，旅游品牌延伸就是把大品牌做得更大，使搭上旅游品牌便车的旅游新产品成为旅游品牌的组成部分，比把旅游新产品独立做成品牌容易很多。因此，旅游品牌延伸就成了旅游目的地扩张旅游产业的理想方略。旅游品牌延伸的关键是延伸旅游新产品的选择，需要旅游新产品具有旅游品牌的高质量、创新能力、外观设计和顾客服务，具有旅游品牌的延伸承载力，规避品牌延伸风险，避免品牌延伸失败。旅游品牌延伸是旅游品牌价值的最好佐证，尤其对处于市场挑战者地位的旅游品牌，看到旅游品牌的价值，看到旅游品牌的效果，使市场资源得到科学合理的配置。

5. 旅游品牌授权

旅游品牌授权，又称旅游品牌许可，是授权者将自己所拥有的旅游品牌授予被授权者使用，被授权者按合同规定从事旅游品牌经营活动，并向授权者支付相应的权利金，同时授权者给予培训及经营管理等方面的指导与协助。例如迪士尼公司，在全球拥有 4000 多家品牌授权企业，产品从最普通的圆珠笔，到价值 2 万美元一块的手表，在国内授权经营的有著名卡通品牌巴布豆和史努比等。旅游品牌授权可使旅游品牌价值在授权方和被授权方之间的优势互补基础上得到更大的体现，对授权方来说相当于一本万利的投资，但承担的市场风险却很小。对处于市场挑战者地位的旅游品牌，既可以收取旅游品牌权利金，还可以壮大旅游品牌在市场上的声势，扩大旅游品牌的影响范围。

6. 旅游品牌联合

随着市场竞争加剧，旅游目的地和旅游企业都意识到单打独斗很难保持竞争优势，需要改变经营战略，进行旅游品牌联合，开展联合营销。联合营销，也叫合作营销，是旅游业为了增强市场竞争力，降低经营风险，提高投资回报率而进行的战略联盟，联合营销的最大好处是可以使联合体内的各成员，以较少费用获得较大的营销效果，达到单独营销无法达到的目的。我国旅游品牌联合已经出现景区联盟趋势，如以六大名楼为特色的"岳阳联盟"、五大名山的"五岳联盟"和"四大佛教名山联盟"等，还有以地域自然风光、人文风情为特色的区域联盟和旅游圈，如川、藏、滇三省共同打造的"大香格里拉"，川、鄂两省推出的"大三峡游"，以及"东三省旅游圈"、"长三角旅游圈"等，都呈现出了良好的旅游品牌联合发展趋势。

我国旅游联合形式多样，有区域结合、资本融合、促销组合和品牌联合等形式。旅游品牌联合是两个或两个以上的旅游品牌建立的协作联盟，以实现优势互补，形成联合旅游品牌。2001 年 8 月，四川的旅游品牌发布《四川四大世界遗产六大景区联合宣言》。同年 11 月，组建四川世界遗产景区的合作性联盟，发布《四川世界遗产之旅营销联合体章程》，制定了联合营销战略和实施营销方案，联合参加和组织各类旅交会，大力开拓海内外旅游市场。2003年9月27日，正值世界旅游日，以泰山之雄、华山之险、衡山之秀、恒山之奇、嵩山之绝的五岳旅游品牌，成立五岳联盟，整合资源优势，打造强势品牌，以品牌共享为基础，以营销合作为主导，建立卓有成效的五岳旅游合作机制，致力打造中国旅游第一品牌。①可见，联合品牌的优势除了可以降低市场营销费用外，还可以迅速地将多个现有品牌的内涵、形象等集中到一个品牌上，可以迅速提升旅游品牌影响力，增强旅游吸引力，带来市场的热烈反应，迅速地改善市场战略地位。

旅游品牌是一个系统概念，是一个不可分割的有机整体。旅游品牌营销策略策划，关键要考虑旅游品牌的价值创造和旅游品牌的市场提升，达到整体品牌形象的塑造。旅游品牌联合是旅游联合的重要形式和发展趋势，将越来越显示出强大的生机和活力。

第三节　旅游市场营销策划

旅游市场营销的目的之一，就是在短时间内，提高旅游目的地、旅游景区、旅游产品、旅游项目的知名度，获得旅游市场的认同效益。要达到旅游市场营销的这一目的，需要选用有效的推广方式。总结我国旅游市场营销策划方式，除了旅游节会的旅游推广策划之外，旅游广告策划、网络营销策划、搜索引擎营销策划、微博营销策划、微信营销策划、口碑营销策划、事件营销策划、活动营销策划等多种旅游市场营销策划，受到旅游市场营销策划的重视。

一、广告营销与新闻营销策划

对于旅游产业，通过媒体做广告或者做新闻报道，在传播速度和覆盖面积方面具有同样的效益。媒体广告的代价很高，一般的旅游产品无力涉足大媒体广告，但是可以选择新闻营销。

1. 旅游广告营销

广告的功能作用就是广而告之。旅游广告策划就是将旅游目的地的旅游产品信息和旅游形象告之于天下，晓之与潜在的旅游者。旅游广告有关键词广告、分类广告、赞助式广告等多种形式。旅游广告可以采用户外广告牌的方式展示，

---

① 刘汉洪. 五岳联盟，天下称雄——中华五岳联合打造中国旅游第一品牌 [EB/OL]. 南方略咨询网，2004—04—22.

也可以采用网络媒体方式。选择网络媒体范围广、形式多样、适用性强、投放及时等优点，适合于网站发布初期及运营期的任何阶段。

（1）旅游广告策划基本理念。在旅游市场营销策划中，旅游广告是最为常用的方式。在进行旅游广告策划时，需要理解和掌握旅游广告策划四个基本理念。

其一，塑造和服务旅游品牌是旅游广告最主要的目标。旅游广告需要为旅游品牌维持一个高知名度的品牌形象。其二，任何一个旅游广告都是对旅游品牌形成的长期投资。旅游广告必须尽力去维护一个好的旅游品牌形象，需要放弃近期、短期的旅游市场诉求。其三，旅游广告要努力描绘旅游品牌的形象，使旅游品牌的形象更广泛地、更深入旅游客源地潜在旅游消费者的心中，使之位于人们外出旅游决策心理的核心位置。其四，旅游广告要重视旅客的旅游消费实质利益诉求和旅游心理利益诉求。旅游广告生动、直接地说明旅游产品利益点，告诉旅游消费者优惠事项，满足旅游消费者的"实质利益"需求；突出旅游品牌形象的描绘，满足旅游消费者"心理利益"的需求。通过旅游广告形式，唤起旅游市场对旅游产品的购买冲动，形成旅游市场营销效益。

（2）旅游广告基本要点。旅游广告是广告的分支，包括着广告的目标、地区、对象、分析、创意、设计、实施、执行、预算、评估等10个常见的基本要点。

广告目标是依据旅游目的地旅游发展战略和旅游企业市场经营目标，确定旅游广告在提高旅游知名度、美誉度、市场占有率等方面应达到的目标。旅游广告目标可用数值或比例来表示。旅游广告目标一经确定，旅游广告活动就必须实现这些目标。广告地区是旅游广告宣传需要具体投放的旅游客源地区域。旅游广告对象主要是潜在的旅游产品消费群体。在旅游广告策划中，需要研究和找出最有消费潜力的游客群体，明确旅游产品消费群体的年龄、性别、职业、收入和数量；分析潜在游客群体的需求特征、心理特征、生活方式及消费方式等，使旅游广告目标更为准确；分析潜在游客消费群体实际基数和潜在基数的大小，判断旅游广告对旅游产品消费群体产生可预测、可影响、可引导的旅游消费能力、旅游消费心理、旅游消费方式、旅游消费观念等，把旅游信息准确传达给目标旅游消费群体。旅游广告是一个具有竞争性的广告，需要分析在主要旅游市场上旅游广告竞争对手的广告诉求点、广告表现形式、广告口号、广告传播时机及攻势强弱，分析同类产品的优势、不足、市场占有情况等等，以适应性调整旅游广告市场战略与计划。依据旅游广告主题提出旅游广告创意构思，确定旅游广告诉求的重点，突出旅游理念，符合新颖性和地域性要求。旅游广告创意需要体现在旅游广告口号的使用、模特儿的选择和旅游标识的设计上。依据旅游目的地、旅游资源、旅游产品等各项旅游市场综合要求，按照统一的主题、口号、创意和表现策略，分别设计出报纸、杂志、广播、电视等所需媒介的广告设计。在旅游广告实施阶段，需要检查每个阶段广告主题、创意、口号、策略等落实情况，加强旅游广告攻势的针对性；检查旅游产品销售是否符合政府的相关产业政策、相关消费政策，做到旅游广告实施条分缕析、步骤明确、操作性强，避免旅游广告主次不分、执行不力、浪费人力物力和财力，导致旅游广告策划方案失败；需要周密的思考，详细的活动安排，考虑旅游广告活动的具体地点、时间、天气和方式的可执行性，考虑旅游广告执行人员的执行能力。旅游广告预算项目，包括调研策划费、广告制作费、媒介使用费、促销费、管理费、机动费等。广告评估是对旅游广告策划实施前后效果进行检查和评价，通过问卷、座谈会等方式进行旅游广告效果的反馈或测定，随时修正旅游广告策划方案。

2. 新闻营销策划

选择新闻营销的一个先决条件，就是营销的事件一定要有社会价值，受媒体和公众关注。例如，三峡大坝旅游区因为三峡工程而受到各种媒体和中外公众的关注。2005年三峡大坝旅游区发了1300多篇新闻，相当于每天有三四篇文章在介绍三峡大坝旅游。2006年公司集中了更多的力量，截至8月底已经发了2500多篇。发稿最多一次的事件，就是大坝全线贯通，发了1000余篇，平均每天有30多篇介绍的文章。高密度的新闻舆论使三峡大坝旅游在市场上影响力越来越大，游客增量迅猛。长江三峡旅游公司2003年成立，年接待游客量从57万递升为73万、103万，2006年达到130万。

新闻营销具有传递快速、真实，形象权威、公正，费用低廉等诸多优势。新闻营销特点，与朋友推荐渠道的方式比较，动员能力稍差，但速度快；与旅行社推荐渠道比较，可以避开利益驱动嫌疑；与媒体广告比，具有公信力，有权威性，可以规避商业目的，大众容易接受；与旅交会比，信息传播具有更大的覆盖面。在旅游市场营销策划中，新闻营销方式的选择，必须遵守真实性、不损害公众利益原则，利用具有新闻价值的事件，策划组织有价值的活动，吸引媒体注意，使活动变成新闻，引起公众关注，达到提高知名度、美誉度、打造品牌、促进销售的营销目标。

3. 旅游卖点策划

旅游广告营销和旅游新闻营销都需要有旅游卖点。旅游卖点就是人们愿意掏钱进行旅游消费的点。旅游卖点不同于旅游特点，旅游特点是"不同"，旅游卖点是"好处"。按照这一观点，民族的不是世界的，只有世界愿意买单的才是世界的。不同的旅游产品特点是旅游市场吸引力，具有好处的旅游产品卖点才是旅游市场的价值。人们是为好处而花钱，而不是为了特点买单。人们不是买旅游，而是买旅游活动获得的身心快乐。

旅游市场推广策划的前提，就是分析找出旅游目的地、旅游景区、旅游产品、旅游项目等的旅游市场"卖点"。旅游卖点策划是旅游市场营销和旅游广告的基本策划。旅游卖点策划包括两个条件，一是分析确定旅游目的地环境、旅游资源和旅游产品的独特价值，二是分析确定这个独特价值是能够被大多数人所认同、接受和欢迎的。旅游卖点策划的重要工作，就是将旅游目的地环境、旅游资源和旅游产品的独特价值得到最恰当的宣传，与人们的旅游需求连接起来，将人们潜在的旅游需求，转变成现实的旅游需求，把旅游目的地环境、旅游资源和旅游产品独特的价值转变为旅游市场"卖点"。

在旅游广告策划中，注意把握旅游产品生命周期规律，在旅游产品生命周期的不同阶段，促销工作具有不同效益。在旅游导入期，投入较大的资金用于广告、公共宣传和旅游促销活动，能产生较高的知名度。在旅游成长期，旅游广告和公共宣传可以继续加强，但可以减少促销活动。在旅游成熟期，旅游购买者已经知道旅游品牌，仅需要起提醒作用的旅游广告便可。在旅游衰退期，旅游购买者对旅游产品关注变低，需要保持旅游广告提醒作用，需要加强旅游促销活动。

二、旅游网络营销策划

随着互联网的发展，网络传播营销日益成为人们最快捷的营销形式。网络传播是指以多媒体、网络化、数字化技术为核心的国际互联网络传播。网络传播具有全球性、交互性、超文本链接方式的显著特点。因此，运用网络传播的特点与优势所展开的旅游市场营销策划，比较传统旅游市场营销，具有在营销面和速度上的巨大优势。

旅游网络营销，又称旅游网络传播营销，是旅游企业以电子信息技术为基础，以计算机网络为媒介和手段，进行的旅游市场营销活动。旅游网络营销策划，就是针对新兴的网上虚拟市场，及时了解和把握网上虚拟市场的旅游消费者特征和旅游消费者行为模式，为企业在网上虚拟市场开展营销活动提供数据分析、营销依据和营销方案。

1. 营销特点

旅游网络营销是以整个旅游市场为基础的网络营销，包括网络旅游调研、网络旅游推广、网络旅游新产品开发、网络旅游促销、网络旅游分销、网络旅游服务等营销活动，具有跨时空、交互式、人性化、高效性、成长性、整合性、经济性、定制化、个性化等营销特点。

（1）跨时空。互联网具有超越时空进行信息交换的特性，借助计算机网络，旅游企业能用更多时间和更大的空间进行营销，可以每周7天，每天24小时随时随地提供全球性营销服务。

（2）交互式。旅游企业可以在网络上适时发布产品或服务信息，消费者则可根据旅游产品目录及链接资料库等信息，在任何地方进行咨询或购买，完成交互式交易活动。网络营销使供给双方的直接沟通得以实现，从而使营销活动更加有效。

（3）人性化。互联网上的促销是一对一的、理性的、消费者主导的、非强迫性的、循序渐进式的、低成本与人性化的促销，避免推销员强势推销的干扰。通过信息提供与交互式交谈，旅游企业能与消费者建立长期、良好的关系。

（4）高效性。计算机可以储存大量的信息，代消费者查询，可传送的信息数量与精确度远超过其他媒体；能适应市场需求，及时更新产品或调整价格，及时有效地了解并满足顾客需求。

（5）成长性。互联网可以使旅游企业的信息迅速传播全球，使旅游者数量快速增长。旅游网络营销的成长性为旅游业开辟了一条极具潜力的市场渠道。

（6）整合性。互联网上的营销可将商品信息至收款、售后服务一气呵成，是一种全程营销渠道；企业可以借助互联网将不同的传播营销活动进行统一设计规划和协调实施，以统一传播资讯向消费者传达信息，避免不同传播形式造成的不一致性。

（7）经济性。经济性主要表现在，没有店面租金成本、节省库存费用、减少商品流通中间环节、结算成本低。

（8）定制化。定制化有助于实现以消费者为中心的旅游营销理念。旅游企业提供的各种有关销售信息可以在服务器中集中存储，独立运行、存入或输出。在网上推出的各类虚拟旅游商品，可以让旅游消费者比较挑选，从而迅速、经济、实惠地达到旅游采购目标。

（9）个性化。旅游网络营销以消费者个体为中心，是网络经济的营销思想，是现代市场的营销思想，要求旅游企业从旅游消费者个体需求出发，满足旅游消费者个体需求。旅游网络营销个性化就是旅游销售商使旅游网络站点、电子信件以及其他经营活动，适合于个体客户的需要，适应不同年龄、地点和不同爱好的个体旅游消费者的需要。

2.营销优势

2013—2014年，可以说是我国从国家层面到省、市、城市层面广泛开展的旅游网络营销活动的里程碑式的年份。山东省旅游局明确要求，从2013年起全省十七个地级市一半以上的旅游推广营销经费投放到互联网新媒体，11月举办山东省第二届互联网旅游推广营销大会，让全省各地市、各旅游机构与旅游网络机构集中进行网络新媒体推广营销洽谈合作交流。同年 11 月下旬，浙江温州举办第六届网络旅游节，邀请我国三大移动通信运营商及几十家网络机构与浙江及其他地区旅游机构开展网络旅游合作交流。在 2013 年，由国家旅游局投资600 万元，历时一年多建设并主管的中国旅游海外推广网对外开通试运行。2014年 1 月 21 日在"美丽中国之旅——2014 智慧旅游年"启动仪式上，正式由国家旅游局副局长杜江宣布上线。同年，北京多语种旅游海外推广网站的上线运行取得理想效果。7 月中旬，河南省旅游局投入 1500 万元开发建设综合性的旅游网络平台。9 月中旬，四川举办第二届国际互联网旅游大会，邀请境内外网络机构和旅游机构开展交流探讨。旅游网络营销相比较旅游节、旅游博览会、交易会、推介会等传统旅游节会营销，具有永不落幕、直观生动、精准高效、节省投入、高度互动、延伸服务等多方面优势。

（1）永不落幕。传统的旅游交易会、博览会等，展期一般三五天，通常分业内洽谈交易日和公众开放日，参展商、采购商见面洽谈交易的时间，特别是公众参观和收集旅游产品与服务信息资料的时间非常有限。专题旅游推介会则往往仅半天或一两个小时，时间更短，能够参加的业内、媒体和公众更少。而利用互联网的旅游网络营销，则不管白天黑夜，不分天南地北，只要能上网，就能参展观展、洽谈交易、收集信息、建立联系，有"永不落幕的旅游交易会"之说。

（2）直观生动。传统旅游节会营销，限于场地空间和经费、时间、人力、技术等投入，只能在有限的场地空间，用图片、文字和现场人工服务、视音频多媒体播放、小型演出和推介会、发放纸质和电子宣传品等方式，来宣传、展示、洽谈、交易和提供服务，除了有现场人对人、面对面的特点和优势之外，别无他法。而旅游网络营销，网络空间是无限的，可以通过网上大量生动直观、美丽精彩的图片、视音频、微电影和精炼、优美的文字，向合作方和世界各地、各类公众展示宣传旅游产品与服务项目。主办方和参展方都可以根据自身、业界、公众的需要，随时不断地更新、调整、改进、补充和提升优化网上宣传展示的内容、方式，使得宣传展示更精彩、生动、直观，这是传统营销所难以做到的。

（3）精准高效。互联网的建设、使用和管理，时刻在产生新的数据信息，形成了大数据资源。利用互联网的旅游网络营销，可以运用大数据，通过对人们上网所产生信息资源的分析研究，使得不同国家、地区、城市、企事业组织、旅游项目产品，更有针对性地找到自己潜在的需求对象，并根据旅游消费需求和旅游咨询、行程设计、预订购买、旅游消费的特点、风格等，采用最有效、最能吸引对方、最能满足其需求的方式、手段，准确投放、推送其所想要的旅游产品和服务资讯。而传统旅游节会营销，通常是以目的地自身游客及其旅游消费情况抽样调查和客源地旅游需求访谈、预测分析等统计分析为基础，只能做大致判断和模糊选择，很难与互联网依托大数据所进行的推广营销的精准性相提并论。由于互联网旅游推广营销明确目标，因而产品服务信息推送更精准，营销效率更高，效果更好。

（4）节省投入。旅游网络营销网站的建设是一次性投入长期使用，使用过程中所要进行的只是网站维护、更新、管理和优化升级方面的投入，不像传统旅游节会营销，每次都要重新设计展位、制作展品并进行布置，展会结束后那些制作并布置的展场、展位都一弃了之，成为垃圾。此外，旅游网络营销，可以节省参展商、观展者往返展览会的交通、住宿、餐饮等费用支出和时间耗费。

（5）高度互动。传统旅游节会营销是单向的，消费者常处于被动的地位，在展馆内被动接受各种媒体广告、展览产品的促销。旅游网络营销则提供了企业与消费者双向交流的通道，旅游企业可以通过互联网络展示旅游产品目录，连接资料库提供有关产品信息的查询，制作调查表来搜集旅游者的意见，还可以让旅游者参与旅游产品的设计、开发，真正做到以旅游者为中心，设计出符合旅游者需要的产品和服务。旅游网络营销，一面使旅游业更直接、更迅速地了解旅游者的需求，使旅游企业有更多空间，为用户提供更具价值的售前售后服务；另一方面是营销管理者在进行市场调研、产品设计到最终提供服务，都和旅游者保持密切联系，与旅游者共同创造新的市场需求。

（6）延伸服务。依托互联网的旅游网络营销，很容易由旅游网络推介向网上咨询、行程设计、预订购买、费用支付、通知接待等旅游服务延伸，促进旅游资讯网站和旅游宣传推广网站向综合性旅游服务网络平台发展，成为智慧旅游的组成部分。[①]

（7）异地购买。互联网络是一种观念最强大的营销工具，同时兼具渠道、促销、电子交易，以及市场信息分析与提供等多种功能。旅游网络营销渠道可以让旅游业不再像传统营销渠道那样"一手交钱，一手交货"地面对面交易，旅游者可以通过各种电子商务媒介和经营者进行非面对面的直接交流，进行异地购买，既有利于旅游产品销售，又给旅游购买者带来便捷，赢得渠道竞争的优势。

旅游网络营销由于具有以上优势，使得在营销效果、效率、效益上，相比传统旅游营销大有不同，将成为现代旅游营销的趋向。

3. 营销基础

旅游网络营销是将现代网络传播技术和平台应用于旅游市场营销的新旅游

---

① 蔡家成. 互联网旅游推广营销的优势 [N]. 中国旅游报，2014—01—15（11）.

营销方式，需要进行与互联网对接的旅游网站、网络推广和旅游消费者数据库等基础建设。

（1）建立旅游网站。旅游网站是旅游营销的门户。旅游目的地和大型旅游企业需要建立自己的旅游网站，作为网络营销平台。小的旅游企业可以与有关网络公司联盟，在网上开辟网络营销窗口。旅游网站以实用为原则，做到简洁明了地将营销项目最好的一面展示出来。

（2）网络旅游推广。网络是旅游营销的平台。网络推广有多达二十多种形式，如登录搜索引擎、网站目录登录推广、在线黄页登录推广、博客营销推广、微信营销推广、知道营销推广、网络广告推广（包含广告互换）、电子邮件推广、网址导航推广、排名营销推广、免费服务推广、软文推广、用网摘系统推广、病毒式推广、网站互动推广、活动赞助推广、积分兑换有奖促销推广、外包推广等，旅游目的地和大型旅游企业的旅游网络传播营销策划可以选用合适的网络推广形式，或者创新网络旅游推广形式。

（3）建立旅游消费者数据库。旅游消费者是旅游目的地和旅游企业的战略财富，旅游企业必须重视借助网络收集、分析旅游消费者信息，锁定网上旅游消费者，建立旅游消费者数据库。建立旅游消费者数据库内容，主要包括旅游用户注册信息、旅游用户反馈意见、建议等。建立旅游消费者数据库，发掘旅游消费者的个性化需求，分析旅游消费者的消费行为、习惯，建立与旅游客户发展长期的关系。

4. 营销方法

旅游网络营销有网站 SEO 优化、论坛发帖推广、SNS 社区口碑推广、旅游路书推广、海量信息发布、网站合作、企业电子邮箱推广、QQ 群及 MSN 群推广、网络视频推广等多种营销推广方法。互联网上多种营销渠道都是免费的，需要组织人力投入。

（1）网站 SEO 优化。旅游网络营销策划最基本的目的，就是让百度、雅虎、谷歌、去哪儿、优客网、携程网、E 龙网等更多的搜索引擎能够搜到你的官方网站，不但要从编程技术上进行优化，更要在网站首页设定精准的关键词，定时根据搜索引擎的统计结果进行优化，做到有的放矢。

（2）论坛发帖推广。旅游网络营销策划，需要分析各种论坛的特性，投其所好，区别对待。例如，摄影论坛、旅游度假、风光摄影、小区论坛、驴友俱乐部、汽车俱乐部等都适合旅游主题，制作有针对性的帖子，便于搜索引擎抓取，形成借势营销。注册大量"马甲"对帖子定期跟帖互动，使其长期处于热帖行列中。

（3）SNS 社区口碑推广。在旅游网络营销策划中，需要重视和借用类如开心网、人人网等 SNS 具有互动性强、会员关系密切、用户基数大等优点的网络平台，进行口碑推广。例如开心网，以公司白领为核心用户，地域特征明显，女性参与度高。可采取针对性的使用转帖功能方式，找好友数量较多的用户，让其把精心准备的帖子转发给所有好友，短时间内可以形成一呼百应的网络口碑传播态势。

（4）BBS 推广。BBS 所聚集的目标群体是一个经过精确细分的市场。BBS 是一个依托互联网形式所开展的目标群体互动平台，由一群对某个品牌、某件产品、某个事件或某种生活方式有着共同兴趣和爱好的群体聚集在一起，进行沟通与交流。BBS 的参与者是具有某些共同兴趣和爱好的群体，旅游网络营销策划，可以利用具有共同旅游兴趣和爱好的 BBS 目标群体，如可以通过向具有自助自主旅行爱好的"驴友"，赠送景区旅游消费券，吸引"驴友"们前来进行旅游体验。因为有高质量的群体和特定的氛围，再加上赠券的诱饵，将使景区旅游获得高质量的评论，推动景区旅游人气聚集和消费反馈。

（5）旅游路书推广。旅游路书是由自驾和徒步旅游者撰写的旅游行程记录，记载什么时间出发、什么时间到什么地方、沿途风光、住宿安排、费用支出等内容，对自驾旅游者或徒步旅行者有旅游指南的作用。旅游路书也被看成是详细的旅行计划，记载每天旅游详细的行程安排、行车路线（包括轨迹、景点、里程、道路特点等）、天气状况，甚至还包括对途径景点风光评价和感想。旅游路书，特别是有景点风光评价和感想的旅游路书，一经发表在网上，对旅游目的地具有推介作用。在旅游网络营销策划时，可以有目的地收集和在网上发表相关的旅游路书，推介、吸引和引导自驾旅游者和徒步旅游者。

（6）海量信息发布。旅游信息有量，才有影响力。旅游网络营销需要旅游信息量的覆盖。可以有目的地组织向同城信息网、口碑网及各种旅游网发送旅游地信息，经过一段时间积累，海量的信息就会充斥互联网，随时随地都可以搜到旅游地信息。发送的信息需要加上网址，以便意向旅游者及时链接到官网。由于互联网上信息不断激增，旅游目的地和旅游企业需要吸引旅游消费者上网，访问和浏览网站的旅游信息。

（7）网站合作。合作，特别是网站合作，应该是旅游网络营销策划的重要方面。网站合作可以通过网站交换链接、交换广告、内容合作、用户资源合作等方式，在具有类似目标网站之间实现互相推广的目的，其中最常用的资源合作方式为网站链接策略，利用合作伙伴之间网站访问量资源合作互为推广。每个企业网站均拥有一定的访问量、注册用户信息、有价值的内容和功能、网络广告空间等资源，利用网站的资源开展合作，实现资源共享，扩大收益的目的。在资源合作形式中，交换链接是最简单的合作方式，也是新网站推广的有效方式。交换链接或称互惠链接，即分别在自己的网站上放置对方网站的 LOGO 或网站名称，设置对方网站的超级链接，使用户可以从合作网站中发现自己的网站，达到互相推广的目的。交换链接可以获得访问量，增加用户浏览印象，增加搜索引擎排名优势，增加访问可信度。通过网站合作，扩大旅游资源和旅游市场的对接面，也就做大了旅游市场营销。

（8）电子邮箱推广。电子邮箱是现代社会信息联系的重要方式，旅游网络营销策划需要组建旅游目的地的营销电子邮箱库，与相关旅游企业组建旅游网络营销联盟，构建包括旅行社、会议、婚庆、交友等企业和国家机关、企事业单位的电子邮箱库。通过电子邮箱发送精美的旅游项目 PPT 和小视频，广泛撒网，重点培养，形成电子邮箱营销的互动和推动。

（9）QQ 群及 MSN 群推广。QQ 群及 MSN 群都是一种 Internet 软件，基于 QQ 群及 MSN 群的高级技术，可以组织有效地利用旅游信息传播，以最简单的推广方式，发照片，推动深层次的旅游营销，筛选出忠实消费群。

（10）网络视频推广。网络视频营销增长速度十分迅速，与博客营销一样，强调网民的互动性，需要精心的策划。视频营销与其他营销方式相比具有三大优势，一是好的视频能够不依赖媒介推广即可在受众之间横向传播，以病毒扩散方式蔓延。二是视频营销价格低，一段视频广告的制作成本仅需十几万或几万元，不到同类电视广告的十分之一，但传播效果并不逊色。三是优秀的视频营销能够与用户互动，摆脱了电视广告的强迫式，利于品牌内涵引申，加强传播效果。同时，网络带宽的飞速发展催生影像时代的来临，拿 DV 随手拍些景区视频，不求专业，但求主题突出，上传到优酷、土豆、酷六等视频网站，写好评论，同时在 SNS 和 QQ 群里推荐观看。

5. 招聘大堡礁看护员网络营销案例分析

2009 年 1 月，澳大利亚昆士兰旅游局通过互联网招聘大堡礁岛屿看护员，被认为是旅游网络营销策划最成功的案例。2009 年 1 月 9 日，澳大利亚昆士兰旅游局网站面向全球发布招聘大堡礁看护员通告，并为此专门搭建了一个名为"世上最好的工作"的招聘网站（www.islandreefjob.com）。网站提供了多个国家语言版本，短短几天时间，网站就吸引了超过 30 万人访问，导致网站瘫痪，官方不得不临时增加数十台服务器。这是澳大利亚昆士兰旅游局在世界金融危机情况下，振兴旅游产业的一项旅游网络传播营销策划。策划内容四项，一，选择营销关注点，在失业笼罩下的高薪工作；二，引发推介大堡礁旅游主题载体——大堡礁看护员；三，搭建旅游营销平台——澳大利亚昆士兰旅游局官方网站；四，科学旅游营销过程管理。

（1）选择营销关注点，在失业笼罩下的高薪工作。工作是在大堡礁上做六个月，薪酬是 15 万澳元（约 70 万人民币），可以免费居住在大堡礁群岛之——哈密尔顿岛上的奢华海景房中。昆士兰旅游局将之称为"世界上最好的工作"。

（2）引发推介大堡礁旅游主题载体——大堡礁看护员。大堡礁是世界上最大最长的珊瑚礁群，纵贯蜿蜒于澳大利亚东部昆士兰州岸边，全长 2011 公里，最宽处 161 公里，有 2900 个大小珊瑚岛礁和大量沙洲、泻湖，自然景观非常独特。在大堡礁海域清澈透亮的海水中，生活着 300 多种珊瑚、1000 多种鱼类和 4000 多种软体动物，构成了丰富多样、色彩缤纷的海底世界。正是拥有如此天赋奇观，大堡礁于 1981 年被列入世界自然遗产名录，成为享誉世界的旅游胜地。

昆士兰州旅游局在招聘广告中称，大堡礁岛屿看护员将生活在大堡礁海域中面积最大的居住岛——哈密尔顿岛上，工作包括四方面内容，其一，探索和汇报。"看护员的工作时间比较有弹性，主要职责是探索大堡礁的群岛，更加深入地了解大堡礁。他／她须通过每周的博客、相簿日记、上传视频及接受媒体跟踪访问等方式，向昆士兰旅游局（以及全世界）报告其探奇历程。"其二，喂鱼。"大堡礁水域有超过 1500 种鱼类。试想各式各样珍贵鱼类蜂拥而上的场景是多么震撼（不用担心，我们不会要求你去喂每一条鱼）。"其三，清洗泳池。"泳池虽然装有自动过滤器，但如果你发现水面上有一片飘落的树叶，那么下水清洗泳池绝对是畅泳的好借口。"其四，兼职信差。"探险旅程期间，你可参与航空邮递服务，这将是在高空俯览大堡礁美景的绝佳机会。"

（3）搭建旅游营销平台——澳大利亚昆士兰旅游局官方网站。昆士兰州旅游局在官方网站右下角，设"The best Job in the world"（世界上最好工作）的图片链接，点击进去即可看到详细的招聘启事和大堡礁的旖旎风光。

（4）科学旅游营销过程管理。作为世界规模最大的旅游营销活动，昆士兰州旅游局筹划了一年时间，经费预算总计 170 万澳元（约合 735 万元人民币），其中包括了护岛人 15 万澳元的薪水。大堡礁看护员海选始于 2009 年 1 月 9 日，2 月 23 日上午 9 时 59 分，"世界上最好的工作"全球招聘活动正式报名截止。昆士兰旅游局代理局长沈俐介绍，在最后 48 小时内，共有 7500 份申请涌入，使最后的申请人数达到了 34684 位。其中以美国人最多，共有 11565 人，随后依次是加拿大人（2791 人）、英国人（2262 人）以及澳大利亚人（2064 人）。来自中国大陆、香港、台湾三地的中国申请者共有 503 位。[①]招聘活动吸引了全球的目光，据昆士兰旅游局称，整个活动公关价值已经超过 7 千万美元。2009 年 5 月 6 日，全球选拔工作结束，幸运儿是英国人本·索撒尔。选出的"守岛人"工作

---

① 徐惠芬. 澳大利亚大堡礁招聘"岛屿看护员"吸引 3 万申请人 [EB/OL]. 新华网，2009—02—24.

则从 2009 年 7 月 1 日开始到 2010 年 1 月 1 日结束，活动持续整整一年。完成了一次成功的全球性公关营销，对当地的形象推广、旅游业的推动带来了不可估量的积极影响。据统计，2009 年 1—4 月，中国前往大堡礁的游客达到历史同期最高水平，增幅超过 50%。而此前，当地对中国游客的增长预期仅为 8%。①

林景新先生在《实战网络营销：最佳网络营销案例全解读》中，从"世界上最好的工作"如何撬动全球关注的角度，分析了昆士兰旅游局策划的大堡礁看护员旅游网络营销案例。认为，"世界上最好的工作"的营销推广成功在四个方面：

其一，概念造势极其成功。无论是营销还是传播，一个鲜明、有力、吸引人的概念的提出对于事件受关注度有着无比重要性。昆士兰旅游局成功将事件推广的主体——大堡礁，延伸到大堡礁看护员身上，再将看护员工作塑造成"世界上最好的工作"的概念，在吸引受众眼球方面是无与伦比的。

其二，逆势策划吸引眼球。在金融风暴席卷全球，大量工厂裁员、工人失业的人心惶惶时刻，能够拥有一份稳定、高薪的工作，是人心向往的事情。澳大利亚昆士兰旅游局恰当其时推出以惬意的工作环境和工作内容，以每小时1400 美金的超高待遇在全球招聘所谓的"岛屿看护员"。一边是失业，一边是工作之轻松、生活之惬意以及待遇之丰厚的看护员，一下子吸引了全球无数人的眼球，媒体更是为之疯狂激动，不惜用大量的版面进行免费的报道。

其三，网络营销造势凌厉。"世界上最好的工作"所有关键环节都在网上展开，昆士兰旅游局从一开始就建立了活动网站。旅游局在全球各个办公室的员工则纷纷登录各自国家的论坛、社区发帖，让消息在网友中病毒式扩散。

此次活动的参赛规则是全世界任何人都可通过官方网站报名，申请者必须制作一个英文求职视频，介绍自己为何是该职位的最佳人选，内容不可多于 60秒，并将视频和一份需简单填写的申请表上传至活动官方网站。这种没有门槛、自娱自乐的方式吸引了许多人参与，很多人即使没有希望获得这份工作，也录制一段视频来娱乐一下。活动官方网站的合作伙伴是 Youtube，借助 Youtube 在全球的巨大影响，活动又得到了进一步的口碑和病毒传播。

其四，互动式营销使活动高潮迭起。在这个活动中，主办方充分利用了web2.0 的特性——利用网络的交互性，使活动的影响力不断延伸。为了进行充分网络造势，主办方设计了经网络投票决出"外卡选手"环节，入选 50 强的选手会不断拉票，而关注活动的人会为心仪选手投票，会持续关注包括投票在内的活动进展。主办方在投票过程上也进行了精心设置，投票者要先输入邮箱地

---

① 董晨，郑焱.「史上最牛策划」给我们上了一课 [EB/OL]. 新华日报多媒体数字报，2009—05—14.

址，然后查收一封来自昆士兰旅游局的确认件，确认后再行使投票权。[①]在通过确认的过程中，参与投票者都会好好浏览一下这个做得很漂亮的有大堡礁的旖旎风光的旅游招聘网站。更重要的是，投票者的邮箱未来都会定期不定期地收到来自大堡礁的问候。

在一个全新的营销环境之中，营销制胜的关键就在于通过内容创新、沟通方式创新、品牌体验创新来有效吸引消费者，征服消费者，让消费者主动投入时间与品牌进行互动联系，在获得良好品牌体验的同时，最终潜移默化地将品牌或产品的价值点植入心中，这正是"世界上最好的工作"营销事件成功推广给我们的启示。

在 21 世纪，旅游资讯的传播有 80% 是在网络上完成的，所以，网络营销是旅游发展的未来。而旅游电商的核心是旅游目的地，于是各地旅游主管部门围绕旅游目的地展开了一轮又一轮强劲的网络营销。近年来，搜索引擎、微博、微信这三大网络营销工具已成为进行旅游目的地网络营销的三大法宝。

三、搜索引擎营销

搜索引擎营销，是英文 Search Engine Marketing 的翻译，简称为 SEM。搜索引擎营销就是基于搜索引擎平台的网络营销，利用人们对搜索引擎的依赖和使用习惯，在人们检索信息时尽可能将营销信息传递给目标客户。搜索引擎营销追求最高的性价比，以最小的投入，获最大的来自搜索引擎的访问量，并产生商业价值。搜索营销的最主要工作是扩大搜索引擎在营销业务中的比重，通过对网站进行搜索优化，更多地挖掘企业的潜在客户，帮助企业实现更高的转化率。

搜索引擎营销的依托主要是搜索引擎，利用搜索引擎、分类目录等具有在线检索信息功能的网络工具进行网站推广的方法。搜索引擎营销的基本思想是让用户发现信息，通过搜索引擎搜索点击进入网站／网页，进一步了解需要的信息。搜索引擎营销策略中，搜索引擎收录、在搜索结果中排名是两个最基本的目标。搜索引擎营销根据关键词，提供相关介绍，可以带来更多的点击与关注，带来更多的商业机会，提升品牌知名度，树立企业品牌。

1. 搜索引擎

搜索引擎是根据一定的策略、运用特定的计算机程序从互联网上搜集信息，在对信息进行组织和处理后，为用户提供检索服务，将用户检索相关的信息展

---

① 林景新.实战网络营销：最佳网络营销案例全解读 [M].广州：暨南大学出版社，2009：255—258.

示给用户的系统。搜索引擎由搜索器、索引器、检索器和用户接口四个部分组成。搜索器的功能是在互联网中漫游，发现和搜集信息。索引器的功能是理解搜索器所搜索的信息，从中抽取出索引项，用于表示文档以及生成文档库的索引表。检索器的功能是根据用户的查询在索引库中快速检出文档，进行文档与查询的相关度评价，对将要输出的结果进行排序，实现某种用户相关性反馈机制。用户接口的作用是输入用户查询、显示查询结果、提供用户相关性反馈机制。

（1）搜索引擎分类。搜索引擎分为全文索引、目录索引、元搜索引擎、垂直搜索引擎、集合式搜索引擎、门户搜索引擎与免费链接列表等类型。

全文搜索引擎是从互联网提取各个网站的信息（以网页文字为主），建立起数据库，能检索与用户查询条件相匹配的记录，按一定的排列顺序返回结果。根据搜索结果来源的不同，全文搜索引擎可分为两类，一类拥有自己的检索程序（Indexer），俗称"蜘蛛"（Spider）程序或"机器人"（Robot）程序，能自建网页数据库，搜索结果直接从自身的数据库中调用，Google和百度搜索引擎属于此类。另一类则是租用其他搜索引擎的数据库，按自定格式排列搜索结果，如Lycos搜索引擎。全文搜索引擎国外代表有Google，国内则有著名的百度搜索。

目录索引，也称为分类检索，是因特网上最早提供WWW资源查询的服务，主要通过搜集和整理因特网的资源，根据搜索到网页的内容，将其网址分配到相关分类主题目录的不同层次的类目之下，形成像图书馆目录一样的分类树形结构索引。目录索引无需输入任何文字，只要根据网站提供的主题分类目录，层层点击进入，便可查到所需的网络信息资源。虽然有搜索功能，但严格意义上不能称为真正的搜索引擎，只是按目录分类的网站链接列表而已。用户完全可以按照分类目录找到所需要的信息，不依靠关键词（Keywords）进行查询。

元搜索引擎（META Search Engine）接受用户查询请求后，同时在多个搜索引擎上搜索，将结果返回给用户。著名的元搜索引擎有InfoSpace、Dogpile、Vivisimo等，中文元搜索引擎中具代表性的是搜星搜索引擎。在搜索结果排列方面，有的直接按来源排列搜索结果，如Dogpile；有的则按自定的规则将结果重新排列组合，如Vivisimo。

垂直搜索引擎为2006年后逐步兴起的一类搜索引擎。不同于通用的网页搜索引擎，垂直搜索专注于特定的搜索领域和搜索需求（如机票搜索、旅游搜索、生活搜索、小说搜索、视频搜索、购物搜索等等），在其特定的搜索领域有更好的用户体验。

集合式搜索引擎类似元搜索引擎，区别在于它并非同时调用多个搜索引擎进行搜索，而是由用户从提供的若干搜索引擎中选择，如 HotBot 在 2002 年底推出的搜索引擎。

门户搜索引擎如 AOLSearch、MSNSearch 等虽然提供搜索服务，但自身既没有分类目录，也没有网页数据库，搜索结果完全来自其他搜索引擎。

免费链接列表搜索引擎一般只简单地滚动链接条目，少部分有简单的分类目录，不过规模要比 Yahoo 等目录索引小很多。

（2）作用与商务模式。搜索引擎作用是网站建设中针对"用户使用网站的便利性"所提供的必要功能，同时也是"研究网站用户行为的一个有效工具"。高效的站内检索可以让用户快速准确地找到目标信息，更有效地促进产品与服务的销售，而且通过对网站访问者搜索行为的深度分析，对于进一步制定更为有效的网络营销策略具有重要价值。

搜索引擎的商务模式，在搜索引擎发展早期，多是作为技术提供商为其他网站提供搜索服务，网站付钱给搜索引擎。2001 年，随着互联网泡沫的破灭，大多转向为竞价排名方式，形成搜索引擎的主流商务模式，如百度的竞价排名、Google 的 AdWords，都是在搜索结果页面放置广告，通过用户的点击向广告主收费。模式有两个特点，一是点击付费，用户不点击则广告主不用付费。二是竞价排序，根据广告主的付费多少排列结果。2001 年 10 月，Google 推出 AdWords，也采用点击付费和竞价的方式。

（3）著名搜索引擎。目前互联网时代搜索引擎层出不绝，比较有名的搜索引擎有百度、360 综合搜索、258 商业搜索、微软必应等。

百度 BAIDU 是全球最大的中文搜索引擎，2000 年 1 月由李彦宏、徐勇两人创立于北京中关村，致力于向人们提供"简单，可依赖"的信息获取方式。"百度"二字源于中国宋朝词人辛弃疾的《青玉案·元夕》词句"众里寻他千百度"，象征着百度对中文信息检索技术的执著追求。360 综合搜索属于元搜索引擎，通过一个统一的用户界面帮助用户在多个搜索引擎中选择和利用合适的（甚至是同时利用若干个）搜索引擎来实现检索操作，是对分布于网络的多种检索工具的全局控制机制。360 搜索属于全文搜索引擎，是奇虎 360 公司开发的基于机器学习技术的第三代搜索引擎，具备"自学习、自进化"能力和发现用户最需要的搜索结果。258 商业搜索是全球第一商业搜索引擎，为全球商务人士全面提供多语言商业信息搜索服务，实时搜索全球超过 6000 家 B2B 平台，包括供求信息、产品信息、公司信息、行业新闻等。微软必应（Bing）是微软公司于 2009 年 5 月 28 日推出，用以取代 Live Search 的全新搜索引擎服务。为符合中国用户使用习惯，Bing 中文品牌名为"必应"。作为全球领先的搜索引擎之一，截至 2013 年 5 月，必应已成为北美地区第二大搜索引擎，如加上为雅虎提供的搜索技术支持，必应已占据 29.3% 的市场份额。2013 年 10 月，微软在中国启用全新明黄色必应搜索标志并去除 Beta 标识，这使必应成为继 Windows、Office 和 Xbox 后的微软品牌第四个重要产品，标志着必应已不仅仅是一个搜索引擎，更将深度融入微软几乎所有的服务与产品中。

从目前的发展趋势来看，搜索引擎在网络营销中的重要地位，受到越来越多企业的认可，搜索引擎营销的方式也在不断发展演变。据统计，中国网民已经突破 5 亿，80% 的网民通过搜索引擎寻找自己需要的信息，成为网民获取信息的最主要渠道之一。

2. 搜索引擎营销基础

搜索引擎营销实现的基本过程是，企业将信息发布在网站上成为以网页形式存在的信息源，搜索引擎将网站／网页信息收录到索引数据库，用户利用关键词进行检索，选择有兴趣的信息并点击 URL 进入信息源所在网页。这样便完成了企业从发布信息到用户获取信息的整个过程，这个过程也说明了搜索引擎营销的基本原理。利用搜索引擎进行旅游营销，需要根据搜索引擎基本原理和旅游市场营销的规律，做好五方面保障性的基础工作。

（1）构造信息源。信息源是搜索引擎营销的基础，需要构造适合于搜索引擎检索的信息源。网站建设是互联网营销基础，网站中的旅游信息是搜索引擎检索的基础。旅游信息源构建不仅需要站在搜索引擎的友好角度，还应包括用户友好和网站友好，即利于搜索引擎检索，还要利于浏览者获得旅游信息和网站管理维护。

（2）创造收录机会。创造收录机会就是创造网站／网页被搜索引擎收录的机会。网站建成把旅游信息发布到互联网上，并不意味着就达到搜索引擎旅游营销的目的。网站建设除了精美之外，最重要的是旅游信息被搜索引擎收录，如果不能被搜索引擎收录，用户便无法通过搜索引擎发现网站中的旅游信息，就不能实现利用搜索引擎进行旅游营销的目的。

（3）信息靠前。在搜索引擎营销中，网站信息仅仅被搜索引擎收录还不够，还需要让旅游信息出现在搜索结果中靠前的位置。因为搜索引擎收录的信息通常都很多，当用户输入某个关键词进行检索时会反馈大量的结果，如果旅游信息出现的位置靠后，被浏览者发现的机会就大为降低，搜索引擎旅游营销的效果也就无法保证。

（4）获得关注。在对搜索引擎检索结果的观察中，浏览者通常并不点击浏览检索结果中的所有信息，而是从中筛选一些相关性最强的进行点击，进入网页获得完整的信息。搜索引擎营销的旅游信息需要获得关注，需要对每个搜索引擎收集旅游信息的方式进行针对性的研究，找到浏览者对旅游信息的关注点，使之在搜索有限的信息中获得用户关注。

（5）提供方便。浏览者通过点击搜索进入网站／网页，是搜索引擎旅游营销产生效果的基本表现形式。游客进一步的搜索行为，决定了搜索引擎旅游营销是否获得收益的关键。因此，需要在浏览者进一步获取旅游信息的路径上提供方便，使浏览者转化为潜在旅游者，或者直接购买旅游产品。

在五方面保障性的基础工作中，都可以理解为搜索引擎的旅游营销过程，只有将浏览者转化为旅游者才是搜索引擎营销最终目的。

3. 搜索引擎营销特点

搜索引擎营销的基本思想是让用户发现信息，通过点击进入网站／网页进一步了解所需要的信息。被搜索引擎收录、在搜索结果中排名靠前是营销策略中两个最基本的目标。搜索引擎营销具有六个特点。

（1）网站基础。搜索引擎营销是网站推广的常用方法，搜索引擎营销需要以企业网站为基础，没有建立网站就无法进行搜索引擎营销。搜索引擎营销与企业网站密不可分，网站设计的专业性对搜索引擎营销的效果产生直接影响。

（2）向导作用。搜索引擎检索出来的是网页信息的索引，一般只是网站／网页的简要介绍，或者搜索引擎自动抓取的部分内容，而不是网页的全部内容，搜索结果只能是一个导引。到此，搜索引擎传递的信息只发挥向导作用，如果需要浏览者继续搜索，就需要有吸引力的索引内容展现给浏览者，吸引浏览者进入相应的网页，继续获取信息。因此，在搜索引擎传递信息的基础上，网站／网页如何提供给浏览者所期望的信息，就是搜索引擎营销所需要研究的主要内容。

（3）浏览者主导。搜索引擎营销是浏览者主导的网络营销方式。没有哪个企业或网站可以强迫或诱导浏览者的信息检索行为，使用什么搜索引擎，通过搜索引擎检索什么信息，完全是由浏览者自己决定，在搜索结果中点击哪些网页也取决于浏览者的判断。因此，搜索引擎营销是由浏览者所主导的，最大限度地减少了营销活动对浏览者的滋扰，符合网络营销的基本思想。

（4）高程度定位。网络营销特点之一，就是可以对浏览者行为进行准确分析，实现高程度定位。搜索引擎营销在浏览者定位方面具有更好的功能，尤其是在搜索结果页面的关键词，完全可以实现与用户检索所使用的关键词高度相关，提高营销信息被关注的程度，最终达到增强搜索引擎营销效果的目的。

（5）增加访问量。搜索引擎营销的效果，表现为网站访问量的增加，而不是直接销售。搜索引擎作为网站推广的主要手段，营销的使命是获得访问量，访问量是否最终转化为收益，不是搜索引擎营销可以决定的。实现访问量的收益转化是网站的任务。

（6）阶段性。搜索引擎营销是搜索引擎服务在网络营销中的具体应用，应用方式上依赖于搜索引擎的工作原理、提供的服务模式，当搜索引擎检索方式和服务模式发生变化时，搜索引擎营销方法也应随之变化。因此，搜索引擎营销具有阶段性，搜索引擎营销需要适应网络服务环境的变化，需要与网络营销服务环境相协调。

4.搜索引擎营销目标

搜索引擎营销目标是一种与市场关联的网络营销方法体系上的目标，主要是通过网络技术的改进和提高加以实现。搜索引擎营销目标有收录目标、排名目标、访问量目标、推广目标等四个目标层次。

（1）收录目标。收录目标是指在主要的搜索引擎／分类目录中获得被收录的机会目标，目标方向就是让网站中尽可能多的网页获得被搜索引擎收录，而不仅仅是网站首页。收录目标是搜索引擎的存在层目标，是搜索引擎营销的基础，离开收录目标，搜索引擎营销的其他目标就不可能实现。

（2）排名目标。排名目标是指在被搜索引擎收录的基础上，尽可能获得好的排名，即在搜索结果中有良好的表现，也称为表现层。因为浏览者关心的只是搜索结果中靠前的少量内容，如果利用主要的关键词检索时网站在搜索结果的排名靠后，可以利用关键词广告、竞价广告等形式作为补充手段，来实现排名靠前的目标。同样，如果在分类目录中排名位置不理想，可同时考虑在分类目录中利用付费等方式获得排名靠前。

（3）访问量目标。搜索引擎营销的访问量目标直接表现为网站访问量指标，通过搜索结果点击率的增加，来达到提高网站访问量的目标。由于只有受到用户关注，经过用户选择后的信息才可能被点击，因此访问量目标又称为关注层目标。通过搜索引擎营销实现访问量增加的目标，需要从整体上进行网站优化设计，充分利用关键词、广告等进行有价值的搜索引擎营销专业服务。

（4）推广目标。搜索引擎营销的推广目标是指通过访问量的增加转化为企业最终实现收益的目标，又称为转化层目标。推广目标是各种搜索引擎方法所实现效果的集中体现。从各种搜索引擎策略到产生收益，其间的中间效果表现为网站访问量的增加，网站的收益由访问量转化形成，从访问量转化为收益则是由网站的功能、服务、产品等多种因素共同作用的结果。推广目标在搜索引擎营销中属于战略层次的目标。

搜索引擎营销追求最高的性价比，以最小的投入，获取搜索引擎最大的访问量，产生商业价值。用户在检索信息时所使用的关键字反映出浏览者对旅游产品的关注，这种关注是搜索引擎之所以被应用于网络营销的根本原因。

5.搜索引擎营销方法

搜索引擎营销主要实现方法包括竞价排名、分类目录登录、搜索引擎登录、付费搜索引擎广告、关键词广告、TMTW 来电付费广告、搜索引擎优化（搜索引擎自然排名）、地址栏搜索、网站链接策略等。

（1）竞价排名。竞价排名顾名思义就是网站付费后才能被搜索引擎收录，出现在搜索结果页面，付费越高者排名越靠前；竞价排名服务，是由客户为自己的网页购买关键字排名，按点击计费的一种服务。客户可以通过调整每次点击付费价格，控制自己在特定关键字搜索结果中的排名；并可以通过设定不同的关键词捕捉到不同类型的目标访问者。

而在国内最流行的点击付费搜索引擎有百度、雅虎和 Google。值得一提的是即使是做了 PPC（Pay Per Click，按照点击收费）付费广告和竞价排名，最好也应该对网站进行搜索引擎优化设计，并将网站登录到各大免费的搜索引擎中。

（2）关键词广告。在搜索结果页面显示企业广告内容，实现高级定位投放，根据需要更换关键词，相当于在不同页面轮换投放广告。任何一个旅游目的地都会有已知性很高的关键词，可以采用搜索引擎关键词广告营销方法，获得推广效益。有时关键词广告并不一定要是旅游型的关键词，如清明节期间，百度上搜索量最大的就是清明节放假。如果旅游目的地选择清明节关键词进行投放，并明确访问区域，那么就抓住了清明节的广告营销机会，成功把景区快速地推荐给浏览者。

（3）定价提名。定价提名是基于 DataEX 架构、FIBI 架构和云计算等技术于一身，集效果和推广成本，排名和转化率多重优势于一体的互联网搜索营销 SEM 全新的解决方案。FIBI 架构实现全网搜索引擎的物理算法分析，DataEX 实现多个系统数据的无缝链接和实时交换，Paas 架构的云计算充分保障海量访问检索的需求。所以，与传统的 SEO 不同，定价提名是互联网 SEM 领域将技术产品化、服务化的全新解决方案。

（4）搜索引擎优化（SEO），就是通过对网站优化设计，使得网站在搜索结果中靠前。搜索引擎优化（SEO）又包括网站内容优化、关键词优化、外部链接优化、内部链接优化、代码优化、图片优化、搜索引擎登录等。

（5）PPC 就是按照有效通话收费，比如"TMTW 来电付费"，就是根据有效电话的数量进行收费。购买竞价广告也被称做 PPC。

2009 年澳大利亚昆士兰旅游局所策划的"世界上最好的工作"网络营销也是一个搜索引擎营销活动的成功案例。澳大利亚昆士兰旅游局利用搜索引擎营销方法，成功地将大堡礁推荐给了全世界的旅游爱好者。随着活动策划方的浮出水面，大堡礁与"世上最好工作"关键词迅速地联系在了一起，从而让所有的搜索用户在查找这个关键词的时候，都了解到了大堡礁的信息。在百度搜索结果达到 100 万篇，在 Google 搜索高达 1720 万条，该机构利用不足 170 万澳元的投入带来超过 1 亿澳元（约 5 亿人民币）的公关价值。

6. 搜索引擎营销发展趋势

进入 21 世纪，我国搜索引擎营销呈现出发展的趋势。根据艾瑞咨询《2007—2008 年中国搜索引擎行业发展报告》显示，2007 年中国搜索引擎市场规模达 29.0 亿人民币，相比 2006 年同比增长 108.3%。2008 年 2 月，adSage（中国）公司与百度合作，推出百度竞价排名广告系统管理工具 adSage for Baidu，成为基于百度 API 的第一款搜索引擎营销工具，中国搜索引擎营销市场已经开始进入国际市场。

（1）搜索引擎营销服务深度增加。随着我国搜索引擎运营商逐步开放 API 数据，第三方公司将开发大量搜索引擎营销技术工具，广告主可以在本地系统中完成统计、分析、修改等管理功能，无需访问 Web 用户界面。自动智能体系取代人工方式，应用深度增加。

（2）搜索引擎营销得到广泛认同。随着搜索引擎用户的不断增长，搜索引擎将逐渐成为细分覆盖最高的媒体。虽然还是有企业把网络营销、搜索引擎营销和传统营销在经营思想上分开处理，但是无论中小型企业还是大型企业，都在关注网络营销和搜索引擎营销，他们积极与技术先进的第三方公司合作，完善他们的搜索引擎营销服务体系，共同驱动未来中国的搜索引擎市场。

（3）搜索引擎营销渐成营销战略组成部分。信息化和网络营销得到企业重视程度加深，越来越多的企业不仅仅购买搜索引擎广告或者搜索引擎优化，而是将搜索引擎营销作为企业营销战略的一个组成部分。搜索引擎营销可能发展成为网络营销一个相对完整的分支，产业化的趋势将创造更多的市场机会。

（4）搜索引擎营销服务紧贴民生。我国搜索引擎服务的发展历程，除了与全球范围相似的趋势，还逐渐形成了中国特色的发展趋势。目前，搜索引擎用户所需要的各种信息，包括工作与生活等服务都在一个搜索平台上实现，人们希望一站式服务来满足多方面搜索需求。因此，我国搜索引擎服务融合了门户、社区等优势元素，逐渐向产品多元化转型。根据 IUSERTRACKER 最新数据显示，我国的搜索引擎运营商正根据用户搜索内容的转变来优化产品线，力图使搜索服务一站式满足用户多方面的信息和内容需求。

四、旅游微博营销策划

旅游微博营销是通过旅游微博平台为旅游业创造价值而执行的一种营销方式，也是旅游业通过微博平台发现并满足浏览者旅游需求的商业行为。换言之，旅游微博营销通过微博的方式，把每一个浏览者（粉丝）看作潜在旅游营销对象，传播旅游信息，树立旅游业旅游形象，达到旅游营销的目的。

1. 微博营销分类

微博营销作为一种新颖的市场营销方式受到了几乎整个社会的关注，形成了主流微博营销、企业微博营销、个人微博营销等不同类型、不同范围、不同层次的微博营销。

（1）主流微博营销。主流微博营销是互联网企业所经营的微博营销，基本上每家互联网公司或者网站都有自己的微博平台，如喧客微博、新浪微博、网易微博、腾讯微博、搜狐微博等。做得最好的是新浪微博，功能最全面的则属喧客微博。喧客微博是一款专业的微博营销平台，提供多账号、团队协作、定时发布、定时转发、关系管理、数据分析、图片水印、图片拼接、内容库、图片库等微博管理功能，为政府、企业等机构微博团队协作运营，提供了全方位的支持。

（2）企业微博营销。企业微博营销以盈利为目的，通过微博增加企业的知名度，最后达到能够将企业产品销售的目的。企业微博营销主要内容包括有奖活动、促销信息、新产品告诉、公司活动、特征效劳、公司文明、知识问答、话题辩论、媒体报道等。企业微博营销在尚不具有知名度之前，短短的微博很难给消费者一个直观的商品理解，而且微博更新速度快，信息量大，一时达不到市场营销目的。因此，企业微博营销时，需要建立固定的目标消费群体，与粉丝多交流，多互动，多做企业宣传，形成微博营销的形象基础。

（3）个人微博营销。每一个人都可以在新浪、网易等等网站，注册一个微博，然后利用微博平台，通过撰写和更新微型博客，以感兴趣的话题参与交流，达到营销的目的。个人微博营销常常是由个人本身的知名度得到别人的关注和了解。明星、成功商人，或者社会成功人士，运用微博推介自己，抒发感情，让粉丝更进一步了解自己和喜欢自己，功利性并不明显，一般是由粉丝们跟踪转帖来达到营销效果。

2. 微博营销特点

微博营销是一个新的网络营销方式。据统计，2013 年新浪与腾讯微博、网易微博和搜狐微博的注册用户总数已经突破 6 亿，每天日登陆数超过了 4000 万，标志着中国互联网已经进入微博时代。微博用户的发展，使微博营销逐渐显现出独具的特点。

（1）高技术性。微博平台具有及时、地下、互动、转发、组建群组、可链接、可搜索、可评说、可发图、可视频、能话题辩论、能组织活动、能会议直播等功用，可以从文字、图片、视频等多维角度展现形式对产品进行描述，浏览页面生动而有吸引力，使潜在消费者能形象接受信息。

（2）传播快。微博最显著特征就是传播迅速。微博传播是属于病毒式、裂变式传播。一条热度高的微博在互联网平台上发出后，粉丝短时间内互动性转发，一传十，十传百，可以抵达微博世界的每一个角落，达到短时间内最多的目击人数，有效实现品牌建立和传播。

（3）覆盖广。微博信息支持各种平台，包括手机、电脑与其他媒体。同时，微博涵盖问题广泛，传播方式多样，转发方便，便于网友交流，覆盖广。

（4）成本低。微博营销优于传统大众媒体，发布门槛低，无需严格审批，节约时间和成本。博客发布140个字信息，远比广告、报纸、电视等媒体容易，而且具有同样的效果和同样的受众，但成本更低。前期一次投入，后期维护成本低廉。

（5）针对性强。关注企业或者产品的粉丝都是本产品的消费者或者是潜在消费者，企业微博营销可以进行精准营销。

（6）见效快。微博营销是投资少、见效快的一种新型的网络营销模式，营销方式和模式可以在短期内获得最大的收益。

（7）开放性。微博几乎是什么话题都可以进行探讨，没有什么拘束，具有最大的开放性。

（8）信息发布便捷。微博营销操作简单，信息发布便捷。微博支持网页界面发表和评论，可以通过定时发布、定时转发等功能，随时随地记录生活点滴。微博营销发布信息，操作简单便捷。一条微博最多140个字，只需要简单构思，就可以完成一条信息的发布。

（9）互动性强。微博信息平台，支持与粉丝即时沟通，可以及时获得用户反馈。

（10）高端人群。微博用户群是中国互联网使用的高端人群，是城市中对新鲜事物最敏感的人群，也是中国互联网上购买力最高的人群。

微博是社会化营销的第一工具、第一平台，目标是扩大和客户互动的范围。微博营销所具有的特点，使微博营销具有旅游市场营销的巨大优势。

3. 微博营销原则

微博营销是一种公众市场营销，需要尊重社会发展规律和市场运行规律，需要遵循真诚守信、宽容守德、乐观开朗、个性魅力、利益情感、趣味生动、互动回复、创新拓展、热度联系等原则。

（1）真诚守信原则。真诚守信是微博营销的基本原则。微博营销是长期性的市场营销行为，需要在营销活动中，与微博上的朋友真诚相待，真诚互动，以真诚守信获取声誉，以真诚守信获取财富。

（2）宽容守德原则。微博营销需要以宽容的心态面对营销对象，以守德规范微博营销行为，言语体现大气和风度，行动循德而为。在微博营销中，宽容守德就意味着提升价值。

（3）乐观开朗原则。乐观开朗是结交朋友的重要基础，因为人们愿意和乐观开朗的人交朋友。微博营销的乐观开朗需要通过博客文章来体现。微博文章互动乐观开朗，体现人的性格，也体现人的情怀。

（4）个性魅力原则。在竞争激烈的微博营销中，千篇一律的营销手段将使得受众产生审美疲劳，只有具个性魅力的微博账号和微博营销者才能脱颖而出。微博营销品牌最有价值的核心是个性魅力，有了个性魅力就有市场客户。

（5）利益情感原则。就是在利益和情感上，创造性地满足微博粉丝的利益需求和内心需求。比如通过微博发布一些旅游打折信息和秒杀信息。

（6）趣味生动原则。趣味生动是博客文章的生存基础，博客文章缺乏趣味性和生动性就无法吸引浏览者，博客文章无人浏览，微博营销就无从谈起。要以趣味生动的笔调来写微博，内容轻松有趣，给人亲切的感觉；语言诙谐幽默，给人生动有趣的印象。在微博营销手法上，适度的幽默和滑稽的情节，能获得旅游市场营销的好效果。

（7）互动回复原则。互动是微博营销效益的生动体现。微博营销互动有情感互动和奖品互动。情感互动需要微博经营者认真回复留言，像朋友一样地交流，用心感受粉丝的思想，唤起粉丝的情感认同。奖品互动，就像朋友之间的情谊交流，连接情感，坚固联系，提高微博营销效益。

（8）创新拓展原则。微博营销本身就是创新拓展原则的产物，创新拓展使微博营销模式具有很大的扩展性和探索空间。创新拓展原则需要贯穿微博营销活动始终，创新形式和内容，创新发展机会，拓展微博营销的市场空间。

（9）热度联系原则。微博营销是一种交往式营销，需要通过热度的微博信息交往，保持密切的微博联系。可以设置问题让粉丝答疑，可以组织辩论，让微博营销的消息及回复引起热议波澜，收到旅游市场营销效益。

4. 旅游微博营销策划

旅游微博营销策划是系统策划，包括宏观旅游微博营销战略策划和微观旅游微博营销操作技术策划，需要做到目标、消费者、文体、创意四明确。

（1）明确目标。旅游微博营销策划的首要任务，就是根据旅游资源、旅游区位、旅游市场的调查和分析，明确旅游微博营销目标，指导整体旅游微博营销策划，规范锁定旅游微博目标人群，设计旅游微博活动项目，确定旅游微博活动细则、活动文案撰写、前后期活动宣传与总结等旅游微博营销活动。

（2）明确消费者。旅游微博营销的根本和核心是旅游市场经济效益，旅游市场经济效益的贡献就是消费者。在旅游微博营销策划中，需要明确旅游消费者，有目的、有针对、有规划地将旅游产品信息传递给消费者，打造真实庞大的忠诚粉丝团。

（3）明确文体。旅游微博营销是以博客文章形式进行旅游营销活动，博客文章是旅游微博营销的主体，旅游产品信息需要以文章为载体，通过文章来传递。文章的文体就成了旅游微博营销策划的关键。旅游微博营销的文章体裁应选择内容短小精悍的文案体或短信体，字数100—130，图文并茂，或短视频，人人都能读懂。

（4）明确创意。创意是旅游策划的宗旨，好的旅游微博营销策划，必须有好的旅游微博营销策划创意。好的创意由整合分析旅游资源和市场营销资源获得，将常规旅游内容做到有情趣、有价值。以创意为核心，通过生动博文，巧妙引爆话题，驱动旅游微博营销。

旅游微博营销策划还需要注重价值的传递、准确的定位、系统的布局、内容的互动，扩大旅游微博营销效果。

5. 旅游微博营销技巧

旅游微博营销需要以持续发展为战略方向，需要把旅游微博变得有声有色，单纯在博文内容上传递旅游价值还不够，需要讲求方法技巧。

（1）微博主题、命名和定位技巧。旅游微博营销要持续发展，需要有明确、具体的旅游主题，锁定旅游微博范围，如观光、自驾、摄影、钓鱼、娱乐、美食、养生等。旅游微博选材，尽量做到具体、细化、准确。依据旅游主题，策划出富有特色、主题鲜明、易懂好记的微博名字。旅游微博取名要富有文化，具有网络文化气息，受人关注。待有关注度和粉丝量后，可改以个人名字命名旅游微博。依据旅游主题和命名，确定旅游微博定位，发展目标消费群体，把握旅游微博营销的商业价值。

（2）微博内容建设技巧。旅游微博内容的建设、更新和维护是旅游微博营销得以持续发展的基础工作，也是旅游微博营销最重要的工作。旅游微博内容建设技巧，其一，围绕旅游微博主题定位，制定专业内容规划和策略，避免流于平庸，控制内容的有效性。其二，原创微博与转发微博相结合。坚持原创内容建设，制定转发热门内容比例，比例以 1∶5 为宜。在高质量和具有价值的原创旅游微博不足的情况下，可以结合转发质量高的旅游微博。转发高质量旅游微博，不仅可以省力气，还能提高旅游微博营销质量。其三，内容贴近生活、贴近现实、贴近旅游新闻热点、贴近旅游事件，积极转载旅游热点微博话题和内容，重视旅游突发事件的现场直播报道。其四，文字精炼，图文并茂。旅游微博虽然限制一百余字，仍然要求越少越好。人类本能地对视觉图像有兴趣，每篇博文配上对应的图片或视频，可以化解枯燥乏味的文字，提高旅游博客质量。

同时，在图片上打上水印，利于旅游形象推广。其五，适当利用时光机，降低工作量，增加发布频率，增进旅游微博营销活跃度。

（3）微博工作技巧。旅游微博营销工作技巧，其一，掌握微博发布时段。可以分别在每天早上 9:00—10:00，中午 11:30—13:00，下午 17:30—18:00 等三个时段发布微博。其二，掌握微博发布数量和频率。每天定量、定向发布微博，让粉丝养成观看习惯。每天的发布量控制在 5—10 条为宜，并合理分布在三个时段，每个时段可以发布 2—3 条。其三，掌握微博发布数量和质量。大量地发布微博内容自然是有利的，可以在一段时间内占据关注者的微博首页，至少不会被快速淹没。但是一定要保证微博质量，在质量和数量的选择上，要以质量为先。其四，掌握微博主题关键词。在旅游微博的名字、签名、标签里要合理地增加符合旅游微博主题的关键词，塑造旅游微博不可替代的个性与独特魅力。其五，掌握布局。旅游目的地和旅游企业可以在多个人气旺的微博网站同时开建微博，比如新浪、搜狐、网易、腾讯等，一份博文稿可以同时发在各微博上，既可以大大提高传播效率，又能摊薄经管成本。

（4）获取微博粉丝技巧。旅游微博营销是一种基于信任的主动传播，取得粉丝技巧的根本是信任，只有取得用户的信任，才能在发布旅游营销信息时，得到转发、评论，才能产生较大的旅游传播效果和旅游营销效果。获得微博粉丝信任的方法，其一，原创内容建设，以原创信任吸引相同志趣人的关注；其二，勤更新，循序渐进，耐心经营，持之以恒，不断扩大粉丝队伍；其三，保持和粉丝的联系与互动，积极赞粉丝信息，并参与转载、回复、评论，以真诚和热情获得粉丝认同；其四，多组织活动，以新颖性话题吸引粉丝，与粉丝结成紧密关系。

（5）发布广告技巧。发布旅游广告信息是旅游微博营销的重要职能，但是需要掌握旅游广告信息与微博信息的比例和广告信息发布的方式。旅游广告信息不能超过微博信息的10%，最佳比例是 3%—5%。旅游广告信息应该巧妙地融入粉丝感兴趣和有价值的微博中。在编辑旅游广告信息时，措辞要自然，不要太直白。在把旅游广告信息与对粉丝有价值微博相融合时，尽可能具有一定的隐蔽性，显得人性化。在实践中，与有价值微博融合的旅游广告信息，获得很高的转发率。

旅游微博营销可以在微博用户间扩大旅游业的知名度、美誉度，可以发掘潜在旅游者，提升旅游市场销量。旅游微博营销对于个人，可以开拓视野，获取信息，认识朋友，树立个人品牌形象，打造与时俱进、不落伍的个人信息获知平台。旅游微博营销以极高的传播速度和传递规模，创造出惊人的力量，这种力量可能是正面的，也可能是负面的。因此，必须对旅游微博营销进行有效掌控，谨慎推敲所要发布的旅游博文，避免留下负面问题。一旦出现负面问题，要及时跟进处理，积极而谨慎对待，控制局势，不可放任自流。旅游微博营销活动要善始善终，积极良性引导旅游微博营销活动过程。旅游微博营销是一柄双刃剑，需要共同呵护，发挥推动社会发展的积极作用。

五、旅游微信营销

微信是腾讯的一款语音产品，手机通信软件的语音短信、视频、图片和文字功能，有效地支持了微信的发展。旅游微信营销是网络经济时代企业营销的创新模式，是伴随着微信而兴起的网络营销方式。旅游微信营销，包括微信平台、微官网、微信会员卡、微旅游、微餐饮、微房产、微汽车、微酒店、微服务等多种个性营销产品。

1.微信营销特点

微信营销不存在距离的限制，用户注册微信后，可与周围同样注册的"朋友"形成联系，共享互发信息，商家通过提供产品信息，推广产品，具有点对点、形式多样、互动及时等营销特点。

（1）点对点营销。微信拥有庞大的用户群，借助移动终端、天然的社交和位置定位等优势，每个信息能够让每个人都有接收机会，就帮助商家实现点对点精准化营销。信息点对点即一对一发送，给人以"专享"的感觉，比大众媒体的感受要好。通过点对点的信息关注和推送，微信营销可以向"粉丝"推送包括新闻资讯、产品消息、产品活动等信息，达到营销目的。

（2）形式多样。微信营销设计有漂流瓶、位置签名、二维码、开放平台、公众平台等多样的营销形式。漂流瓶营销，用户可以发布语音或者文字然后投入大海中，如果有其他用户"捞"到则可以展开对话，如招商银行的"爱心漂流瓶"。签名营销，就是商家可以利用"用户签名档"免费广告位为自己做宣传，附近的微信用户就能看到商家的信息，如 K5 便利店等就采用了微信签名的营销方式。二维码营销，即用户可以通过扫描识别二维码身份来添加朋友。企业则可以设定品牌的二维码，用折扣和优惠来吸引用户关注，开拓 O2O 营销模式①。开放平台营销，即通过微信开放平台，应用者可以接入第三方应用，将应用的LOGO 放入微信附件栏，使用户可以方便地在会话中调用第三方应用，进行内

---

① O2O 营销模式，又称离线商务模式，是指线上营销线上购买带动线下经营和线下消费。O2O 通过打折、提供信息、服务预订等方式，把线下商店的消息推送给互联网用户，从而将他们转换为自己的线下客户，客户线上购买后必须到店里消费，比如餐饮、健身、看电影和演出、美容美发、摄影等。

容选择与分享。如某商店的用户可以将自己在商店购买商品的内容分享到微信中，可以使某商店购买的商品得到不断的传播，进而实现口碑营销。公众平台营销，即在微信公众平台上，每个人都可以用一个QQ号码，打造自己的微信公众账号，并在微信平台上实现和特定群体的文字、图片、语音的全方位沟通和互动。通过公众平台，个人和企业都可以打造一个微信的公众号，实现和特定群体的文字、图片、语音的全方位沟通、互动。

（3）互动及时。微信营销具有信息互动交流很强的及时性，不用守在电脑前，无论处在哪里，只要带着手机，就能够很轻松地与微信的好友和潜在的旅游者进行很好的信息互动。微信营销基于网络微信，及时的微信互动，让商家与客户回归真诚的人际沟通，体现了真正的人性营销。

2. 微信营销优势

微信营销一对一交流的良好互动性，在精准推送信息的同时能形成一种朋友关系。基于微信优势，借助微信平台开展客户服务营销，微信营销具有高到达率、高曝光率、高接受率、高精准度、高便利性等营销优势。

（1）高到达率。营销效果很大程度上取决于信息的到达率，是所有营销的关注点。与手机短信群发和邮件群发被大量过滤不同，微信公众账号所群发的每一条信息都能完整无误地发送到终端手机，到达率高达100%。

（2）高曝光率。曝光率是衡量信息发布效果的另一指标。与微博相比，微信信息拥有更高的曝光率。在微博营销过程中，除了少数一些技巧性非常强的文案和关注度比较高的事件被大量转发获得较高曝光率之外，直接发布的广告微博很快就淹没在微博滚动的动态中，除非是刷屏发广告或者用户刷屏看微博。微信是由移动即时通讯工具衍生而来，具有很强的提醒力度，比如铃声、通知中心消息停驻、角标等，随时提醒用户收到未阅读的信息，曝光率高达100%。

（3）高接受率。据统计，我国微信用户已达7亿之众，微信已经超过手机短信和电子邮件等主流信息接收工具，广泛性和普及性成为微信营销的客户基础，形成了一些微信大号动辄数万甚至十数万粉丝。此外，由于公众账号的粉丝都是主动订阅，信息也是主动获取，完全不存在垃圾信息招致抵触的情况。

（4）高精准度。事实上，拥有粉丝数量庞大和用户群体高度集中的行业微信账号，是真正可观的营销资源和推广渠道。例如，酒类行业知名媒体佳酿网旗下的酒水招商公众账号，拥有近万名由酒厂、酒类营销机构和酒类经销商构成的粉丝。精准用户粉丝相当于一个盛大的在线糖酒会，每一个粉丝都是潜在客户。

（5）高便利性。移动终端的便利性再次增加了微信营销的高效性。相对于PC电脑而言，未来的智能手机不仅能够拥有PC电脑所能拥有的任何功能，而且携带方便，用户可以随时随地获取信息，给商家的营销带来极大的方便。

随着微信的不断发展，未来延伸的微信营销优势将增多，使微信营销具有更大的优势。

3. 微信营销模式

随着微信的信息传递优势不断显现，伴随而来的微信营销模式不断创造，其中，签名档广告、漂流瓶、O2O 折扣、公众平台、微信开店等模式值得重视。

（1）签名档广告模式。该模式基于 LBS 的功能插件"查看附近的人"，使更多陌生人看到广告。具体功能模式是，用户点击"查看附近的人"功能后，可以查找到周围的微信用户。在附近的微信用户中，除了显示用户姓名等基本信息外，还会显示用户签名档的内容。当"查看附近的人"使用者足够多时，就将简单的签名栏变成"黄金广告位"，产生营销效益。

（2）漂流瓶营销模式。漂流瓶有两个简单功能，其一，"扔一个"，用户可以选择发布语音或者文字然后投入大海中；其二，"捡一个"，"捞"大海中无数个用户投放的漂流瓶，"捞"到后也可以和对方展开对话，每个用户每天有 20 次机会。某一时间段抛出的"漂流瓶"数量大，普通用户"捞"到的频率就会增加，获得营销效果。

（3）O2O 营销模式。微信顺应二维码发展潮流，结合 O2O 营销模式展开营销活动。具体将二维码图案置于取景框内，获得成员折扣、商家优惠资讯。企业加入二维码扫描，就可以坐拥上亿用户的微信，具有极高的营销价值。

（4）公众平台营销模式。微信公众平台营销模式已经使得微信作为一种移动互联网营销渠道，微信公众平台的上线，则使这种营销渠道更加细化和直接。

（5）微信开店模式。微信开店（微信商城）是由企业申请获得微信支付权限并开设微信店铺的平台。公众号要申请微信支付权限，需要具备两个条件，一必须是服务号，二是申请微信认证，获得微信高级接口权限。商户申请了微信支付后，可以利用微信的开放资源，搭建微信店铺。企业在微信开店，方便推送信息和解答消费者疑问，有利于产品营销和产品品牌建设。

微信营销模式比较活动营销模式，更能吸引目标消费者，从而达到预期的推广目的。

4. 旅游微信营销策略

在旅游微信营销中，打造旅游微信的可信度和转发度是营销重要任务，也是旅游微信营销发展的关键，需要采用"意见领袖"、"病毒"和"视频图片"等营销策略，实现旅游微信营销的发展。

（1）"意见领袖"营销策略。精英人士、知名人士等社会名流都是意见领袖，他们的观点具有强大的旅游辐射力和渗透力，对大众言辞有着重大的影响作用，可以潜移默化地改变人们的旅游消费观念，影响人们的旅游消费行为。旅游微信营销可以有效地综合运用意见领袖们的影响力，激发社会旅游需求，激发旅游购买欲望。

（2）"病毒"营销策略。旅游微信具有即时性和互动性、可见度、影响力以及无边界传播等特质，适合应用病毒式营销策略。可以利用微信平台的群发功能，将旅游业的旅游信息群发到微信好友；可以利用二维码的形式，发送旅游业优惠信息。病毒式营销可以激发口碑效应，使顾客主动为旅游目的地和旅游企业做旅游宣传，将旅游产品和服务信息传播到互联网生活的每个角落。

（3）"视频图片"营销策略。视频与图片具有容易识读和乐于接受的特性，在旅游微信营销中，运用"视频、图片"营销策略，可以获得投资小、传播快的营销效果。图片最受网友欢迎，活跃时间也比较长，一般可达到一年之久。通过生动的视频图片将旅游产品、旅游服务信息传送给潜在游客，赢得旅游竞争优势，打造出优质旅游品牌。

旅游微信营销的优势还在于浏览者的沟通深度。在根本上，旅游微信营销策略就是跟进微信展开深度运营，通过建设忠实的旅游微信粉丝群体，达到旅游微信营销的目的。

5. 旅游微信营销策划

旅游微信营销是互联网新型的营销方式，旅游微信营销以智能手机为依托。随着智能手机的越来越普及，微信已经慢慢地从高收入群体走向大众化，旅游微信营销发展前景非常值得期待，值得分析和研究旅游微信营销策划。

（1）让游客即时获得旅游信息。作为游客，无论去什么地方旅游，首先是了解景区景点信息和旅游度假信息，然后再找酒店安排食宿和确定出行方式。因此，旅游微信营销需要在第一时间，有针对性地及时有效地将旅游信息传递到需要的游客手机上，让游客即时有效地从微信得到旅游景区和旅游度假信息。旅游微信营销需要利用微信相关旅游信息，让游客在需要时能查找到相关信息。

（2）让微信公众平台，提供优质旅游服务。微信公众平台，是微信用户知晓信息的有效平台，是进行旅游微信营销的最佳工具。微信公众平台分个体平台和综合平台。个体平台就是每个景区都可以开通平台，通过平台发布旅游信息，都会有独一无二的"微信公众平台二维码图片"，将平台的二维码图片及微信号印制到宣传单、景区门票、宣传广告页面、网络宣传页面、景区展板、喷绘广告等等地方，方便网友用手机扫描获取信息。综合服务平台将个体平台进行汇集，不但方便微信用户获得关注旅游景区的信息，也可了解其他旅游目的地和景区的旅游信息，创造巨大的旅游市场空间。充分利用旅游微信营销平台，为想去旅游的微信网友，通过手机微信，随时随地预订景区门票、订酒店、购物等，实现智能无障碍旅游。

（3）让微信网友查看完整信息。在旅游微信的文章下，在结尾提示线路报价并附加该线路的购买网址，引导微信用户不知不觉地关注旅游。避免只能通过主页查看获取旅游内容，给微信用户带来不必要的操作麻烦。

（4）让旅游微信营销，形式多样化、趣味化。旅游微信营销不仅仅需要诗的文章和优美的图片，还需要形式多样、趣味的活动策划，让旅游微信营销有内容有便利，新鲜有趣，激发微信网友旅游出行。

6. 旅游微博营销与旅游微信营销比较

微博和微信无疑是当前最具影响力的两大媒体平台，形成了以微博和微信为平台的旅游微博营销和旅游微信营销。微博和微信各有长处与不足，相应形成了旅游微博营销和旅游微信营销不同的传播属性和营销功能区别。

（1）客户群比较。旅游博客营销的客户群中存在着太多的无关粉丝，并不能够真真实实地为你带来旅游客户，但是，旅游微信的用户却一定是真实的、私密的、有价值的、真实的旅游客户群。有媒体比喻，"微信1万个网友相当于新浪微博的100万粉丝"。

（2）属性比较。旅游微博营销社会化属性更强，旅游微信营销则是导客的很好的模式。旅游微博营销的传播广度和速度惊人，作为一个网络媒体营销平台，旅游微博营销的天然特性更适合旅游品牌传播，增大旅游品牌的曝光量。但是在传播深度及互动深度上不及旅游微信营销，在旅游品牌希望做到精准和品牌忠诚度时，就让旅游微信营销来解决旅游营销难题。因此，在未来旅游营销趋势上，旅游微博要更偏向于捕捉旅游品牌热点的实时反应和危机处理，旅游微信则偏向于CRM管理（公众平台）和线下互动活动。对此有专家形象比喻，旅游微博就像一个饭馆，旅游微信就像一个厨房，出去请大家吃饭是旅游微博生活，在家里和自己人吃饭是旅游微信生活。尽管旅游微博活跃度下降，深度交友沟通都移动到旅游微信上，旅游微博依然有很好的旅游品牌营销效果。[①]

（3）平台比较。旅游微博是一个偏媒体属性注重传播的平台，旅游微信是一个偏工具属性注重沟通互动的营销平台。旅游微信更多的是扮演一个对话、沟通、服务、管理的工具；旅游微信客服核心优势，就在实现人与人的实时沟通。此时，旅游客户所面对的是专业、服务质量优秀的旅游服务人员，对旅游客户咨询给出满意的回复。对于旅游行业，旅游微信是一个实用的"活路线活地图"、免费的管理系统和一个免费的群发信息平台。

---

① 飞博共创CEO尹光旭语。

据有关数据显示，至 2014 年，微博注册用户超过 6 亿，微信注册用户超过 7 亿，两个超级移动电商平台独占中国移动互联网 95% 以上的终端客户。在当下移动互联网时代，旅游微博和旅游微信成为两个重要的旅游营销平台。在旅游市场营销中，需要利用旅游微信和旅游微博协同进行旅游营销。

旅游微博和旅游微信都是具有优势媒体属性的媒体营销平台，不是谁取代谁，而是协同互补，发挥不同的营销价值作用。在旅游市场营销上，利用旅游微博营销做大范围的旅游品牌传播扩散，当旅游品牌形成后，通过旅游微信营销把旅游品牌传递给精准的旅游客户，利用旅游微信将忠实旅游客户链接起来。

六、口碑营销策划

口碑营销就是口传营销，通过个人的影响力将所获得的感受进行无意识传播。每个人都有以朋友、同学关系为基础的社交圈，每个人的社交圈都可以形成巨大的口碑营销场所，可以获得很好的旅游市场营销效果。旅游市场营销推广需要重视和借用口传的传播方式，策划既经济又效果好的口碑旅游营销方案。

口碑旅游营销是满足游客需求，赢得游客满意和忠诚，提高旅游企业和旅游品牌形象的过程。旅游企业有意识或无意识地生成、制作、发布口碑旅游题材，借助一定的渠道和途径进行口碑传播，实现旅游市场效益。口碑传播具有倍增效益，传播力量强大。口碑旅游营销具有传播成本小、产出大、速度快、效率高、风险低等特点。

口碑话题不是旅游目的地和旅游企业正式的营销宣传内容，也不是正式的旅游品牌说明，仅是一个简单而有意思的旅游信息。通过这一旅游信息，可以激起人们的旅游兴趣，引起人们的谈论。一次有创意的旅游人才招聘、一份旅游纪念品、一次旅游服务，都可以成为人们谈论的旅游话题，都可以进行口碑旅游营销策划。如某旅游主题餐厅制作了两套身高 2.5 米左右的人才能穿着的盔甲，在店门前立一块告示板："征集两名可以穿上该盔甲的人，达到要求者将被聘请为该店的迎宾接待使者，年薪 20 万元。"这个消息一公布即被多家媒体主动报道，引来很多应聘者，虽然最终没有能选出适合人选，但此举已经收到极好的口碑营销效果，仅用几百块的服装制作费，换来了几十万元的媒介广告宣传费。可见，口碑的宣传效果更是媒介广告所不能比拟的。

利用旅游服务策划口碑旅游营销。如福建武夷山风景名胜区始终注重旅游软环境建设，以游客需求为本，追求服务和谐。从游客角度出发，不断完善服务设施，规范景区的标识标牌，图文清晰，易于辨认；对云窝、九曲溪等主要景点的游步道、公厕进行改造，建有残疾人员专用蹲位、通道等设施，达到了无障碍化的要求；以游客满意为宗旨，倡导"人人都是旅游环境，人人都是武夷形象"的服务理念，开展服务竞赛。在开展的"八个一"评选竞赛活动中，评出了一批文明旅游线路，一批文明旅游公厕，一批文明宾馆酒店，一批文明旅游商店，一批文明导游员、服务员、竹筏工、花轿工。武夷山景区的工作人员早晨5点半就到岗，傍晚等到最后的一部旅游车开走才下岗。高质量的景区旅游服务，受到了游客的称赞。2005年，武夷山风景名胜区在"首届中国消费者（用户）喜爱品牌民意调查"中，获得"中国顾客十大满意风景名胜区"的荣誉称号。2006年、2009年两次被评为全国文明风景旅游区；2007年，武夷山风景名胜区成为我国首批国家5A级旅游景区，同时被评为"最受群众喜爱的十大景区"等。

武夷山风景名胜区严抓旅游服务质量，就是利用旅游服务进行了最好的口碑旅游营销策划，带给景区巨大的社会效应和经济效益。从1979年到2008年，武夷山风景名胜区建制30年，共接待海内外游客2430万人次，其中境外游客191.1万人次。2000年，景区游客首次突破100万人次，2007年天游峰景区首次突破单一景点百万游客大关；2008年，景区旅游人数222万人次，旅游总收入2.3亿元，分别是1979年的43倍和1150倍。[1]2009年1—7月，福建著名景区武夷山接待游客296.75万人次，同比增长10.86%，其中大陆游客288万人次，同比增长11.02%，台胞2.91万人次，同比增长18%。[2]2011年春节，武夷山景区接待游客16万人次，比增12.02%。[3]

有效的口碑营销，是旅游目的地、旅游企业本身软硬件建设的需要。口碑是游客亲身到旅游目的地进行旅游活动体验后的评价，最具旅游市场说服力。重视口碑旅游营销，不仅对中小旅游企业具有启发意义，对成熟的和发展的旅游目的地也具有巨大作用。

旅游市场营销策划是一个持续性的旅游策划，不能期望一次口碑旅游市场营销策划就能达到巨大的效果，建立起旅游名牌。在旅游产业的发展中，只有坚持正确的旅游市场营销思想，不论在什么地点和时间，都要以游客的口碑作为服务质量标准，以高质量标准的旅游服务，扩大口碑营销旅游市场效益，使旅游产业获得持续发展。

七、事件旅游营销策划

事件旅游营销是旅游业通过策划、组织和利用具有新闻价值、社会影响的

---

[1] 许雪毅. 武夷山风景名胜区建制30年接待游客逾2400万人次 [EB/OL]. 新华网，2009—12—06.

[2] 张国俊. 2009年1至7月，武夷山接待游客近300万人次 [EB/OL]. 新华网，2009—08—14.

[3] 黄荣臻. 春节武夷山景区接待游客16万人次比增12.02%[N]. 闽北日报，2011—02—10.

事件，吸引媒体、社会团体和旅游消费者的兴趣与关注，提高旅游目的地和旅游企业的知名度、美誉度，树立良好品牌形象，促成旅游产品的销售。简单地说，事件旅游营销就是通过把握新闻的规律，制造具有新闻价值的事件，并让这一新闻事件得以传播，达到旅游广告的效果。事件旅游营销是国内外十分流行的一种公关传播与旅游市场推广手段。

1. 事件旅游营销模式

事件旅游营销逐渐受到旅游目的地和旅游企业的青睐，策划事件旅游营销常见的模式有借力事件旅游营销模式和主动事件旅游营销模式。

（1）借力事件旅游营销模式。借力事件旅游营销模式就是向社会热点话题靠拢，借社会事件之力营销旅游议题，实现公众从对社会事件的关注转变为对旅游议题的关注。

进行借力事件旅游营销，需要遵循事件旅游营销的相关性、可控性和系统性等三个原则。遵循旅游营销相关性原则，要求所借力的社会事件议题必须与旅游目的地和旅游企业发展的方向密切相关，与旅游营销目标密切相关。旅游营销可控性原则，要求在组织事件营销活动中，能够控制事件营销活动的范围和发展进程，实现旅游营销所期望的市场效果。旅游营销系统性原则，要求在借助外部事件进行旅游营销时，需要同时整合多种资源要素，形成系列的配套营销项目，实现借力的事件议题与策划旅游议题相结合，推动潜在旅游者从关注事件议题转向关注旅游目的地或旅游企业的策划议题。

例如，2006年初，中央发布《中共中央国务院关于推进社会主义新农村建设的若干意见》"一号文件"，将乡村旅游作为新农村建设的重要模式，推动城乡一体化发展，解决农村部分富余劳动力就业，增加农民收入，提高农村文明程度，美化村容村貌，优化管理机制，促进新农村发展。同时，国家旅游局将2006年旅游主题定为"2006中国乡村游"。成都市旅游局巧借中央一号文件和国家旅游局"2006中国乡村游"主题，推出了14条成都农家乐·社会主义新农村体验之旅乡村旅游线路。4月12日，成都市与国家旅游局配合，在三圣乡隆重举办首届中国乡村旅游节。开幕式上，国家旅游局授予成都市政府"中国农家乐旅游发源地"标志牌，授予成都市三圣乡"国家AAAA级旅游景区"称号。成都市旅游局借力事件营销获得了极大的成功，一时间，成都成了中国乡村旅游的热点地区。

（2）主动事件旅游营销模式。主动事件旅游营销模式是在组织事件旅游营销中，策划的旅游事件营销议题需要符合旅游目的地或旅游企业发展需要，通过事件传播，成为旅游者所关注的旅游热点。

进行主动事件旅游营销活动，需要遵循创新性、公共性及互惠性三项原则。

创新性原则就是所策划的旅游事件营销活动的话题必须有新意有新亮点，利用新意和新亮点获得旅游者的关注。公共性原则要求在事件旅游营销活动中，避免旅游营销活动组织者自言自语，所策划的旅游话题不是旅游者所关注的，没有得到旅游者的响应。互惠性原则要求事件旅游营销的效果，必须实现旅游目的地和旅游企业与旅游者的双赢。

2006 年少林寺的旅游营销，无疑是主动事件旅游营销的绝佳案例。具有1500 年历史的少林寺，是河南省著名的旅游景区，2006 年进行了一系列的主动事件旅游营销活动。如少林寺所做的"少林和尚用电脑"、"少林和尚办网站"、"少林寺成立公司"、"少林寺接纳洋弟子"、"少林寺公布医药、武功秘笈"、"少林寺投拍电影、电视剧"、"少林寺在全球范围海选 108 名中国功夫演员"、"少林寺投资 3.5 亿，与著名音乐人谭盾合作，创作上演《禅宗少林·音乐大典》盛大的实景演出"等每一个事件，都成了全国关注的新闻热点，少林寺创造的一个个前所未有的佛家奇迹，使少林寺从佛门圣地走向了旅游营销的舞台。2006 年少林寺的旅游市场营销，不仅符合主动事件旅游营销要求的原则，而且体现了少林寺住持释永信推广"少林文化"的良苦用心，也成了少林文化传承和发扬的重要传播途径。谭盾认为："此次音乐盛典，还将打造成第一个以中国禅宗文化为背景的音乐艺术教育基地，这场演出有义务展示给现代人一种更深邃的中原文化和佛教文化。"少林寺的旅游市场营销，给文化赋予一个时代的大背景，扩大了旅游市场营销的文化张力，在经济市场中找到文化生命力，推动文化与旅游产业的和谐发展。

2. 事件旅游营销特点

事件旅游营销是以具体事件为主体吸引旅游购买的旅游市场营销形式，形象清新可见，具有目的性、针对性、主动性、趣味性、多样性、新颖性、引导性、风险性、效果明显等十个特点。

（1）目的性。事件旅游营销策划的第一步，就是要确定旅游市场营销的目的，然后通过事件的旅游主题和形式，让新闻媒体认知、接受和报道，达到事件旅游营销的目的。特定的媒体只会对特定领域的新闻感兴趣和进行报道。事件旅游营销所要达到新闻媒体报道的目的，与旅游广告的市场目的性完全一致。

（2）针对性。事件旅游营销针对性的特点，主要表现在所需营销事件的创造上。一是需要在社会热门事件上捕捉创造事件的商机，针对社会热门事件和旅游需求，创造出与社会热门事件完全相关事件的策划创意。二是根据社会发展的时代大背景，有针对性地创造出旅游热门事件。

（3）主动性。不论是借力事件旅游营销模式，还是主动事件旅游营销模式，事件旅游营销的主动权都归旅游营销者所有，即营销者具有旅游事情营销充分的主动权。事件旅游营销充分的主动性，表现在做事件旅游营销策划时，主动发现旅游事件，善于发现旅游事件，主动进行旅游市场营销。

（4）趣味性。每一天都有很多的事件发生，不是每一件事都成为社会热点，不是每一件事都有趣，但作为事件旅游营销的事件一定是有趣的事件。事件的趣味性是事件旅游营销选择的核心条件，也是事件旅游营销的要求。因为，有趣味性的旅游事件，才具有对公众的旅游吸引力，才具有旅游的可观性。

（5）多样性。事件旅游营销的多样性特性，一是用于事件旅游营销的事件具有多种类型，内容和形式丰富多彩；二是事件旅游营销集合了新闻效应、广告效应、公共关系、形象传播、客户关系等多种效应与关系于一体，符合多样性综合的旅游市场营销策划，具有旅游市场营销传播的多效应。

（6）新颖性。事件旅游营销的新颖性特点，主要体现在旅游营销事件的新奇，为大多数人在日常生活和工作中，所未曾听说和未曾见过的，或者是当下的社会热点事件，瞬间能引起人们的关注。新颖性特点是事件旅游营销所必须具备的。一件营销事件只要具备一个新颖要素就具备新闻价值，所具备的新颖要素越多，新闻价值就越大。旅游营销事件的新颖要素是所有新闻媒介竞相追逐的对象。

（7）引导性。事件旅游营销的引导性特点，体现在一段时间内，营销的旅游事件会成为人们热议的话题，成为新闻媒体报道的热点，获得旅游网络搜索引擎的倾向。事件旅游营销的引导性，会在深层次上推动旅游市场的走向。

（8）成本低。事件旅游营销一般是通过旅游现场形式来表现，通过旅游现场事件新闻报道达到传播的目的。所以，事件旅游营销的新闻相对于平面媒体广告成本要低。事件旅游营销最重要的特性是利用现有的非常完善的新闻机器，来达到传播的目的。由于所有的新闻都是免费的，在所有新闻的制作过程中也没有利益倾向，所以制作新闻不需要花钱。事件旅游营销应该归为旅游企业的公关行为而非旅游广告行为。一件新闻意义足够大的公关事件应该是新闻媒体的价值，是新闻媒体关注和采访的欲望所在。

（9）风险性。事件旅游营销的风险性体现在，一是在做事件旅游营销活动时，涉及旅游企业数据的保密，因为新闻媒体会对旅游企业数据感兴趣，而且旅游企业对媒体不可控制；二是事件旅游营销的策略和方法很容易被他人借用和模仿，失掉事件旅游营销在旅游市场上的原创价值；三是事件旅游营销的本质是一种社会活动，需要考虑到法律法规、社会主导舆论与价值观等因素。任何事件旅游营销的策划与创意，都必须合情、合理、合法，以遵纪守法为基础。否则，就会有遭受舆论攻击，甚至受到行政处罚与法律制裁的风险，不仅达不到预期目的，还可能"赔了夫人又折兵"，让旅游目的地和旅游企业受损。要求旅游目的地和旅游企业必须掌握相关的政策法规，使事件旅游营销管理的策划与执行在安全的环境中进行。

（10）效果明显。通过事件旅游营销，可以聚集旅游者和旅游分销客户一起讨论，旅游门户网站都会对由事件旅游营销引发的讨论进行转载，旅游市场营销的关注效果显而易见。

在旅游市场营销策划中，需要认真把控事件旅游营销的十个特点，遵循事件旅游营销的规律，收获事件旅游营销的旅游市场效益。

3. 事件旅游营销策划原则

事件旅游营销的价值所在，就是利用新闻媒体对事件的报道，得到旅游营销的推广。在事件旅游营销运作中，为了发挥事件在旅游营销中的威力，需要坚持求真务实、以善为本、善于运用、力求完美、公众信服等事件旅游营销原则。

（1）求真务实。在互联网时代，传播主题与受众之间的信息不平衡已被网络打破，所以事件旅游营销，不能是随意炒作，不能弄虚作假，必须实事求是。求真务实是对事件旅游营销最基本的要求。求真务实，既包括事件策划本身要"真"，也包括由"事件"衍生的网络传播也要"真"。事件求真务实营销的弄虚作假，会招致社会的口诛笔伐，严重影响旅游业信誉，甚至身败名裂。

（2）以善为本。所谓"以善为本"，就是要求事件旅游营销策划和旅游网络传播，都要做到自觉维护公众利益，勇于承担社会责任。随着旅游市场竞争越来越激烈，旅游市场营销管理不断走向成熟，在进行事件旅游营销策划，推广旅游品牌时，必须走出以"私利"为中心的的误区，要强调与公众的"互利"，维护社会的"公利"。旅游市场营销实践证明，以善为本，自觉维护社会公众利益，更有利于实现旅游市场营销目标，反之，如果一味追求私利，则欲速而不达，还要投入更多的精力和财力去应付本来可以避免的麻烦和障碍。

（3）善于运用。事件旅游营销的第一招就是分析旅游定位，分析是否具有足够新闻价值的旅游资源。如果旅游资源可以充分引起公众的好奇时，代表了新闻媒介关注的方向，就要善于运用旅游资源的新闻价值，选择适当的事件营销形式加以展示，就会获得旅游市场营销的成功。

（4）力求完美。力求完美的策划原则，要求事件旅游营销策划完美，不仅要注重旅游业的良好信誉，组织行为的完善，还要注意与网络传播沟通的风度，展现出锐意进取的完美智慧。良好的旅游信誉是建立在良好的企业行为基础之上的，企业只有立足于完善自身的行为，为公众做实事，事件旅游营销的网络传播才能达到旅游市场营销目的。

（5）公众信服。在进行事件旅游营销时，需要安排专业人员把控网络旅游信息的传播，既掌握旅游企业的全面状况，又能巧妙运用网络媒体传播的特性；既尊重公众的感情和权利，又保护沟通渠道的畅通完整，保护旅游目的地和旅游企业的发展利益。

旅游市场营销是一项长期的旅游发展战略工程，在事件旅游营销中，还需要注意遵守新闻法规，不能盲目跟风，不要把事件旅游营销当成临时性的战术，随性而为之，需要注意事件旅游营销短期效应与旅游营销品牌长期战略的关系。

4. 事件旅游营销策划

事件旅游营销策划是利用事件资源与新闻媒体对接的市场营销策划。事件旅游营销策划有整合营销资源、理解媒体、解读新闻事件、制造新闻事件等四大重点。

（1）整合营销资源。在事件旅游营销策划中，首先需要整合旅游目的地和旅游企业的旅游营销资源。整合旅游营销资源，包括整合事件旅游营销的信息资源、媒体发布渠道资源、营销工具资源、营销部门资源。如整合传播渠道资源，包括整合大众传播渠道（电视、报纸、广播、杂志）、组织传播渠道（单位传达）、人际传播渠道（电话、手机、短信、微博等）、网络渠道及其他渠道（非言语传播等）等，促成不同营销手段综合使用，不同营销部门的共同工作。

（2）理解媒体。事件旅游营销是通过制造新闻事件，吸引媒体注意，通过媒体传播，达到预期旅游市场营销目的的旅游营销模式。媒体是这个旅游营销模式的关键，理解媒体是进行事件旅游营销的前提。

在市场经济的环境下，我国媒体之间的竞争正逐渐加剧，开始由原来的"等新闻发布"向主动"找新闻发布"转变，很多媒体力图通过各种渠道来获得新闻事件的"独家采访权"。各媒体纷纷把触角伸到社会的各个角落，去寻觅各类的新闻事件，这就给进行事件旅游营销策划提供了机会，可以利用创造事件新闻而成为媒体追逐的中心，创造事件的新闻吸引力，达到旅游市场营销的目的。媒体之间的竞争是在特定市场上的新闻竞争。不同的新闻市场创造了不同的新闻媒体，不同的新闻媒体服务于不同的新闻市场。因此，在进行事件旅游营销策划时，首先要确定事件新闻的市场价值所在，有了事件新闻的市场价值，就会有新闻媒体服务。

（3）解读新闻事件。新闻事件就是社会上新近发生、正在发生或新近发现的有社会意义的、能引起公众兴趣的重要事件。新闻事件营销是一种投入产出效益非常可观的营销方式。事件旅游营销就是新闻事件营销。新闻事件是事件营销的"载体"，进行事件旅游营销策划，需要解读新闻事件的主要特性。

新闻事件具有七个特性，其一，新闻要典型，即新闻要有代表性和显著性；其二，新闻要有趣，即新闻要有让公众感兴趣的点；其三，新闻要新鲜，即新闻应提供与众不同的信息；其四，新闻要稀缺，即新闻应是难得一见、鲜为人知的事实，满足受众的窥视欲和好奇心，是新闻事件运作的根本目的；其五，新闻要贴近社会公众，即越贴近公众，新闻性越强；其六，新闻要有针对性，即紧扣某一事件；其七，新闻要有时效性，即要在第一时间对事件做出反应。旅游事件需要具备新闻事件的七个特性，只有新闻特性才具有传播性。新闻传播是新闻的本质。旅游事件只有通过新闻传播才变为真正意义上的新闻。

（4）制造新闻事件。所谓"制造新闻"，就是策划事件旅游营销的新闻性，是对事件旅游营销新闻活动的一种创意性的谋划。通过策划性创造，将一件本来不具备新闻价值的营销事件赋予新闻性。或者是，有意识地策划安排某些具有新闻价值的旅游营销事件，在某个选定的时间内发生，制造出适于传播媒介报道的旅游新闻事件。如1998年，张家界黄龙洞景区为黄龙洞内的"定海神针"景点在中国平安保险公司投下1亿元的巨额保险，制造了国内第一个为资源性资产投保的新闻事件，立刻被国内外2700多家媒体报道，瞬间，张家界黄龙洞扬名海内外，至今还有外国游客到景区寻找这块保值1亿元的石头。

进行事件旅游营销策划要谨慎适度，即使有很好的切入点，过度的渲染，也会让人们产生兴奋疲劳。事件旅游营销需要能做到不偏不倚，适可而止，以客观的表述加上诚恳贴心的提醒，会让整个事件旅游营销获得巨大的成功。

八、活动旅游营销策划

活动旅游营销是通过策划活动方式引起社会对旅游目的地和旅游企业的旅游关注，以活动方式与社会大众互动，沟通交流旅游信息，增强游客体验经历和回忆，达到增强旅游吸引力，拓展旅游市场需求，将社会大众引导成为潜在的旅游者的目的。活动旅游营销可以在短期内提高游客量，提高市场占有率。

1.活动旅游营销分类

活动旅游营销的活动形式多样，针对于不同的旅游市场，可以策划出多种活动形式。一般可以分为营销主导型活动、传播主导型活动、联谊型活动、综合型活动等四种活动旅游营销类型。

（1）营销主导型旅游营销活动。此类型旅游营销活动是以盈利销售为主、品牌宣传为辅的旅游营销活动。主要点就是优惠销售旅游产品，以优惠销售为活动主题，激发旅游者购买热情，达到扩大旅游销售的目的。如"一元游"旅游营销活动就是典型的营销主导型活动。"一元游"旅游营销活动起始于2000年9月广州市旅游局举办的"1元钱旅游拍卖会"，现场拍卖旅游线路。广州市旅游局推出1元起价的38条精品国内旅游线路中包含往返机票、酒店住房、景点门票等项目，以1元起价拍卖，竞投价高者得之，如果只有一个人竞投，那么竞投者只需付 1 元钱，就可以畅游自己喜欢的旅游景点。竞投市民十分激烈，2000元以下的路线受到百姓追捧。2005 年 "五一" 黄金周前夕，广东一些旅行社推出 "1 元游泰国" 的酬宾活动。① 随后，"一元游" 旅游营销活动由广州蔓延全国。2011 年，山东省旅游局在 "国民休闲汇" 期间开展 "一元游山东" 优惠主题活动，游客持 "好客旅游卡" 在参与活动的会员景区约定时间内，一卡限购一张门票，只需花费 1 元钱即可进入景区参观游览。通过 "一元游山东" 活动，有效激活 120 万持卡游客，引导拉动旅游消费，提升活动关注度和影响力。② 2014 年，同程旅游联合微信推出请全国人民 1 元游景区的活动。2014 年 9 月，南平市旅游局策划组织了南平市 12 家国家 A 级旅游景区和 16 个美丽乡村旅游点共推 "一元票·游大武夷" 活动。③ 随着经验积累，"一元游" 旅游营销活动优惠主要是景区门票，参加营销活动的主体是景区。营销活动的组织者有政府旅游主管部门，如山东省旅游局和南平市旅游局，也有企业组织，如同程旅游。景区门票的优惠有限时要求，或限一天，如山东省旅游局规定在 2011 年 8 月 13 日—10 月 31 日期间，任选一天作为活动参与时间。或限两天，如同程网举办的 1 元钱游东部华侨城大侠谷活动，限在 2014 年 7 月 30、31 日两天。或限一个月，如南平市旅游局 "一元票·游大武夷" 活动时间是 2014 年 9 月 1—30 日。总的来看，"一元游" 旅游营销活动达到了提高销售量的效果。深圳东部华侨城参加同程旅游组织 "1 块钱游东部华侨城大侠谷" 活动，共创建了 13 万张订单，入园游客 8 万左右。④

（2）传播主导型旅游营销活动。此类型旅游营销活动是品牌宣传为主、盈利销售为辅的旅游营销活动。如旅游产品推介会、旅游大篷车等，注重媒体形象的传播，不追求立竿见影的盈利销售效果。例如，武夷山市委、武夷山市人民政府从 2008 年开始在北京、上海、济南、深圳、福州、厦门等多个城市主办 "浪漫武夷，风雅茶韵" 茶旅主题旅游营销推介活动，组织 "闻茶香、吃茶去"、"浪漫武夷，风雅茶韵" 旅游嘉年华活动、"大红袍品茗会"、"浪漫武夷，风雅茶韵" 推介会、大红袍品茗活动、茶旅文化展示、武夷茶艺欣赏、综合文艺展演、"博饼"、合作签约等茶旅系列活动，推出丰富的旅游产品、个性化的旅游线路、

① 周杰.揭开 "1 元游" 的面纱 [N].环球游报，2005—06—21.
② 山东省旅游局《关于组织景区积极参加国民休闲汇 "一元游山东" 活动的通知》，二〇一一年七月二十五日。
③ 林志明."一元门票游武夷" 筹备工作基本完成静候游客到来 [N].闽北日报，2014—08—28.
④ 王在兴.同程网 1 元游东部华侨城挤爆了 [N].深圳晚报，2014—08—01.

特惠的旅游政策，在每一个城市都获得很好的旅游营销效果。①传播主导型旅游营销活动，声势浩大，影响深远，远期效益好。

（3）联谊型旅游营销活动。此类型旅游营销活动以联谊为主题，邀请旅游相关组织和人员，通过座谈会、签约、书画、唱歌、跳舞、做游戏等活动联络感情，达到营销旅游的目的。例如，2013年5月29日，临沂市旅游局、沂南县人民政府举办有新闻媒体记者、旅游景区经理、旅行社经理、自驾游组织代表及游客500余人参加的首届沂蒙乡村休闲旅游联谊会，是当地旅游主管部门借助诸葛亮文化旅游节，让景区能更大范围宣传推介自己，让旅行社能采购或组合中意的产品和线路，媒体找到更多合作对象，发布《沂南县旅游奖励办法》，开启联谊会的专门网站——沂蒙乡村旅游网，搭建成旅游景区、旅行社和旅游媒体三方联谊合作、交流洽谈、合作共赢的新平台。②联谊型旅游营销活动的特点是规模小，活动形式活泼，可以现场举办景点宣传推介、赠送书法作品、奖励先进等活动，有利于形成旅游品牌推介营销联盟，效果具体可见。

（4）综合型旅游营销活动。此类型旅游营销活动以旅游营销活动内容和形式多样为特点，常见有旅游节、旅游博览会、旅游展览会等形式。特点是在旅游节会结构上，围绕旅游营销主题，组织多种形式和规模大小不等的活动，形成综合旅游营销整体效益。例如，2007年5月13—15日在武夷山市举办的第三届中国武夷山旅游节暨第十届海峡西岸武夷国际旅游投资洽谈会，以旅游为特色品牌，以弘扬武夷山茶文化为主题，组织了"投资南平"项目洽谈会、南平市重大项目暨闽北经济开发区推介会、南平市重大项目签约仪式、南平市台湾同胞投资企业协会成立大会、首届海峡旅游形象大使评选活动启动仪式、闽台茶艺表演邀请赛、中国高尔夫旅游联谊会福建分会成立大会暨高尔夫邀请赛、成果发布会及茶文化旅游线路考察等多项活动，搭建了多种合作交流平台，扩大了武夷山中国旅游最佳目的地知名度，推动了中国茶文化交流。③

活动旅游营销往往是活动类型模式会限制策划者的思维，需要用变化的观点来分析和把握市场，既重视活动类型，又不被活动类型模式所束缚，需要突破和创新活动旅游营销类型。

---

① 周文杰.浪漫武夷，风雅茶韵[N].闽北日报，2008—04—27；熊慎端，韦兴库."浪漫武夷，风雅茶韵"走进山东[EB/OL].大众网，2012—03—17；吴芸，顾文静."浪漫武夷，风雅茶韵"走进深圳[EB/OL].武夷山市人民政府网，2012—08—03；梨子.武夷山茶旅营销成功　上海市民感受武夷山的魅力[EB/OL].中国网，2014—04—17.

② 松泽.首届沂蒙乡村休闲旅游联谊会举行[EB/OL].临沂在线，2013—05—29.

③ 胡苏.第三届中国武夷山旅游节[EB/OL].新华网，2007—05—13.

2. 活动旅游营销特点

活动旅游营销是与社会大众面对面的营销活动，旅游营销效益由活动的形式和内容加以转换，具有大众传播、阐释功能、公关职能、成本优势、传播信誉等方面的特点。

（1）大众传播。活动旅游营销是大众喜闻乐见的形式，受到大众的关注，具有参与互动的大众传播特点。活动旅游营销策划需要利用大众传播性，把社会公益性引入活动，与媒体公信力相结合，激发旅游品牌在社会大众中的美誉度。使活动具有新闻价值，在第一时间传播出去，引起公众的注意。

（2）阐释功能。活动旅游营销具有向社会大众阐释旅游产品的功能。活动旅游营销不同于旅游广告营销。旅游广告的属性，决定了只能是表象的宣传，旅游营销活动则可以采取多种方式来全面陈述旅游产品，通过旅游营销活动策划，可以把旅游产品说得明明白白。因此，活动旅游营销可以把旅游目的地和旅游企业要传达的目标旅游产品信息，传播得更准确和更详尽。

（3）公关职能。旅游营销活动就是向社会大众进行旅游出行动员的公关活动，自然具有社会公关职能。活动旅游营销策划往往围绕一个旅游主题展开，主题大多是有关观光、休闲、度假、养生等贴近百姓生活的话题，能够得到社会大众的关注，获得旅游者的赞誉。通过旅游营销活动的开展，最大限度地树立起旅游品牌形象，使社会大众不单单从旅游产品获得精神层面的满足与喜悦，通过参与还收益使用价值，建立了旅游市场的知信度，取得公关效应。

（4）成本优势。活动旅游营销策划的活动是一次性的，费用成本无非是场地、器材、人员组织等项支出，新闻媒体的传播是活动旅游营销主题吸引产生的，不需付出成本，相比较传统广告旅游营销而言，具有成本优势。传统广告旅游营销宣传形式已经进入成熟期，电视广告、广播广告、户外广告、报纸广告、杂志广告、网络广告等各类广告宣传费用越来越透明，通过广告营销宣传动辄需要十万、百万，甚至上千万的广告费。与之相比，一次旅游营销活动的成本远远小于广告费用，因为直接地接触到大众消费者，能够及时获得市场反馈，很快取得旅游营销效果。

（5）传播信誉。活动旅游营销带有体验性，一个好的活动旅游营销策划会立即获得传播信誉，在旅游营销活动信息发布之后，立刻获得媒体纷纷转载，得到市场营销二次传播。由传播信誉产生的市场营销二次传播，扩大了活动旅游营销的受众面，扩大了活动旅游营销效益。

3. 活动旅游营销策划要求

活动旅游营销适用于推介旅游新产品，帮助旅游目的地和旅游企业制造市场氛围，在短期内提高销售额，提高市场占有率。要达到活动旅游营销目的，需要好的活动旅游营销创意和良好可执行性、可操作性的活动策划案。活动旅游营销策划需要掌握八大要点。

（1）市场调查分析。在活动旅游营销策划之前，需要进行市场调查，分析整个旅游市场局势，认识和找到旅游目的地和旅游企业面对的问题，有针对性地寻找解决之道，避免主观臆断。

（2）明确活动目标。每举办一场旅游营销活动，都要有一个明确的营销目标。按活动目标策划旅游营销活动的形式和内容。活动目标可以分为活动预期目标和活动努力目标，最大限度地吸引社会大众参加，竭尽所能地完成活动的各项目标。

（3）突出主题。一场旅游营销活动，突出一个主题，丰富多彩的活动围绕主题展开，把最重要的旅游信息最充分地传达给目标消费群体，引起受众群关注，让受众群很容易地记住。避免与主题不符的内容，造成主次不分。紧紧围绕主题，做到活动热闹，收效良好。

（4）直接说明利益点。在活动旅游营销中，会出现受众消费群体接受传达的信息，但却没有形成购买冲动，这是因为没有让受众消费群体看到有直接关系的利益点。因此，在活动旅游营销策划中，需要直接说明利益点，至少有一个足以引起旅游者心动和参与的说法，给旅游者一个充分的消费理由，直接告诉消费者旅游优惠数额。没有利益驱使的景区活动是不完美的，尤其是对以促销为目的的景区活动，必须以足够的利益促使更多的人参与。

（5）增强可信度。活动旅游营销策划要得到市场的认可，需要增强旅游营销活动的可信度。在大多数情况下，可信度源自活动足够的资源保障、良好的活动服务和承诺的兑现。可信度是活动旅游营销策划的重要环节。

（6）提高吸引力。活动旅游营销对目标受众的吸引力大小是活动推广策划成功与否的根本。在活动旅游营销策划中，提高活动吸引力，要求构思策划的主题可以满足旅游者的好奇心、价值表现、荣誉感、责任感、利益等各方面的需求，给予恰当的物质鼓励，提高目标受众的重视度，激起目标受众的热情，促进目标受众踊跃参加。

（7）良好执行力。活动旅游营销不仅需要前期方案的精心策划，还需要有活动策划方案良好的执行力。良好执行力是一种慎重有序的执行力，需要明确旅游营销活动具体任务、活动流程、执行时间、执行步调、突发事情处置预案等。在活动中要统一指挥，严格执行程序，有条不紊地推进活动。具有合适旅游产品，好的活动创意策划，再加上一支优好的执行团队，就是活动旅游营销的成功保障。

（8）推广传达力。活动旅游营销的目的之一就是推销旅游产品。要达到这一目的，需要具有旅游营销活动推广传达力。旅游营销活动推广传达力表现在旅游营销活动前、中、后的三个阶段。旅游营销活动前，需要有能力启发目标受众对旅游营销活动的爱好和重视，为活动发展预热；在旅游营销活动中，通过做好活动组织工作，把活动的内容与主题会集展现出来，经过目标受众的参加，获取目标受众对旅游营销主题的反馈；旅游营销活动完毕后，把旅游营销效应进一步扩散和延伸。经过活动推广传达力，把活动旅游营销的影响力进一步扩展，获取更大的商业价值。

在活动旅游营销中，需要时时把"调动游客参与的积极性"作为出发点和落脚点，激发和保持目标受众积极参与的兴趣，营销人员和目标受众融为一体，最终实现活动旅游营销最佳经济价值。

4. 节日活动旅游营销策划

节日活动旅游营销就是指在节日期间，利用消费者节日消费的心理，综合运用现场售卖、公演、广告等旅游营销的手段，进行旅游目的地和旅游品牌的推介活动。节日活动旅游营销是旅游市场营销的组成部分，旨在提高旅游产品销售力，提升旅游品牌形象。

我国一年的节假日为114天，几乎占到全年的三分之一，节假日可分成四类，一是法定节假日，如元旦、春节、清明节、三八节、五一节、六一节、端午节、教师节、八一节、中秋节、国庆节、元宵节等。二是非法定节假日，如情人节、母亲节、父亲节、复活节、圣诞节等。三是民俗时令节假日，如夏至、冬至、立冬、腊八等。四是旅游节假日，如服装旅游节、风筝旅游节、山水旅游节、茶文化旅游节、美食旅游节等。节日性质不同，节日活动旅游的重要性也不同，节日活动旅游营销的策划也不同。

节日消费心理的特点决定了不同平常的节日活动销售形式，对于旅游新品牌的推广，节日活动旅游营销是绝佳良机，需要结合节日特点做好策划。

（1）烘托节日氛围。节日是欢乐的日子，捕捉人们的节日消费心理，寓动于乐，寓乐于销，制造热点，创意烘托节日氛围，实现节日活动旅游营销。针对不同类型的节日，塑造不同节日氛围的旅游活动营销主题，把最多潜在游客吸引到柜台前，实现节日销售目的。

（2）文化营销。节日活动旅游营销，需要嫁接节日的文化氛围，传达文化旅游的品牌内涵。在节日活动旅游营销中，需要充分挖掘和利用节日的文化内涵，与旅游经营理念和旅游目的地文化结合起来，开展针对性的文化营销，吸引目标受众，以文化激发购买潜力，树立良好的企业形象，赢取良好的市场效益。

（3）互动营销。节日是娱乐的日子，节日活动旅游营销需要增加快乐的互动性，以快乐互动形式营销增强节日活动旅游营销的亲和力。

（4）价格营销。节日活动旅游营销主角就是"价格战"，广告战、促销战均是围绕价格战展开。搞好价格营销需要突破僵化地认为节日就是降价多销的误区，去掉诸如"全场特价"、"买几送几"节日活动旅游营销的惯用方法，可以结合节日活动旅游营销实际，采用"梯子价格"策划法。例如茶文化旅游节"梯子价格"的具体做法，在距茶文化旅游节 18 天按全价销售，从倒数第 15 天到 10 天降价 25%，倒数第 10 天到第 7 天降价 35%，倒数第 7 天到第 3 天降价 50%，倒数第 3 天到茶文化旅游节，如仍未售完，赠送给老人、儿童福利院。采用"梯子价格"策划法，原因就是消费者都存在这样的心理："我今天不买，明天就会被他人买走，还是先下手为强。"事实上，许多旅游产品往往在第二时段或未经降价就被顾客买走的。因此，梯子价格可以激活旅游市场人气，延长节日活动旅游营销效应，拉动旅游产品销售。

活动旅游营销策划从属于市场旅游营销策划，互相联系，相辅相成。活动旅游营销策划和市场旅游营销策划也都从属于旅游目的地和旅游企业的整体市场营销思想和模式，遵从整体旅游营销市场策划思想，进行旅游市场营销策划和活动旅游营销策划，才能够保持稳定的市场销售额。

旅游市场营销是通过分析、计划、执行、反馈和控制的过程，来实现对旅游消费市场的引导。旅游市场营销，通过实现市场交易，协调旅游经济活动和旅游产业发展；通过提供有效的旅游产品和旅游服务，实现游客满意和企业获利的经济和社会发展目标。

后 记

我对旅游策划的关注和研究，始于 1982 年接触旅游景区规划之时。在 2007 年出版了《旅游规划学新论》之后，便开始集中精力进行《旅游策划学新论》的撰写，2010 年草成初稿，同时给学生讲授旅游策划学课程，时历四届，多次修改，于 2014 年 10 月 2 日杀青付梓。正如古人所云："学然后知不足，教然后知困。"收笔之时，多有惶恐。

旅游策划由实践向学科发展，是我国旅游产业发展的推动，是旅游策划专家和学者勤奋耕耘的结果。进行旅游规划必然要涉及旅游策划。"先旅游策划，后旅游规划"，在一段时间里曾是人们热议的话题。从旅游规划到旅游策划，由旅游策划到旅游规划，旅游策划与旅游规划紧密相连。旅游策划最突出的特征是创新，旅游规划需要创新，需要通过旅游策划来实现。从某种意义上说，旅游策划是旅游规划的基础。拙作也正是从旅游规划需要角度思考旅游策划学构架。

旅游策划在学科形成过程中，兼容了规划学、管理学、运筹学、经济学、市场学、商品学、美学、心理学、文化学、社会学、人体工程学、电子商务等学科的知识和理论，交叉学科特征特别明显，呈现出知识的多元性、理论的多元性和方法的多元性。在搭建学科知识与理论休系框架时，面对由于旅游策划学多元性所带来的大量繁杂的资料，条分缕析犯难，唯恐取舍不当。

依"新论"系列研究的架构体系，《旅游策划学新论》内容主要由知识、理论、方法三部分组成，化繁就简分为八章。第一章为旅游策划知识，概述策划，旅游策划，旅游策划类型、地位、作用与特性的基础知识；第二章为旅游策划理论，截取关联学科对旅游策划有思想指导价值的理论组成；第三章旅游策划技术，选取关联学科对旅游策划有技术借鉴意义的方法组成。从第四到第八章为具体旅游事项策划，是知识、理论、方法综合应用的分类型阐述。拙作目的，力图在完善学科体系上，有所补充和完善，反映学科研究的前沿成果。相比较同类的研究，拙作新增了城市旅游、乡村旅游、体验旅游、度假旅游、旅游综合体、旅游商业模式、旅游网络营销、搜索引擎营销、旅游微博营销、旅游微信营销、口碑营销等旅游策划等研究内容，跟进旅游产业发展。

旅游策划学属应用性学科，强调知识的实用性、理论的实用性、方法的实用性，力求切合旅游策划实际。拙作努力在案例选择、理论运用、方法阐述等诸方面，体现旅游策划学的应用性，同时修炼文字，力求简明扼要，言简意赅，以吻合旅游策划学的应用属性。

对一个学科的研究，绝非一人之功可以企及。对旅游策划学的研究，从前人和他人的研究成果中得到诸多启发和借鉴，谨致谢忱之意。在旅游产业发展实践中，旅游策划无所不在，旅游策划的作用愈加重要，对旅游策划学的研究，仍然任重道远。

周作明

谨识于武夷山笔耕斋

2014 年 10 月 2 日

参考文献

［1］第十二届全国人民代表大会常务委员会第二次会议.中华人民共和国旅游法.2013—04—25.

［2］第十届全国人民代表大会常务委员会第三十次会议.中华人民共和国城乡规划法.2007—10—28.

［3］国务院.国务院关于加快发展旅游业的意见（国发〔2009〕41号）.

［4］国务院.国民旅游休闲纲要（2013—2020年）.2013—02—02.

［5］国家质量监督检验检疫总局.GB/T 18971—2003旅游规划通则[S].2003—02—24.

［6］国家质量监督检验检疫总局 GB/T18972—2003旅游资源分类、调查与评价[S].2003—02—24.

［7］国家旅游局.GB/T 17775—2003旅游景区质量等级的划分与评定[S].2004—10—28.

［8］国家旅游局.全国乡村旅游发展纲要（2009—2015年）（征求意见稿）.2009—07—01.

［9］联合国环境与发展大会.21世纪议程[EB/OL].联合国网站：http://www.un.org/chinese/even/wssd/Agenda21.htm.

［10］中国21世纪议程编制组.中国21世纪议程——中国21世纪人口、环境与发展白皮书[M].北京：中国环境科学出版社，1994.

［11］古敏.孙子兵法[M].北京：北京燕山出版社，2001.

［12］国学整理社.诸子集成[M].北京：中华书局，2006.

［13］马克思恩格斯全集[M].北京：人民出版社，2007.

［14］卡尔·马克思.《政治经济学批判》序言（1859年）[M].北京：人民出版社，1964.

［15］（美）欧文·斯通著，叶笃庄等译.达尔文传[M].北京：十月文艺出版社，1999.

［16］许良英，李宝恒，赵中立.爱因斯坦文集[M].北京：商务印书馆，2009.

［17］赵中立.纪念爱因斯坦译文集[M].上海：上海科学技术出版社，1979.

［18］（美）盖尔西克.哈佛管理丛书[M].北京：经济日报出版社，1998.

［19］哈佛企业管理丛书编纂委员会.企业管理百科全书[M].北京：中国对外翻译出版公司影印，1983.

［20］（美）克里斯·安德森著，乔江涛译.长尾理论[M].北京：中信出版社，2006.

[21](韩)W·钱·金,(美)勒妮·莫博涅著,吉宓译.蓝海战略[M].北京:商务印书馆,2005.

[22]石磊.木桶效应[M].北京:地震出版社,2004.

[23]王健.让思想冲破牢笼[M].北京:北京大学出版社,2007.

[24](美)迈克尔·E·罗洛夫著,王江龙译.人际传播——社会交换论[M].上海:上海译文出版社,1991.

[25]周作明.中国民俗旅游学新论[M].北京:旅游教育出版社,2011.

[26]何学林,吕勇华.最大商机——经济危机孕育最大商业机会[M].南京:凤凰出版社,2009.

[27]何学林,吕勇华.成败巨人[M].北京:经济管理出版社,2009.

[28]周作明.中国旅游规划学新论[M].香港:东亚文化出版社,2007.

[29]何学林.战略决定成败:细节主义缓期执行[M].北京:企业管理出版社,2005.

[30]何学林.策划中国城市——中国城市整体大策划[M].北京:光明日报出版社,2002.

[31]于建民.科学策略营销[M].北京:经济日报出版社,2009.

[32]卢良志,吴耀宇,吴江.旅游策划学[M].北京:旅游教育出版社,2009.

[33]陈扬乐.旅游策划——原理、方法与实践[M].武汉:华中科技大学出版社,2009.

[34]王衍用,曹诗图主编.旅游策划理论与实务[M].北京:中国林业大学出版社,2008.

[35]孟韬,毕克贵.营销策划——方法、技巧与文案[M].北京:机械工业出版社,2008.

[36]李蕾蕾.旅游目的地形象策划:理论与实务[M].广州:广东旅游出版社,2008.

[37]王衍用,宋子千.旅游景区项目策划[M].北京:中国旅游出版社,2007.

[38]叶茂中.叶茂中的营销策划[M].北京:中国人民大学出版社,2007.

[39]杨振之主编.旅游项目策划[M].北京:清华大学出版社2007.

[40]崔秀芝.中国策划经典案例:崔秀芝专辑[M].深圳:海天出版社,2006.

[41](美)艾伦.活动策划完全手册[M].北京:旅游教育出版社,2006.

[42]卢云亭.旅游研究与策划[M].北京:中国旅游出版社,2006.

[43]杨振之.旅游原创策划[M].成都:四川大学出版社,2005.

[44]欧阳斌.中国旅游策划导论[M].北京:中国旅游出版社,2005.

[45]颜醒华.旅游业经营策划与管理[M].厦门:厦门大学出版社,2005.

[46]张述林主编.旅游项目策划:理论与实践[M].重庆:重庆出版社,2004.

[47]沈祖祥,张帆.旅游策划学[M].福州:福建人民出版社,2000.

[48]武彬,龚玉和编.旅游策划文化创意:河山,因为我们的到来而改变[M].北京:中国经济出版社,2007.

旅游策划学新论

[49] 蒋三庚. 旅游策划 [M]. 北京：首都经济贸易出版社，2002.

[50] 彭绍坚. 旅游区项目策划与管理实务 [M]. 深圳：海天出版社，2001.

[51] 仇保兴. 地区形象建设理论与实践 [M]. 北京：人民出版社，1996.

[52] 李蕾蕾. 旅游地形象策划：理论与实务 [M]. 广州：广东旅游出版社，1999.

[53] 徐彦云. 美国旅游业未来十年发展目标 [N]. 中国旅游报，2013—03—27（11）.

[54] 2010 年 5 月 26 日，国家旅游局局长邵琪伟在世界旅游旅行大会主题发言 [EB/OL]. 中国网，2010—05—26.

[55] 戴斌. "中国旅游发展笔谈——'十二五'规划与旅游发展（二）" [J]. 旅游学刊，2010，2.

[56] 刘应杰. 实施旅游发展国家战略，把旅游业发展成为我国综合性的大产业 [N]. 中国旅游报，2009—12—14.

[57] 林景新. 实战网络营销：最佳网络营销案例全解读 [M]. 广州：暨南大学出版社，2009.

[58] 潘海颖. 旅游休验审美精神论的体验 [J]. 旅游学刊，2012，5.

[59] 刘庆华. 崛起的策划人将推动 21 世纪的进程——关于 "21 世纪属于谁" 的预测 [J]. 武汉交通职业学院学报 2007，3（第 9 卷 1 期）.

[60] 戴庞海. 旅游策划创新中存在的问题及对策探讨 [J]. 河南工程学院学报（社会科学版），2009，6（第 24 卷 2 期）.

[61] 卢毅. 解析策划的核心理念 [J]. 商场现代化. 2008，6（第 542 期）.

[62] 牛根生. 策划的最高境界是诚信 [EB/OL]. www.headidea.com 牛根生博客（2009—09—27）.

[63] 卢毅. 解析策划的核心理念 [J]. 商场现代化，2008，6（第 542 期）.

[64] 吴相华. 策划创意法则 [J]. 商场现代化，2007，2（第 495 期）.

[65] 林峰. 旅游产品策划的人本主义方法 [N]. 华东旅游报，2007—03—15（A10）.

[66] 林振华. 浅析旅游开发策划 [J]. 中南林业调查规划，2006，5（第 25 卷 2 期）.

[67] 王晓民，韩丽. "华夏龙脉" 主题旅游策划引发的市场冲击波 [N]. 中国旅游报，2005—08—05（7 版）.

[68] 张利庠. 论企业策划的专业方法——企业策理论研究之二 [J]. 生产力研究，2004，4.

[69] 张利庠. 论企业策划的四大原则——企业策划理论研究之一 [J]. 生产力研究，2004，3.

[70] 郭康，张聪，邸明慧，蔡湛，马辉涛，王衍用，陈国忠. 区域旅游地理层次与人造景点之创意策划——回顾陈传康教授地段地理学思想 [J]. 地理学与国土研究，2000，5（第 16 卷 2 期）.

[71] 赵宇共. 民俗学者与旅游策划——由克林顿西安入城式引发的思考 [J]. 民俗研究，1999，4.

［72］张文祥．民俗文化的旅游审美旅游研究［J］.桂林旅游高等专科学校学报，1998，4.

［73］岳兴录．策划程序与策划组织．在第八届全国策划理论研讨会暨第一次全国策划组织联
　　　席会议上的主题学术报告［J］.辽宁经济，1998，10（12）.

［74］范榕．旅游地主题形象策划——以浙江会稽山旅游度假区为例［J］.安徽建筑工业学院学
　　　报（自然科学版），2009，8（第17卷4期）.

［75］徐小波．旅游形象策划的四条基本规律［J］.对外传播，2009，10.

［76］杨振之，甘露．旅游项目的形象定位与目标市场定位［N］.中国旅游报，2008—12—04.

［77］于飞，傅桦．阴影区旅游地形象策划模式构建［J］.经济研究导刊，2007（第12期总第19
　　　期）.

［78］杨建朝，朱菁菁，陈春梅，武红．旅游地网络形象策划研究［J］.桂林旅游高等专科学校
　　　学报，2007，12（第18卷6期）.

［79］杜海忠．以形象为主导的区域旅游产品体系开发研究——以重庆市铜梁县特色旅游项目
　　　策划为例［J］.人文地理，2006，6（第92期）.

［80］杨振之，邹积艺．旅游的符号化与符号化旅游——对旅游及旅游开发的符号学审视［J］.
　　　旅游学刊，2006，5（第21卷）.

［81］杨瑞．旅游地形象策划中的"形象替代"问题对策研究［J］.宝鸡文理学院学报（自然科学
　　　版），2005，6（第25卷2期）.

［82］程金龙，吴国清．旅游形象研究理论进展与前瞻［J］.地理与地理信息科学，2004，3（第
　　　20卷2期）.

［83］安士伟，杨建华，杨更生．旅游形象策划技巧［J］.企业活力，2004，1.

［84］冯颖如．论旅游主题活动的策划与营销——从"五岳盟主"到"华山论剑"［J］.北京工商
　　　大学学报（社会科学版），2004，3（第19卷2期）.

［85］张利庠．论企业策划的专业方法——企业策划理论研究之二［J］.生产力研究，2004，4.

［86］林兴良，文吉．旅游地形象策划研究——以广东省台山市（县）为例［J］.人文地理，
　　　2003，6（第18卷3期）.

［87］周志红，肖玲．论旅游地形象系统的层次性［J］.地理与地理信息科学，2003，1（第19
　　　卷1期）.

［88］江明华，曹鸿星．品牌形象模型的比较研究［J］.北京大学学报（哲学社会科学版），
　　　2003，3（第40卷2期）.

［89］何春萍，李萌．论旅游地形象建设的内容与方法［J］.商业研究2002，7（第9卷249期）.

［90］章锦河．旅游区域形象价值评价指标体系的初步研究［J］.安徽师范大学学报（人文社会
　　　科学版），2001，2（第29卷1期）.

［91］李蕾蕾.旅游目的地形象的空间认知过程与规律［J］.地理科学，2000，12（第20卷6期）.

［92］金卫东.城市旅游形象浅析［J］.城市规划汇刊，1995，1.

［93］张安.论旅游地形象发生发展中的几个"效应"问题及其实践意义［J］.旅游学刊，2001，16（3）.

［94］吴必虎，宋治清.一种区域旅游形象分析的技术程序［J］.经济地理，2001，21（4）

［95］刘锋.区域旅游形象设计研究——以宁夏回族自治区为例［J］.经济地理，1999，19（3）.

［96］谢飞帆.旅游地形象研究在西方的崛起［J］.社会科学，1998，1.

［97］林智理，李欠强.旅游景区的主题化策划与路径选择——以温岭市石塘景区为例［J］.资源开发与市场，2008，24（6）.

［98］吕和发.论专题旅游休闲活动的策划［J］.桂林旅游高等专科学校学报，2000，11（1）.

［99］汪平.用创意提升福建乡村旅游［N］.中国旅游报，2013—05—01（08版）.

［100］深圳市古兰景观设计有限公司.乡村型创意旅游综合体［EB/OL］.深圳市古兰景观设计有限公司网，2011—05—23.

［101］翟玉宝，雷进飞.经济社会大发展项目策划是关键——浅谈如何抓好重大项目策划［J］.陕西综合经济，2009，2.

［102］林挺.旅游项目策划的误区及对策［N］.中国旅游报，2007—01—15（7版景区·管理）.

［103］杨振之，陈谨.旅游产品策划的理论与实证研究［J］.四川师范大学学报（社会科学版），2006，7（第33卷4期）.

［104］王永记.访中原旅游策划人——原群［N］.西部时报，2005—09—13（12版）.

［105］史延廷，张补宏.青岛借原有资源打造旅游新品牌［N］.中国旅游报，2003—04—04.

［106］蔡家成.互联网旅游推广营销的优势［N］.中国旅游报，2014—01—15（11）.

［107］乐嘉春，田立民.大数据成长虹创新商业模式的关键［N］.上海证券报，2014—05—07.

［108］田立民，黄世瑾.长虹与IBM探索大数据商业模式［N］.上海证券报，2013—08—07.

［109］蔡丹红.论营销策划的七大原则［J］.黑龙江财专学报，2000，3.

［110］徐惠芬.澳大利亚大堡礁招聘"岛屿看护员"吸引3万申请人［EB/OL］.新华网，2009—02—24.

［111］董晨，郑焱."史上最牛策划"给我们上了一课［EB/OL］.新华日报多媒体数字报，2009—05—14.

［112］杨坚，蒋新华，周忠安.社会名流为崀山把"脉"倡导原生态旅游［EB/OL］.中国崀山网，2011—06—09.

［113］王在兴.同程网1元游东部华侨城挤爆了［N］.深圳晚报，2014—08—01.

［114］林志明."一元门票游武夷"筹备工作基本完成 静候游客到来［N］.闽北日报，2014—

08—28.

［115］山东省旅游局.关于组织景区积极参加国民休闲汇"一元游山东"活动的通知,二〇一一年七月二十五日.

［116］谭小芳.算算旅游景区门票的一笔账 [EB/OL]. 交广传媒旅游策划营销机构网，2009—05—07.

［117］周杰.揭开"1元游"的面纱 [N]. 环球游报，2005—06—21.

图书在版编目（CIP）数据

旅游策划学新论 / 周作明著 . —上海：上海文化出版社，2015.8
ISBN 978-7-5535-0376-9

Ⅰ . ①旅… Ⅱ . ①周… Ⅲ . ①旅游业—策划—研究
Ⅳ . ① F590.1

中国版本图书馆 CIP 数据核字（2015）第 073310 号

出 版 人 王 刚
责任编辑 黄慧鸣
装帧设计 汤 靖
责任监制 陈 平 刘 学

书 名	旅游策划学新论	
作 者	周作明	
出 版	上海世纪出版集团	
	上海文化出版社	
地 址	上海市绍兴路 7 号	
邮政编码	200020	
网 址	www.cshwh.com	
发 行	上海世纪出版股份有限公司发行中心	
印 刷	上海天地海设计印刷有限公司	
开 本	787×1092　1/16	
印 张	25	
字 数	462 千	
版 次	2015 年 8 月第一版　2015 年 8 月第一次印刷	
国际书号	ISBN 978-7-5535-0376-9 / G · 057	
定 价	48.00 元	

敬告读者 本书如有质量问题请联系印刷厂质量科
电 话 021-64366274